# 中国古钟研究

大钟寺古钟博物馆编委会 编

## 第一辑

2024

北京燕山出版社

图书在版编目（CIP）数据

中国古钟研究 . 第一辑 / 大钟寺古钟博物馆编委会
编 . — 北京 ： 北京燕山出版社， 2024.7. --ISBN 978-
7-5402-7317-0

Ⅰ . K875.5

中国国家版本馆 CIP 数据核字第 2024RD1704 号


编　　者：**大钟寺古钟博物馆编委会**

责任编辑：**张金彪　屈钰明**

书籍设计：**黄晓飞**

出版发行：**北京燕山出版社有限公司**


社　　址：北京市西城区椿树街道琉璃厂西街 20 号

邮　　编：100052

电　　话：010-65240430（总编室）

印　　刷：北京富诚彩色印刷有限公司

开　　本：787mm×1092mm　　 1/16

字　　数：348 千字

印　　张：20

版　　次：2024 年 7 月第 1 版

印　　次：2024 年 7 月第 1 次印刷

定　　价：98.00 元

# 发刊词

　　1984 年 11 月，国内唯一一座以钟铃文化为主题的专题博物馆——大钟寺古钟博物馆正式批准成立。由此发端，一代代"钟博人"脚踏实地，接续努力，秉持"收藏展览研究，弘扬传统文化"的办馆宗旨，致力于钟铃文物的收藏和保护，组织和开展了大量钟铃文化的宣传和研究工作。四十载筚路蓝缕，四十载春华秋实，时至今日，大钟寺古钟博物馆已经成长为在海内外（尤其是东亚地区）享有较高知名度的专题性博物馆。党的十八大以来，习近平新时代中国特色社会主义思想为文博事业提出了新的任务和要求，也为我馆的工作指明了方向。以此为契机，我们创办了《中国古钟研究》刊物。

　　《中国古钟研究》旨在集中展示古钟文化领域的最新科研成果，汇聚国内外相关专家学者的学术智慧，打造与时俱进的钟铃文化研究、交流和传播平台。本刊采用编研一体的办刊模式，立足于大钟寺古钟博物馆长期积累的业务资源，除广泛采用国内外专业人士和业余爱好者的稿件外，还邀请国内外文博领域的著名专家学者参与组稿、审稿，为期刊特色化、专业化建设提供学术支撑。就稿件范围而言，所涉领域较为宽泛，涵盖古钟文物研究、文化遗产保护以及博物馆管理实践研究等方面，以文章突出学术性、理论性、创新性为采用标准。

《中国古钟研究·第一辑》设有"古钟钩沉""钟史发微""钟林争鸣"和"钟声悠扬"四个单元，收录文章共 28 篇。内容既有对古钟纹饰、铭文、历史沿革的梳理考证，也有对与古钟相关历史背景、人物事件的专题探讨；既有涉及古钟保护的实践与理论相结合的研究，也有关于古钟文化资源文创利用的经验总结；既有对钟铃类文物收藏单位在管理运行方面的比较研究，也有将古钟文化与社会公众需求紧密结合的实践创新与理论构建；等等。今后还可根据需要在结构和内容上进行适当调整和增减，以期达到较高的学术水准和质量。

俗话说，万事开头难。值此《中国古钟研究·第一辑》面世之际，谨向所有关心、支持和帮助过我们的作者、评审专家、编辑老师致以由衷的感谢和真诚的敬意！同时更希望广大的钟铃文物爱好者、研究者以及社会各界人士今后多多关注和关心本刊，为本刊提出宝贵意见！

大钟寺古钟博物馆
2024 年 7 月

# 目　录

## 299 文物档案

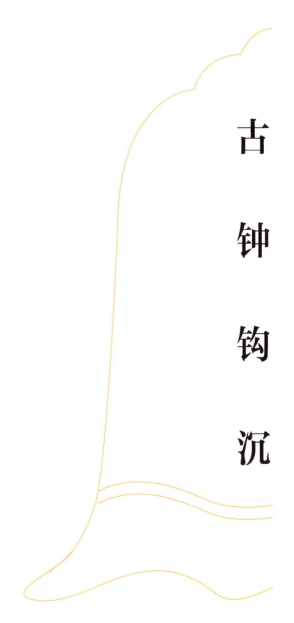

古　钟　钩　沉

# 对永乐大钟梵字铭文的新认识

杨　巍[*]

**摘要：** 本文通过对永乐大钟梵字铭文的考察梳理，精确统计出钟上梵字铭文数量为 4246 个，钟体内外连同悬挂结构上汉梵经咒有机衔接，排布严谨，铭文排版具有分区对称、横排右行、行文尚东、内容重复和关联呼应等特点。结合汉文经咒内容进行宏观分析，总结出永乐大钟铭文所选取的经咒具有教化作用：永乐钟铭反复强调了吉祥寓意，其"治世太平，人民幸福"的美好愿景与"国家一统，众生普善"的宏伟目标至今仍具有深刻的现实意义。

**关键词：** 永乐大钟　梵字　铭文

## 一、永乐大钟梵字铭文的研究基础

自大钟寺古钟博物馆成立以来，馆内外学者不断地对永乐大钟汉字与梵字铭文进行研究。从研究范围来看，大致可以将前期研究成果分为三个方面。第一，对永乐大钟铭文布局及概括研究。研究成果主要有高凯军、夏明明老师的《发现永乐大钟》。第二，对永乐大钟梵字铭文的释读研究。研究成果以 1981 年郭元兴先生的释读文稿、2005 年北京大学张保胜教授的《永乐大钟梵字铭文考》为集大成者。第三，对永乐大钟铭文与铸钟目的、铸造过程、文化内涵等方面的研究。研究成果有于㪍的《大钟寺》，陈捷、张昕的《永乐大钟五方佛曼荼罗及其在建筑空间中的运用》等。2023 年，大钟寺古钟博物馆开展了"永乐大钟铭文排布关系及文化内涵研究"科研课题，对永乐大钟的铭文内容开展了细致深入的再考察工作，课题着眼于永乐大钟钟体铭文内容、铭文分区、排版、布局规划意图，在梳理铭文内容、查验汉字梵字字体、总结布局排版规律的同时，

* 杨巍，大钟寺古钟博物馆副研究馆员，研究方向：钟铃文化与博物馆展览策划。

抽取少量镌铸有类似内容汉梵铭文的明代早期至中期的古钟开展对比研究，以揭示永乐大钟所蕴含的丰富历史文化内涵。以上这些研究成果为深入考察研究永乐大钟梵字铭文奠定了坚实的基础。

## 二、永乐大钟梵字铭文的研究方法

永乐大钟上铸造了 4000 多个梵字铭文，内容为佛教咒语。根据对已有研究成果的梳理，选取研究方法如下：

（1）历史文献学研究方法：通过文献档案、佛经版本对照研究。对照查阅的书籍资料包括《大乘经咒》《明成祖写经》《诸佛菩萨相名号经咒》等。

（2）实地调查分析：实地调查永乐大钟铭文，与已有成果校勘。实地走访调查明代早中期古钟，考察钟体铭文。

（3）比较考据分析：通过已有资料比较同时代古钟上经咒铭文内容的异同。通过佛经、档案记载的内容对比研究。

（4）数据整理及绘图分析：根据工作成果将铭文全文录入，并进行数据整理，绘制铭文分区图，分析归纳研究结论。

## 三、永乐大钟梵字铭文的研究步骤与新认识

永乐大钟梵字内容的主要研究步骤为：采集梵字铭文图像——对照书籍资料还原全部文字——分区域分类别进行释读——整理编排形成数据库——对比研究同时代古钟相似铭文内容——归纳总结形成新的认识。

通过近两年的研究，我们对永乐大钟梵文内容获得了新的认识，现整理阐述如下，以此为不同领域的专家学者进行深入立体的研究提供一些基础工作资料。

为了保证此项研究的科学性和统一性，我们对前人研究成果和永乐大钟铭文直观特点进行了初步分析，就梵字铭文字符统计与计数规则进行了研究。

永乐大钟梵字铭文分布具有自身特色。第一，分布范围广：钟体外壁与内壁、钟钮与底口、悬挂结构均铸有梵字铭文。第二，梵字铭文符合由左至右横向排布的书写规则。第三，各区域梵字内容精心设计，排布整齐有序。

永乐大钟梵字铭文分布区域可划分为 6 个部位，具体为：悬挂结构上 U 型环、悬挂结构下 U 型环、钟身外顶部、钟身内顶部、钟裙内壁荷叶边、钟唇底口。为了便于描述铭文分布位置情况，本文所提及的方位、方向均以永乐大钟现今实际悬挂状态为准来叙述。

图1 钟架遮挡部位的铭文　　　　　　　　　　图2 释读遮挡区域的铭文获取正确认识

在具体操作中，我们首先按照不同部位进行编号，然后根据实际情况采取逐区、逐圈、逐行、逐列或者逐字的方式进行数字化采集和计数，最后形成采集后的铭文数据库。这样一来，既可单字检索铭文原图像，也可分区、分列检索铭文原图像，便于准确统计铭文数量，开展深入分析和研究。

具体字符计数规则如下：

（1）梵文字符无论子音接续情况如何，均按照钟上铭铸情况，一个字符计为一个字。

（2）梵字咒牌无论由几个音节字符组合而成，一个咒牌均计为一个字。

（3）标识咒语起始与结尾的"I""II"句点字符计为一个字。

（4）标识梵字语音重复的"β"字符计为一个字。

### （一）对永乐大钟梵字铭文的具体数量有了更加精确的认识

在对钟体铭文进行采集的工作中，我们主要采用了常规摄影和微镜头摄影方式采集图片资料。与以前铭文摄影采集工作相比，除了完成常规可视部位的资料采集外，重点对钟架遮挡的8个区位开展了细致的图像采集（图1、图2）。通过搭建脚手架、利用微镜头、蓝牙快门等实用的方式，成功采集到隐藏部位铭文图像20幅，释读遮挡区域梵字总计68个字符；获得了相较于此前研究更加准确的信息，并且尝试建立铭文图像和文字数据库。

经过细致的计数工作查明，永乐大钟所铸梵字铭文字数共计4246字。梵字铭文主要分布于悬挂结构上、下U型环、钟体顶部内外壁、钟体内壁荷叶边以及底口最外圈，另有少量分布于钟钮脚柱附近、钟体纪年牌位和撞钟座附近。按照梵字铭文类别统计字数，具体情况如表1所示。

表1　永乐大钟梵字铭文统计表

| 类别 | 内容 | 字符数量 | 排布位置或方式 |
|---|---|---|---|
| 种子字 | 佛菩萨天王名号 | 115 | 单字、单行或单列 |
| 陀罗尼咒语 | 真言咒语 | 4046 | U型环、钟体内外壁 |
| 曼陀罗咒轮 | 五方佛四佛母、四大天王 | 63 | 完整、独立咒轮圈构成的曼陀罗 |
| 咒牌 | 佛菩萨名号、吉祥祝愿 | 4 | 东西南北四正向 |
| 书写符号 | 段落起始与结束的标识 | 18 | 段落或语句首尾 |
| 梵字总计：4246字符 | | | |

### （二）系统揭示了大钟铭文的排版规律

永乐大钟全部铭文不仅总数多达 23 万余字，而且分为汉字铭文与梵字铭文两种，当时的设计师和工匠们将数量如此庞大的铭文整齐有序地排版，将汉梵经咒进行有机结合，将各区部位进行严谨衔接设计，足以说明铸造永乐大钟是一项相当复杂和系统的工程，同时也反映了当时科学技术的卓越成就。

#### 1. 对称排列的区域划分整齐有致

各区域遵循对称原则，既有中心对称的环状排列，也有轴对称的横行、竖列、倒置梯形。每个区域行、列文字数量基本固定，个别位置根据所铸经咒字数有微调。比如：上 U 型环正面铭文区南北各为 26 行，通常每行 8 字符。下 U 型环正面南北各 11 行，通常每行 8 字符；各侧面为 16 行，通常每行为 5 字符（最下端两行因结构弧度而减少为 4 字符和 3 字符）。钟体外壁的顶部紧密地连接了钟钮的"柱状腿"，四条柱腿两侧分别设置了八大菩萨的种子字，柱脚的顶端还精心设置了四大天王的种子字。钟体外壁最下方，东西两侧设置对称的圆形区域，分别作为纪年牌位和撞钟座来使用，其两侧对称设置了四大天王种子字。

#### 2. 梵汉相融的空间布局独具匠心

梵字铭文占据全钟最高点（悬挂结构 U 型环）与最低点（钟唇底口最外沿），汉字铭文有序排布在钟钮以及钟体内外壁各处，由各类梵字铭文包裹围绕。在排布方面，汉字为竖列排版，从右至左旋转排布；而所有梵字排列方式都是横向逐行排版，文字方向为由左至右。其中，梵文在钟体顶部外壁、内壁与钟唇底口是环形排列，形成不同铭文圈层，外顶分为 8 圈，内顶分为 15 圈，钟唇底口为 1 圈，所有环形排列的梵字亦均符合从左向右的书写规则，因此观察钟体内外壁梵字铭文圈时，文字方向会出现顺时针和逆时针的差别（图 3）。

#### 3. 崇尚东向的跳跃式行文格局

经过对铭文内容的释读，我们发现所有铭文排布都崇尚以东方为起讫的现

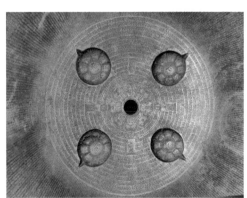

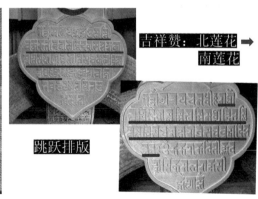

图 3　严谨对称梵汉相融的排版布局　　　　图 4　独特的跳跃式排版现象

象。无论是汉文还是梵文经咒，大部分是从东向起始，至东向结尾。为了尽量保证经咒段落在一定区域内完整展现，个别段落起点也存在从东北方向起始的情况。特别值得注意的是，专家学者曾指出汉字铭文按照文字内容在内外壁之间设计了"三进三出"跳跃排版的现象[1]。无独有偶的是，梵字铭文在上U型环的莲花头区域也有类似的跳跃式排版现象（图4）。

### 4. 经咒内容的重复节选现象

在经咒所选取的内容方面，钟体铭文内容存在着不规律的重复现象，同时部分佛经和咒语存在篇幅节选现象。如：汉字佛经《诸佛世尊如来菩萨尊者神僧名经》全文总计40卷，钟上所铸铭文是节选了此经全文前20卷与结尾部分，其中各卷之间还存在一定数量的佛菩萨名号不规律重复现象；梵字经咒也存在不同形式的重复现象，如8字符的短咒《金刚藏菩萨真言》总计重复出现4次，分别位于上U型环、下U型环，西荷叶边、西北荷叶边；二百余字符的长咒《灭除五逆罪陀罗尼》重复两遍，分别出现在上U型环和钟唇底口区域，仅仅是个别字符在连读拼写方面的差异才导致统计字数有两字之差。

### 5. 构思巧妙的汉梵经咒关联呼应

汉梵文字经咒内容之间密切关联，存在多处呼应印证的现象。例如，整钟最高处是作为悬挂结构的上U型环，其上设置了紧邻五方佛四佛母种子字的《无能胜白伞盖真言》和《大佛顶白伞盖心咒》(图5)，与此同时，在钟体最高处（即钟钮上）排布的是汉字佛经《佛顶大白伞盖楞严陀罗尼经》。梵字铭文在钟体最低处（底口唇边最外缘）设置的是"吉祥尾字"六字符，以示结尾；相对应地，汉字铭文则在全篇铭文的结尾处设置了《吉祥赞》四句偈语，位置同样处于整钟最低处，与之紧密邻接的是"大明永乐年月吉日制"这一纪年落款，表明全钟文字到此结束（图6）。

图 5　以大白伞盖为内容的梵汉经咒　　　图 6　汉文吉祥赞与梵文吉祥尾字

---

1 高凯军，夏明明：《发现永乐大钟》，中华书局，2006年，第56—57页。

## 四、对永乐大钟梵字的分析与讨论

根据以上关于梵字铭文的研究成果，我们就永乐大钟全部铭文的相关问题形成了以下初步认知和分析结论。

### （一）钟上经咒具有"定众志，裨治化"的教化作用

永乐大钟总计 23 万余字铭文，其中包含八部佛经、一百余部汉梵咒语。篇幅最大的内容是《诸佛世尊如来菩萨尊者神僧名经》，字数占一半以上。钟上铭铸的其他佛经为《佛顶大白伞盖楞严陀罗尼经》《佛顶尊胜总持经咒》《法华经》《心经》《金刚经》《阿弥陀经》以及《仁王护国陀罗尼经》。汉字咒语的选择包括篇幅较长的《大悲总持神咒》《大明神咒回向》以及篇幅短小的《十二因缘咒》《吉祥赞》《生天咒》等等。

梵字咒语中篇幅较长的是《佛顶尊胜陀罗尼》《青衣金刚手陀罗尼》《灭除五逆罪陀罗尼》《阿弥陀佛根本咒》《百字真言》等；另外包括数量众多的短咒以及佛菩萨种子字（图 7）。钟上各区域广泛出现五方佛四佛母、八大菩萨、四大天王等神佛名号；同时也选取了十大明王、十二天尊、八大龙王等诸神的真言咒语整齐有序地铭铸在钟上相应区位。梵字咒语的语法比较简单，多数以致敬神佛名号为内容。

图 7　钟顶外壁有序排列着八大菩萨种子字

表 2　钟体汉字铭文经咒及其文化内涵

| 序号 | 经咒名称 | 内容与作用 |
| --- | --- | --- |
| 1 | 《佛顶大白伞盖楞严陀罗尼经》 | 护佑 |
| 2 | 《般若波罗蜜多心经》 | 悟道 |
| 3 | 《佛顶尊胜总持经咒》 | 救厄 |
| 4 | 《诸佛世尊如来菩萨尊者神僧名经》 | 礼敬 |
| 5 | 《妙法莲华经》 | 普善 |
| 6 | 《金刚般若波罗蜜经》 | 明智 |
| 7 | 《佛说阿弥陀经》 | 往生 |
| 8 | 《仁王护国陀罗尼经》 | 护持 |
| 9 | 《大悲总持神咒》 | 消灾 |
| 10 | 《破地狱真言》 | 解脱 |
| 11 | 《生天咒》 | 生天 |
| 12 | 《般若无尽藏真言》 | 智慧 |
| 13 | 《金刚心陀罗尼》 | 福佑 |
| 14 | 《大明神咒回向》 | 护国爱民 |
| 15 | 《十二因缘咒》 | 清净解脱 |
| 16 | 《吉祥赞》 | 祈愿吉祥 |

统观钟上全部经咒的内容和含义，不难发现其核心思想是神佛庇佑、消灾解难、众生平等、吉祥如意，通过经咒与大钟结合的形式达成圆满之愿（表2）。

### （二）汉梵铭文布局严谨，反复强调吉祥寓意

从上文叙述可知，汉文与梵文两种文字经咒均以"大佛顶白伞盖"的内容起头，且位于钟顶部位，凸显了白伞盖的重要作用。白伞盖真言具有护身与护国的功能，将其铭铸于梵钟最高点与书之于伞幢之上有着异曲同工之妙。

相应地，汉字和梵字铭文在《心经》《佛顶尊胜总持经咒》《十二因缘咒》和《吉祥赞》等经咒上均有不同程度的互相印证，其中《十二因缘咒》以梵字和汉字音译两种不同形式分别铭铸在钟体外顶和钟裙部位且均靠近行文段落的结尾处；而短咒《吉祥赞》更是以梵字原文和汉文意译的四句偈语形式分别铸于悬挂结构与钟体文字的结尾处。值得注意的是，汉文《十二因缘咒》与《吉祥赞》紧邻前文《大明神咒回向》，根据钟体全部铭文的综合分析，可以得知此三条咒语是全钟铭文的结尾，其重要作用是确定无疑的。

另外，钟体铭文在悬挂结构、内顶铭文圈、钟唇底口三个不同位置结尾处，均设置了6字梵文字符"吉祥尾字"（ma ga lam bha va ntu），其含义为"诚愿吉祥"。钟体内顶四个咒牌之一的吉祥咒牌同样是由"吉祥尾字"6字符组合而成，其与另外三块咒牌（时轮金刚咒牌、佛菩萨种子字咒牌、金刚手咒牌）的聚合无疑也强化了祈愿吉祥如意的寓意。

### （三）钟铭语义气度非凡，具有现实意义

明朝是中国古钟铸造发展史的鼎盛期，尤其是明朝早期铸造了多件大型古钟，与永乐大钟同时代的大钟包括悬挂于北京钟楼之上重达63吨的永乐更钟和24吨重的永乐铁钟、明初首都南京23吨重的洪武大铜钟以及文献中所记载的明中都凤阳府38吨重的凤阳大钟。这些大钟是中华民族的历史文化瑰宝，以其独特方式蕴含了丰富的人文精神。

被誉为明朝"开国文臣之首"的文学家宋濂在《凤阳府新铸大钟颂》这篇文章里明确指出，铸造大钟目的在于"稽古右文，定于中制，宣导天地，孚洽神人，中和所致，嘉瑞必协"以及"鸣国家之盛""惟皇建极，福之敷锡。制器有赫，式和民则。稽乐之原，钟实为先。律吕以宣，功垂不刊"。由此我们可以清晰地了解皇家铸造巨钟的象征意义在于传导教化，宣扬盛功。

在众多大钟行列之中，永乐大钟因数量庞大的铭文使其内涵更为丰富。尤为值得重视的是，在钟裙靠近纪年牌位之处铸有《大明神咒回向》，这是明成祖御制总计达数十万字的《诸佛名经》临近结尾的重要内容，也是全钟铭文临近

结束的内容，文中明确提及十二个"惟愿"和六个"敬愿"(详见附录)，其中包含了国泰民安、治世太平、人民幸福的美好愿景，并以此最终实现"大明一统、众生普善"的宏伟目标。

根据学者研究，在今内蒙古额济纳的黑水城出土的文献有三种西夏刻本《金刚经》，经尾所附《般若无尽藏真言》和《金刚心陀罗尼》与永乐大钟的《般若无尽藏真言》和《金刚心陀罗尼》在文字上密合无间。其中两种刻本的《金刚心陀罗尼》咒名被翻译为《金刚心中真言》[1]。另据学者研究，永乐大钟上《仁王护国陀罗尼经》铭文咒语部分与来自西域的唐代高僧不空法师译本基本相同，但经文部分有较大区别，尚未确定钟上经文属节录并改写，还是应视作新译。而《佛顶大白伞盖楞严陀罗尼经》显然为完整新译，它与有关明代智光大师译经的记载吻合。《大乘经咒》和永乐大钟上大量咒文音写用字自成体系，为新见或与前代不同。上述汉字音写的梵咒应当是以智光为核心的西天僧团的译作。[2]

综上所述，永乐大钟令人叹为观止的铭文是千百年来文明交融、民族融合的背景下集各族人民伟大智慧而产生的文明结晶。挖掘永乐大钟文化内涵，可以更深刻地领悟各族人民共同创造中华文化、捍卫祖国统一、推动历史进步、形成中华民族共同体的历史进程。

永乐大钟以雄浑、协和、振奋的钟声激励我们中华民族共同体孜孜不倦地"求统一、求富强、求安定、普善功"，永乐钟铭所承载的精神对于铸牢中华民族共同体意识、同心奋斗实现中国梦无疑具有深刻的现实意义。

## 附录：节录永乐大钟铭文中的"十二惟愿"及"六个敬愿"

惟愿如来阐教宗

惟愿大发慈悲念

惟愿皇图万世隆

惟愿国泰民安乐

惟愿时丰五谷登

惟愿人人尽忠孝

惟愿华夷一文轨

惟愿治世长太平

1 高山杉：《"此钟身被莲花篇"是何篇：永乐大钟梵经咒汉考补考》，《东方早报》2011 年 12 月 17 日。
2 廖旸：《白伞盖经译传三题》，《世界宗教研究》2015 年第 6 期，第 65—75 页；廖旸：《经咒·尊神·象征——对白伞盖信仰多层面的解析》，《形象史学研究》，2014 年，第 82—105 页。

惟愿人民登寿域
惟愿灾难悉消除
惟愿盗贼自殄绝
惟愿和气作祯祥
我今顶礼表衷忱
烁迦罗心誓无转
以兹善果觉无缘
愿使众生皆成佛
敬愿慈尊显六通
敬愿乐利有情众
敬愿大明永一统
敬愿人人归大雄
敬愿众生普善功
敬愿皇图万世隆
以此无尽大功德
惟愿普利于一切
圆满胜福皆回向
众生俱得成佛道

# 莲花纹饰与梵钟的关系研究
## ——以大钟寺古钟博物馆馆藏古钟为例

李小丽[*]

**摘要：** 莲花作为一种美学意象，在梵钟装饰中普遍存在。历史上，不同时期梵钟莲花纹饰分布情况呈现出规律性变化；分布在梵钟不同部位的莲花，其装饰效果与装饰手法也各有不同。文章在对大钟寺古钟博物馆 61 口梵钟进行类型学分析的基础上，根据其不同部位不同纹饰的名称、数量、形制、位置、排布以及艺术特点，着重对梵钟不同位置的莲花纹饰进行比较研究，进一步探索其相应的历史价值与美学价值。

**关键词：** 莲花纹饰　梵钟　永乐大钟　大钟寺

　　莲花是古器物上广泛使用的一种装饰纹样，在很多地方的石刻、陶瓷器、丝织品、金银器、玉器、青铜器等不同类型的文物上，都可以找到以莲花作为主体或辅助纹样的装饰痕迹。梵钟作为与中国古代佛教文化关系密切的文化遗存，其莲花装饰具有自身特点和规律。2022 年，笔者对大钟寺古钟博物馆 61 口梵钟的铭文和纹饰进行了系统对比和分析，根据其不同部位不同纹饰的名称、数量、形制、位置、排布以及艺术特点，着重对梵钟不同位置的莲花纹饰进行比较研究，深度分析了莲花纹饰的变化规律，进一步研究莲花纹饰对于梵钟的意义。本文为北京市文物局立项课题——"永乐大钟及其他馆藏古钟文物铭文、纹饰研究"的初步成果，错讹之处，祈请方家指正。

## 一、从乐钟到梵钟

　　中国青铜古钟一般分为"乐钟"和"梵钟"。乐钟是先秦礼乐制度的重要组成部分，其形制主要为合瓦形（图 1），装饰纹样也多与同时期的青铜酒器、炊

\* 李小丽，大钟寺古钟博物馆馆员，研究方向：钟铃文化、展览策划。

图1 曾侯乙甬钟与钮钟 **1**

图2 F型（编号 K 2②：103-8）鹰形铃（三星堆）

图3 H型（编号 K 2③：78）花蒂形铃（三星堆）**2**

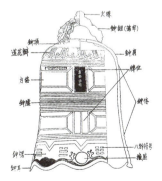

图4 中国梵钟各部位名称 **3**

器、食器等礼器相一致。与乐钟相比，在钟铃文化视野下，与合瓦形乐钟有着密切文化渊源的铜铃，其形制和装饰则要比乐钟丰富得多，例如三星堆出土的铜铃（图2、图3）。

秦汉以降，随着礼乐制度的瓦解以及佛教的传入，在钟铃体系中，合瓦形的乐钟不再受到重视，正圆筒形的寺观钟逐渐成为主流，古人将这种正圆筒形的寺观钟统称为"梵钟"，并且材质也不局限于青铜，如铁质梵钟也逐渐出现。

根据梵钟不同的构成部分，从上到下大致可将其分为六大部位：钟钮、钟顶、钟肩、钟体、钟腰、钟裙（图4）。莲花纹饰在古代梵钟上应用非常广泛，从钟的顶、肩、体、裙口到钟月，皆有使用莲花纹饰作为装饰的实例。并且，在不同时期因文化、审美、用途需求的不同，产生了不同的莲花纹饰造型，形成了一个我国古代独具特色的流变脉络。

## 二、梵钟莲花纹饰的分布情况

### （一）钟月部位莲花纹饰

钟月，即钟的撞座，因形似一轮圆月而得名。多为素面或以莲花纹饰之。钟月通常作为梵钟的撞钟点，同时对梵钟也起到一定装饰作用。早期梵钟的钟月位于梵钟的钟腰部位，钟月周围常以一圈单层或双层莲花瓣纹绕之，莲花瓣数量通常为 8 个（不计花瓣下叠加数）。例如南朝陈太建七年（575）铜钟、唐天宝十载（751）龙兴寺铜钟、唐贞元三年（787）信乐寺铜钟等（图5—图7）。

明永乐大钟的钟月则位于钟裙部位，内饰有荷叶盖、莲花须弥座，"大明永乐年月吉日制"年款的铭牌（图8）在遍铸铭文的钟体上尤其醒目。

1《曾侯乙墓出土文物 曾侯乙甬钟与钮钟》，《学习月刊》2020 年第 5 期，第 58 页。
2 华明玲、田彬华：《三星堆出土乐器研究》，《西南科技大学学报（哲学社会科学版）》2009 年第 2 期，第 6—12、44 页。
3 全锦云：《东亚梵钟文化研究》，文物出版社，2018 年，第 7 页。

图5 南朝陈太建七年（575）铜钟（复制品）钟月

图6 唐天宝十载（751）龙兴寺铜钟（复制品）钟月

图7 唐贞元三年（787）信乐寺铜钟钟月

图8 明永乐大钟钟月

图9 清康熙胡广安陆府铁钟钟月

图10 清乾隆元年（1736）龙神庙铁钟钟月

清康熙湖广安陆府铁钟钟月（图9）为一朵盛开的抽象莲花纹。清乾隆元年（1736）龙神庙铁钟在钟月（图10）周围饰有一圈双层重叠莲花瓣纹。

**（二）钟顶部位莲花纹饰**

梵钟的顶部很早就出现了莲花纹，例如唐贞观三年（629）宝室寺铜钟的钟顶，装饰有一圈12个双层重叠莲花瓣纹（图11）。

这种梵钟钟顶饰莲花纹的现象，在元代蔚县铁钟上也有体现（图12）。其钟顶部位共装饰有18个莲花瓣，围成一圈，其中上层6个，下层12个。从钟顶看下去有一种莲花盛开的艺术效果。

在明清梵钟中，也有这种钟顶饰莲花的现象。通常以钟顶为圆心，饰一圈莲花瓣纹，莲花瓣数量多为偶数。例如永乐大钟钟顶内部装饰有5组双层重叠卷

图11 唐贞观三年（629）宝室寺铜钟（复制品）钟顶莲花纹

图12 元皇庆二年（1313）蔚县铁钟双层重叠立体莲花纹

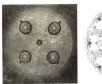

图13　明永乐大钟钟顶内壁（钟顶莲花瓣8个及梵文经咒）

图14　清康熙二十二年（1683）白衣庵铁钟单层莲花瓣（16个）

图15　清康熙戊申年（1668）铜钟钟顶单层莲花瓣（12个）

图16　清乾隆元年（1736）龙神庙铁钟钟顶单层莲花瓣（6个）

图17　清道光王立全等铸铁钟钟顶变体双层莲花瓣纹（4个）

边云纹[1]8瓣莲花（图13），每组莲花中央和每个莲花瓣内都书写一个梵文种子字。钟顶正中央莲花内为五智如来及四明妃种子字[2]。其他4组小的莲花内则饰以种子字四天王曼荼罗。站在永乐大钟正下方，从钟底往上看，钟顶装饰与中国古代建筑中的天花有异曲同工之妙。

这种从钟顶最中心点延伸出来的莲花瓣装饰，分布面积有大有小，有的甚至从钟顶位置延伸到了钟肩部位（图14—图16）。又如清道光王立全等铸铁钟，其钟顶则为变体双层莲瓣纹（图17）。

### （三）钟肩部位莲花纹饰

钟肩，即钟的肩部，拟人称谓。通常以盛开的莲瓣覆盖下的浮雕纹饰作为装饰。浮雕型莲瓣纹饰对古钟制作工艺、艺术水平要求较高，也有一些民间古钟钟肩部位以简单的莲花变体线条纹饰作为装饰，或以简单弦纹等饰之。

据统计，梵钟肩部位所饰莲花纹，其莲瓣数量以偶数居多，有4、6、12、14、16、18、20、24、28瓣等数量（不计花瓣下叠加数），仅有一口乾隆铜钟为奇数13瓣，其用意不详。但是其中部分可以根据其莲花瓣内纹饰判断其数量设计的用意。例如：明弘治道钟的钟肩莲花瓣数量为28个，花瓣内分别铸有二十八星宿名（图18）；明正德张淮铜钟的钟肩花瓣内分别铸有"南无阿弥陀佛"字样三遍（图19），共计18个；清藏文铜钟（图20）的钟肩莲花瓣数量为

图18　明弘治道钟的钟肩莲瓣平面图

1 翟恬：《宝相花纹样历史流变及造型探析》，西安工程大学硕士学位论文，2014年。
2 张保胜：《永乐大钟梵字铭文考》，北京大学出版社，2006年，第88页。

图19 明正德张淮铜钟的钟肩莲瓣平面图

图20 清藏文铜钟钟肩莲花瓣拼接图

中国古钟研究·第一辑

16

12个，莲花瓣内饰有藏文字符16个，为 ༄༅།ཨོཾ་སུ་པྲ་ཏིཥྛ་བཛྲ་ཡེ་སྭཱ་ཧཱ་ར་ཙ་ར་ཙ་སྭཱ་ཧཱ ༎，读音为"喔么、瑟、扎地、查、白、唖、耶、索、哈、ra、恰、ra、恰、索、哈"，意为灌顶 (བདེན་བཙུག，译为"依附") 心咒，均为佛像、佛经、佛塔等伏藏时念的心咒。

不同梵钟的钟肩部位莲花瓣的造型、装饰手法、花瓣组合形式、花瓣装饰内容也有所不同。

梵钟莲瓣造型常以高浮雕或浅浮雕的手法，单瓣或多瓣重叠组合围成一圈[1]。例如：北京地区现存最早的梵钟——北宋仁王院铜钟（图21），钟肩部位由24个单瓣叠边式高浮雕花瓣围成一圈，花瓣内没有装饰。

图21 北宋仁王院铜钟及其钟肩高浮雕叠边式莲花瓣组图

图22 明嘉靖保明寺铜钟及其钟肩浅浮雕单层莲花瓣组图（12个）

明嘉靖保明寺铜钟的钟肩部位由一圈浅浮雕单层莲瓣构成，莲瓣内没有装饰（图22）；同时期明嘉靖地坛钟的钟肩部位则由一圈高浮雕双层重叠式莲瓣构成，莲

---

1 李玉峰：《西夏装饰纹样研究》，宁夏大学博士学位论文，2019年。

瓣内饰有浅浮雕如意云纹（图23）。

　　而明天顺五年（1461）法华寺钟（图24）与明成化龙纹铜钟（图25）的钟肩部位皆由一圈高浮雕双层重叠式莲瓣构成，法华寺钟莲瓣内饰有浅浮雕如意云纹，龙纹铜钟则饰有高浮雕如意云纹，且两口钟如意云纹的造型也有所不同。

　　清康熙四十六年（1707）柏林寺铜钟（图26）与清乾隆朝钟（图27）钟肩部位皆由一圈高浮雕双层莲瓣构成，柏林寺钟莲瓣内饰有浅浮雕云气纹，乾隆朝钟莲瓣内则饰有较为繁复的高浮雕云气纹。两口钟的功用不同，莲花瓣内云气所展示的意象也有所不同：乾隆朝钟云气线条凌厉、规矩；柏林寺钟的云气线条则较为柔和、随意，多了一分仙气。

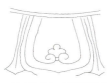

图23　明嘉靖地坛钟及其钟肩高浮雕与浅浮雕双层重叠莲花瓣组图（16个）

图24　明天顺五年（1461）法华寺钟及其钟肩高浮雕与浅浮雕结合双层重叠莲花瓣组图（20个）

图25　明成化龙纹铜钟及其钟肩高浮雕双层重叠莲花瓣组图（24个）

图26　清康熙四十六年（1707）柏林寺铜钟及其钟肩高浮雕与浅浮雕结合双层重叠莲花瓣组图（24个）

图27　清乾隆朝钟及其钟肩高浮雕双层重叠莲花瓣组图（20个）

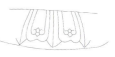

图28　清嘉庆十六年（1811）大兴铁钟及其钟肩浅浮雕双层重叠莲花瓣组图（16个）

图 32　清道光八年（1828）秦晋会馆钟宝瓶莲花纹

图 29　明嘉靖丙午年（1526）摩诃庵钟莲花须弥座龙纹年款牌

图 30　明天启魏忠贤铜钟莲花底座施主牌

图 31　明永乐大钟荷叶盖莲花底座年款牌

图 33　明成化鎏金铜钟卷草莲花纹

图 34　清康熙戊申年（1668）铜钟莲花荷叶纹

图 35　清康熙戊申年（1668）铜钟莲花卷草纹

图 36　清康熙十二年（1673）白衣庵铁钟白鹭莲花纹

图 37　清康熙善缘庵钟卷草番莲纹

图 38　清康熙四十六年（1707）柏林寺铜钟莲花卷草纹

图 39　清康熙四十六年（1707）柏林寺铜钟莲花卷草纹

钟肩部位莲花瓣的装饰在明清时期也出现鲜明的程式化倾向，尤其体现在一些铁钟上，例如清嘉庆十六年（1811）大兴铁钟变体莲花纹（图 28）。

### （四）钟体部位莲花纹饰

#### 1. 铭牌莲花须弥座

梵钟钟体上方，通常会饰有铭牌。铭牌下方一般装饰有莲花须弥座（图 29—图 31）。这种莲花须弥座的装饰手法应该是借鉴了古代石刻的基座、建筑构件等。

#### 2. 独立或成组吉祥图案

梵钟钟体部分经常通过弦纹、开光等进行分区。在某些特定分区内，常常装饰有独立或组团出现的图案。例如清道光秦晋会馆钟上装饰有 19 个倭脚方形开光，每个开光内均饰有一种具有吉祥寓意的图案，其中一个为宝瓶莲花图案（图 32）。宝瓶莲花图案来源于古代印度，是生命本源的象征，在佛教中用于对佛陀的供奉。宗教仪轨传到中国后，形象也逐渐中国化，宝瓶多为中国花瓶的样式，寓意清净圣洁。

明成化鎏金铜钟（图 33）、清康熙戊申年铜钟（图 34、图 35）、清康熙善缘庵钟（图 37）、清康熙四十六年柏林寺铜钟（图 38、图 39）、清嘉庆封川县铁钟（图 40）、清道光王立全等铸铁钟（图 41）上均装饰有由

图40 清嘉庆封川县铁钟莲花钟月、莲花卷草纹

图41 清道光王立全等铸铁钟莲花卷草纹

图42 北宋仁王院铜钟、元更钟、元蔚县铁钟及其耳部

图43 明成化十七年（1481）铜钟、明成化鎏金铜钟、明永乐大钟耳部

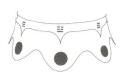

图44 明嘉靖保明寺钟及其耳部

番莲纹与忍冬、卷草纹等组合而成的樗蒲纹[1]，呈条状或组团分布在梵钟的钟腰、钟裙等部位。这种忍冬与莲花组合而成的花卉樗蒲纹装饰，使古钟极具华丽美感。康熙时期，宫廷赏瓶多饰番莲等变体莲花纹，赠予臣子表达愿其清廉之意。如清康熙十二年白衣庵铁钟白鹭莲花纹（图36），即有表达"一路连科""一路荣华""路路清廉"等祝颂用意。

## （五）钟裙的莲花形式造型特色

钟裙，因梵钟底口张开，形似裙摆而得名，一般分为平直口与波形口两种造型。在早期的古代梵钟中，大部分钟的钟口波形数均为6个，有些学者认为这象征的是佛家所说的六根，并称波形口凸出部分为"耳"[2]，例如宋仁王院铜钟与元蔚县铁钟。但是，明清时期的波形口型钟，钟裙部位却通常由8个形似"莲瓣"的波形凸瓣组成。

北宋仁王院铜钟、元代更钟的波形口凸瓣部位造型呈现尖圆形，而元蔚县铁钟的钟裙波浪相对比较平缓（图42）。

明早期，部分古钟钟裙的钟耳部依然相对比较尖，口沿微微外张，例如明永乐大钟、明成化十七年（1481）铜钟、明成化鎏金铜钟等（图43）。

到了明后期尖耳逐渐变得越来越圆润、平缓，接近莲瓣造型，例如

1 张淑贤：《古代樗蒲纹粧花织物》，《紫禁城》1987年第6期，第11、22—23页。
2 王申：《阁院飞狐》，载卢迎红、卢嘉兵主编：《古钟掌故》，北京联合出版公司，2017年，第69页。

明嘉靖保明寺钟、明天启魏忠贤铜钟（图44、图45）。

到了清代，这种平缓圆润的钟耳则慢慢向方形过渡，且波浪幅度愈显夸张，口沿外张幅度也随之增大。例如：清道光壬午年（1822）石灯庵铜钟、清康熙四十六年（1707）柏林寺铜钟的钟耳造型偏方；清道光王立全等铸铁钟的钟耳波浪则幅度较大（图46—图48）。

图45　明天启魏忠贤铜钟及其耳部

## 三、莲花纹饰与梵钟的关系

### （一）莲花纹饰在梵钟上的变化规律

从目前所见的资料来看，自南朝陈太建七年（575）铜钟的钟腰部位装饰有双层重叠的莲花纹开始，莲花纹便与梵钟有着相生相伴的关系。

图46　清道光壬午年（1822）石灯庵铜钟及其耳部

这种关系体现在以下几个方面：莲花纹饰位置、花瓣数量、装饰形式的变化规律，以及钟体形制的变化，与不同时期梵钟挂钟位置的高低变化，不同时期不同文化、科学、信仰在整个社会中地位的微妙变化，以及不同时期人们审美的变化等有关。

图47　清康熙四十六年（1707）柏林寺铜钟及其耳部　　图48　清道光王立全等铸铁钟及其耳部

#### 1. 梵钟莲花纹饰的位置变化

经分类统计后得出，莲花纹饰通常分布于梵钟的钟顶、钟肩、钟体铭牌及钟体其他区域、钟月、钟裙等部位。也就是说，莲花纹饰几乎在梵钟的不同部位都出现过。

梵钟莲花纹饰以绕钟月、钟顶和钟肩部位一圈的形式最为常见。绕钟月装饰莲花瓣的形式主要出现在魏晋到唐，这个时期钟月通常位于梵钟的钟腰部位。钟顶装饰莲花的现象较早见于唐宝室寺钟顶，宋时出现接近钟肩部位装饰莲瓣纹的梵钟。随着时间的推移，钟月位置逐渐下移到钟裙部，钟顶莲花位置逐渐

图49 晚唐莫高窟第196窟西壁《劳度叉斗圣变》（数字复制品）中撞钟人与钟的高度比例

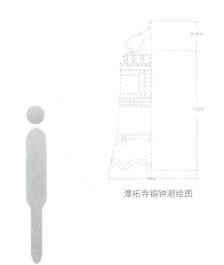

潭柘寺铜钟测绘图

图50 课题组考察八大处证果寺明成化六年太监铸铜钟照片

下移到钟肩部位。到了明清时期，钟肩装饰莲花瓣纹，钟月位于钟裙部几乎成为一种铸钟的定式。

钟月装饰及位置的变化和钟顶莲花瓣纹到钟肩莲花瓣纹位置的变化，推测与梵钟的大小、铸造方式、使用方式、悬挂场所及高度等都有着一定的联系。梵钟在古时通常是悬挂在高处使用，由于悬挂后，钟顶部位常常不在人目所及之处，这或许是钟顶莲花纹饰逐渐下移到钟肩的原因之一（图49、图50）。这一点也可从许多梵钟钟顶存在有铸造留下的砂眼痕迹的现象看出。因为目不能及，所以可以粗略省去过多装饰和修饰的工序。

### 2. 梵钟莲花瓣纹饰形制等变化

佛以莲华（莲花）喻妙法[1]，铸钟人在设计撞钟点时以莲花绕之，或有意通过撞击莲花发声来传颂佛法。随着佛教的本土化，梵钟渐渐不仅用于寺庙，还用于道观、坛庙祭祀、钟楼、皇宫、会馆等场所，钟月位置也随之逐渐下移，到了明清时期梵钟钟月常位于钟裙"耳"部位，而钟月周边也出现了海水纹、八卦纹等本土文化元素装饰题材，也偶有以莲花纹饰之。

在一定时期内钟月、钟顶、钟肩部莲瓣数量和装饰题材也呈现一定的规律性。明清时期，梵钟钟肩莲花瓣内大多以不同形态的云纹饰之，这种被装饰在钟肩部位莲瓣内的云纹，有

1 白化文：《汉化佛教与佛寺》，北京出版社，2003年，第99页。

的呈如意云头状，有的呈叠云状，有的呈流云、卷云状，有的则呈云气升腾状[1]。云纹通过体现不同的动势和力度表现纹样的动态感，有时也与梵钟功用以及钟身纹饰、铭文内容形成呼应关系。钟肩莲瓣内云纹有的工艺复杂，纹饰繁复，较为精致；有的则线条简单，比较趋于程式化（表1）。其繁简变化并非取决于时代的变迁，可能更多地源于该钟的功用、出资人的意图，以及铸钟匠人铸造工艺水平。

表1 明清梵钟钟肩莲瓣内云纹样式

| 序号 | 梵钟年代及名称 | 钟肩莲瓣内云纹样式 |
|---|---|---|
| 1 | 明天顺五年（1461）法华寺钟 | |
| 2 | 明成化（1465—1487）龙纹铜钟 | |
| 3 | 明弘治壬子年（1492）弘治道钟 | |
| 4 | 明正德八年（1513）云纹铜钟 | |
| 5 | 明嘉靖（1522—1566）地坛钟 | |
| 6 | 明嘉靖丙辰年（1556）黄锦铜钟 | |
| 7 | 明隆庆六年（1572）保明寺铜钟 | |
| 8 | 明天启（1621—1627）魏忠贤铜钟 | |
| 9 | 清康熙三十六年（1697）潭柘寺铜钟 | |
| 10 | 清康熙四十一年（1702）万善寺铜钟 | |

1 林琳、黄华明：《中国传统纹样之云纹形态演变探议》，《美术教育研究》2022年第1期，第50—51页。

| 序号 | 梵钟年代及名称 | 钟肩莲瓣内云纹样式 |
|---|---|---|
| 11 | 清康熙四十六年（1707）柏林寺铜钟 | |
| 12 | 清乾隆（1736—1795）乾隆朝钟 | |
| 13 | 清乾隆（1736—1795）乾隆铜钟 | |
| 14 | 清嘉庆十六年（1811）大兴铁钟 | |

钟裙波形口早期或许象征着佛教"六根"，但是随着时代变化，"耳"的数量增多后，则更多地是模仿莲花花瓣的造型。从另一方面讲，随着钟月的下移，波形口凸瓣处作为撞钟位置，更多地凸显了其实用性。撞击喇叭口的八瓣莲花花瓣处，可充分激发铜钟的低频[1]。喇叭口的形状变化直接影响钟声的音质与传播距离。钟裙这些变化除了考量美观度外，应该也考虑到了此处需接受撞击的问题，因此通过调整平缓度来减少撞击时的冲击伤害。

钟体铭牌装饰基座的形式也比较常见，而钟体上作为独立图案或者与其他纹饰组团出现的形式，通常为个例。装饰手法和题材方面也因铸钟人及其铸钟目的等的不同而各有特点，没有规律性，但其题材内容均有着吉祥美好的寓意。

**（二）莲花纹饰在梵钟上的象征意义**

梵钟上的纹饰与铭文形成的佐证关系，在一定程度上，帮助我们理解中国古典哲学与美学。例如钟月的装饰性与功能性的统一，易经八卦在不同宗教钟上的应用等皆体现了儒家审美与艺术在社会生活中的作用之"美"与"善"、"文"与"质"的统一。

梵钟上的纹饰数不胜数，而最常见的装饰莫过于"莲"。古代匠人设计梵钟时，惯常以梵花莲瓣绕钟顶或钟肩一圈饰之，莲花瓣向下将钟肩包裹住，使得莲花与梵钟的形状合二为一。而钟裙部位，"钟耳"外张的形状则像一朵莲花微微张开，含苞待放。这种巧妙的设计方式，既依托了莲花的自然形态，又照顾到了梵钟正圆筒的形状，这种"师法自然"的装饰手法，是梵钟常见的一种铸

---

1 杨阳、丁宏：《北京钟楼声效应初探——以永乐青铜古钟为中心》，《自然科学史研究》2018 年第 2 期，第 156—174 页。

钟范式。莲之于佛，既为佛菩萨之座台，亦为佛之象征，所谓"花开见佛性"，既是莲与佛性同，亦是佛与莲性通。所以，古代匠人饰梵钟以莲花，乃是取一象征义，即恍若钟身生于莲瓣，钟声发于莲花。声随钟生，佛随声去，空幽荡荡，佛性弥长。莲瓣向下包裹住钟，覆于钟顶或钟肩之上，莲即是钟，钟亦为莲，拟物取象，别具匠心。

其实，古代匠人取莲瓣以修饰梵钟，不仅取莲的象征义，也取莲的外形美。他们在用莲瓣装饰梵钟时或用堆塑或用线描，堆塑则凹凸有致，线描则舒朗流畅。莲花瓣及其花瓣内纹饰内容，不仅有一些共性，也因其功能与匠人审美差异，体现出一些个性特点，赋予了古钟更多的意义。

古钟的铸造中，莲花纹饰的作用不仅是美化钟体，它本身还携带着创作者所处时代的丰富内涵，其中的宗教观念、哲学思想、美学风格，甚至出资人的有关要求等都会进入到莲花纹饰的设计之中。所以，在研究古钟的装饰纹样时，我们看到，不同时期的莲花纹样都有着自身鲜明的时代特点。只有探索它们生成、发展、变化的原因，分析它们所处时代的政治、经济、宗教、哲学、美学等因素，才能更好地了解这些古钟的造型以及装饰纹样生成所依托的文化氛围和人们的审美心理，也才能更好地诠释纹饰背后深蕴的民族文化内涵。

## 四、结语

梵钟表面纹饰与铭文，既是我们当代人对史实考证的依据，也是我们研究当时科学、宗教、艺术等的依据。通过对大钟寺古钟博物馆收藏的 61 口梵钟上的莲花纹饰进行比较和分析，可以得出初步结论，即不同时期梵钟莲花纹饰分布情况呈现出规律性变化，如莲花纹饰在梵钟钟腰部位、钟顶部位的位置变化，以及从钟顶部位下移至钟肩的变化规律。而分布在不同部位的莲花，其装饰效果与装饰手法也各有不同，如明清时期分布在梵钟表面不同区域的莲花纹饰各有其特点，钟肩部位的莲花瓣普遍装饰性较强，纹饰也较为繁复，而钟裙部位则主要仿照莲花之造型。且不同时期、不同功用的梵钟，装饰艺术手法也各有其特点。这种不同既有不同时期装饰工艺本身演变的因素，也反映出不同时期、不同地域之间钟铃文化的差异性。

# 礼制与警示

## ——清代皇家建筑中陈设用瓷钟考

林德祺*

**摘要：** 钟，自商周时起，便成了一类重要的礼器，亦是宗法制度之象征物，用于国家典礼雅乐中，此后的朝代多重视其功用。汉代起，人们在城市重要位置建设钟楼，鸣钟报时、示警、祭祀，钟声指导着居民的生活，钟也具有了正时间、示危险、表礼仪之重要意义。至清代，统治者命人制作数件瓷质钟，并将其陈设在皇宫与皇家园林的书房中。这类钟兼具金属制钟的外形与官窑瓷器的美感，制作工艺精良，成为珍贵的文房陈设。不少钟在皇帝的亲自过问下设计改进，有些还搭配了挂架或玉礼器。此时的钟，已无报时与奏鸣功能，其内涵被人为抽离，变成杂糅了礼制与警示寓意的皇家座右器，亦是清帝修身自省、抒情达志之凭依。

**关键词：** 清代　古钟　瓷钟　皇家建筑　紫禁城

**25**

　　钟是古代中国重要的打击乐器，周代时作为礼器参与宗庙祭祀与宗族宴飨，是宗法制度的突出外化物，而宗法制度是周礼的关键组成部分，因而这时的钟备受重视，不少由青铜制作，分为甬钟、钮钟等不同类型，它们被悬挂或固定在架子上，使用特制的钟槌敲击发声。汉唐后，传统编钟逐渐消亡，圆形钟登上了历史舞台。作为计时与报时工具，其铸造工艺越发精湛，出现了很多体积巨大、声音洪亮的铜钟。为更好地保存利用钟，城市中出现了专门的钟楼，往往坐落于城中重要位置，作为城市的标志性建筑。如北京城的钟楼兴建于元代，明代重建，此后不断修缮，清乾隆帝就曾为重建钟楼一事撰文。钟声规范着时间，表征着礼制，亦是帝王权威的体现[1]。此外，一些佛寺、道观等宗教场所也设

* 林德祺，故宫博物院馆员，研究方向：清代宫廷史、博物馆学。

1 夏玉润：《中国古代都城"钟鼓楼"沿革制度考述》，载中国紫禁城学会编：《中国紫禁城学会论文集（第七辑）》，故宫出版社，2010年。

图1—图3　明天启 天启款青花罗汉图兽钮钟 口径 14.5 厘米 高 19.6 厘米 故宫博物院藏

有钟与钟楼。

　　作为清入关后的皇宫，紫禁城在午门城楼上即设有钟鼓亭，清代宫廷生活中也有以钟为形象的器物，其中一类即为瓷钟。这类钟体积较小，多放置于书架中，装饰精美，具备很高的艺术价值，往往被赋予特殊意韵。

## 一、故宫博物院藏瓷钟

　　故宫博物院继承了相当数量的明清皇家旧藏，在瓷器收藏中亦能见到不少瓷钟。院藏最早的瓷钟是明天启朝的青花瓷钟（图1—图3）。钟弧顶，顶置双龙钮，圆肩，长腹，撇口。内、外均施白釉。外壁装饰青花，腹部则绘罗汉图。钟的肩部和口部绘缠枝花卉，肩上刻画楷体十字款"大明天启元年孟夏月造"，款字笔画镂透胎体，十字年款较为少见，且器型新颖，做工精湛，故在文物定级之时被定为一级文物。

　　故宫博物院收藏的瓷钟更多来自清代，如这件宣德款青花螭虎暗海水纹钟（图4、图5），钟平顶，如意云头形钮，圆肩，长腹，撇口，肩部青花书写"大明宣德年制"款，属于康熙朝仿明宣德、成化瓷器特色器物，此文物系故宫博物院 1957 年收购而得。

　　清康熙青花梵文钟（图6），钟弧顶，顶置双龙钮，兽钮形状威猛、孔武有力，圆肩，长腹，撇口，肩部、腹部各有一圈青花梵文。器型端庄，青花色调

图4、图5　清康熙 宣德款青花螭虎暗海水纹钟 口径 14 厘米 高 19 厘米 故宫博物院藏

图6　清康熙 青花梵文钟 口径 16 厘米 高 18 厘米 故宫博物院藏

图7 清乾隆 乾隆款白釉凸花纹钟 口径 17.3 厘米 高 24 厘米 故宫博物院藏

图8 清康熙 白釉凸花纹龙钮钟 口径 11.6 厘米 通高 13.5 厘米 故宫博物院藏

图9 清乾隆 古铜彩八卦纹钟 口径 13 厘米 高 19.7 厘米 故宫博物院藏

图10 清康熙 蓝地釉描金鱼纹钟 口径 11 厘米 高 9.5 厘米 故宫博物院藏

淡雅，堪称佳品。

清乾隆款白釉凸花纹钟（图7），钟平顶，如意云头形钮，圆肩，长腹，撇口，釉面洁白莹润，腹部装饰有饕餮纹，下方饰八卦纹，清康熙白釉凸花纹龙钮钟也使用这一纹饰（图8）。

古铜彩是清乾隆时期新创的一类瓷器装饰，属低温釉，其质地、色泽模仿古铜器物，甚至会装饰金属之锈斑。此件钟即为乾隆朝古铜彩瓷的经典作品，造型圆润，通体施古铜彩，模仿青铜钟的质地样式，顶部双龙钮，圆腹中心为太极纹，四周装饰八卦纹（图9）。

分析上述文物可知，瓷钟的装饰与其他钟形造物有不少共通之处。现存于故宫博物院的清代瓷钟釉面种类多样。一些瓷质钟表面装饰模仿金属钟，饕餮纹、八卦纹是常见的装饰；也有瓷钟使用瓷器特定的纹饰，如卷草、缠枝、金鱼纹等（图10）。一些瓷钟兼具陶瓷与金属的装饰元素，其艺术风格受到了金属钟与陶瓷器的双重影响，未见明确的规律和专属于瓷钟的纹饰。除直接陈设瓷钟，清代宫廷中还有相当数量的钟形器物。这类器物可能为宫廷制作或购买所得，如砚台、水丞、挂坠、火镰等（图11-图20），多为日常生活中常见的器物。特别是火镰，其在清代满族男性群体中有较高的普及率，是时人身份与地位之象征，足见钟形象之延伸，这一惯习也为钟文化注入了新的内涵与活力，也可以看出此时期的人们，特别是统治阶级对这一意象的接纳。

## 二、清代皇家建筑中瓷钟特点

清代，统治者命御窑厂制作多件瓷钟，并由宫中造办处负责瓷钟的装饰和进一步加工，之后将其放置在特定场所陈设。瓷钟的制作、加工与陈设具有诸多特点，下面结合档案逐条分析。

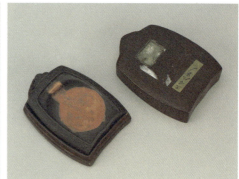

图 11 清 嘉庆御赏铭紫端石钟形砚 故宫博物院藏　　图 12 清 青石钟式砚 故宫博物院藏

图 13 清 端石钟式砚 故宫博物院藏　　图 14 清 紫檀嵌玉刻乾隆御题钟式砚匣 故宫博物院藏

图 15 清 白玉兽面纹钟式坠 故宫博物院藏　图 16 清 乾隆款白玉饕餮夔龙纹钟式佩 故宫博物院藏　图 17 清 黑色漆描金钟式火镰 故宫博物院藏

图 18 清 红色皮画花卉钟式火镰 故宫博物院藏　图 19 清 仿龙泉釉诗句钟式水丞 故宫博物院藏　图 20 明 钟式镜 故宫博物院藏

## （一）皇帝亲自参与设计

皇帝经常对瓷钟的样式做出指示，要求造办处依旨制作或修改，如一些宫廷中陈设的钟不只单独出现，往往会在皇帝要求下搭配挂架，《清宫瓷器档案全集》载乾隆三年（1738）"五月二十七日，七品首领萨木哈、催总白世秀来说，太监毛团交青花白地磁钟一件，传旨磁钟着配架……钦此"[1]。两天后的五月二十九日，"司库刘山久、七品首领萨木哈、催总白世秀来说，太监毛团、胡世杰、高玉交碧玉圭一件、填白磁钟一件、青汉玉虎符一件，旨将碧玉圭并填白磁钟配架（于本年八月初十日，七品首领萨木哈将填白磁钟一件配得紫檀木座，交太监毛团呈进讫）。"[2]

图21 清康熙 五彩钟孔雀绿釉架 口径10.8厘米 高9.8厘米 架高29.5厘米 宽26.4厘米 故宫博物院藏

档案中提及的架即为挂架，瓷钟悬挂于挂架上。挂架材质则有竹、楠木、紫檀等，有时还会使用瓷挂架，如故宫博物院藏康熙朝五彩釉钟即悬挂在孔雀绿釉挂架上（图21）。挂架样式和材质经常由皇帝亲自指定，有些挂架两端还装饰龙头。《清宫内务府造办处档案》记乾隆三十五年（1770）七月二十三日，"库掌四德、五德来说，太监胡世杰交汝釉钟一件（钟音进，随白玉乳丁璧一件、汗青玉龙佩一件、紫檀木架、银镀金掐子），传旨将磁钟玉璧玉佩拆下呈览，其掐子认看，钦此。于本日……将拆下汝釉钟一件、白玉乳丁璧一件、玉佩一件并认看得掐子系银镀金，重四钱四分，随紫檀木架持进……呈览，奉旨将汝釉钟另配座先呈样，其玉璧玉佩交王成，掐子镕化，架子做材料用，钦此。于八月十二日……将汝釉钟一件配得合牌雕龙头架样持进……呈览，奉旨着照淳化轩竹式格内白玉铎乌木架一样配架，钦此。"[3] 可见皇帝会指示将原有搭配完毕的瓷钟及钟上附件拆下并重新搭配挂架，也说明瓷挂钟的样式并非一成不变，而是可以根据皇帝的喜好进行二次组合。

类似的记载还有乾隆四年（1739）十一月十八日，"七品首领萨木哈、催总白世秀来说，八品官高玉、太监毛团、胡世杰交填白磁钟二件、青花白地钟二件，传旨着各配一架，钦此（于本年十月十二日，将填白磁钟一件、青花白地钟一件俱配得紫檀木架。于乾隆五年三月初三日，将青花白地钟一件配得竹架。于乾隆五年三月初五日，将填白磁钟一件配得紫檀木座，交八品官高玉、

1 铁源、李国荣：《清宫瓷器档案全集》卷一，中国画报出版社，2008年，第310页。
2 中国第一历史档案馆、香港中文大学文物馆：《清宫内务府造办处档案总汇》8，人民出版社，2005年，第374—376页。
3 《清宫内务府造办处档案总汇》33，第723—724页。

太监毛团呈进讫)。"[1]

一些损坏的瓷钟，在皇帝要求下会被修补好继续使用，如同在乾隆四年十一月十八日，"七品首领萨木哈、催总白世秀来说，首领开其里交填白磁钟一件（口破），传旨着粘补好配一楠木架记此（于本年十二月二十六日，七品首领萨木哈将填白磁钟粘补好，并配得楠木架一件，持进交首领开其里呈进讫)。"[2]

乾隆二十五年（1760）八月初十日，"郎中白世秀、员外郎金辉来说太监胡世杰交定窑钟一件（一面玻璃楠木匣多宝格），传旨着配架先呈样，钦此。于十六日，郎中白世秀、员外郎金辉将定窑钟一件配得座样，持进交太监胡世杰呈览，奉旨照样准做，钦此（于十月二十日，郎中白世秀将定窑钟一件配得座，随一面玻璃楠木匣持进，交太监胡世杰呈进讫)。"[3]这里用来向皇帝呈进的挂架仅为样品，待皇帝批准后再照样制作。乾隆五年（1740）四月十二日，"七品首领萨木哈将画得铜钟、磬纸样三张并随架样四张持进，交太监毛团呈览，奉旨将此钟样一件放大些，一件放长些，其余俱照样准做，钦此。"[4]此档案中架子仍为样品，而钟的设计样式也在纸面上呈现，而且皇帝对瓷钟的指示不只限于配架，也会涉及尺寸和具体样式，如将钟放大或缩小、加长或缩短等。

再如乾隆十年（1745）三月十七日，"司库白世秀、副催总达子来说，太监永泰交青花白地磁钟一件（随汉玉卧蚕圈一件，紫檀木架一件），传旨将玉圈上再添一铜圈，亦拴香色条子，钦此（于本月二十二日，司库白世秀、副催总达子将磁钟一件配得铜圈拴得香色条子持进，交太监胡世杰呈进讫)。"[5]乾隆十三年（1748）六月二十六日，"七品首领萨木哈来说，太监胡世杰交青花白地磁钟一件（随汉玉璧一件紫檀木架），传旨着另拴条子，钦此（于本月二十七日，七品首领萨木哈将青花白地磁钟一件随玉璧木架另拴得条子持进，交太监胡世杰呈进讫)。"[6]可见皇帝既会对钟的尺寸样式提出具体要求，也会对钟上的搭配物提出要求，如搭配何种玉器、条子，配饰上再应如何加工等。内务府官员按要求做成后送交呈览。

**（二）数量丰富、质量上乘**

分析现有档案与实物资料，可知康雍乾三朝均有制作瓷质钟的记录，档案中涉及瓷钟的最早记录在雍正朝，《清宫内务府造办处档案》载："雍正六年正

1《清宫内务府造办处档案总汇》8，第727—728页。
2《清宫内务府造办处档案总汇》9，第125页。
3《清宫内务府造办处档案总汇》25，第226—227页。
4《清宫内务府造办处档案总汇》9，第582页。
5《清宫内务府造办处档案总汇》13，第394页。
6《清宫内务府造办处档案总汇》16，第402页。

月十七日，太监刘希文、王守贵交来青绿乳铎一件（紫檀木架）、白磁钟一件（紫檀木架）、青绿小钟一件（紫檀木架）、灵璧石磬一件（紫檀木架）、青花白地磁钟一件（竹架）。"[1] 至乾隆朝，各类档案中出现的瓷钟更多了，乾隆四年十一月十八日，"七品首领萨木哈、催总白世秀将唐英照画样烧造得填白釉小瓶一百十二件，照发去钟样烧造得填白钟四件、青花白地钟四件并原样钟二件，酌量釉水烧造得笔洗水盛等样一百三十九件，持进交八品官高玉、太监毛团、胡世杰呈览。奉旨将填白钟二件、青花白地钟二件、原样钟二件留用，其余送往圆明园内总管，俟大运新磁器，到时一同挑选等次，钦此（于十二月初八日将烧得……青花白地钟二件……填白釉磁钟二件……俱交柏唐阿双住福保送赴圆明园讫）。"[2] 唐英时任御窑厂督陶官，所督烧器物做工精美，深得皇帝喜爱。乾隆帝关注瓷钟制作的方方面面，他命人直接将钟的样本发给唐英，允许工匠们直接接触珍贵的宫廷艺术品，并令其照样模仿烧制，最终将烧得瓷钟留用。上述一系列行为，不仅说明了皇帝对这一类造物的特殊重视，且能说明在皇帝时常要求御窑厂赔补器物的大背景下，这些瓷钟质量应达到了乾隆帝的严苛要求。

另据《乾隆四十七年金银铜磁木石玉器古玩件数旧管清册》载，乾隆四十七年（1782）十月三十日实存铜磁玉器五千九百六十一件，其中有五彩磁钟六件[3]。《光绪十一年十二月芳园居等处陈设铺垫等项清档》载有"磁器铺内设……蓝磁描金钟一件"[4]，同年该档案中还有："芳园居备存不堪用铜锡磁器床张等物，蓝磁描金钟一件（五彩磁单龙架座）。"[5] 芳园居位于避暑山庄，曾作为皇家"买卖街"，亦作"上用库"，用于存放御用瓷器、丝绸等。综上，清代官方烧制了数量较为丰富的瓷钟，且在皇帝的关注与工匠的努力下，这些瓷钟往往拥有较高的质量，得到统治者的认可。

### （三）陈设在特定位置

清代皇家建筑中的瓷钟，往往陈设在宫殿中特殊的位置，《清宫内务府造办处档案》载雍正六年（1728）九月初三日"郎中海望将青花白地磁钟一件安在莲花馆一号房内书格上"[6]。莲花馆即后来的长春仙馆，位于圆明园内，雍正七年（1729），雍正帝将此处赏给儿子弘历，弘历在此读书学习，即位后将此地改名

1《清宫内务府造办处档案总汇》3，第351页。
2《清宫内务府造办处档案总汇》9，第141—142页。
3《清宫内务府造办处档案总汇》46，第142页。
4《光绪十一年十二月芳园居等处陈设铺垫等项清档》，转引自卞亦文：《紫禁城的记忆：图说清宫瓷器档案》文房卷，国家图书馆出版社，2016年，第273页。
5同上。
6《清宫内务府造办处档案总汇》3，第351页。

"长春仙馆"，成为崇庆皇太后驻跸之所。而档案中提及的书格则是室内放置书籍陈设等的大型家具，多为木制。

乾隆四年十二月二十八日，"七品首领萨木哈、催总白世秀将做得紫檀木架白磁钟一架，奉旨着随往圆明园送进，钦此（于乾隆五年正月十一日，七品首领萨木哈将紫檀木架白磁钟……持进，交太监毛团、胡世杰呈进讫）。"[1] 可见这件钟也被送到了圆明园。

乾隆五年三月十四日，"七品首领萨木哈来说太监毛团传旨，余庆亭格内有空四处，着配磁钟一架，铜钟二架，铜磬一架，钦此。"[2] 余庆亭同样位于圆明园，亭内也应设有书格。另有乾隆二十四年（1759）九月二十六日，"郎中白世秀、员外郎金辉来说太监胡世杰交青花白地钟一件（随汉玉提头木架），传旨着将木架长高三寸，钦此（系五大格内）（于十月十三日，郎中白世秀、员外郎金辉将青花白地钟一件随架，将架子长高二寸持进，交太监胡世杰呈进，交原处安讫）。"[3] 档案中的五大格应为类似书格的收纳陈设家具。档案中相当数量的瓷钟被陈设在以圆明园为代表的三山五园中，英法联军毁坏这批皇家园林后，精美的瓷钟也随园林景致消逝在这场浩劫之中。

嘉庆朝亦有陈设瓷钟的记录，而且还是在紫禁城中，《中国第一历史档案馆藏清宫陈设档》漱芳斋陈设档记载："古董格……第五格内设青花白地磁钟一架（上拴汉玉璧一件紫檀木架，乙）。"[4] 漱芳斋是弘历旧时读书之处，前殿中有一大型博古架，足有五米宽，其高度接近上层屋顶，上放置诸多珍稀陈设共 118 件。紫禁城中太极殿的博古架在展示文物的同时也陈设有书籍，应为清宫中更为常见的书籍与文物组合陈设方式。清宫陈设档中记载"嘉庆十三年分对瀑方亭、得一书屋、琢情之阁、山阳一曲精庐、怀风楼、转角房等处陈设清册……明间靠两壁地设紫檀琴桌一张（裂缝），上设填白磁钟一件（乾隆款，紫檀架）"[5]。

即使在清晚期，档案中也有瓷钟的身影，同治二年（1863）《清宫陈设档》载养心殿后殿陈设有万窑五彩瓷钟一件[6]。同治八年（1869）《宁寿宫交来陈设百什件帐》记有青花白地瓷钟一件[7]。光绪二年（1876）陈设档载，青花白地瓷钟一件（上拴汉玉璧一件，紫檀座）[8]。

1《清宫内务府造办处档案总汇》8，第 732 页。
2《清宫内务府造办处档案总汇》9，第 582 页。
3《清宫内务府造办处档案总汇》24，第 488 页。
4《中国第一历史档案馆藏清宫陈设档》，第 272 页。
5《中国第一历史档案馆藏清宫陈设档》，《紫禁城的记忆：图说清宫瓷器档案》文房卷，第 273 页。
6《清宫陈设档》养心殿后殿文竹文具百式件，同治二年，陈 470，故宫博物院藏。
7《清宫陈设档》宁寿宫交来陈设百什件帐，同治八年六月初二日立，陈 053，故宫博物院藏。
8《清宫陈设档》漱芳斋，光绪二年，陈 294，故宫博物院藏。

综上，圆明园、紫禁城等皇家建筑园林中均陈设有瓷钟，至于具体的室内陈设位置，更多是位于书房的书格、书架、博古架中（图22）。书房是清帝重要的活动空间，且清代书房陈设已形成了一套独特的体系，书房往往借助陈设之物的特性来传达人之品质，亦是寄托书房主人心灵与精神的空间，故瓷钟陈设别有用意。

图22　故宫博物院漱芳斋多宝格

## 三、清代皇家建筑瓷钟陈设背后之寓意

康雍乾三朝对瓷钟持续烧造，塑造了相当多的精品瓷钟。乾隆帝具备较高的鉴赏品味，酷爱古董珍玩，对瓷器烧制情有独钟，尤其是各类文房陈设。这一时期知名的督陶官也为瓷钟的制作献计献策。皇帝会对钟的式样和装饰提出具体的意见，可见清帝对烧造瓷钟一事的重视。同时，档案中并没有为瓷钟制作或搭配钟槌的记录，且瓷器易碎之特殊材质与钟的击打奏鸣功能形成天然的矛盾，推测这一类瓷钟并不用于敲击发声，而是书斋中集文人情怀与仿古意趣于一体的文房陈设器。

梳理上述档案也可发现，瓷钟往往搭配挂架或底座，材质有木、竹等，有时也使用与主体材质相近的瓷架，固定瓷钟的同时也起到装饰作用。瓷钟之上还会放置璜、璧等物品，如乾隆十三年六月二十六日，太监胡世杰交来一件青花白地磁钟，搭配汉玉璧与一件紫檀木架[1]。乾隆三十五年七月二十三日，"库掌四德、五德来说，太监胡世杰交汝釉钟一件（钟音进，随白玉乳丁璧一件、汗青玉龙佩一件、紫檀木架、银镀金掐子）。"[2]类似的记载还有很多，此外，乾隆朝制作的掐丝珐琅兽面纹钟上也缀有白玉环，推测瓷钟与玉器可能也采取类似的拴附方式（图23）。档案中瓷钟搭配玉器的记载多见于乾隆朝，这一搭配习惯可能也是乾隆帝的"创造"（图24）。玉璧、玉环、玉璜一类的配套品多为玉礼器，事实上特殊形制的玉作为礼器已逾千年历史。《周礼》称"以玉作六器，以礼天地四方，以苍璧礼天，以黄琮礼地，以青圭礼东方，以赤璋礼南方，以白琥礼西方，以玄璜礼北方"[3]。《周礼·春官·典瑞》载"璧琮者，通于

1《清宫内务府造办处档案总汇》16，第402页。
2《清宫内务府造办处档案总汇》33，第723—724页。
3〔宋〕朱申：《周礼句解》卷五，明成化四年（1468）孙世荣刻本，第138页。

天地"[1]。《周礼·考工记》载"圭璧五寸，以祀日月星辰"[2]。钟与礼器，特别是玉礼器的结合不仅印证了钟的礼制功能，也深化了钟的礼器性质，亦为其装饰、陈设带来了新的可能性。

图23 清 掐丝珐琅兽面纹钟 故宫博物院藏　图24 清 青玉钟 故宫博物院藏

　　而且，钟在漫长的历史中成了正时间的器具，带有了鲜明的皇权色彩，古代中国观象授时是统治者独有的权力，对维护统治秩序极为重要，因而为统治阶级所垄断。在明清易代之际，确立正朔意义非凡。钦天监、灵台等在皇帝授权下进行观测活动，制定历法。历法颁布也有一套烦琐的礼仪程序，明永乐朝选取每年十一月初一，万历朝改为十月初一，朝廷在紫禁城奉天门（即清代太和门）举行颁朔典礼。清代则于每年十月初一在紫禁城午门举行颁朔礼，所颁布的历法即为《时宪历》。可见钟与宣扬政权合法性、表征皇权礼制所建立的显隐关系。同时，钟声响起又有危险到来的示警作用，这亦是钟楼设立的原因之一，这样的功用同样深入人心。统治者在书斋中放置一枚警钟，对其也有一定的规劝警戒作用。乾隆帝曾御笔书写唐代张蕴古《大宝箴》置于书房，其中的内容强调要用礼制来禁止帝王的奢侈，用雅乐来限制帝王的放纵。因此，瓷钟这样一类特殊的陈设器，带有座右器的性质。

　　古人重视座右器的重要意义，强调其与居安思危理念所建立的有效映射，如《荀子·宥坐》中提及的欹器，即取"欹器满覆"之意，孔子曰："吾闻宥坐之器者，虚则欹，中则正，满则覆。"[3]清光绪时期，宫廷便制作过欹器，名为铜镀金戒盈持满，被放置在御书房，后移至永寿宫后殿。醇亲王奕譞也依史书记载仿制过一件欹器，制成后一直陈设在醇亲王府九思堂中。类似的警示之物，不少朝代均有制作记录，这些造物虽然目的相同但介质丰富，至清代，瓷钟充当了帝王书房的警示器，蕴含着满当思溢、安不忘危的忧患意识。同时，瓷这类特殊介质被选作制作钟体，一方面由于明清瓷器烧制工艺与技法趋于成熟与完善，另一方面，不同于枯燥乏味的传统座右器，瓷钟结合了瓷器的质感与古钟的外形，质地细腻，装饰优雅，悬挂于架上，杂糅了古钟的宗法与礼乐意味。瓷钟上还可以拴附礼器，使之成为兼具礼制与警示功能的复合艺术品，这也是其他警示之物难以企及的高度。

1《周礼》卷五，四部丛刊明翻宋岳氏本，第105页。
2《周官新义》附卷下，清文渊阁四库全书本，第153页。
3 方勇，李波译注：《荀子》，中华书局，2015年，第472页。

皇帝对于钟的功能与意义的认识，在其御制诗中也有体现，清代帝王常有以钟为吟诵对象的御制诗，如乾隆帝《夜闻觉生寺钟》云："忽闻野寺钟，十里传音永。不知十方界，谁欤发深省。"[1]《度竹钟声》："月窗清映檀栾影，细吟轻籁孤梢静。萧疏透响送霜钟，招提何处山僧醒。韵杂琅玕度绮寮，点滴寒更发深省。玉露频敲淅沥微，断续如传青篸冷。今宵参破耳根禅，乍回残梦清怀永。"[2]再有如乾隆帝《寒夜闻霜钟》："梦醒不成眠，钟鸣欲曙天。一声清夜气，到处警官联。绕阙华绅肃，趋朝玉珮传。披衣更危坐，无逸诵终篇。"[3]三首诗作均是乾隆帝巡游途中的夜晚，听到古寺钟声后产生的感想，钟声带给其深省的契机。

乾隆帝在《重建钟楼碑记》中提到"宣养九德，振肃庶类。作息以时，品物咸遂。以器节时，以时出治。宵旰攸资，亦宣堙滞。声与政通，硕大庞洪。正宫堂皇，元气昭融。导和利用，警听达聪。亿万斯年，扬我仁风"[4]。这篇碑文中流露出乾隆帝对于钟的全面认识，除正时、报时外，其还注意到钟重要的礼制、教化功能，同时强调了钟的警示寓意。

1911 年清王朝灭亡，瓷钟的生产与陈设惯习亦被打破，此后的史料记载中，极少出现有关瓷钟的情况。紫禁城各建筑中的瓷钟如今被妥善保管在故宫博物院的文物库房中。

钟在中国拥有悠久的历史，在漫长的实践中成为重要的正时器，带有鲜明的礼乐特征，为历朝历代所重视。至清代，除大型的实用金属钟外，皇帝于紫禁城、圆明园等皇家建筑中放置小型的瓷质钟，这些钟往往由御窑厂制作，凝聚了工匠与督陶官员的智慧与巧思，皇帝也会亲自为瓷钟的设计改进提出意见。制作完毕的瓷钟多会搭配挂架，陈设在书房的书架中。抽离了报时、正时之实际作用，清代皇家建筑中陈设的瓷钟主要为带有礼制色彩的"宥坐"之器，亦是皇帝正身自省的警钟。

1《清高宗（乾隆）御制诗文全集 清高宗乐善堂全集定本》卷二十一，中国人民大学出版社，1993 年，第 232 页。
2《清高宗（乾隆）御制诗文全集 清高宗乐善堂全集定本》卷二十，第 226 页。
3《清高宗（乾隆）御制诗文全集 清高宗乐善堂全集定本》卷二十三，第 247 页。
4 故宫博物院：《清高宗御制文》第一册卷十七，海南出版社，2000 年，第 150 页。

# 房山区现存明清古钟综述

马 垒[*]

**摘要：** 本文通过对房山区现存明清古钟的相关资料梳理，特别是对古钟外形结构特征及铭文的分析研究，可知佛道在房山地区的传播根深蒂固，占据主导地位，是其他宗教无法超越的。这些古钟按功能划分主要有更钟、佛教法会用钟、道教祀典用钟，古钟作为宗教产物，反映了房山地区宗教文化传承的历史，目前尚能看到的存世古钟仅有12口，且这些古钟大多已不在原址。部分古钟虽有文字记载，但过于简单，且资料不够准确全面。笔者通过实地踏查，收集钟体信息，对房山区现存古钟的保存情况及研究价值展开论述。

**关键词：** 房山区 明清 古钟

中国古钟研究·第一辑

房山区历史悠久，古迹灿若群星，各种宗教在这里汇聚，得天独厚的自然风光、历久弥坚的文化传承，成了佛、道、儒及民间宗教人士修建寺观、传播宗法的理想之地，而作为宗教法器的古钟，一直留存于寺院道观之中，其数量巨大。房山区规模较大的寺庙几乎都建有钟楼。据相关文献记载，房山地区已消失不存的古钟远多于现存古钟数量，但是因战争、动乱等人为破坏因素，目前尚能看到的存世古钟仅有12口，且这些古钟大多已不在原址。笔者通过实地踏查，收集钟体信息，对房山区现存古钟的保存情况及研究价值展开论述。

房山现存古钟均为明清时期铸造的寺庵宫观中使用的古钟。涉及的乡镇较为分散，分别是大石窝镇现存2口，长沟镇2口，河北镇1口，张坊镇1口，城关镇1口，阎村镇1口，韩村河镇2口，佛子庄乡1口，南窑乡1口。依材质划分，铜钟1口，铁钟11口。依年代划分，明代6口，清代5口，另有1口古钟

* 马垒，北京市门头沟区文物事业管理所文物保护副研究员，研究方向：北京古石刻、京西佛教文化。

年代不详。按体量划分最大的是云居寺铁钟，最小的是东庄子铁钟。按照宗教性质划分主要有佛钟、道钟及佛道共用古钟。

## 一、房山区佛钟

房山区佛教文化源远流长，六聘山天开寺及百花山瑞云寺均创自东汉。两晋期间，有崇圣院和云盖禅寺。北朝及隋唐时期，房山佛教继承前代，并不断发展兴盛。大房山广度僧徒，故此山之间梵刹禅宫星罗棋布，属于这一时期创建的有云居寺、万佛堂、灵峰寺、中山寺、木岩寺等。至后唐谷积山兴建谷积山院，成为幽州西南规模庞大的寺庙群。辽金时期，房山地处南京及中都西南。辽代改幽州为南京，升为陪都，金海陵王1153年迁都，改南京为中都，正式升为国都，贞元三年（1155）三月，营建大房山金陵。辽、金两朝，皇室崇佛极盛，房山地处国都西南，除已有佛寺得到重建或传续外，又有芦子水院、连泉寺于金时兴建。元、明、清，古刹大多继承前朝或重建或扩建，如灵岩禅寺、中院寺、栗园寺等，也有明代创建，如红螺三险内极乐寺及竹林寺、窦店弘恩寺。

佛钟是佛教文物中重要的法器，从实物的特点来看，佛钟是带有明显佛教象征元素的古钟，如佛名、佛教咒语、佛经、佛像、僧名、寺庵名称等多见于佛钟上。因此，这些带有佛教元素的古钟可以称为佛钟。初步统计房山地区现存佛钟共计6口，它们大都带有纪年铭文。根据纪年铭文可知，其中明代有4口，清代有1口，1口年代不详。这些佛钟虽然大小不同，但外形都较为匀称，大体基本相似，现简述如下：

### 普兴庵铁钟

现悬挂于韩村河镇上方山东北青龙峰顶钟亭内（图1）。钟为铁铸，佛教法器，保存完好，通高170厘米，口径100厘米。蒲牢双龙盘钮，龙身卷曲呈拱形，头尾触底。钟肩饰双线莲瓣一周16朵，钟顶部中心通有一圆孔，肩部通有四圆孔。钟身分上下两部分铸造纹饰及文字，中间以三圆线相隔，其中上部铸造法轮、流苏等图案，下部铸造梵文及汉字，共八框，其中一框无字，六框为梵文，一框为汉字，汉字长、宽均3厘米，汉字内容有"发心人屈福成，沙门普英、善敬，善人王友贤、刘福海，宣德乙卯年五月吉日，铸匠周福清造"。八框中，每框长23厘米，宽21厘米。钟裙部铸有八卦符号，长6厘米，宽4厘

图1 普兴庵铁钟

米，八耳波状口，平均分布四枚撞击钟月，直径 8 厘米。此钟是目前房山区现存古钟中年代最早的。据《上方山志》记载，"青龙峰，在望海峰右，旧有庵曰普兴，悬钟鸣之，岩谷振响，清池上人求其故处，建楼铸钟，成普兴焉。"[1] 兜率寺东南五里青龙峰上原建有普兴庵，此庵为上方山七十二庵之一，在《上方山志》中清晰地绘有两幅图，其中图一为庵旁楼顶悬挂的民国时期铸造的铁钟一个，名为万缘弘钟，图二为一座二层钟楼，如今青龙峰上普兴庵仅存遗址，钟楼也已不存，取而代之的是一座四柱钟亭，亭内悬挂明代铁钟一口。该钟本为佛教法器，却出现道教八卦符号，可以看出此钟为佛道共同使用。

## 禅房寺铜钟

原是石窝镇北尚乐村禅房寺遗物，现存于石窝镇石窝村中华石雕艺术园内（图 2），通高 173 厘米，口径 104 厘米，铜铸，表面已有铜锈，自上而下可见：蒲牢形钟钮，顶部有一孔，16 朵俯莲花瓣，下为线刻卷叶纹，钟身上下面铸字，中间以两卷线刻卷叶纹、回字纹间隔，其中上面为 8 个铸字框，下面为 4 个铸字框，每个铸字框长 31 厘米，宽 20 厘米，底部为唇口边，线刻龙纹，八卦符号，线刻卷叶纹，正德年铸造。此钟是房山区仅存的一口明代铜钟。

图 2　禅房寺铜钟

该钟原存于金粟山禅房寺，该寺为大房山麓的一处千年古刹，建于大房山西南的金粟山下，据传该寺为云居寺下院。今寺院建筑已无，故而鲜为人知。据《房山县志》载："金粟山，城西南六十余里在塔照村北，山腰有洞，洞旁有穴莫测浅深，山下有禅房寺。"[2] 今有辽代照塔，为禅房寺仅存的古建筑。"县西南六十余里照村东北有山名金粟山，山顶有塔，人名其村曰塔照村，名其山曰塔山，南临拒马，北接黄龙，此山挺然独秀，塔则高踞其颠，遂为一方之望。"[3] 禅房寺历史较为久远，古刹原有明、清重修碑记七通，另有一通为辽代石幢。明天顺五年（1461）建大雄宝殿、方丈室、左右厢房，立伽蓝殿、祖师殿各一间，前立山门。嘉靖二十年（1541）再次重修寺院，至清康熙九年（1670）先修大雄宝殿，次修伽蓝殿、祖师殿，又次修金刚殿、天王殿，又复缮禅堂三楹。嘉庆九年（1804）起建弥勒殿、天王殿，重建山门，修复院墙。道光九年（1829）建立禅堂、四周院墙、佛殿山

1 溥儒：《上方山志》卷一，民国十六年（1927）朱印本，第 3 页。
2 冯庆澜、高书官：《房山县志》卷一，民国十七年（1928）重修铅印本，第 10 页。
3《房山县志》卷三，第 18 页。

图 3　唐开元五年比丘尼造佛顶尊胜陀罗尼石碑

门。清光绪五年（1879）对禅房寺进行了最后一次重修。新中国成立初期，禅房寺仅存主殿保存完好，1953 年主殿被拆除，从此这座千年古刹不复存在。关于禅房寺创建时间，嘉庆九年《重修金粟山禅房寺碑记》载："金粟山前禅房寺，古创建不知何代，重修肇自前明，天顺年之修理者一，嘉靖年之补葺者二，载在贞珉，班班可考。"[1] 道光九年《重修禅房寺碑记》："金粟山禅房寺，古刹也，创建不知何代，惟重修之碑碣历历可考焉。"[2] 因而古刹在明前的建寺历史无从考证，该寺之名仅在明清碑中出现，明代之前曾用名已不可考。笔者曾于 2012 年对禅房寺进行过实地考察，由于条件所限，考察不够细致，当时寺址上仅存金刚殿碑一通及照塔一座，除此之外已无任何遗迹可寻。2021 年笔者再次对古刹进行了实地考察，于遗址处发现一通唐代石经残碑（图 3），此碑为唐开元五年（717）刊刻比丘尼造佛顶尊胜陀罗尼石碑，证实了该寺的创建年代当不晚于唐代，是除云居寺之外，在房山发现的第二座存有唐代石经碑刻的古寺。

禅房寺铜钟上铭文中出现了众多服务于明廷的宦官机构及官职名，为研究明朝宦官制度提供了重要的文字资料。铭文中提及明朝十二监中的 8 个部门，分别是司设监、内官监、御用监、尚衣监、都知监、印绶监、御马监、尚膳监。另有掌所用薪炭之事的惜薪司，掌染造御用及宫内应用缎匹的内织染局，掌宫内及山陵等处内官食米及御用黄蜡、白蜡、沉香等香矾油蜡等库的内府供用库，掌苑囿园池、牧畜树种之事的上林苑监。掌侍卫、缉捕、刑狱之事的锦衣卫等部门也参与了铜钟的铸造。这些机构均为服务于皇权的机构。据《明史》载："宦官十二监，每监各太监一员，正四品。左右少监各一员，从四品。左右监丞各一员，正五品。典簿一员，正六品。长随、奉御无定员，从六品。此洪武旧制也。后渐更革，详见各条下。司礼监，提督太监一员，掌印太监一员，秉笔太监、随堂太监、书籍名画等库掌司、内书堂掌司、六科廊掌司、典簿无定员。提督掌督理皇城内一应仪礼刑名，及钤束长随、当差、听事各役，关防门禁，催督光禄供应等事。掌印掌理内外章奏及御前勘合。秉笔、随堂掌章奏文书，照阁票批硃。掌司各掌所司。典簿典记奏章及诸出纳号簿。内官监，掌印

1 杨亦武：《房山碑刻通志》卷一，社会科学文献出版社，2018 年，第 137 页。
2《房山碑刻通志》卷一，第 144 页。

太监一员，总理、管理、佥书、典簿、掌司、写字、监工无定员，掌木、石、瓦、土、塔材、东行、西行、油漆、婚礼、火药十作，及米盐库、营造库、皇坛库，凡国家营造宫室、陵墓，并铜锡妆奁、器用暨冰窖诸事。御用监，掌印太监一员，里外监把总二员，典簿、掌司、写字、监工无定员。凡御前所用围屏、床榻诸木器，及紫檀、象牙、乌木、螺甸诸玩器，皆造办之。又有仁智殿监工一员，掌武英殿中书承旨所写书籍画册等，奏进御前。司设监，员同内官监，掌卤簿、仪仗、帏幕诸事。御马监，掌印、监督、提督太监各一员，腾骧四卫营各设监官、掌司、典簿、写字、拿马等员。象房有掌司等员。神宫监，掌印太监一员，佥书、掌司、管理无定员，掌太庙各庙洒扫、香灯等事。尚膳监，掌印太监一员，提督光禄太监一员，总理一员，管理、佥书、掌司、写字、监工及各牛羊等房厂监工无定员，掌御膳及宫内食用并筵宴诸事。尚宝监，掌印一员，佥书、掌司无定员，掌宝玺、敕符、将军印信。凡用宝，外尚宝司以揭贴赴监请旨，至女官尚宝司领取，监视外司用讫，存号簿，缴进。印绶监，员同尚宝，掌古今通集库，并铁券、诰敕、帖黄、印信、勘合、符验、信符诸事。直殿监，员同上，掌各殿及廊庑扫除事。尚衣监，掌印太监一员，管理、佥书、掌司、监工无定员，掌御用冠冕、袍服及屦舄、靴袜之事。都知监，掌印太监一员，佥书、掌司、长随、奉御无定员，旧掌各监行移、关知、勘合之事，后惟随驾前导警跸。"[1]明代宦官制度森严，按级别由高到低依次为太监、少监、监丞、奉御、长随、典簿，各有分工，既要处理宫中繁杂事务，又要处理朝政。20 世纪 50 年代，禅房寺建筑被毁无存，铜钟辗转漂移多地，先后移至北尚乐小学校、石窝村关帝庙、石窝村委会。1999 年大石窝镇兴建石雕文化园，铜钟又被移至园内亭中，悬挂至今。

### 慧化寺铁钟

现存于张坊镇北白岱村（图 4）。此钟为村内慧化寺遗物，钟高 140 厘米，口径 97 厘米，钟顶直径 60 厘米，钟钮高 30 厘米、宽 35 厘米，铁铸，从上至下依次可见：双龙头钟钮，八瓣莲花，上有四孔，一圈连珠纹，钟身上面八个方形铭文框，中间一圈金刚圈，上、下一圈连珠纹，下面八个方形铭文框，八卦符号，八耳波状口，每瓣上均有钟月，周围环以垂云图案，钟身大字长宽均为 3 厘米，小

图 4  慧化寺铁钟

1〔清〕张廷玉：《明史》卷七十四，中华书局，1974 年，第 1818—1819 页。

字长、宽均为 1.5 厘米。明万历二年（1574）十月十五日造。慧化寺建寺历史当不晚于唐代，历辽、金、宋、元、明、清香火一直未断，至清代末期寺院败落，建筑废弃不存，如今仅存遗址，遗址上有明万历二年铁钟 1 口、清康熙元年（1662）古碑 1 通。据清康熙元年《重建慧化禅寺记》碑载"张坊里北白带（岱）村西路北，有古迹寺基，一由遗瓦砾、断碑，石刻字云'大唐幽州范阳县北白带（岱）村慧化寺'"可知，古刹始建当不晚于唐代。碑末载"唐逾五季，历宋、历辽金、历元及今，统纪七百七十余年"，可知撰碑者梳理该寺始自唐代，又因该寺地处辽金与两宋交界地带，故而碑文中称该寺"历宋、历辽金"。又碑文载："国初永乐间有客僧过，见荒刹，睹其石刻寺名，结庵住，至正统十四年被北狄犯境惊散，荒颓牧野四十余年。成化十四年有老比丘尼不通姓氏法名，投化本村善家，木植茅草，于斯筑堵盖屋住，因年饥，被强悍乞丐欺侮，惧散，抛弃房院，历年凋敝，无僧住守。弘治十二年（1499）己未，本村善会耆老……举行修建。"后有无为禅师修废寺，"未就间，无为老衲圆寂，住工奈工多力少，几经寒暑不得完成。今正德五年（1510），感遇钦差内官监太监杨公钺、郑公玺悯斯善事，喜施金帛，乐助成大功德。前殿塑释迦尊佛，后殿塑阿弥陀。彩妆栋宇，金碧绚辉。两翼立祖师、伽蓝之殿。维盖禅房、僧室、厨房、库司，开立山门，周筑垣墙。栽松植柏，杂树森蔚。"寺庙于正德十六年（1521）落成。清代寺院布局坐北朝南，前后两进，前殿为释迦殿，后殿为弥陀殿，左右有配殿。山门南向，东西两厢开侧门。清末民初，寺院衰落。中华人民共和国成立后，仅存 1 座正殿，一度作为村小学校使用。1973 年，仅存的 3 间大殿又被拆除。此殿为石板房、青砖，后沿用石头垒砌，有地下室。

该钟铭文记载明万历二年十月，在海荣主持下，寺中铸大铁钟 1 口，参与铸造铁钟的有云居寺、林禅寺、中山寺、莲花庵、软枣林、北谷沟、涿州四家庄寺 7 寺 11 名宗教僧人，以及来自白岱村、陈家庄、石经村、涿州东关、杨五庄、南白岱、北尚乐村、龙湾店、史家庄的房山及涿州 9 村 151 名信众合力铸造而成，其中信众最多的是白岱村信士，共有 110 人。

### 普兴寺铁钟

现存长沟镇南良各庄村委会院内（图5），原为村内普兴寺遗物，铁铸，通高 128 厘米，口径 96 厘米，顶部为蒲牢钟钮，双线勾俯莲花瓣，顶部有 5 孔，下为一圈圆形连珠纹，钟身上下铸字，铸字长、

图5　普兴寺铁钟

宽均 1 厘米，铸字框长 24 厘米、宽 15 厘米，钟身上、下两部分中间以三圈金刚圈及其上、下各一圈连珠纹相隔，其中上面八个框，下面八个框，下面一、二、三框无字。再下为连珠纹及八卦符号，八耳波状口。明崇祯四年（1631）造。据《北京市房山区地名志》载："有明崇祯四年（1631）铸造铁钟一口和 1947 年建造的普兴寺一座。"[1] 书中提到"1947 年建造的普兴寺"，应是根据现存的一通民国二十六年（1937）碑刻记载错误地将碑中"民国二十六年"写成了 1947 年，以致误导后人。据实地调查今仅存普兴寺大殿一座及殿前所立民国二十六年（1937）石碑一通。碑文提到普兴寺于道光二十六年（1846）重修，原有前殿供奉释迦牟尼佛像，后殿供奉关帝、二郎之神。后因前、后大殿倾颓，民国二十六年重修二殿，正殿不供奉泥塑、木雕，居中供奉释迦牟尼牌位，祈愿普济众生，左侧供奉忠义之神关帝牌位，右侧供奉江河之神二郎神牌位。民国二十六年应是 1937 年，不可能是《北京市房山区地名志》中记载的 1947 年，而此钟的留存证明该寺始建年代当不晚于明崇祯四年。钟身所铸文字提到周围地区较重要的寺庙及村名，是研究地方史料难得的文字资料。

天开寺，今已无存，是大房山麓的一座著名寺院，北倚六聘山，前面是一片开阔的田野，东面、南面有两道山岗如两条巨龙庞然而卧，聚首东南，牤牛河水自西北而来，斜淌过寺前的沃野，出"二龙"聚首处的龙门口而去。如此胜境，确是天成，"天开"之名由此而得。据元延祐四年（1317）《圣旨护持天开中院碑阴记》载："天开古名刹，在房山之麓，规制廓窈。始于汉，历晋、隋、唐，迄五季□盛于辽，废于金季之兵，鞠为瓦砾灰烬炉。"由此可知天开寺历史悠久，创建于汉代，历晋隋唐及五代时期，香火日渐兴盛，后于辽代达到鼎盛时期，辽忏悔上人大师经营天开、上方二寺数十年，并兴建天开塔，光耀佛法。至金代，战乱频发，天开寺遭兵火之扰，逐渐败落。元代有应公禅师住持天开寺，逐渐修葺古刹，建成天开寺本院，后来又垦田二十余顷，凿井，修建水磨，后建栗园寺，又建皇后台东西二寺，再建涿州寺，最后建中院寺于南尚乐。天开寺在元代得以重振佛法，明清天开寺记载不多，钟上铭文的记载证实，最晚在明代末期的崇祯年间该寺依然存在。

北郑寺，又称北正院、崇福寺，建寺历史悠久，原建于房山区长沟镇北正村，今已无存，始建于隋唐。关于该寺，尤以《房山县志》和《京畿古镇长沟》记载最详。"崇福寺，在北郑村西有唐塔。"[2]《京畿古镇长沟》一书载，崇福寺

1《房山区地名志》编纂委员会：《北京市房山区地名志》，北京出版社，1992 年，第 128 页。
2《房山县志》卷三，第 25 页。

明代尚存，曾于遗址上发现寺内住持信公的墓幢残石，铭文中有"师讳信，顺天府"[1]字样。"北郑村原有一座佛寺崇福寺，大约始建于隋唐时期或者更早，该寺辽金时称为'北郑院'，辽金以后，寺名几经变更。"[2]"北郑院，俗称'下寺'，明代以后称'崇福寺'，位于村南山脚之下，今仅存遗址。据近年考古发现证实，北郑院是辽代早期在隋唐、五代寺庙遗址上重建的，辽、金时期一直香火鼎盛。"[3]

崇福寺原有唐塔一座，该塔据《房山县志》称"北郑塔"，《京畿古镇长沟》称"郑伏护造多宝像佛塔"。"北郑塔，县西南四十里北郑村西，高六丈四尺围如之，创于唐高宗麟德二年，系郑服因父母疾瘵造以还愿者。"[4]"郑伏护造多宝像佛塔，此塔建于唐高宗李治麟德三年（666），坐落在长沟北正村崇福寺前，大约在上个世纪二三十年代倒塌，现在具体的遗址已不能确指。"[5]书中又载："2005年上半年，长沟乡政府组织相关人员进行历史文化资源调查时，在北郑村崇福寺遗址发现了一件唐代寺庙建筑构件——一块汉白玉石质的佛教造像……其原有的铭文应为：'大唐麟德三年二月，郑伏护、妇善相施主等，为父母敬造多宝像一塔。上为国王，下为师僧、父母，普及法界。'"[6]此钟铭文证实北正寺明代末期仍存。

此外钟上提到的村落名称与今日稍有不同，为探究村落名称演变提供了文字资料。

周家庄，即今东周各庄、西周各庄，二村原为一村名周家庄，因姓得名，明代以前成村，后依方位分为东周各庄村、西周各庄村。

梁家庄，这一地区有南、北、东良各庄村，均为元以前成村，初称梁家庄，以姓得名，后村落发展为三，演变为良各庄，三村以地势方位得名。

固安县朱村，即今廊坊市固安县朱村。

涿州杜村，今河北省涿州市有杜村。据《涿州地名志》载："杜村，在下胡良乡西北部……宋朝靖康三年（1128），杜姓迁来占田立庄，以姓氏取名杜村……有新石器时代杜村遗址。"[7]

栗园，大房山地区广植栗树，一些规模较大的寺庙均有栗园作为庙产。如大都大延洪寺栗园、天开寺栗园。今燕山办事处仍存有栗园地名。金明昌七年

1 王占勇：《京畿古镇长沟》，北京燕山出版社，2006年，第121页。
2 《京畿古镇长沟》第48页。
3 《京畿古镇长沟》第48、49页。
4 《房山县志》卷三，第17页。
5 《京畿古镇长沟》第32页。麟德三年春正月改元，为干封元年。
6 《京畿古镇长沟》第33页。
7 涿州市地名委员会办公室：《涿州市地名志》，河北科学技术出版社，1992年，第119、120页。

（1196）所刻《房山灵峰寺记》碑载"鹿门峪栗林园圃"[1]当为这一地区。

### 云居寺铁钟

图 6　云居寺铁钟

该钟现悬挂于大石窝镇云居寺钟亭内（图 6）。清康熙四十年（1701）造，通高 197 厘米，口径 145 厘米，铁铸，蒲牢双龙盘钮，龙身卷曲呈拱形，四爪触底，钟肩饰双线莲瓣一周十六朵，顶部通有四圆孔，钟身分上、下两部分铸字，中间以三圆线相隔。其中上部分东、西、南、北四面均铸有牌位形状，各不相同。北面牌位下部为束腰形仰俯莲座，上部题字框两侧铸造尖拱形如意云纹，最上面中间位置及两侧亦铸尖拱形如意云纹，中间竖刻楷体字文曰："正蓝旗石大人胡同宗室辅国公赖虎同妻王氏施铜一千七百斤"。东面牌位下部为束腰形仰俯莲座，上部题字框两侧铸造尖拱形如意云纹，最上面中间位置亦铸尖拱形如意云纹，中间竖刻楷体字文曰："西域大云居寺当家明照"。南面牌位下部为仰俯莲花座，上部题字框两侧铸造如意云纹，中心位置左右两侧各一火焰形宝珠，最上面中间位置亦铸如意云纹，中心有火焰形宝珠，中间竖刻楷体字文曰："当今皇帝万岁万万岁"。西面牌位下部为束腰形仰俯莲座，上部题字框两侧铸造尖拱形如意云纹，中心位置左右两侧各一缠枝莲花，最上面中间位置亦铸尖拱形如意云纹，中心有团花，中间竖刻楷体字文曰："康熙肆拾年肆月吉日造"。钟裙部铸有八卦符号，八耳波状口，平均分布四枚撞击钟月。每框长 47 厘米，宽 28 厘米，铸字长、宽均 2 厘米。钟体铸有捐资人名、地名及大悲神咒，寓意凡持念此咒者，可消除一切业障病痛，免受人间疾苦。

图 7　兜率寺铁钟

### 兜率寺铁钟

存于兜率寺西侧院内（图 7），铁铸，通高 100 厘米，口径 50 厘米，表面锈斑明显，钟钮残，钟肩饰莲瓣一周八朵，四个孔洞，下面为一圈连珠纹，钟身铸信士名字，大部分模糊不清，中间有三道粗弦纹（上、下各一圈连珠纹，中间为粗弦纹），纹将钟体分为上下两部分。底部为一圈连珠纹，八耳波状口。

---

1 据金明昌七年（1196）刻《房山灵峰寺记》，该碑现存房山区周口店镇灵峰寺遗址。

## 二、房山区道钟及佛道共用钟

房山区的道教虽不及佛教繁盛，但因大房山得天独厚的自然地貌特征，尤其众多的天然溶洞，遂以"幽燕奥室"闻名。各路道士云集于此建立洞府道观，传播道教宗法，盛极一时。房山区的道教历史最早可追溯至唐开元年间，唐睿宗之女金仙公主作为一名虔诚的道士资助云居寺建设。至唐末五代时期，刘仁恭于大安山建道观，请道士王若讷传道。进入元代，道教在大房山地区较为繁盛，较著名的道观有黄山玉室洞天及黑龙关龙王庙。明清时期出现儒、释、道三教共用一座寺庙的现象。进入民国，道教逐渐走向衰落。房山地区的道教用钟功能、外观基本仿效佛钟，有些特殊的古钟成为佛道两教共用的法器，判断其是否为道钟的依据主要是看其铭文、道教符号及所依附的寺庙供奉的是哪位神灵。房山区现存道钟5口，其中明代道钟2口，清代道钟3口；现存佛道共用钟1口。

### 娘娘庙铁钟

现存于阎村镇元武屯村娘娘庙正殿前廊右侧（图8），通高137厘米，口径94厘米，钟身高119厘米，蒲牢形钟钮，宽36厘米，高24厘米，大明万历十八年（1590）十月吉日造，钟肩饰莲瓣一周八朵，每瓣中心有一圆孔，蒲牢下有一圆孔，起到扩音效果。上带装饰卷草纹，钟腰以一粗加两细、两道连珠纹将钟体分为上下两部分，每部分为八个铭文框，框内铸铭文，其中大字长3厘米，宽2厘米，小字长、宽均1.5厘米，下带装饰卷草纹，八耳波状口，装饰卷草纹，每个耳部中间铸撞击钟

图8 娘娘庙铁钟

月，钟身铸有人名、村名。根据铭文记载，元武屯在明代名为元住屯，归属良乡县管辖，庙名也非娘娘庙，而是三圣庵。之所以铸造此钟原是因为"是庵每今不计其僧，住持不教其人□，三圣之神应如兹，而钟可以之乎"。捐资善人有来自周围村落闫村（今阎村）、苏家庄（今苏庄）、兴里村（今兴礼村）及二站村的人，亦有附近寺庙僧人如赵家庄普兴寺僧人、万佛寺僧人、支楼村弘业寺僧人以及上方山兜率寺僧人。造钟者为涿州东关金火匠人姜九成。

元武屯娘娘庙现仅存正殿一座，坐北朝南，原为三进院落，自南向北依次为门楼，门楼两侧为院墙，一进院为山门大殿，正三间，进深九间，单檐，装饰一斗三升斗拱，硬山调大脊，勾连搭顶，顶铺灰瓦，旋子彩画。该殿内原供

奉哼哈二将，过山门殿为二进院，正面为娘娘大殿，殿中供奉斗母娘娘，两侧为子孙娘娘和送子娘娘，其余分别有各种姿态的娘娘化身，30余尊塑像分列两侧，在大殿脊檩上，有楷书"大清康熙四十三年，岁次甲申，知良乡县事加一级李阴龙……募化，住持道人杨合耀同重建"。东配两间厢房，西厢原有建筑，后被毁，至民国年间仅存东厢房。进入三进院，正殿面阔五间，进深三间，前廊后厦，硬山箍头脊，顶铺灰瓦，梁架旋子彩画，菱花隔扇门窗。大殿正中供奉风雨雷神，当地百姓叫八叉神，八叉神正面左右为雷电二神，再前有侍引童子，正面两手各托日月二宝，威武刚劲。正殿两侧墙壁上绘有壁画。中华人民共和国成立后，1952年寺庙部分塑像被拆除，1985年庙宇娘娘殿在一场大雨中倒塌，基址被清理后，建成村委会办公处。今该村已拆迁。

### 玉皇庙铁钟

现存于长沟镇北正村内（图9），原是村内玉皇庙遗物，今庙已不存。铁铸，通高138厘米，口径63厘米，蒲牢双龙盘钮，钟钮长35厘米，高25厘米，龙身卷曲呈拱形，头、脚触底，钟肩饰双线莲瓣一周八朵，每一莲瓣中都有一圆孔，仅一个莲瓣中无孔，现存七孔，孔直径5.5厘米。钟身分上、下两部分铸字，其中莲瓣下有一圈连珠纹，钟身中间有两圈连珠纹，钟裙部铸一圈连珠纹，连珠纹之上为缠枝纹图案，八耳波状口，每瓣饰如意垂云图案。钟身共有14个题字框，每框长22厘米，高19厘米，小字长、宽均1.5厘米，另有一框无字，主要记载村名及发心善人姓名，明万历四十二年（1614）十一月造。文曰"顺天府涿州房山县怀玉乡北郑里北郑村"，元置四乡，怀玉其一，铭文中提到的房山县怀玉乡，金代就已称之。此地曾发现金代石幢一座，此幢为承安五年（1200）建，文曰"大金中都涿州奉先县怀玉乡"[1]，《房山县志》载："元制邑领乡，乡领里，里领村，房山原有四乡十六里，明中季归并甘池、芦村、王佐、乐平、大安山五里惟存十一里。"[2] 按《县志》记

图9 玉皇庙铁钟

图10 娘娘庙铁钟

1 北京市文物研究所：《房山南正遗址——拒马河流域战国以降时期遗址发掘报告》，科学出版社，2008年，第216页。
2 《房山县志》卷二，第15页。

载，元代时期房山的四乡分别是通济乡、贤侯乡、怀玉乡、神宁乡，而怀玉乡大致范围在今张坊镇东部、长沟镇及大石窝镇域。

**娘娘庙铁钟**

现存于房山区河北镇东庄子村村委会库房（图10）。该钟是村内娘娘庙遗物。现娘娘庙已无存，仅存古槐及铁钟一口。铁铸，清乾隆二十七年（1762）造，体形较小，高65厘米，上宽31厘米，下宽50厘米，顶部钟钮为半圆形，高12厘米，宽18厘米，钟肩饰莲瓣一周十六朵，平均分布四圆孔，其中肩部一角残毁，钟腰以两道细弦纹夹一道粗弦纹将钟体分为上、下两部分，各四框，铸字，八耳波状口。钟表面已出现锈迹。铸有天仙圣母庙信士及弟子姓名。

**关帝庙铁钟**

该钟现悬挂于城关镇洪寺村文化活动中心钟亭内（图11）。蒲牢形钟钮，通高103厘米，钟身高84厘米，钟钮高19厘米，口径91厘米，顶部为五个圆孔，钟肩饰莲瓣一周十六朵，莲花瓣为双线，上带一圈，钟腰以三道粗弦纹将钟体分为上下两部分，每部分有六个铭文区。铸有人名、村名。八耳波状口，设四个

图11 关帝庙铁钟

图12 娘娘庙铁钟

撞击钟月，钟月直径3厘米，钟身铸字长4厘米，宽3厘米，边框长45厘米，宽30厘米。该钟为清嘉庆九年（1804）十一月吉日造，原是村内关帝庙旧物，据《重修关帝庙碑记》载，关帝庙建于清康熙年间，乾隆二十八年（1763）于关帝庙正前方建戏楼一座，并将关帝神像镏金，清代光绪年间重修正殿、禅房、钟楼、歌榭。碑文载"自煤产盛，西地若冲衢，商贾集而街成列肆""且吾乡户少殷富，一切公善事尤多倚赖商人，何必过为区别"，由此可知，此地煤业兴盛，商贸云集，故而庙宇兴修全赖商人资助。此钟铭文中也铸有参与捐资的44家商铺，其中包括布行、粮行、油酒行、矿石开采等各行各业，大部分经商于房山县城内。这表明清代这一地区以房山县城为商贸中心，此钟与该庙现存的两通清代石碑为研究关帝作为行业崇拜神，在商业领域的重要影响提供了文字资料。

**娘娘庙铁钟**

现悬挂于佛子庄乡北窖村娘娘庙西钟亭内（图12），清光绪八年（1882）铸造，铁铸，高150厘米，

口径 101 厘米，铸字中大字长 4 厘米，宽 3 厘米，小字长 3 厘米，宽 2 厘米。钟首为双龙盘钮，开四孔，钟肩饰莲瓣一周十六朵，绕钟一圈，八耳波状口，平均分布四枚敲击钟月，钟身铭文提到"五谷丰登""天下太平""风调雨顺""国泰民安""四季平安""万年吉庆"以及参与铸钟的本村人员名字，寄托了当时人们祈求过上幸福生活的淳朴愿望。

该钟原存于娘娘庙东钟楼内，庙于"文革"时期被毁，现钟亭为石板铺顶，由四根立柱支撑。北窖娘娘庙，残毁，今存正殿三间，彻上明造，坐北朝南。门窗皆无，吻吞兽硬山调大脊，砖博风，六架梁，石板铺底，筒瓦，戗檐砖雕，刻棱形花，梁架饰旋子彩绘，和玺彩绘有龙纹，地铺方砖，其中正殿后檐墙及左山墙有彩绘壁画，内容大多为人物，有和尚老者、腾云驾雾的仙女，及《三国演义》故事画，也有乌云中的巨龙。壁画残损。六级踏步带垂踏，院内有两株柏树，其余房屋均为后建。庙外存有一自东向西流过的大沟，与庙相连的大沟用石块砌成一涵洞，洞顶即为与庙相连的小桥。此钟为房山现存年代最晚的古钟。

### 白衣庵铁钟

南窖乡北安村原有白衣庵一座二进院，沿中轴线自南向北依次为山门、钟鼓楼、一进院弥勒殿、二进院大雄宝殿、东护法殿带耳房两间、西观音殿带耳房两间。现存建筑为 2003 年重修。庙内原有清代铁钟一口（图 13），悬挂于钟楼之上，现钟存于北京大钟寺古钟博物馆。该钟属佛道共用古钟。铁钟铸造于清康熙二十二年（1683），通高 148.5 厘米，钟钮高 25.5 厘米，钟身高 123 厘米，口径 99.5 厘米，局部有残缺。双龙盘钮，龙身卷曲呈拱形，双眼圆瞪，粗壮龙爪紧紧抓住钟顶。钟肩饰莲瓣一周十六朵。莲瓣下

图 13　白衣庵铁钟

有一周铭文。钟腰以三道凸弦纹将钟体分成上、下两部分，每部分有八个以范线分区的铭文区。下部两个区内铸有花草、莲花、飞鹤、龙、树木等图案。钟裙上部铸有八卦符号，符号之间有云纹，下部铸有花纹及四枚撞击钟月。钟体铭文分上下两部分铸造，铸字多记载铸造大钟信士的村名、人名等内容，经统计，钟体铸有 59 姓，其中，傅姓最多，有 70 人，李姓 56 人，王姓 36 人，罗姓 31 人。

这些字都是楷体字，工整竖刻，部分文字已残缺不全，其内容颇具历史研

究价值。其中所列村落名称有：东庵村、西庵村、比庵村、西石甫村、南窖村、水峪村、常操村、比窖村、河南村、果各庄、上清水村，共计 11 村。铭文中又提到直隶顺天府宛平县、良乡县、房山县及大城县。

白衣庵铁钟铸成至今已有 341 年历史，钟体铭文对研究村落历史、姓氏演变及民间宗教信仰具有重要价值，反映民间铸钟工艺水平。其中的铭文："太上弥罗无上天。妙有玄真境，渺渺紫金阙。太微玉清宫，无极无上圣。廓落发光明，寂寂浩无宗。玄范总十方，湛寂真常道。恢漠大神通，玉皇大天尊，玄穹高上帝。"[1] 引自道教经本《太上正一朝天三八谢罪法忏》，由此可知白衣庵应属佛道共用建筑。

参与铸造大钟的大部分信士、信女来自周围村落，此外，还有真定府、河南彰德府汤阴县的外地信士，以及带有官衔的京都御马监信士。铭文中还提到"房山县道会司"，作为清代县级道教机构的道会司，是管理辖区内道教活动的重要机构。《清史稿》载："府道纪司都纪、副都纪，州道正司道正，县道会司道会，各一人。遴通晓经义，恪守清规者，给予度牒。"[2] 从中可以看出清早期，道教在这一地区盛行。

## 三、房山古钟的结构特点及研究价值

通过对房山区现存明清古钟相关资料的梳理，特别是对古钟的外形结构特征及铭文的分析研究，可知佛、道在房山地区传播根深蒂固，占据主导地位，是其他宗教所无法超越的。这些古钟按功能分类主要有更钟、佛教法会用钟、道教祀典用钟，是房山区宗教发展历史的珍贵文物。其中，铁钟保存数量最多，铸造工艺较为制式化。房山地区之所以出现大量铁钟，与财力和寺庙大小有关，受财力影响，参与捐资铸造者大部分为普通百姓，无力出巨资铸造贵金属古钟。而铁的原料获取相对容易，价格低廉，同时铁的质地适合铸钟。房山地区的古钟特点是：钟钮有桥形钮和四爪桥形钮；在钟肩的位置，用传统的莲瓣围绕一周 16 朵或 8 朵，起到装饰作用；钟腰以两条较细的凸弦纹将钟体分为上下两部分；多为运用几条粗线条分隔钟体；纹饰图案以连珠纹和花卉纹为主。明代是宦官修建寺院最多的朝代，这与宦官专权制度密切相关。房山地区有宦官参与捐修的寺庙有灵鹫禅寺、上方山及红螺三险诸寺等，其中的禅房寺铜钟，堪称房山区古钟的精品，铭文中记载了当时位高权重的众多太监名称。当然对房山

1 胡孚琛：《中华道教大辞典》，中国社会科学出版社，1995 年，第 313 页。
2 赵尔巽：《清史稿》卷一百十六，中华书局，1970 年，第 3360 页。

古钟的研究，需向更深入的层面开展，比如对不同时期钟体的发音原理及铸钟工艺的研究，还有待今后联合多学科，运用科技手段进行鉴定分析。

附：房山区现存古钟统计表

| 编号 | 名称 | 年代 | 所属宗教及寺庙 | 材质 | 现在何处 | 钟肩莲瓣数量 | 通高（厘米） | 口径（厘米） | 是否有祝颂语 |
|---|---|---|---|---|---|---|---|---|---|
| 1 | 普兴庵铁钟 | 明宣德 | 佛教，普兴庵 | 铁 | 上方山 | 16 | 170 | 100 | 无 |
| 2 | 禅房寺铜钟 | 明正德 | 佛教，禅房寺 | 铜 | 石窝镇石窝 | 16 | 173 | 104 | 无 |
| 3 | 慧化寺铁钟 | 明万历二年 | 佛教，慧化寺 | 铁 | 张坊镇北白岱 | 8 | 140 | 97 | 无 |
| 4 | 娘娘庙铁钟 | 明万历十八年 | 道教，娘娘庙 | 铁 | 阎村镇元武屯 | 8 | 137 | 94 | 无 |
| 5 | 玉皇庙铁钟 | 明万历四十二年 | 道教，玉皇庙 | 铁 | 长沟镇北正 | 8 | 138 | 63 | 无 |
| 6 | 普兴寺铁钟 | 明崇祯 | 佛教，普兴寺 | 铁 | 长沟镇南良各庄 | 8 | 128 | 96 | 无 |
| 7 | 白衣庵铁钟 | 清康熙二十二年 | 佛教及道教，白衣庵 | 铁 | 南窖乡北安 | 16 | 148.5 | 99.5 | 有 |
| 8 | 云居寺铁钟 | 清康熙四十年 | 佛教，云居寺 | 铁 | 云居寺 | 16 | 197 | 145 | 无 |
| 9 | 娘娘庙铁钟 | 清乾隆二十七年 | 道教，娘娘庙 | 铁 | 河北镇东庄子 | 16 | 65 | 40 | 无 |
| 10 | 关帝庙铁钟 | 清嘉庆九年 | 道教，关帝庙 | 铁 | 城关镇洪寺 | 16 | 103 | 91 | 无 |
| 11 | 娘娘庙铁钟 | 清光绪八年 | 道教，娘娘庙 | 铁 | 佛子庄乡北窖 | 16 | 150 | 101 | 无 |
| 12 | 兜率寺铁钟 | 不详 | 佛教，兜率寺 | 铁 | 上方山 | 8 | 100 | 50 | 无 |

# 门头沟区古钟综述

马 垒[*]

**摘要：** 本文通过对门头沟区古钟相关资料的整理，并结合古钟的宗教特点及与周围建筑的关系，探讨古钟的研究价值以及对京西地域文化的重要影响。笔者对门头沟区古钟进行了全面梳理，统计出已消失和现存的古钟共计53口，上起明，下迄民国，传承五百多年。

**关键词：** 门头沟区　明清　民国　古钟

京西门头沟，山峦耸翠，河谷蜿蜒，是坐落在西山永定河文化带上一颗璀璨的明珠。各种宗教汇聚于此，绵延流传。得天独厚的自然风光，使得这一地区成为佛、道、儒及民间宗教人士修建寺观，传播宗法的重要场所，而作为宗教法器的古钟，是反映寺庙宗教活动的重要文物，见证了佛刹宫观的辉煌与沧桑，一直留存于寺院道观之中，数量甚多，但因战争、动乱等人为破坏，门头沟地区已消失不存的古钟远多于现存古钟数量。笔者对门头沟区古钟进行了全面梳理，统计出已消失和现存的古钟共计53口，上起明，下迄民国，传承五百多年。其中现存实物13口，实物无存40口。为便于研究，以纪年为序，列表如下（见表1、表2）。

表1　门头沟区现存古钟统计表

| 编号 | 名称 | 年代 | 所属宗教及寺庙 | 材质 | 现在何处 | 钟肩莲瓣数量 | 通高（厘米） | 口径（厘米） | 是否有祝颂语 |
|---|---|---|---|---|---|---|---|---|---|
| 1 | 潭柘寺铜钟 | 明宣德九年 | 佛教，潭柘寺 | 铜 | 潭柘寺 | 16 | 117.5 | 66.5 | 无 |
| 2 | 戒台寺铜钟 | 明景泰 | 佛教，戒台寺 | 铜 | 戒台寺 | 24 | 163 | 91 | 无 |
| 3 | 大云寺铁钟 | 明天顺四年 | 佛教，大云寺 | 铁 | 妙峰山景区 | 8 | 125 | 86 | 有 |
| 4 | 上清水铁钟 | 明万历三十三年 | 道教，龙王庙 | 铁 | 清水镇上清水村 | 8 | 180 | 110 | 有 |
| 5 | 三官庙铁钟 | 明天启五年 | 道教，三官庙 | 铁 | 雁翅镇大村 | 8 | 157 | 90 | 有 |

* 马垒，北京市门头沟区文物事业管理所文物保护副研究员，研究方向：北京古石刻、京西佛教文化。

| 编号 | 名称 | 年代 | 所属宗教及寺庙 | 材质 | 现在何处 | 钟肩莲瓣数量 | 通高（厘米） | 口径（厘米） | 是否有祝颂语 |
|---|---|---|---|---|---|---|---|---|---|
| 6 | 朝阳庵铁钟 | 明崇祯元年 | 佛教，圆通庵 | 铁 | 潭柘寺镇赵家台 | 8 | 156 | 100 | 有 |
| 7 | 温水峪庙铁钟 | 明 | 佛教，温水峪庙 | 铁 | 门头沟区博物馆 | 16 | 145 | 67 | 有 |
| 8 | 军响铁钟 | 清康熙三年 | 道教，龙王庙 | 铁 | 斋堂镇军响村 | 8 | 150 | 100 | 有 |
| 9 | 潭柘寺铜钟 | 清康熙三十六年 | 佛教，潭柘寺 | 铜 | 大钟寺古钟博物馆 | 16 | 140.9 | 93 | 无 |
| 10 | 涧沟铁钟 | 清康熙四十一年 | 道教，关帝庙 | 铁 | 妙峰山镇涧沟村 | 16 | 152 | 110 | 有 |
| 11 | 潭柘寺铜钟 | 清乾隆二十三年 | 佛教，潭柘寺 | 铜 | 潭柘寺 | 18 | 75 | 57 | 无 |
| 12 | 极乐洞铁钟 | 清光绪二十三年 | 佛教，极乐洞 | 铁 | 妙峰山镇丰光寺 | 16 | 100 | 82.5 | 无 |
| 13 | 琉璃渠铜钟 | 民国 | 道教 | 铜 | 门头沟区博物馆 | 8 | 20 | 12 | 无 |

表 2　门头沟区损毁不存古钟一览表 **1**

| 序号 | 钟铭 | 所属寺庙 | 年代 | 材质 | 尺寸 | 原在何处 | 备注 |
|---|---|---|---|---|---|---|---|
| 1 | 经钟 | 戒台寺 | 辽大康 | 不详 | 高 240 厘米 | 戒台寺 | 无存 |
| 2 | 经钟 | 戒台寺 | 辽大康 | 不详 | 高 240 厘米 | 戒台寺 | 无存 |
| 3 | 铁钟 | 白瀑寺 | 明宣德二年 | 铁 | 高 175 厘米，直径 100 厘米，厚 6 厘米 | 雁翅镇淤白村 | 无存 |
| 4 | 铁钟 | 娘娘庙 | 明成化 | 铁 | 高 50 厘米，口径 30 厘米 | 南辛房乡阳坡园一号 | 无存 |
| 5 | 铁钟 | 灵严寺 | 明正德 | 铁 | 高 125 厘米，口径 85 厘米 | 齐家庄乡齐家庄村 | 无存 |
| 6 | 铁钟 | 龙王庵 | 明万历十八年 | 铁 | 高 42 厘米，直径 30 厘米 | 圈门门头口大街 | 无存 |
| 7 | 铁钟 | 不详 | 明万历三十三年 | 铁 | 高 40 厘米，口径 32 厘米 | 燕家台椴木沟寺上村 | 无存 |
| 8 | 铜钟 | 圣寿庵 | 明万历三十四年 | 铜 | 高 118 厘米，口径 98 厘米 | 北岭乡王平村 | 无存 |
| 9 | 铁钟 | 观音堂 | 明万历四十年 | 铁 | 高 97 厘米，口径 80 厘米 | 齐家庄乡小龙门村 | 无存 |
| 10 | 古钟 | 观音庵 | 明崇祯四年 | 不详 | 不详 | 燕家台乡梁家庄台上村 | 无存 |
| 11 | 铁钟 | 观音庙 | 明崇祯六年 | 铁 | 高 140 厘米，口径 35 厘米 | 妙峰山镇丁家滩村 | 无存 |
| 12 | 铁钟 | 龙泉庵 | 明崇祯十一年 | 铁 | 高 30 厘米，口径 39 厘米 | 大台办事处庄户村 | 无存 |
| 13 | 铁钟 | 不详 | 明崇祯十三年 | 铁 | 高 110 厘米，口径 60 厘米 | 齐家庄乡洪水口村 | 无存 |
| 14 | 铁钟 | 不详 | 明天启七年 | 铁 | 高 150 厘米，直径 100 厘米 | 上岸乡栗园庄村 | 无存 |
| 15 | 铁钟 | 滴水岩菩萨庙 | 清康熙 | 铁 | 高 200 厘米，口径 180 厘米 | 妙峰山镇南庄村 | 无存 |
| 16 | 铁钟 | 不详 | 清康熙二年 | 铁 | 高 115 厘米，口径 78 厘米 | 太子墓乡雁翅村 | 无存 |
| 17 | 铁钟 | 不详 | 清康熙三年 | 铁 | 高 44 厘米，口径 31 厘米 | 色树坟乡吕家坡村 | 无存 |
| 18 | 铁钟 | 娘娘庙 | 清康熙七年 | 铁 | 高 180 厘米，口径 100 厘米 | 斋堂镇军响村 | 无存 |
| 19 | 铁钟 | 双林寺 | 清康熙十七年 | 铁 | 高 180 厘米，口径 120 厘米 | 清水乡上清水村 | 无存 |
| 20 | 铁钟 | 不详 | 清康熙二十年 | 铁 | 高 125 厘米，直径 67 厘米 | 上岸乡卧龙岗村 | 无存 |
| 21 | 铁钟 | 不详 | 清康熙三十七年 | 铁 | 高 112 厘米，口径 70 厘米 | 陇家庄乡陇驾庄村 | 无存 |
| 22 | 铜钟 | 双圣庙 | 清康熙四十三年 | 铜 | 高 100 厘米，直径 60 厘米 | 大峪办事处大峪后街 | 无存 |
| 23 | 铜钟 | 关帝庙 | 清康熙四十四年 | 铜 | 高 80 厘米，口径 54 厘米 | 军庄镇琉璃渠村 | 无存 |
| 24 | 铁钟 | 碧霞元君庙 | 清乾隆元年 | 铁 | 高 100 厘米，口径 69 厘米 | 妙峰山镇涧沟村 | 无存 |
| 25 | 铁钟 | 不详 | 清咸丰十一年 | 铁 | 高 65 厘米，口径 58 厘米 | 上岸乡石厂村 | 无存 |
| 26 | 古钟 | 不详 | 清康熙二年 | 不详 | 高 140 厘米，口径 90 厘米 | 龙泉务村 | 无存 |
| 27 | 铁钟 | 碧霞元君庙 | 清光绪 | 铁 | 高 144 厘米，口径 102 厘米 | 妙峰山镇涧沟村 | 无存 |
| 28 | 铜钟 | 碧霞元君庙 | 清光绪十一年 | 铜 | 高 157 厘米，口径 132 厘米 | 妙峰山镇涧沟村 | 无存 |
| 29 | 铁钟 | 朝阳庵 | 不详 | 铁 | 高 30 厘米 | 雁翅镇雁翅村 | 无存 |

1 据《门头沟区一九五八年文物普查资料》整理。

| 序号 | 钟铭 | 所属寺庙 | 年代 | 材质 | 尺寸 | 原在何处 | 备注 |
|---|---|---|---|---|---|---|---|
| 30 | 铁钟 | 不详 | 不详 | 铁 | 高 90 厘米，直径 490 厘米 | 上岸乡栗园庄村 | 无存 |
| 31 | 铁钟 | 茶棚 | 不详 | 铁 | 高 55 厘米，口径 45 厘米 | 军庄乡琉璃渠村 | 无存 |
| 32 | 铁钟 | 三官庙 | 不详 | 铁 | 高 130 厘米，口径 80 厘米 | 军庄乡琉璃渠村 | 无存 |
| 33 | 铁钟 | 护国明王殿 | 不详 | 铁 | 高 45 厘米，口径 37 厘米 | 潭柘寺镇 | 无存 |
| 34 | 铁钟 | 东观音洞 | 不详 | 铁 | 高 55 厘米，口径 42 厘米 | 潭柘寺镇 | 无存 |
| 35 | 铁钟 | 护国显光禅寺 | 不详 | 铁 | 不详 | 黄安坨百花山上 | 1931 年毁，铸为兵器 |
| 36 | 铁钟 | 张仙港庙 | 不详 | 铁 | 高 5 尺 | 燕家台 | 已毁，铸为手榴弹 |
| 37 | 铁钟 | 剩馀寺 | 不详 | 铁 | 高 100 厘米 | 燕家台乡椴木沟寺 | 无存 |
| 38 | 铁钟 | 华严寺 | 不详 | 铁 | 高 40 厘米，口径 30 厘米 | 北岭乡瓜草地 | 无存 |
| 39 | 铁钟 | 关帝庙 | 不详 | 铁 | 高 45 厘米，口径 32 厘米 | 北岭乡平地村 | 无存 |
| 40 | 铁钟 | 月严寺 | 不详 | 铁 | 高 60 厘米，口径 37 厘米 | 上岸乡王村 | 无存 |

目前尚能看到的存世古钟仅有 13 口，且这些古钟大多已不在原址。笔者通过实地探查，收集钟体信息，对门头沟区现存古钟的研究价值展开论述。门头沟区现存古钟均为明、清及民国时期铸造的寺庵宫观中使用的古钟，涉及的镇域较为分散，分别是潭柘寺镇 4 口、永定镇 1 口、妙峰山镇 3 口、斋堂镇 1 口、雁翅镇 1 口、清水镇 1 口、王平镇 1 口、龙泉镇 1 口。从材质划分，铜钟 5 口，铁钟 8 口。依年代划分，明代 7 口，清代 5 口，民国 1 口。按体量划分，最大的是戒台寺景泰铜钟，最小的是琉璃渠铜钟。按照宗教性质划分主要有佛钟、道钟和民间宗教类古钟。

## 一、妙境空灵　梵音袅袅

早在魏晋南北朝，中国古钟由礼器一跃而进入寺庙殿堂，成为佛家净土中的法器。佛钟是佛教文物中重要的法器，从实物的特点来看，佛钟是带有明显佛教象征元素的古钟，如佛名、佛教咒语、佛经、佛像、僧名、寺庵名称等多见于佛钟上。因此，这些带有佛教元素的古钟可以称为佛钟，以至于流传"有寺必有钟，无钟即无寺"之说。门头沟区内的古寺庙众多，古钟多为寺庙佛钟。钟的数量与寺庙数量相当，遗憾的是能留存下来的屈指可数，经统计门头沟区现存佛钟共计 8 口，它们大都带有纪年铭文。其中明代 5 口，清代 3 口，这些佛钟虽然大小不同，但外形都较为匀称，大体基本相似，现简述如下：

### 潭柘寺宣德铜钟

现悬挂于潭柘寺钟楼内（图 1），明宣德九年（1434）造，铜铸，通高 117.5 厘米，口径 66.5 厘米，双龙头蒲牢形钟钮，钟肩饰莲瓣一周 16 朵，其下为一道凸弦纹，腰部以六细加两粗八道凸弦纹将钟体分为上下两部分，各四区，其中仅有下部一框内铸字，文曰："潭柘寺住山比丘道观铸造铜钟一口，宣德甲寅年置。""道观"即潭柘寺第三十四代住持观公无相和尚，灵塔今存潭柘寺下塔院。题字框长20厘米，宽12厘米，钟体下部施两道凸弦纹，其下铸八卦符号图案。八耳波状口，平均分布四枚撞击钟月，直径6厘米。

### 戒台寺铜钟

现悬挂于戒台寺钟楼内（图2）。铜铸，通高163厘米，体高132厘米，钮高31厘米，口径91厘米，厚7厘米，明景泰年间造，蒲牢形钟钮，双龙昂首雄浑有力，龙爪紧紧抓住钟身，钟肩施莲瓣一周24朵，钟腰部以六道细弦纹和两道粗弦纹将钟体分为上下两部分，每部分有4个铭文区，均无字。上半部分蒲牢腰对应处铸成牌位形状，下部为须弥座，束腰，以宝珠纹装饰，上部题字框两侧铸造二龙图案，间以祥云环绕，最上面中间位置亦铸一龙纹，周围间以祥云环绕。 题字框高16厘米，宽3.5厘米。中间竖刻楷体字文曰："大明景泰年月吉日制"（图3），字宽2.5厘米，高2厘米。钟体下部近钟裙处饰三条凸弦纹，钟口竖直无明显外敞，八耳波状口并蒲牢头对应处有2个撞击钟月，直径9厘米。

### 大云寺铁钟

铁钟现存于妙峰山景区内（图4）。通高125厘米，口径86厘米，蒲牢钮，明天顺四年（1460）造，钟肩饰莲瓣一周8朵，钟腰以两细加一粗三道凸弦纹将钟体分为上下两部分，各有四区，框内铸字，上部分铸四句吉语："皇图永固，帝道遐昌，佛日增辉，法轮常转。"下部分铸参与捐款的人名及地名。双线加连珠纹绕钟一圈，八耳波状口，平均分布四枚撞击钟月。

钟为大云寺旧物，寺为大辽古刹，辽大康年间称大云山院，西原有辽代舍利塔一座。位于妙峰山主峰娘娘庙西，佛教寺院，今已无存。据《妙峰山琐记》载："大云寺亦呼'西寺'，西距灵官殿不一里，辽刹也，志乘失载。其地背山

图1 潭柘寺宣德铜钟

图2 戒台寺景泰铜钟

图3 戒台寺铜钟镌文

图4 大云寺铁钟

图5 温水峪庙铁钟

面壑，水木清华，石壁撑空，森如列笏，以径僻人稀，门无榜识，故知者鲜。西南沿壑，迤逦下行，可达滴水岩。《旧闻考》引《燕山记游》'从滴水岩而上大云寺，山最高，是西山万峰之巅也。臣等谨按：大云寺今无考'云云。宽按：大云寺之名仅见于此，畿辅、顺天、宛平新旧志，皆失载。"[1]

### 温水峪庙铁钟

该钟为王平镇西马各庄村温水峪庙遗物，现存于门头沟区博物馆（图5）。钟高145厘米，口径67厘米。明代铸造，保存完好。蒲牢钟钮，钟肩饰莲瓣一周16朵，钟腰以三道凸弦纹将钟分为上下两部分，各有八区，其中上部一框铸牌位形状，顶部及两侧为尖拱式涡形云纹，底座为仰俯莲花共14瓣。下部一框铸一朵盛开荷花、一花苞及一莲蓬。钟裙上铸有八卦符号。八耳波状口，每耳上都铸有一枚撞击钟月。钟壁上的铸字对研究明代王平地区建制沿革，以及佛教在这一地区的传播过程颇有价值。其中的"大明国京都顺天府宛平县王平社马家庄福在坨净主僧人镇南发心领众铸造大钟一口"，将明代王平镇的行政区划、村镇命名以及铸钟缘由涵盖无疑。该镇明代称王平社，归属京都顺天府宛平县，这与明人沈榜所著《宛署杂记》记载相符。马家庄则是现在东马各庄村、西马各庄村的统称。"福在坨"即今粪坨，位于西马各庄村西面的山顶上，如今登上山顶，地势开阔平坦，山上种满梨树。而在清代，粪坨顶上曾建有寺庙，庙于清末民初被毁。至今仍有村内老人称呼粪坨为福在坨。除此之外，钟身上的铸字多记载铸造、监制、资助人姓名或身份、籍贯等。经统计，钟壁铸有38姓，其中马姓最多69人，王姓24人。参与捐款人数共计199人。该钟铸成至今，已有400多年历史，虽历经风雨剥蚀，因铸造技术高超绝伦，铁质火候纯精，不但不显氧化痕迹，而且棕红色的钟体四周仍然荧荧发亮，可见我国古代铸铁工艺的高超。当年该钟悬挂于西马各庄村温水峪庙前东侧的钟楼内，用以报时，每当以巨木击撞时，钟声粗犷沉鸣，声闻数里。信徒僧众闻钟声，双手合十，异地同拜，成为王平镇一大景观，俗

---

1《妙峰山琐记》，北京燕山出版社，2007年，第223页。

称"野寺钟声"。

### 朝阳庵铁钟

现存于潭柘寺镇赵家台村委会院内（图6），高156厘米，口径100厘米。明崇祯元年（1628）造，双龙蒲牢形钟钮，钟肩饰莲瓣一周8朵，每瓣上有8孔，其下旋转铸造颂语"皇图永固，帝道遐昌，佛日增辉，法轮常转"。钟腰部以三道粗弦纹将钟体分为上下两部分，各有八区，每区内铸有铭文，下部铸八卦图案，八耳波状口，下部八个敲击钟月，圆形月面饰日、月、莲花、海水图案，周围以莲花、梅花等图案环绕装饰。

图6　赵家台铁钟

此钟原为村内古刹圆通庵旧物，现原址已无建筑，仅存明代石碑一通，记载古刹历史。此碑名为《大明护国圆通庵重修碑记》，明万历三十年（1602）立。碑文记载，京都顺天府宛平县赵家台村有古刹废林一区，年久失修，明太祖高皇帝兴建圆通庵，佛道流通。落款"皇图永固，帝道遐昌，佛日增辉，法轮常转"，与钟上祝颂语一致，反映了希望以此传达给信众弘扬佛法的根本目的在于巩固皇权，国泰民安。铸钟者中有来自宛平县清水社村的金火匠及铁匠。

据钟上铭文记载，该钟由天启七年（1627）至崇祯元年（1628）铸造完成，历时两年，有赵家台村居士恩荣等人因本村朝阳庵香火旺盛，念经之声与礼佛者络绎不绝。但是缺少钟磬法器，遂与朝阳庵住持僧道续、募缘僧克念发心捐资造钟磬。捐资造钟者有礼部儒士信官、锦衣卫百户信官，门头沟区抢峰坡、东桃园村、王平口村信官，岳家坡、门头村、黄土台村、十字道村、黄石港、清水涧村、胡家林、石门营信官，小园村、清山岭、斋堂城信官，房山区的良乡张各庄、枋桥村，丰台区灰厂村，以及河北省真定府赵州民进县、涿州罗锅台村、官亭村的信众。参与捐资的人员包括佛教及道教弟子，如天师庵草场商人，广福寺、大慈寺、中峰寺、圆通庵、弘恩寺、法海寺、双林寺僧人，宝林寺住持及玄门道人、灵山道人等众多信士。

### 潭柘寺清康熙铜钟

为潭柘寺遗物，现存于大钟寺古钟博物馆（图7、图8）。清康熙三十六年（1697）铸造，铜铸，通高140.9厘米，钟身高103厘米，口径93厘米，蒲牢双龙盘钮，钮高29.9厘米，背托火珠。钟顶部有5圆孔，钟肩饰莲瓣一周16朵。

图 7　潭柘寺清康熙铜钟

图 8　潭柘寺康熙铜钟蒲牢钟钮

图 9　潭柘寺清乾隆铜钟

钟腰以三道凸弦纹将钟体分为上、下两部分，其中上部四框中仅一框有铸字，其余三框无字。铸有潭柘寺住持及三宝弟子、比丘等人名，另在与钟钮蒲牢头部相对应下部各有一铸字牌位，牌位底部为仰俯莲瓣束腰须弥座，束腰部分铸有佛八宝图案。铸字框两侧面尖拱形云纹上部为如意云纹。前面牌位铸字"皇帝万岁万万岁"，后面牌位形状与前面牌位大致相同，唯束腰部分装饰回字文图案，文曰："康熙三十六年八月吉日造"。下部绕钟一圈铸满汉译大悲无碍神咒经文。钟体下部一道凸弦纹下铸有八卦符号。八耳波状口，平均分布四枚撞击钟月，直径 7厘米。

### 潭柘寺清乾隆铜钟

现存于潭柘寺大雄宝殿前（图 9），清乾隆二十三年（1758）造，铜铸，小巧别致，通高 75 厘米，口径 57 厘米，双龙蒲牢形钟钮，背托火珠。钟肩施莲瓣一周 18 朵，肩下施凸弦纹一周，钟身分上、下两部分铸字，中间以两粗加一细三道凸弦纹将钟体隔开。上部共六框铸字，其中前后铸字框为牌位形状，顶部为拱尖形云纹，束腰须弥座，正面牌位铸字文曰："大清乾隆戊寅年"，背面牌位铸字文曰："六月十五日诚造"。下部无框，绕钟一圈铸字，皆为捐资者姓名，字长、宽均 2.5 厘米。八耳波状口，钟口外敞明显，近钟裙处有一道波状凸弦纹。平均分布四枚撞击钟月，直径 7 厘米。

### 极乐洞铁钟

该钟原为妙峰山镇下苇甸村极乐洞遗物，现存于妙峰山镇担礼村丰光寺内（图 10）。清光绪二十三年（1897）造，保存完好，铁铸，通高 100 厘米，口径 82.5 厘米，蒲牢双龙盘钮，龙身卷曲呈拱形，鳞片凸起，形态威猛凶悍，钟肩饰双线莲瓣一周 16 朵，通五圆孔，钟腰以一道粗弦纹将钟体分上、下两部分，其中上部分铸四框，一框较大，中间铸"开山和尚现光"6 个楷体大字，每字长、宽均 4 厘米，其余三框无铸字，下部分铸四框，其中两框较大，两框较小。较大框中，框一自右至左铸楷体字"极乐古洞"，字体为双线勾铸，框二自右至左铸楷体字"宝鼎昆仑山"，字长、宽均 7 厘米，另两框中，框一竖行铸楷体字"玉斌敬献"，外框为双线铸，其中内框长 24 厘米，宽 9 厘米，外框长 36 厘米，宽 24 厘米，框二竖行铸楷体字"光绪二十三年三月二十三日立"，钟身共计 30 字。八耳波状口，平均分布四枚撞击钟月。一铁球悬于钟内，敲击钟身时，可发出清脆悦耳之声，余音悠远。

图 10　极乐洞铁钟

今下苇甸极乐洞旁残存寺庙建筑基址，旁边的岩石上，尚存有多处摩崖石刻，其中的"宝鼎昆仑　极乐洞佛"和"开山和尚　现光禅师"等摩崖刻字与此钟所铸字相同，亦可知铁钟应为极乐洞之旧物。

关于钟上所铸"玉斌敬献"四字，其中"玉斌"为人名，铁钟应为此人出资铸造。在今妙峰山镇樱桃沟村的仰山栖隐寺下山路上存有多处摩崖石刻，现存四处摩崖提到"玉斌"。其一"引仙道人玉斌书"，其二"重修仰山寺真迹铭……重修三品顶戴玉斌监修……清光绪丙申年"，其三"□石磴□人□□水流寺下隐□□暂□古□□□□□哉静里□生机玉斌题"，其四"静□山房玉斌书"，由此可知玉斌应为虔诚的佛教信徒，在清光绪时期曾官至三品。

## 二、钟韵绵长　敬神畏灵

在门头沟区，道教影响力仅次于佛教，道教崇尚自然，清静无为，所倡导的神仙方术，长生不老思想，自古受到统治阶级的青睐，也最容易被普通民众所接受。特别是在明末，道风兴盛，信道者众，人们对道教的崇信与对佛教的崇信同样重要，往往将现实生活中无法实现的愿望寄托于神灵。道教宫观遍及名山，门头沟区最著名者当属燕家台通仙观，以及永定镇何各庄村太清观，这两座道教宫观与元明时期皇族关系密切。除此之外，众多散布于大小村落之中的关帝庙、娘娘庙，以及靠近永定河两岸修建的众多龙王庙具有鲜明的地方特色，寄托了人们祈求国泰民安的美好愿望。目前，门头沟区保存完好的道教古钟仅存五口。

### 上清水铁钟

现存于清水镇上清水村（图11），明万历三十三年（1605）造。通高180厘米，口径110厘米。双龙蒲牢形钟钮，钟肩饰莲瓣一周8朵，每个莲花瓣上通有一孔，下部为连珠纹绕钟一圈，钟腰以三道凸弦纹将钟体分成上、下两部分铸字，各八区，其中上部分又分为上、下铸字，上部为祝颂吉语，绕钟一圈，文曰"皇图永固，帝道遐昌，佛日增辉，法轮常转"，钟身铭文以十六框铸字，其下为八卦符号，下垂云八朵，垂云以连珠纹相环绕，八耳波状口，钟裙部平均

图11 上清水铁钟

分布四枚撞击钟月。钟身铸字记录了发起祭祀施钱募化的善男信女，其中本村人数最多。其次还有附近村落信士，如梁家庄村、清白口村、黄庵村、田寺村、黄崔村以及大兴草桥赵村、梨园及燕家台等地的信士。同时铭文中出现参与铸钟的主要匠人有木匠、铁匠、金火匠及泥水匠，这为研究明代铁钟铸造技术提供了依据。参与捐资的有各种宗教团体，如佛会、礼问会，还有附近寺庙如双林寺、朝阳庵、百花山、观音堂、三官庙的僧人等。钟身铭文明确提到造大钟可报四恩，即天地盖载恩、日月照临恩、皇王水土恩、爹娘养育恩，祭三涂地府幽官，镇八方国泰民安，将人们渴望得到的美好愿望，以铸造法器的方式实现。铭文记载此钟原是村内龙王庙旧物，现庙已不存。从钟身上的种种佛教词语可知，龙王庙应是一座佛道共用庙宇。据《北京门头沟村落文化志》记载："龙王庙位于西台，离村100多米，现庙已被毁。唯一棵大槐树和一口大钟（在村内电磨坊内）犹存。龙王庙山门坐北朝南，大门两侧对联是：国泰民安；风调雨顺。内有禅房，东西房各三间。钟楼在大殿前面东侧，2层，每层高5米—6米。正殿前后插廊，4条明柱，靠近中间佛像的2条明柱上，各立体彩绘一条盘龙，活灵活现。殿内佛像正座是福君，坐像有莲花盆。左侧是白龙、黄龙，右侧是青龙、赤龙。'文革'中龙王庙被彻底捣毁，建筑材料也全部失散。"[1]

### 三官庙铁钟

现存于雁翅镇大村（图12），此钟原为村内三官庙遗物，当地人称该庙为"庵上"，后被日军烧毁，铁钟因在战乱时期被村民埋于地下得以留存。大村历史悠久，据《北京市门头沟区地名志》载："大村，明代称'长峪村'，因地处

1 门头沟区村落文化志编委会：《北京门头沟村落文化志》，北京燕山出版社，2008年，第258页。

长峪沟而得名。清代因该村为谷中最大的村庄，当地人又习称'大村'，而改今名。"[1] 村内古迹众多，今存北齐长城遗址、德胜寺遗址、大村娘娘庙及戏台。

图 12　三官庙铁钟

该钟现保存完好，明天启五年（1625）造，铁铸，通高 157 厘米，口径 90 厘米，双龙蒲牢盘钮，龙身卷曲呈拱形，头尾触底，粗壮的龙爪紧紧抓住钟顶，钟肩部铸莲瓣一周 8 朵，每一莲瓣中都通有一圆孔，其下旋转铸造道教词语，依次为"三官""大帝""天地""三界""十方""具宰""三元""三品"，肩下一周粗弦纹，钟腰以三道粗弦纹将钟体分上、下两部分铸字，各有八区，铸字共计 1410 字，其中漫漶不清 21 字。底部为八卦符号，八耳波状口，下部八个敲击钟月。

该钟所铸铭文集中分布于钟身，其内容对研究明末道教历史、地名文化，守边军人的心理特征等提供了丰富的文字资料。

铭文中记载人名众多，这些人均是此次铸钟捐款捐物之人，统称为"信士"，亦称"善男信女"。其中提到的姓氏共有 59 姓，人数最多的分别是李、刘、王、崔、张姓。这些信士以捐资铸钟的善举，积德行善，表示对道教的虔诚信仰。其中既有任军中要职的官员，如"钦差分守镇边路参将都指挥、横岭城守备指挥佥事、镇边路中军官指挥佥事"，亦包括佛教寺庙里的僧众，如"龙凤寺住持、田家紫荆寺、诸山比丘、僧人性道、性禄、镇边路天仙庙僧正宽"等。其中的"田家紫荆寺"当指雁翅镇田庄村的紫荆寺，应是释道相互融合的反映。大村处在东西往来的通道要隘，故于山口要隘多有明军镇守。且军队中的人员构成多为从各地征得的兵丁，他们背井离乡，为朝廷拼死效力，作为守边军队，不仅担负着防御外敌入侵重任，也掌管着地区政治、经济、文化生活，维护地区稳定，参与地区各项事务建设。现实的残酷与对美好生活的渴望，使得这些铁血男儿将希望寄托于宗教神灵之上。借助神力，作为精神支柱，于虚幻中求得现实的解脱，于战乱时期护佑平安。明军参与修庙的文字资料在京西地区较为多见，可见宗教信仰在守边军人中影响之大。

1 门头沟区地名志编纂委员会：《北京市门头沟区地名志》，北京出版社，1993 年，第 170 页。

## 军响铁钟

现存于斋堂镇军响村（图13），清康熙三年（1664）造，铁铸，原是村内庵儿庙遗物，该庙至今犹存。通高150厘米，口径100厘米，蒲牢双龙盘钮，龙身卷曲呈拱形，斑斑鳞片清晰可见，龙头面部狰狞，两颊突起，双眼圆睁，粗壮龙爪紧紧抓住钟顶，钟肩铸双线莲瓣纹绕钟一周8朵，每一莲瓣中都有一圆孔，钟腰以两道粗弦纹将钟体分为上、下两部分，各八区。钟壁铸楷体字共1365字，工整竖刻，清晰可辨，颇具历史研究价值。底部为八卦符号。八耳波状口，平均分布四枚撞击钟月。

图13 军响铁钟

钟身铸字多记载铸造、监制、资助人姓名或身份、籍贯等。涉及的主要姓氏共有40姓，其中李姓最多为136人，杨姓次之为37人，参与捐款人数共计313人。提到的村庄共有9个，分别是军下村（军响村）、台上村、桃源村、桑峪村、西斋堂村、马兰村、田寺村、东斋堂村、清水村。涉及寺庙共有6个：龙王庙、观泉寺、马兰村龙王庙、田寺大寺、三教寺、灵水村灵泉寺。

该钟铸成至今，已有340多年历史，虽历经风雨剥蚀，因铸造技术精湛，钟体保存完好。虽为民间铸造，却有独特之处：其一，钟钮的蒲牢造型双龙头酷似人面，面颊凸起，赋予了此钟生命；其二，钟体铭文对于该地区在清代的村落姓氏演变及人口分布、村落名称变更具有研究价值。

## 涧沟铁钟

现存于妙峰山镇涧沟村关帝庙外钟亭内（图14），关帝庙于1949年前被毁，仅存残基，唯有古钟保存完好，悬挂于旧址中。清康熙四十一年（1702）造。通高152厘米，口径110厘米，铁铸，蒲牢钟钮，中有一孔，钟肩饰莲瓣一周16朵，平均分布四个圆孔。钟腰以两道细弦纹中间加两道粗弦纹将钟身分成上、下两部分，各八区。钟身铸满捐款人名、村名。底部为八卦符号，八耳波状口，平均分布四枚撞击钟月，直径9.5厘米。

图14 涧沟铁钟

### 琉璃渠铜钟

该钟现存于门头沟区博物馆（图15），原为龙泉镇琉璃渠村关帝庙遗物，1984年征集。铜铸，民国造，通高20厘米，口径12厘米，双龙蒲牢形钟钮，钟肩施莲瓣一周八朵，肩下施凹线纹一周，中间以一道粗弦纹将钟体分为上、下两部分，各有四区，区内均无铸字。八耳波状口，钟口外敞，钟体下部近钟裙处施凹线纹一道，平均分布四枚钟月。

图15　琉璃渠铜钟

琉璃渠关帝庙建于明代，清代重修，正殿三间坐西朝东，两侧耳房各一间，南北两厢配房各三间，庙内原有明、清石碑六通，后无存。

2015年，在对该庙进行抢险修缮过程中，于北墙角出土石碑两通。碑一为《重修庙宇乐楼碑记》，立于清嘉庆十五年（1810），另一通为关帝庙碑。《重修庙宇乐楼碑记》碑文保存较好，其中提到了三家店村、龙泉务村、门头沟村、五里坨村等村名，多为产煤之地，并详细列出村内店铺、窑厂名称，包括当铺、肉铺、药铺、染房、煤窑厂等。碑中所列店铺集中于门城地区，体现了清代这一地区作为京西商贸中心的地位已经形成，同时为研究关帝作为行业崇拜神，在商业领域的重要影响提供了新的文字资料。

## 三、结语

通过对门头沟区现存古钟器形与装饰风格的梳理与分析，可以看出，这一地区的铸钟技艺有严格的家族传承，装饰手法灵活丰富，其铸钟形制的演进具有内在逻辑性，对工艺传统的继承，与功德主的意志、时代风格两大因素互动，因此其铸钟样式体现出家族样式、明代早期官式、明末清初北京地方样式之间的交融与交汇。据钟体上烦冗的纹饰，以及钟体铭文中常出现的错字、反字、俗字、繁简混用现象，如朝阳庵铁钟钟身部分将"静"字左右偏旁铸反，雁翅三官庙铁钟铭文中的"刘"字，既出现"刘志礼"，又有"劉忠"字样，军响铁钟所铸"匠""上""官"等字均为反字，可推断该钟为民间铸造，工艺较简单，应为工匠疏忽所致。钟铭所反映出的铸钟捐资人，涉及了当时社会的各个阶层，即内府官员、内边武官、州府大员、县乡生员、士绅耆老、寺观僧道以及铸钟寺观周边村落的众多普通信众。随着时代变迁，铸钟技艺最终失传，但对其铸钟实物与铸钟活动的研究为完整复原铸钟工艺提供了实物资料。值得注意的是，其中的 7 口大钟均铸有佛教和道教的祝颂词，时代为明天顺至清康熙年间，其中的 6 口钟上的祝颂词均相同，反映了铸钟工艺传统的延续性和固定性，而大村铁钟钟肩祝颂词属于典型的道教内容，在道教古钟上较为罕见。无论是佛教祝颂词还是道教祝颂词，都体现了功德主对宗教的理解，以古钟作为实物载体，期盼所颂之事永续流传。

同时，在北京市开展的历次文物普查中，以 1958 年登记的古钟数量较为完整翔实，数量达 40 口之多。古钟是金属铸造，这种原料是制造军事武器的必需品，因而在战争动乱年代，古钟成了制造军事武器的廉价原料，大量寺庙古钟及其他金属法器被熔炼，使得这种文物数量急剧下降。之后登记的数量变化较大。故笔者以 1958 年文物普查资料为基础，全面了解门头沟区古钟发展轨迹。结合现存古钟数量，历史上古钟数量最多的是永定镇，共计 11 口，其二是清水镇 10 口，其三是妙峰山镇 9 口，之后分别是潭柘寺镇 7 口，龙泉镇 6 口，雁翅镇 4 口，王平镇、斋堂镇各 2 口，大台及大峪各 1 口。从古钟所属宗教划分，佛教和道教在京西地区具有绝对影响力，占据主导地位，其次是民间宗教，也受到信众的推崇。

通过对门头沟区现存古钟的分析研究，可知佛、道在门头沟的传播根深蒂固，是其他宗教无法超越的。古钟主要有更钟、佛教法会用钟、道教祀典用钟，这些因素推动了古钟铸造工艺的发展。其中铁钟保存数量最多，铸造工艺较为制式化。门头沟地区之所以出现大量铁钟，与寺庙级别和财力有关，参与捐资铸造者大部分为普通百姓，无力出巨资铸造贵金属古钟，而铁的原料获取相对容易，价格低廉，同时铁的质地适合铸钟。门头沟地区的古钟特点是钟钮有桥形钮和四爪钮，其中的潭柘寺与戒台寺保存古钟因财力殷实，除以铜这种贵金属作为铸钟原料外，钟钮的铸造也较为精致。其他地区古钟大多为铁铸，钟钮铸造较为粗犷简约。

在钟肩的位置，用传统的莲瓣围绕一周，多为 16 朵或 8 朵，起到装饰作用。戒台寺景泰钟钟肩莲瓣数量最多，为 24 朵，而明天顺至清康熙前期，钟肩部位莲瓣数量均为 8 朵，康熙后期至光绪年间，钟肩均为 16 或 18 朵。钟肩莲瓣呈现出了繁—简—繁的变化特征。当然对门头沟古钟的研究，需向更深入的层面开展，比如对钟体的发音原理及铸钟工艺的研究，还有待今后联合多学科，运用科技手段进行分析鉴定。

# 商南县明代弘治七年铁钟考

## 王 堆[*]

**摘要：** 西安博物院收藏一口明代弘治七年（1494）商南县铁钟，具体流传经过不详。铁钟是商南县僧会司出面组织为观音堂铸造的一口佛钟，铸有800多字，包括商南县官吏、寺院、捐助人等信息，为我们研究明代商南县铸造技术、宗教文化、县衙岗位配置、教育制度、人口家族分布等提供了重要的实物资料，具有重要的学术研究价值。

**关键词：** 铁钟 弘治七年 商南县 金火匠人

　　西安荐福寺小雁塔关中八景"雁塔晨钟"旁悬挂一口明代弘治七年（1494）商南县铁钟（图1）。商南县，今属商洛市，"本商于喉襟之地，西汉为商县地，东汉为商城地。明成化间，尚书原杰平王彪之乱，奏改商县为州，析其地扶川、北佛等里置县。曰商南者，在商州之南也。"[1]这口铁钟仅孔正一《西安小雁塔》、樵卫新《荐福寺与小雁塔》予以关注[2]，一直未作深入研究。本文结合古籍方志等文献资料，对铁钟铭文及相关问题略作考释。

图1　商南县明代弘治七年铁钟

## 一、铁钟的基本形制及录文

　　（一）铁钟的基本形制。铁钟通高约130厘米。二蒲牢交尾形钟钮，高约20厘米。顶部饰6朵莲花瓣，有5个散音孔，孔直径约7厘米。2道约3厘米

---

\* 王堆，西安博物院文博馆员，研究方向：博物馆及馆藏文物。

1〔明〕郭子章：《郡县释名·陕西卷上》"商南县"条，明万历刻本，第10页。

2 孔正一、樵卫新先生对此钟的内容介绍基本相同："小铁钟，明弘治七年（1494）造，重约千斤，现悬于寺（荐福寺）内钟楼旁一铁架子上。" 孔正一：《西安小雁塔》，三秦出版社，2003年，第88页；樵卫新：《荐福寺与小雁塔》，陕西人民出版社，2002年，第104页。

宽的弦纹将钟分为钟肩、钟身、钟裙3个部分。钟肩周长约220厘米，饰6个矩形方格，每格横约25厘米，高约16厘米，每格铸两个楷书大字，顺时针方向依次为皇图、永固、帝道、遐昌、佛日、增辉。钟上铸吉祥语宋代已流行，明清已普遍，直到近现代所铸之钟仍保留这一传统。钟身饰8个袈裟纹，每格横宽约25厘米，高约34厘米，每格内铸有铭文(具体见下文)，除个别文字漫漶不清外，基本可以辨识。钟裙之内又饰一道宽约3厘米的弦纹，弦纹下饰一周折枝菊花纹。钟口沿铸8个深波形耳，呈外撇喇叭状，无撞座。钟口径约105厘米，厚约10厘米，周长约220厘米。该钟造型简朴厚重、纹饰简练，壁厚均匀，反映了明代民间工匠高超的铸造技术。钟的铸造方法，明代宋应星《天工开物·冶铸》、王福淳《古代大铜钟》等有详细的介绍，在此不再赘述。

（二）铭文标点录文。铭文右起竖排，字体硬直，笔画劲而朴。首款文字较大："商南县知县韩敫，栾城人。县丞王贡良，奉节人。典史张辅友，栾州人。教谕阊佐，介休人。训导潘弼，洛阳人。廪膳生员余贵、孙文、王观、汤中、李林、王卿、张信、刘义、马云、李义、李蓁、孟生、刘荷"(图2)。

顺时针第二格："观音堂住持圆述，门徒福受、孙江海。西禅寺住持能悦、能玉、能朝、□□□□。龟霞寺住持祖悦、慧春道、孙崇庆、菴正恭。崇福寺住持文半□、渔锦。罗汉寺圆果。城隍庙住持景本誉、安师。东关施住杨福、张氏、雷氏、王显、杨氏、杨玉、吉□、李勉、刘兴、候得名、刘洪、张才、马兴清、毕才、吉能、吉信、刘成、秦春、楚安"(图3)。

第三格："耆老杨秀、王岩、李会、张温、陈□、任能、李又英、李杰、王琎、任显、任竜、潘祥、王恭、牛增、王威、何喜、董□、杨文、白会、王钊、张暹、罗坡、史知甫、张聪、杨刚、杨聪、

图2　铭文第一格

图3　铭文第二格

图4　铭文第三格

杨文瓒、刘任友、雷智保、于河、吕□、吕平、范喜、李才、李怀、□通、吕景文、苏能、王景、王孟、王犊石、王孟、文季、冯中、冯良、孟安、陈刚、李厚、童□、张道清、李中、张氏、李聪、王秀、王名、□□、白恭、康春"（图4）。

第四格："郭龟、安才、李文、赵宣、蔺胜、蔺奉、李王永、王□、张辉、任鹏、王文、张文智、强云、于思、贾才、李才、杨孝、李武、何进、张普、李孝、余江、闫厚、王岁、常春、梁顶、丁厚、丁孝、马德、余厚三、余厚四、党玉、党秉、王佐、樊志、景师仁、阴□、张景云、高文英、孙整、吕七、冯志清、马玘、郭□、王臻、鲜会、王武、刘海、闫爵、马干、曹友、□郊、陈聪、朱景文、茹行"（图5）。

图5　铭文第四格

第五格："高信、田智、姚能、郭聚、张秀、李结、罗真、李志、许文政、刘景山、刘景原、种景方、陈恭、□深、雷景山、张文、樊恕、段才、许聪、樊得佐、谢寻、谢毅、谢辉、谢中、谢安、谢苟、谢景、谢华、李□、李季、高贵、范□、秦庆、秦祥、刘江、王麦、王文、高成、孟斌、李祥、贺尚聪、秦宗、刘贤、佳□□、张方、□兴、况毛贵"（图6）。

图6　铭文第五格

第六格："李志和、韩孟杨、李成衣、□柳孟希、王见、侯英、席玘、肖成、庞聪、庞秀、张竜、梁进、王友聪、王福、郭斌、将和、党普云、郝玉、王贤、赵祥、雷景直、张四、杨文杰、隆普海、隆玘、吴允兴、英雷、英何才、何宣、张成、张能、张文、李敬得、何玘、张□、张文智、□□、赵祥、□成、李良、王林、王军名、王名、陈能、杜成、杜□、杜智、王中、杜伦、杜云、李文进、马鉴、马聪、宋瓒、马云"（图7）。

第七格："观音堂圆述。北佛一里，东关四至五间，东至顷，南至马鉴西街，北至马中西。芮城

图7　铭文第六格

县金火匠人杨安、杨敖，弘治七年岁次甲寅月日造钟一口重千斤，张黎"（图8）。

图 8　铭文第七格　　　　图 9　铭文第八格

第八格："刘成、张清、王文政、杨须、张刚、党林□、曹通、陈□、王能、王贵、卢增、王□□、□立、刘□、郭□、张文、王名、吉恭、□房、王文政、任仕奇、淋□□、李郁、王刚、程友文、曹恭、赵景祥、李镗"（图9）。

## 二、铁钟铭文所见人物考

铁钟铭文记载了弘治七年商南县5位官吏、13位廪生、16位僧人、2位金火匠人、262位捐资人，大部分人受文献资料的限制，难以考证。

（一）官吏考。《明史·职官四》记载明代县一般设"知县一人，县丞一人，主簿一人，其属，典史一人"，"县丞、主簿，添革不一。若编户不及二十里者并裁。"[1]铁钟铭文记载了商南县知县一人、县丞一人、典史一人、教谕一人、训导一人，与一般县衙官吏配置相比较，商南县少主簿、训导各一人，县衙官吏配备不足额。原因应与商南县管辖范围仅有十二里，人口仅二千八百五十九户，一万四千五百一十九人，县小人少，事务相对少有关[2]。嘉靖年间商南县又撤销训导，增设巡检一员[3]。

铁钟铭文记载商南县知县韩敫，栾城人。明代知县是一县之长，掌管地方的事务。"粮十万石以下为上县，知县从六品；六万石以下为中县，知县正七品；三万石以下为下县，知县从七品。"[4]商南县"夏粮三百七十三石八升九合五勺四抄一撮，秋粮四百九十一石八斗五升一合五勺九抄六撮六圭"[5]，小于三万石，属于下县，知县从七品。栾城属于真定府，今属河北石家庄栾城区。嘉靖《商略商南县集》、乾隆《商南县志》、民国《商南县志》记载韩敫任商南县知县。嘉

1〔清〕张廷玉：《明史》卷七十五，中华书局，1974年，第1850—1851页。
2〔明〕李鸿渐、任庆云纂修：《商略商南县集》卷二"户口"条，明嘉靖刻本，第23页。
3〔明〕赵廷瑞修，董健桥等校注：嘉靖《陕西通志》，三秦出版社，2006年，第1942页。
4《明史》卷七十五，第1851页。
5《商略商南县集》卷二"田赋"条，第23页。

靖《商略商南县集》记载其出身监生，道光《栾城县志》、同治《栾城县志》记载其出身贡生。

县丞王贡良，四川奉节人。县丞作为县内的副长官，掌粮马巡捕之事，正八品。奉节县属夔州府，今属重庆市。乾隆《商南县志》、民国《商南县志》记载王贡良弘治七年任商南县县丞。嘉靖《商略商南县集》、乾隆《四川通志》、光绪《奉节县志》均无王贡良相关记载，铁钟铭文可补地方志文献所缺。

典史张辅友。典史，县令的佐杂官吏（属官），掌管缉捕盗贼和罪犯、缉查狱囚，官阶为九品以下，"如无县丞，或无主簿，则分领丞簿职"[1]。铁钟铭文记载张辅友为"栾州"人，"栾州"疑为"滦州"，乾隆《商南县志》、民国《商南县志》均记载张辅友是滦州人。嘉靖《商略商南县集》记载张辅友为顺天府良乡县人，弘治中由吏员任商南县典史。然嘉庆《滦州志》、光绪《滦州志》、光绪《良乡县志》、民国《良乡县志》均无张辅友相关记载。张辅友的籍贯，铁钟铭文的记载更为可信。

教谕闫佐，介休人。教谕，学官名，宋代从京师小学到各路州、县儒学，始设学官教谕。元、明、清各县学普遍置教谕，执掌文庙祭祀，教育生员。明代倡导"政教合一"与"官师一体"化制度，教谕、训导也属于政府官员。嘉靖《商略商南县集》、乾隆《商南县志》、民国《商南县志》记载闫佐任商南县教谕。嘉靖《商略商南县集》记载其诲人有方。雍正《山西通志》、光绪《山西通志》记载闫佐成化二十二年（1486）丙午科乡试举人，任商南县教谕。康熙《介休县志》、乾隆《介休县志》、民国《介休县志》记载闫佐成化丙午科举人，任商南县知县。今据铁钟铭文证实闫佐为商南县教谕，康熙、乾隆、民国《介休县志》记载均有误。介休"本晋大夫弥牟邑，秦为介休县，以介山名，介山以介子推名"[2]，属山西汾州府，今属山西省晋中市。

训导潘弼，洛阳人。训导辅佐教谕教诲生员。嘉靖《商略商南县集》、乾隆《商南县志》、嘉庆《洛阳县志》、民国《商南县志》记载潘弼任商南训导。上述5位商南县官员，籍贯均非陕西，这与明代官吏任用实行地区回避制度，以防止地方结党营私有关。另外嘉靖《商略商南县集》在明末战乱中绝迹[3]，因此乾隆《商南县志》的编者罗文思不得不以所见碑石铭文为主要依据。他极有可能参考了该铁钟铭文，把5位官员的任职时间均记载为弘治七年。

（二）廪膳生员考。铁钟铭文记载的13位廪膳生，8人难考证，5人后为贡

1《明史》卷七十五，第1850页。
2《郡县释名·山西卷下》"介休县"条，第14页。
3 20世纪据天一阁藏书索引，发现台北"故宫博物院"藏有《商略商南县集》绝版孤本，国家图书馆将其影印件引回馆藏。

生，其中1人未出仕，4人到地方任职。洪武二年（1369）朱元璋令府州县设立学校，最初规定县学生员名额二十人，每人每月给廪米六斗，廪生因此得名。后名额不受限制，新增的生员称为增生，无廪米。再后来增加的生员称为附生，无廪米。经岁、科两试，成绩优秀者，附生可升为增生，增生可升为廪生。廪生经考选升入国子监者称为贡生。孙文，嘉靖《商略商南县集》记载其为贡生，任湖广经历。万历《湖广总志》、康熙《湖广通志》无其记载。明代中央及地方部分官署设经历司，官员包括经历、知事或者都事，经历是各经历司的掌印官，协助主管官员处理本衙门的事务。李蓁，嘉靖《商略商南县集》记载其为贡生，任南京户部照磨。照磨主要负责各有印信衙门的行政文书的检查、复核和管理事宜，还协助正官处理事务，参与社会活动等，可谓"位卑职重"。王卿，嘉靖《商略商南县集》记载其为贡生，任河南洧川县主簿，嘉庆《洧川县志》无其相关记载。主簿为县级佐贰官，与县丞分掌粮马、巡捕之事。汤中，嘉靖《商略商南县集》记载其为贡生，弘治中任山东宁海州吏目。康熙《宁海州志》、同治《宁海州志》有相同记载。吏目，明代军中掌出纳文书的小吏，从九品或无品。诸都指挥使司所属断事司、诸卫指挥使司所属经历司、诸留守司、安抚司、招讨司、长官司、诸千户所等机构中，均设有吏目，地方官府衙中亦有此职[1]。王观，嘉靖《商略商南县集》记载其为贡生，未仕。

（三）山西金火匠人杨安、杨敖。明代金火匠人入匠籍，身份地位比一般百姓还要低，史籍中难以找到有关他们的记载，具体事迹考证难度较大。根据我国古代"传男不传女，传内不传外"的工匠传承方式，推测杨安、杨敖为兄弟的可能性较大，至于是亲兄弟还是堂兄弟亦为远方兄弟就不得而知了。明代允许私人开采冶炼铁矿，以从事铁器铸造为生的金火匠大量出现。山西自古以来就有煤铁之乡的美名，洪武七年（1374）全国设置十三个冶铁所，山西就占了五个。得天独厚的自然资源条件，使山西的冶铁技术在全国都比较领先。山西粟氏崇祯年间专为宫廷冶铸用器。山西籍的金火匠人姓名出现在陕西明代铁钟铭文的现象司空见惯，如山西阳城粟氏、山西青龙白氏等。这口铁钟的金火匠人杨氏来自山西芮城县。芮城县"古芮国，周封同姓于此，是为芮伯。后周始立芮城县，取古芮国为名"[2]，今属山西省运城市芮城县。但这并不意味着明代陕西的冶铁技术就落后，事实是陕西的冶铁技术也较先进，拥有很多知名的金火匠人集团，如泾阳陈氏、礼泉强氏，他们的足迹遍布西北地区[3]。因此万历二十四年

1 季德源：《中华军事职官大典》，北京：解放军出版社，1999年，第216页。
2 《郡县释名·山西卷上》"芮城县"条，第26页。
3 王堆：《鄠县明代铁钟铸作匠人考》，《碑林集刊》第28辑，第278—279页。

（1596）西宁兵备副使刘敏宽在青海建立铁厂，"复征冶氏于秦晋，得冶氏来襄其事"[1]。明代工匠能跨区域流动，得益于明代"以银代役"制度的施行，匠人对政府的人身依附关系进一步减弱，他们拥有更多自由支配的生产时间。各个匠人集团在立足本土市场的同时，也在向周边或更远的区域抢占市场，反映了冶铁行业市场竞争的激烈。

## 三、铁钟铭文所见寺院及铁钟归属、用途考

铁钟铭文记载了明代商南县六座寺院。六座寺院嘉靖《商略商南县集》均有记载。观音堂，在北佛一里，县西南一百二十里。西禅寺，位于县西门外。明洪武十五年（1382）县设僧会司，僧会一人，设官不给禄，未入流，颁发度牒，掌管一县僧人。商南县的僧会司就设立在西禅寺。龟霞寺，在县南十里。崇福寺，在县东二十五里。罗汉寺，在县南十九里。城隍庙在县治西。此六座寺院应为商南县境内的名寺，影响力局限于地方。明末清初商南县连年战乱，县城毁于战火，寺院极有可能被尽毁于此时[2]。随着嘉靖《商略商南县集》的绝迹，寺院的历史无从知晓，故不见记载于嘉靖《陕西通志》、万历《陕西通志》、乾隆《商南县志》、民国《商南县志》等地方志。

六座寺院，只有观音堂出现 2 次。第一次出现在钟铭第二格，记载了观音堂寺院住持及其门徒，位置排在了僧会司所在寺院西禅寺后，说明观音堂在当时商南县宗教界影响力还是比较大的。第二次出现在钟铭第 7 格，记载了观音堂的具体位置及其四界。六座寺庙唯独观音堂记载了 2 次，并作了详细介绍，说明其在铸钟活动中地位的重要性，很有可能铁钟就是为观音堂铸造。铸造铁钟声势浩大，商南县影响较大的寺院、僧人、官吏等均参与其中，有可能铸钟是由商南县僧会司出面组织的。那么铸钟的目的是什么？铭文并未记载。钟作为沟通人与神之间的圣器，被赋予了能消除烦恼、超度众生、消灾灭祸等"特殊"的功能。如关中民俗博物院收藏一口嘉靖三年（1524）铸造的铁钟，铸有敲钟偈语"闻钟声、烦恼轻、离地狱、出火轻、愿成佛、度众生"（图10）。又如荐福寺小雁塔关中八景"雁塔晨钟"旁悬挂的另一口明代万历二年（1574）留犊村信众捐资铸造的铁钟，记载了铸钟的目的是"祈保各家平安、户户兴隆、二陆时中吉祥如意"（图11）。再如宝峰禅寺铁钟记载了临潼县（今西安市临潼区）在嘉靖、隆庆年间，曾发生过两次地震，当地的人畜累遭涂炭，为此募捐集资铸钟，以

1〔清〕杨应琚：《西宁府新志》卷三十五《艺文志》"北山铁厂碑记"条，清乾隆刻本，国家图书馆藏，第24页。
2 雷家炳：《任庆云与〈商略〉考》，商南县党史县志研究室编：《商南年鉴》，三秦出版社，2021年，第214—215页。

图10 关中民俗博物院收藏嘉靖三年铁钟　　图11 明代万历二年铁钟　　图12 宝峰禅寺铸钟铁钟局部

求佛和菩萨保佑（图12）。可见铸钟多为祈福消灾兼记载重大事件。巧合的是这口铁钟铸于弘治七年，按乾隆《商南县志》的记载，铁钟铭文记载的商南县知县、县丞、典史、教谕、训导均于这一年上任。作为新一届商南县的官吏，他们既要向朝廷表忠诚，也要拉拢团结社会各界人士及向当地的百姓表决心。铸钟除了祈求"皇图永固，帝道遐昌，佛日增辉"外，更像是他们的政治宣言。因此这次铸钟活动就不再是单纯意义上的佛事活动，更像是商南县一件具有重大纪念意义的政治活动。

钟按其使用用途可以分为乐钟、佛钟、道钟、更钟、朝钟。这口铁钟显而易见不属于乐器、朝钟。更钟即钟楼钟，是古代城市用来报时的钟，一般体量较大，以保障全城居民都能听到，如荐福寺小雁塔"雁塔晨钟"的金代铁钟，重达8吨，通高3.55米。而这口钟被称为"小铁钟"，显然体量不够大，声音的传播范围有限。据《创建商南县记》碑记载，商南县城创建之初，建有钟鼓楼，位于正厅南侧[1]。弘治七年距商南县城池竣工时间达14年之久，按照常理钟楼应已有更钟，钟无论铜质还是铁质，经久耐用，再铸更钟于理不通，故这口铁钟是更钟的可能性也不大。佛钟、道钟，用于每日晨暮、僧众集会或宗教仪式中敲击。该铁钟顶部饰莲花纹、钟肩饰吉祥语，无道教纹饰、文字等元素，应为佛钟。

铁钟铭文记载的有关商南县的微量信息，具有补充方志的作用，为我们研究明代商南县县衙配置、教育、佛教寺院、人口等提供了珍贵的文献资料。铁钟铸造年代明确，样式典型，为我们了解明代铁钟形制、装饰艺术及铸造技术等提供了重要的实物资料，具有重要的研究价值。

1《创建商南县记碑文》，见商南县党史县志研究室：《商南年鉴（2011—2012）》，第320页。

# 唐宝室寺铜钟新发现

朱有仪 *

**摘要：** 铸于唐贞观三年（629）的宝室寺铜钟，系存世已知纪年最早的梵钟。铸造精良，铭文丰富，极具历史价值。2016年在其上首次发现金代官方押记款。本文结合此重大发现，钩沉金代相关禁铜史实，并对铜钟流转经历和保护情况进行介绍，结合清代钟铭拓片等新材料，对该钟纹饰、钟铭等进行重新审读。

**关键词：** 铸地推测 验记僧官 金代铜禁

陕西省延安市富县太和宫道观的钟楼上，悬挂着一口大铜钟，钟铭为"宝室寺铜钟"（图1—图3）。钟铸于唐贞观三年（629），是迄今为止我国发现有确切纪年的最早的梵钟，属国家一级文物。

铜钟高155厘米，口径150厘米，钟壁厚7.51厘米，重约1800千克。青铜质，采用泥范分块铸造，由多块泥型拼铸而成。上围318厘米，下围418厘米，为上小下大的馒头形。口部的六耳波形口较浅。钟身无撞座。整体浑圆厚实，富有弹性感。

图1　　　　图2　　　　图3　　　　图4

* 朱有仪，陕西省收藏家协会宗教艺术专业委员会主任。

此钟桥型钮，钮高 15.5 厘米。钟肩近钮处饰宝妆莲瓣和素莲瓣组合图案，莲瓣饱满；钟身还有典型的宝相花纹（图 4）。

钟体用花蔓草图案的宽带纹分区装饰，从钟口分六道波曲，将钟壁表纵分成六区，从上而下依次又隔为三层，每层均有三斜十字四乳钉纹图案，共计 18 组图案。第一层铸有飞天三尊（图 5—图 7）。一尊飞天为左手握如意宝珠，右手持莲蕾前举过头。一尊为右手托举火焰摩尼宝珠。一尊为右手托举着钵。三尊飞天，皆脚踏云纹，双足露出，披帛飘带向后飞扬，富有时代特征。第二层铸有朱雀，两只为站立行走态，尤其一只头顶花冠非常独特，或为区别雄雌（图 8、图 9）；另一只，姿态为展翅翱翔状，形象极度写实，很像仙鹤（图 10）。下亦为四朵云纹。第三层一面铸有铭文 22 行，每行 14 字一 15 字不等。铭文有边栏，但行间及字句间无界格，为阴刻楷书。铭文书法工致，记述了铜钟铸造的缘起、工艺方法、时间及铸钟人，并对佛教教理教义进行宣扬（图 11）。另外两面铸有青龙和白虎。青龙跳跃在五朵云纹之间，龙为三爪，动态飘逸（图 12）。白虎也是三爪，在五朵云纹间呈下扑态（图 13）。综上所述可知，由上到下每层主图案下的云纹数依次呈现递增，从三朵到五朵。再者，我国古代把天空的恒星划分成为"三垣"和"四象"七大星区。所谓的"垣"就是"城墙"的意思。这三垣环绕着北极星呈三角状排列。在"三垣"外围分布着"四象"：东苍龙、南朱雀、西白虎、北玄武。宝室寺铜钟图案里，独不见玄武形象（或多出仙鹤）。是否因铸地处于北方，故不铸造玄武，尚待深考。李阳先生对唐代南北铜钟的纹饰及造型曾进行过讨论，其中唐代北方铜钟自然选有宝室寺铜钟作为研究对象之一。他提出："从整体来看，北方型梵钟的纹饰

图 5

图 6

图 7

图 8

图 9

图 10

图 11

图 12

图 13

布局（即三层六面分区装饰），或许与梵钟的分块模铸有关，但也应包含着更深层次的含义：最上层装饰为天人类纹样，四神纹样虽非全部集中于中层，但大体如此，下层则是以龙凤为主的祥瑞纹样。'天人'遨游于天空云海之上，四神纹样则居于中下层调顺阴阳、镇守四方，下层多祥瑞纹样为世俗之人趋吉辟邪。"及"纹饰本身来源也是三教杂糅，天人类纹样不仅有佛教天女，也有道教女仙，四神纹样则是典型的道教因素，而龙凤等祥瑞纹样，一方面来源于宗教之中，如道教之鹤、佛教之狮，另一方面却是与儒家及大众信仰有关。"[1]为人们更好解读宝室寺铜钟纹饰提供了帮助。

　　钟铭在清代金石学兴起时已被时人留意，有拓片传世。当代学者针对铜铭亦有注目，1996年01期《文博》姬乃军先生撰文《宝室寺铭文考释》，率先对钟铭进行释读。其后，樊英民先生对姬先生文中释读及解释的错误进行指正，下功颇深。如他提出"方诸几杖，小大之用既殊"的"小""大"不应是指年长还是年幼者，而是针对后句"譬以盘盂，洪纤之理多裕"，系说明铜钟与盘盂类器物在作用上的大小悬殊。又如"且戒且禅，或檀或忍"的"檀"不应当作"檀越"（向寺院施舍的信徒）的简称，而应理解为"檀那"（施舍）[2]。都属公允之论。因当时学者囿于没有古代传世拓片或清晰照片详读，录文或断句难免略有错讹，现试重录如下：

　　　　盖如如实际，性相平等；念念虚假，缘业万殊。是以导之以解脱，礼乐未之洎。诲之以究竟，象系所不言。鄜州宝室寺上坐（座）罗汉等，漏兹独善，府弘六度。不舍群生，服膺四摄。以大唐贞观三年，摄提在岁，蕤宾御律，景丁统日，己巳司辰，用铜三千斤铸钟一口。法天地以为炉，

1 李阳：《唐代梵钟的初步研究——以形制与纹饰为中心》，《常州文博论丛》，2016年，第47—52页。
2 樊英民：《〈宝室寺铭文考释〉商榷》，《文博》1996年第4期，第60、65页。

假飞廉而扇炭。克饬牟造化，巧丽若神工，感蜀山而自响，拟汉厝而远闻。挺弗能发，理切含弘；扣而斯应，义均虚受。聿警四部，式遵六时。未假于箭漏，靡资于鸡鹤。忏诵顾而有节，精进因而无怠。方诸几杖，小大之用既殊；譬以盘盂，洪纤之理多裕。辄缘斯义，乃为铭曰：眇眇三界，悠悠四生。爱染有着，沉没无明。法轮觉梦，慧炬照昏。大空周得，微妙焉名。无为不住，有为不尽。去彼常乐，来深慈愍。然头拯救，摩足汲引。且戒且禅，或檀或忍。爰造洪钟，晨昏取则。和会攸仰，礼忏无忒。并航欲海，俱游净国。开物成务，是镌是勒。大钟主赵□夷，大钟主上大将军张神安、杜茂。

铭文共 321 字，旧有资料称铭文 328 字应误。亦有称铭文 318 字，当是未包含：钟铭上第一行第十二字"虚"字左侧的"之"字，第二十一行第七字"大"字左侧的"大"字——此二字虽小，又是夹于两行之间，但细观不系后刻，融入全文通顺，当是当年一种书写习惯所致；和第二十一行"赵□夷"中疑似"优"的残字。

从造型来看，我国佛道二教所使用的钟与先秦乐钟多为合瓦形不同，它们的截面都是正圆形的，有外来文化因素的影响。宝室寺钟沿为六连弧形。这种钟口有波曲形似荷叶的也俗称"荷叶口"。有学者认为，"荷叶口"的出现与早期中国佛塔上所悬挂的铜铃铃舌有着一定的联系。部分铃舌在悬挂的时候露在铃口之外，与铃口混合为一条波状曲线，便形成"荷叶口"。

我国唐钟存世甚稀，经笔者通过各种渠道查询、统计，现存合计仅二十余口，包括：重庆市民族博物馆藏唐钟、甘肃武威大云寺唐钟、甘肃张掖镇远楼唐钟、陕西彬县文化馆藏唐钟等。有年号的唐钟有：四川阆中庆林观钟（长安四年，704）、西安碑林博物馆藏唐景云钟（景云二年，711）、浙江省博物馆藏唐开元八年（720）铭铜钟、江西萍乡大屏山钟（天宝五年，746）、山东博物馆藏龙兴寺钟（天宝十年，751）、诸暨市博物馆藏唐广德元年（763）铭文铜钟、浙江武义宜阳观钟（大历三年，768）、广西融水信乐寺钟（贞元三年，787）、广西容县博物馆藏唐开元寺景子铜钟（贞元十二年，796）、江苏丹阳人民公园藏普宁寺钟（中和三年，883）、河北正定开元寺铜钟（乾宁二年，895）、广西浦北县博物馆藏故城铜钟（乾宁五年，898）。

海外的唐式钟还有圣德大王神钟，唐大历六年（771）款，高 333 厘米，口径 227 厘米（韩国国立庆州博物馆藏）。"此钟肩部有宝相花唐草纹，撞座为莲花纹，钟身有飘逸的飞天浮雕。造型雄浑有力，纹饰华美，号称朝鲜第一号大钟。

其造型无疑深受中国影响。"**1** 可推知我国唐钟的重要与影响的远大。

宝室寺钟铭文纪年为唐钟所见最早，造型精美，图案生动，铸工精湛。无论从铸造工艺还是图案装饰上，皆能反映出盛世大唐经济、文化、艺术的繁荣昌盛；也为研究初唐的佛教、书法、绘画以及铸造工艺和唐钟的发展等留下了弥足珍贵的实物资料。

宝室寺铜钟铸地，钟铭未表，一直不详。有学者推测或在鄜州（今富县）本地铸造。王永亮先生曾对铜钟铸地进行了大胆推测，虽然其论点尚无相关证据支撑，但可以说提出了可贵的观察方向——"宝室寺铜钟是本地铸造？还是外地运来，现众说纷纭，至今还无任何科学资料可查，笔者谨以《鄜州志》舆地部记载：'城北采铜川（今富县西北十公里的岔口乡大申号川）开过铜矿。'那么说，宝室寺铜钟的铸地应在大申号川附近，有待进一步考证。"**2** 民间相传，宝室寺铜钟的铸造过程非常艰难。由于多次铸造不能成型，铸造官张神安纵身跳入熔炉，将肉身熔入其中，铜钟铸造终得以成。铸造成功的宝室寺铜钟声音洪亮悦耳。身居长安的李世民在皇宫也可闻得钟音，误以为天界梵音，经查得知原委后命鄜州官员将钟送往长安，铜钟乘车行至鄜州城南四里处一小山坡时，突然如落地生根一般，任凭如何用力都纹丝不动。李世民最终只好放弃了运钟的计划，铜钟返回的地方得名"倒回岭"，并沿用至今。

唐宝室寺原址现有三种说法：一说在陕西关中地区，如果真在唐之京城一带，就不该有李世民向鄜州政府索要铜钟之说了；一说在陕西眉县，但眉县与富县两地相隔三百余公里，铜钟体量如此巨大，倘若如此，肯定有铜钟流转的经历被记述，却遍查不到；一说宝室寺就在鄜州当地。寺庙已经被洪水冲毁，此说笔者以为最为可信。但是值得注目的是，唐《持诵金刚经灵验功德记》载："鄜州宝室寺僧法藏，戒行精淳……隋开皇十三年，于洛交县葨川城造一所僧房，二十余间，佛堂三口……至大业年得寺千。时舍像并令移就州塢伽蓝安置，破坏补缺，并得成就。更造《一切经》，写得八百余卷……藏至武德二年四月淬患，经二旬，乃见一人青衣在高阁上，手把一卷经，告言：'法师藏作，一生已来，所造功德，悉皆妙好……'"无独有偶，又唐僧详《法华传记》卷第七《释净藏五》载："沙门净藏，鄜州人也。少丧父母，出家住宝室寺……"从二佛经中可以推测，宝室寺旧址当在鄜州界内，且隋唐时享有盛名，多出高僧。关于宝室寺铜钟，经查《鄜州志》(清道光本) 载"谨按朱近漪先生《雍州金石

1 金申：《佛教美术丛考》，科学出版社，2004 年，第 202 页。
2 王永亮：《富县宝室寺铜钟》，《文博》1990 年第 3 期，第 62—63、59 页。

录》内全载此文，并记钟在鄜州城南楼上，康熙时河水泛决，出于土中，土晕铜花青翠可爱……"[1]

1948 年，陕甘宁边区卷入国民党军队进攻的战乱。敌我双方都需要大量铜铁作为原料，用以制造兵器。时任边区政府主席林伯渠因曾在富县见过宝室寺铜钟，十分关心宝室寺铜钟的保护情况，并指示延属分区领导发函询问。富县县政府负责人接函后，经调查，证实宝室寺铜钟完好无损，即刻给林伯渠主席进行了汇报，并请示是否将铜钟运往延安保护。边区政府秘书处复函富县县政府："兹经（林）主席批示：你处钟鼓楼铜钟，务请加以保护，免使损失或毁坏，不必运来延安。"[2] 县政府接到林伯渠的批示后，马上制定了具体周密的安全措施，才使得铜钟能够完整无损地保存下来，悬挂在保大楼中（保大楼，旧址在富县城内。因唐置保大军节度使，故名。唐武元衡有《保大楼》诗），后又因整修拓宽街道需要，保大楼需被拆除，最终将铜钟移至今天的太和宫钟楼。

时至 2016 年 10 月 26 日，我国著名文物鉴定专家、中国艺术研究院金申研究员前往太和宫考察道观内所藏文物。在对观内钟楼悬挂的宝室寺铜钟考察时，他将图案、铭文等，一一进行了辨识，意外发现铜钟上阴刻有一行小字："大定十四年鄜州验记僧官（后四字漫漶，勉强可辨）……（还有数字已不可识）"（图14）他当即指出：金代铜禁时曾经官府严格控制民间铜使用量，故许多铜器需登记在册。过去多是发现于铜镜上。在内蒙古从事文物工作时我就注意到，1957年呼市郊区哈拉沁沟一次就曾出土两面刻有"富民县官"款押的铜镜[3]，甚至连佛像上也如是。金代铜佛为节约用铜，普遍轻薄小巧，大型金铜像几乎没有见过，故铁像还一时流行。小铜佛像上也还可偶见有金代官方押记之例[4]。

另与此验刻款相关的金代验刻款文物，可参见因"靖康之变"而被运往上京的宋朝文物，如：上京款大晟南吕编钟，出土于金上京一带，现藏于辽宁省博物馆。钟唇沿下有金代"上京都僧录官（押）"验刻款。通过上面的验刻款可推测出，该钟被运到上京后不久，就流入了上京的一处寺庙，成了佛教法器。无独有偶，

图14

1 吴鸣捷：《鄜州志》卷五，清道光十四年（1834）刻本，国家图书馆藏，第55页。
2 罗冬琴：《简论陕甘宁边区的文物保护事业》，《中国民族博览》2016年第10期，第238—239页。
3 金申：《古丰说镜》，《内蒙古日报》1982年5月21日。
4 金申：《历代佛像真伪鉴定》，紫禁城出版社，2008年，第188页。

辽宁省博物馆藏的一件卤簿钟与大晟钟有着相似的命运。钟身有两处刻款，分别为金代验刻款"右街僧官（押）宛平县仰山院官（押）"铭文和清代追刻的"大清乾隆年造"铭文。王明琦先生对钟的形制和纹饰进行了详细考证，确认为北宋徽宗时期的宫廷遗物，傅熹年先生更是通过钟身上的宫阙纹饰，将铸造时间锁定在北宋末期政和八年（1118）以后。那么结合钟身的验刻款可知，即在宋徽宗时期，此钟可能是作为北宋都城的朝钟而被铸造，"靖康之变"后被掠运到燕京，但此钟并未被继续运到上京，而是流入了燕京的著名皇家寺院——仰山院，成为佛教法器[1]。

宝室寺钟上金代押记文字不过寥寥数字，历年此钟虽多有人观摩，但属金先生首次发现，此发现甚为重要，可证史书铜禁之载。

金初战争频仍，耗铜甚多，同时还需大量铸币，所以铜十分匮乏。故金朝开始了种种铜禁政策。《金史》载："（正隆二年）私置禁铜器，法当徒。"并定出了不准携铜出境与搜刮民间铜器的严厉禁令，《金史》卷四十八载，海陵王正隆二年（1157）"冬十月，初禁铜越外界，悬罪赏格。括民间铜输器，陕西、南京者输京兆，他路悉输中都。"[2] 特别是生活必需品铜镜需经过官方州县衙"检校"，并加刻检校官的押记，每户限一枚使用。"经历海陵、世宗、章宗三代，至卫绍王大安三年（1211），因时废铜钱，推行交钞，才得以缓解。这时民间铸镜始不再呈递官署检验，各地遂有开设作坊者在市肆公开出售。金朝铜禁约60年。从刻款年代看，目前所见刻款纪年最早的是世宗大定十年（1170），最晚的是章宗泰和四年十一月（1204），官府检验铜镜经历了世宗、章宗两个统治时期，由此可以推断刻款大致始于大定年间，终于泰和年间，约35年。"[3]

在金代如此严苛的铜禁政策下，如此硕大的宝室寺铜钟在金属地被当时政府重视，并加刻押记后还允许使用，出于何故？原来当时官府并制定了具体收缴旧铜的办法，金大定十一年（1171）二月，"禁私铸铜镜，旧有铜器悉送官，给其直之半。惟神佛像、钟、磬、钹、钴、腰束带、鱼袋之属，则存之"。[4] 可知此钟类属于政府铜禁条例规定的保留之物。

在撰写此文时得到了太和官方的鼎力支持，特请来摄影人员对铜钟进行了各角度的细致拍摄。笔者在反复翻阅图片过程中意外在钟身部一内栏又发现一段文字，共计九行。第一行："九鼎之外"。第二行："见此如霆"。第三行："赫

1 叶帅：《"靖康文物"与金代女真的汉化》，《大众考古》2019年第10期，第69—72页。
2〔元〕脱脱：《金史》卷四十八，中华书局，1975年，第1069页。
3 杜杰：《新见与邯郸地名有关的金代刻款铜镜》，《邯郸学院学报》2019年第3期，第22—28页。
4《金史》卷四十八，第1070页。

灭声澄厥灵"。第四行："播扬化觉，万类惟宁"。第五行："顿有是镛，发人深省"。第六行："灵天远庆，河岳兴永"。第七行："不耳闻者，其作法颂"。第八行："杏城山樵"。第九行："齐昌上铭"。惜因年久，多数字迹难辨，只可勉强识读，不能决断。幸最后二行清晰可辨（图15）。"杏城"为古地名，地

图15

理位置在今陕西黄陵县西南，距离今天富县县城仅百公里。隋大业三年（607），鄜城郡治自杏城迁至洛交县五交城，并改称上郡。唐武德元年（618）改上郡为鄜州，此后宋元明清皆称鄜州。民国元年（1912）废州设鄜县。中华人民共和国成立后，因"鄜"字生僻，才改为富县。"山樵"，樵夫。"杏城山樵"无疑是此人的号。"齐昌"（该字所刻，二"口"相连，且上"口"字明显大于下"口"字，当非"吕"字）其人暂未查到相关记载。该段铭文系骈文，内容是赞颂铜钟的，值得注意的是这段文字系阴刻，与钟铭字体也迥异，推测是后人见到铜钟，因赞叹和重视追加的。这个发现无疑再度为全面解读宝室寺铜钟增添了又一大重要材料。

宝室寺铜钟是我国现存最早明确纪年的唐代大型铜钟，极为珍贵。另在铜钟上又发现了金代铜禁制度下铭刻的押记。更为值得大书一笔的是，此铜钟经老一辈无产阶级革命家林伯渠亲自批示，予以保护，体现了我党历来对文物保护工作的重视。

# 金"正大三年"铁钟考释

李晓光　张保民[*]

**摘要：** 民国二年（1913）国民党元老于右任在河南省孟县（今为孟州市）下口村李定甫家中避难，离开时将一些手稿字画及收集的金石文物留给李家，抗战时期掩埋地下保存，近年方挖出整理保护，金代"正大三年"铁钟即是其中之一。铁钟保存尚好，铭文大致可识，记载金正大三年（1226），中京金昌府孟津县亲仁乡大阳村瀍河发生洪水，当地官民抗洪救灾，村长因此铸造此钟以纪其事。金代铁钟比较少见，是难得的珍贵文物，其铭文所记载的地名与事件，具有极高的历史文献价值。

**关键词：** 正大三年　铁钟　瀍河　下口　于右任

中国古钟研究·第一辑

80

　　河南省孟州市南庄镇李晓光家藏金代铁钟一件，高 33 厘米，口径 26 厘米，厚 1.2 厘米，重 9 千克。铁钟上有"几"字形平顶钟钮，圆顶部匀设 6 个圆形回音孔，其中一个回音孔已经锈住。钟体弧肩，直腹下微收，钟下部 6 个钟裙稍外侈。腹部以凸起弦纹分为六个方框，框内铸造铭文。铁钟通体锈蚀较重，外观呈锈红色，铭文为阳文，笔画较细，部分文字锈蚀不清，难以辨识。经仔细辨识，其铭文为："中京金昌府孟津县亲仁乡大阳村长真□枥民真造，当今皇帝圣立汤□，太子□□，福延万叶，文武官员□位。今具礼瀍，会百姓谷下填水退村，李□百，河内吴□□、陈氏、李……百……祖会……正大三年二月十日，金火匠人贾德仙造。"（图1—图3）

　　这件铁钟的铭文"今具礼瀍，会百姓谷下填水退村"，揭示了铸造的背景可能与瀍河水灾治理有关。瀍河是黄河南岸洛阳北线的重要水系，是洛河的重要支流。其发源于孟津县（今洛阳市孟津区）横水镇东面的寒亮村，途经会瀍沟、

\* 李晓光，孟州市南庄镇人民政府干部，焦作市作家协会、民间文艺家协会、楹联协会会员，近代中原画派领军人物林国选先生的关门弟子及艺术研究者；张保民，焦作市博物馆副研究馆员。

马屯、班沟、九泉、寺河南，由牛步河入瀍沟。进入瀍沟以后，偎着山崖，流经刘家寨、前李、后李，由洛阳瀍河区的下园汇入洛河，长约 30 公里。瀍河是一条古老的河流，名字很早就出现在史籍中。如《尚书·禹贡》中说："伊、洛、瀍、涧，既入于河。"[1] 西周初年，周公营建洛邑，更是以瀍河为主要坐标。他在《尚书·洛诰》中说："我乃卜涧水东，瀍水西，惟洛食；我又卜瀍水东，亦惟洛食。"[2] 于是，在涧河与瀍河之间，周公建了王城，作为天子接见诸侯的地方；在瀍河东岸，他又建了下都，用来安置殷商遗民。下都也称成周城，就位于今汉魏洛阳城一带。虽然今天的瀍河水量不大，但在历史上却是水盈丰沛又灾患不断。据《新唐书·五行志》记载"（开元）五年六月甲申，瀍水溢，溺死者千余人""（天宝）十三载九月，东都瀍、洛溢，坏十九坊"。[3] 可见在古代瀍河发大洪水也很恐怖。直至当代，瀍河依然流淌在洛阳大地，洛阳市瀍河区，就是以瀍河而得名。近年来，引黄入洛工程启动后，经过修复治理，瀍河恢复了昔日的风光。

图 1

图 2

图 3

"正大"是金代第九位皇帝金哀宗完颜守绪（1198—1234）的年号，"正大三年"是 1226 年。据铭文推测，正大二年（1225）瀍河暴发水灾，在朝廷与地方的共同努力下，瀍河抗洪救灾取得了胜利。地方官员与乡绅置办祭礼，到瀍河边祭祀河神，正赶上当地百姓在河边抢险，洪水逐渐退去，因此大阳村长等人决定铸造了铁钟纪念此事，金火匠人贾德仙于正大三年二月十日铸造了这件铁钟，因此这件铁钟是金哀宗一朝罕见的珍贵文物。

这里的"中京"是指洛阳。历史上曾有多个地方在不同时期被称为"中京"。最早是在东晋和南朝宋武帝、宋文帝、宋明帝时期，称西晋故都洛阳为

1 王世舜、王翠叶译注：《尚书》，中华书局，2023 年，第 71 页。
2《尚书》第 230 页。
3 欧阳修、宋祁：《新唐书》卷三十六，中华书局，1975 年，第 930、931 页。

"中京"，沿用到初唐、盛唐。唐朝至德二载（757）建凤翔为西京，改称国都长安为"中京"，上元二年（761）复称"西京"。唐时渤海以显德府为中京，一说在今吉林省敦化市西南敖东城，一说即今吉林省和龙市。辽统和二十五年（1007）建中京大定府于故奚王牙帐地，即今内蒙古自治区宁城县西大明城，至金贞元元年（1153）改称"北京"。金兴定元年（1217）改河南府为金昌府，治洛阳（今河南洛阳市），建号"中京"，作为陪都。元《河南志》载曰："金初仍宋制，正大初，以河南为中京，改河南为金昌府。筑城，东据瀍水，南接东城之南郭，西亦因东城之西郭，北缩于旧仅一里。"[1]因此金代的中京就是金昌府，位于洛阳老城，是金正大初年在北宋河南府的城基上重建的。金昌府辖巩义、登封、渑池、偃师、孟津、新安、宜阳大部、伊川小部分地区，至元朝初改设河南府路，共存在五十多年，时间不算长久，所遗留带"中京金昌府"字样的文物极其罕见。

"孟津县亲仁乡大阳村长真□枺民真造"，说明在金代时，孟津县已有"亲仁乡大阳村"，即现在的"城关镇大阳河村"。大阳河村，是孟津县（今孟津区）城关镇寺河南村下辖自然村，地处豫西丘陵地区，处于邙山腹地，地面宽阔，三面环山，半数区域处于河川地带，瀍河穿境而过，这件铁钟就是清代嘉庆年间在大阳河村发现的。因此这件铁钟所记载的大阳村礼瀍祭神，系当年瀍河暴发洪水，当地官员、百姓抗洪救灾，当为可信。铁钟铭文所记载的"中京金昌府孟津县亲仁乡大阳村"，反映了金哀宗时期孟津县的完整行政区划，至今仍有大阳河村，显示了我国传统地名的延续性和传承性，具有极高的历史文献价值。"大阳村长真□枺民真"，从名字来看应属于女真族，说明金朝统治中原期间，女真族在中原各地定居已比较普遍，女真人出任村长掌握村里的领导权，反映了金朝女真人由草原骑马游牧民族到农耕民族转变，实现定居的大变革大融合。

"河内吴□□、陈氏、李……百……祖会……"河内，历史上曾有河内郡与河内县。河内郡是指黄河北岸与太行山围绕的地区。西汉初年，高祖刘邦设置河内郡，与河东郡、河南郡（洛阳所在）并称"三河"，是两汉时期除了长安、弘农以外最为富庶的地区。《史记·货殖列传》："昔唐人都河东，殷人都河内，周人都河南。夫三河在天下之中，若鼎足，王者所更居也，建国各数百千岁。"[2]隋唐时期数次改名怀州，宋金分属怀州和孟州，元为怀孟路，明清为怀庆府，今为焦作市。河内县为今沁阳市，汉代河内郡治原在怀城（今武陟县境内），晋

1 元《河南志》卷四，清光绪（1875—1908）刻本，国家图书馆藏，第25页。
2 司马迁：《史记》，中华书局，2006年，第753页。

时移至野王县。隋改野王县为河内县，为怀州治所，延续至唐宋金时期，元为怀孟路治所，明清为怀庆府城。直到民国二年（1913），国家废府存县，河内县改名沁阳县，1989年沁阳县改沁阳市至今。"河内吴□□、陈氏、李……百……祖会……"，说明金正大三年瀍河发洪水，参与抗洪救灾的不仅仅是黄河南岸的中京金昌府孟津县大阳村本地官民，也有黄河北岸怀州河内县的善人义士，显示了古代黄河两岸人民之间的紧密联系。

金代由于长期与宋朝战争，资源短缺，铜禁之令十分严格，铜钟十分罕见，目前世面所能见到的金代钟大多为铁钟，其数量不仅稀少，且多为佛寺铁钟，纪事铭功的铁钟难得一见。此件铁钟尺寸较小，形制简单，朴实无华，应为金哀宗时期国力日衰、风雨飘摇的真实写照，也反映了当时大阳村官民一心，各民族团结抗洪救灾，尽管财力单薄、资源匮乏，也尽力铸造铁钟纪念抗洪胜利，并以此敬颂皇帝圣明、太子英明、文武官员各司其职的功德。这件"正大三年"村民自制的纪事铁钟，从目前所知资料而言，相当珍稀。

这件"正大三年"铁钟的经历也颇为曲折传奇。清朝嘉庆年间，此钟现身于孟津县大阳河村，为被誉为"洛阳才子"的中原奇才张玉麒所得。乾隆五十年（1785），张玉麒出生于孟津县城关镇王湾村，嘉庆六年（1801），16岁即考中辛酉科进士，名列二甲第五十一名，嘉庆皇帝特别喜欢这位少年才子，御赐名"张辂"。张辂历任吏部考功司主事、掌文选司印，提督贵州学政，山东沂州府知府、登州府知府、曹州府知府、直隶宣化府知府、天津知府，调任天津河间兵备道、长芦盐运使、山东济东盐道、泰武盐道，终官贵州省参议，历宦四十余年，听断明敏，勤政爱民，曾力推在沿海一带修建炮台抵御倭寇，后见清廷腐败，屈膝洋人，遂挂印辞官，回乡隐居。1913年3月20日，袁世凯派人在上海车站刺杀宋教仁，"二次革命"失败。于右任异常悲愤，在《民立报》上揭露宋案真相，并出《宋渔父》专册大肆宣传，为此招致袁世凯忌恨。《民立报》面临被查封，于右任也遭到袁世凯政府的通缉。在家住豫北地区的老同盟会会员郭仲槐等精心安排下，先生到豫西北避难。当时，同盟会会员暴式彬任孟县（今孟州市）县知事，主政孟县，于是介绍于右任到时任孟县警佐的李定甫下口村家中秘密居住，时间近半年之久。由于革命形势发展的需要，于右任先生毅然重返战场。离开孟县时，他把自己在孟期间书写的书法墨迹，连同由张钫、暴式彬、李定甫等陪同在洛阳和古怀庆府（今沁阳市、孟州市、济源市、温县）一带访求到的古代金石书画文物，一并留在了李定甫家，这件珍贵的金代"正大三年"铁钟便是其中之一。李定甫，名靖潮，字定甫，孟县下口村人，生于清光绪五年（1879），历任河南滑县、新郑、温县、孟县巡警局长，孟县二区区长，孟县商会副会长等职，1940 年去世。民国《孟县志》卷八《选举志》"局所厂圃长"条下记载："李靖潮：温县、新郑、滑县巡警局。"[1] 李定甫接受于右任所赠金石书画文物后，妥善保管，传于子孙世代珍藏，至今已四代人。这件金代铁钟，古香古色，表面无磕损残破，铭文尚可辨识，保存尚好，实属难得。

综上所述，这件金哀宗"正大三年"铁钟，具有极高的历史文化价值：1. 金代纪事铁钟存世量少，这件保存较为完整，实不多见。2. 铁钟铭文记载中京金昌府孟津县亲仁乡大阳村的名称，是比较完整的当地行政区划文献资料。3. 铁钟记载了治理瀍河水灾事件，可补史志之缺。4. 这件铁钟流传有序，经历传奇，是一件不可多得的珍贵文物。

保存金石、传承文物，历来是中国文人所担当的历史责任。自北宋李公麟以来，学者躬身访古、考古即为金石学之一大传统，下至乾嘉金石考订、近代文物考古之学。以现代学科之视角考察，则金石文字的内容包罗万象，诸如史实考订、小学文字、风俗地理、群族变迁、宗教文化等，均裨益极多。因此，对金石文物的保存、流传，是由古至今的共识，非但是学者群体对于研究之追从，更是保存者所肩负的使命、责任。对于这件金哀宗"正大三年"铁钟，更是如此。

1 阮藩侪：《孟县志》卷八，民国二十二年（1933）刻本，国家图书馆藏，第 26 页。

钟 史 发 微

# 永乐大钟百年研究述评

王　申*

**摘要：** 大钟寺古钟博物馆馆藏永乐大钟，铸造于明永乐年间，为青铜质地，是一级文物，镇馆之宝，具有重要的史料价值和文物价值。文章结合学术界对于永乐大钟的研究成果，将近百年来的研究历程分为起步、探索、初步发展、全面发展四个阶段，并进行了梳理和述评，为进一步加强永乐大钟的研究与阐释，做好永乐大钟的保护和利用工作提供借鉴和参考。

**关键词：** 永乐大钟　百年　研究述评

永乐大钟，铸造于明永乐年间，青铜质地，通高 6.75 米，口径 3.3 米，重达 46.5 吨，在铜钟上共有两枚钟月，其中一枚钟月上，铸有"大明永乐年月吉日制" 9 字年款。永乐大钟现收藏于大钟寺古钟博物馆，是一级文物，镇馆之宝。因其钟体内外遍铸汉、梵两种文字的经文咒语达一百余种，23 万余字，而被誉为"世界第一"。对于永乐大钟的关注，历经近百年，特别是中华人民共和国成立后，学术界对于永乐大钟有着较为丰富的研究成果，且持续关注。依照研究内容等划分，对永乐大钟的研究大致经历四个时期，分别呈现出不同特点。本文对永乐大钟及相关问题的百年研究史进行梳理和述评，以期为继续开展永乐大钟的文物价值阐释和相关问题研究提供参考。

## 一、第一阶段（20 世纪 20—30 年代）：起步阶段

对永乐大钟的研究早在 20 世纪 20 年代就已经开始，这一时期是永乐大钟研究的起步阶段，囿于当时的技术手段和学术氛围，当时学术界对于永乐大钟各方面的认识还相对匮乏，相关的研究主要围绕器物做介绍和说明，兼而围绕

* 王申，大钟寺古钟博物馆业务部副主任，博物馆馆员，研究方向：中国钟铃文化、文化遗产保护与研究。

永乐大钟的历史情况进行了探讨。在这一时期诸多研究成果大多选择刊登于报纸上，一方面便于成果的分享，一方面则便于学者们公开对科研成果进行互相讨论。

目前所知最早的研究与讨论是 1925 年 8 月 5 日至 14 日刊登于《社会日报》上的周退舟先生《纪觉生寺大钟》[1] 一文。文中周退舟先生对永乐大钟的铸造缘起、迁徙始末、尺度重量、钟体铭文，以及史料记载中的错讹处都做了全方位的考证和讨论。尤其是周先生对大钟主持铸造者为姚广孝等问题进行了讨论，以及对古籍记载中的质疑，如钟体是否有华严经、明代迁移大钟在"四丁未"等进行了详细的实地考察和文献考证，对今日的研究依然具有借鉴意义和较高的研究价值。在周先生发表该研究后，该文一时引起轰动。先是名为"袖手"的学者于 1925 年 8 月 17 日在《社会日报》发表了《书纪觉生寺大钟后》[2] 一文，与周退舟先生就大钟主持铸造者为姚广孝的问题进行了探讨并作出补充。1925 年 8 月 23 日刘邦骥先生在阅读周退舟先生文章后，在《社会日报》"讨论觉生寺大钟之来书"[3] 栏目中发表了信函，对周先生的研究成果中个别问题提出了不同看法，认为周退舟先生所说"觉生寺大钟一段，内有如此伟大工程之物，岂一日所能铸成"观点不妥，他认为"无论如何伟大，非一气铸成不可"。1925 年 8 月 29 日至 9 月 7 日，周退舟先生又在《社会日报》发表了《答讨论觉生寺大钟书》[4] 一文，对刘邦骥先生文章中提出的不同看法进行了回复。文中他又一次对永乐大钟铸造时间、人物等历史的合理性进行了分析，阐述了大钟应是花费很长时间才铸成而不是一天就能铸造完成的观点。

1935 年 2 月 15 日至 25 日期间，名为"老鹤"之人又在《世界日报》连续发表了名为《大钟寺之大钟》[5] 一文，然而其文字内容均出自周退舟先生文章，毫无新意，或有抄袭之嫌。

## 二、第二阶段（20 世纪 60 年代）：探索阶段

这一时期是永乐大钟研究的探索阶段，仅有 20 世纪 60 年代，即 1963 年凌业勤和王炳仁先生发表《北京明永乐大钟铸造技术的探讨》[6] 一文，开启了学术界对于永乐大钟的学术研究，也是目前发现的这一阶段唯一研究成果，但其研究

1 周退舟：《纪觉生寺大钟》，《社会日报》1925 年 8 月 5 日第 F2 版。
2 袖手：《书纪觉生寺大钟后》，《社会日报》1925 年 8 月 17 日第 F3 版。
3 刘邦骥：《讨论觉生寺大钟之来书》，《社会日报》1925 年 8 月 23 日第 F3 版。
4 周退舟：《答讨论觉生寺大钟书》，《社会日报》1925 年 8 月 29 日第 F3 版。
5 老鹤：《大钟寺之大钟》，《世界日报》1935 年 2 月 15 日第 13 版至 1935 年 2 月 25 日第 13 版。
6 凌业勤、王炳仁：《北京明永乐大钟铸造技术的探讨》，科学史集刊编辑委员会：《科学史集刊》（第六期），科学出版社，1963 年，第 39—45 页。

内容的广度和深度均有所拓展，且所得结论基本奠定了永乐大钟铸造方面研究的基础。

该文首先对永乐大钟的来历进行了简要介绍和分析，初步得出了钟身高 5.84 米、蒲牢高 1.1 米、钟底口外径 3.3 米、内径 2.9 米、底边平均厚度 0.22 米的实际测量数据，并表明曾请金石专家魏长清先生鉴定，认为大钟上的字体确为铸上无疑。

其次，该文对永乐大钟的合金成分进行了研究。作者采用取样分析方法，利用光谱定性分析得出结果为，永乐大钟中铜、锡、铅为主要成分，锌、铁、硅、镁、钙为极少量。化学定量分析结果为铜 80.54%，锡 16.4%，铅 1.12%。永乐大钟的含锡量接近 17%，与《考工记》"六齐"记载"六分其金，而锡居一，谓之钟鼎之齐"的记录是相符合的，也是铸钟的较为合适的成分。

再次，文章结合文献记载，分析了永乐大钟的造型工艺。作者在分析排除失蜡法和砂型铸造法之后，认为永乐大钟最可能采用地坑造型陶范法铸造。造型工艺主要分为：（1）准备地坑；（2）塑造钟模，分段制外型；（3）安装芯骨，筑造型芯；（4）合型；（5）安装浇冒口系统，准备浇注。同时提出大钟浇口有 8 只（至少 4 只）沿钟顶均布。钟顶中央大圆孔应为中央冒口。钟钮蒲牢应该是先铸成后，装上去再铸钟体。四只蒲牢腿与钟体接触处有 0.5 米见方无文字，应是避免铜液冲刷，而蒲牢腿对应的 4 个位置，隐约可见微低于钟体的四个圆孔，口径约 120 毫米左右，且有补好重刻文字的痕迹，很可能是顶部浇口。

最后，文章还探讨了大钟的熔炼和浇注，认为浇铸大钟采用的是砌筑大炉的方法，四面环绕筑砌，同时四面铺设土槽，用以运输铜液，旁边则用炭火炽烧土槽，防止铜液在槽道中温度降低，流动性下降。

## 三、第三阶段（20 世纪 80 年代初—20 世纪末）：初步发展阶段

进入 20 世纪 80 年代后，关于永乐大钟的研究持续增多，涉及的内容不断扩展，除了继续在永乐大钟铸造工艺这一问题上开展研究外，开始更加关注永乐大钟的历史文化背景、声学特性、力学结构等内容。这一情况应与收藏永乐大钟的大钟寺于 1980 年成立了大钟寺文物保管所，并于 1984 年被北京市人民政府批准成立大钟寺古钟博物馆这一重要进程有着直接关系。大钟寺古钟博物馆收藏的永乐大钟被越来越多的社会各界人士所关注，新的成果不断涌现。

在 20 世纪 80 年代，专家学者普遍围绕永乐大钟的历史文化、铸造工艺、声

学等方面开展研究。夏明明的《钟王漫话》[1]对钟上铭文进行了介绍，说明永乐大钟通高 6.75 米，外径 3.3 米，总重量 46.5 吨，钟唇厚度 185 毫米，钟身内外整齐地铸有《诸佛世尊如来菩萨尊者神僧名经》等十七种经咒；认为永乐大钟经文字数为二十二万七千多字，其中《诸佛世尊如来菩萨尊者神僧名经》为十四万三千多字，为原经文的前二十卷，内容主要是诸佛、菩萨、历代高僧名号，且颇多重复；描述了经过细勘全钟所刻经咒发现并无《华严经》的情况，历史上称其为"华严钟"，应该另有原因。同时提出，钟声振动可达三分钟之久，振动频率极高；大钟悬挂的铜穿钉每一平方厘米承受十公斤剪切力，正好在铜金属构件所承受的剪切力范围内，保证了大钟的悬挂稳固。钟炜、夏明明的《古钟之王——北京大钟寺的永乐大钟》[2]介绍了古钟的基本情况，分析了钟王与靖难之役的关系，解释了大钟如何悬挂等情况。

在铸造工艺方面，凌业勤先生的《北京钟王的铸造技术》[3]对永乐大钟的铸造工艺再次进行了分析，认为该钟为地坑造型、泥型铸造，钟钮为单独铸造，钟顶有对称四处无文字，可能是两个浇口和两个出气口位置，同时对合金成分进行了测定。吴坤仪先生的《明永乐大钟铸造工艺研究》[4]通过对永乐大钟各部分的检测，认为永乐大钟极可能是泥范法铸成的，就永乐大钟钟体、钟顶和钟钮部分的范块排布进行了讨论，同时，就永乐大钟铸造工艺进行了分析。《明清梵钟的技术分析》[5]一文对永乐大钟的铸造工艺进行了研究，认为其主要为泥范法铸造，采用圈范套合的分范方法，同时，探讨了永乐大钟钟钮的铸造方式、浇冒口位置以及金属材质等。

在声学研究方面，陈通和郑大瑞的《永乐大钟的声学特性》[6]通过在瞬态下模态分析的方法，结合对钟声频谱的测量，从振动和声音两个方面分析了永乐大钟的声学特点。文章提出，频率相近的分音产生了拍频音是钟声的一个重要特点，古书中记载的"时远时近"现象，应是聆听这种拍频声的感受。郑敏华等撰写的文章《永乐大钟振动的有限元分析》[7]通过旋转壳体的有限元方法，计算了永乐大钟的主要固有频率和振型，从而进一步探讨了钟腰和钟唇厚度变化对永乐大钟音色的影响。文章认为大钟钟唇增厚不仅是为防止钟被敲破，其钟腰和钟唇厚度的变化对钟声起到重要的调整作用等等。

1 夏明明：《钟王漫话》，《法音》1981 年 2 期，第 35、43 页。
2 钟炜、夏明明：《古钟之王——北京大钟寺的永乐大钟》，《文史知识》1987 年第 12 期，第 103—106 页。
3 凌业勤：《北京钟王的铸造技术》，《机械工人》1984 年第 1 期，第 2、65 页。
4 吴坤仪：《明永乐大钟铸造工艺研究》，北京钢铁学院编：《中国冶金史论文集》，1986 年，第 180—84 页。
5 吴坤仪：《明清梵钟的技术分析》，《自然科学史研究》1988 年第 3 期，第 288—296、298 页。
6 陈通、郑大瑞：《永乐大钟的声学特性》，《声学学报》1987 年第 3 期，第 161—166 页。
7 郑敏华、蔡秀兰、陈通：《永乐大钟振动的有限元分析》，《声学学报》1988 年第 1 期，第 59—66 页。

除此之外，查济璇和郎蕴琪先生的《利用超声方法测定北京大钟寺永乐古钟的壁厚》[1]介绍了通过精密超声声速仪，采取交叉触发脉冲重叠法对永乐大钟壁厚进行的测量，认为钟壁最薄处为94毫米，钟唇最厚处达185毫米，该钟总重量约为46.6吨，大钟总重量的误差，约为2.5%，即其绝对误差约为±1吨。单嘉宏的《保护好永乐大钟周围的环境》[2]介绍了大钟寺周边环境灰尘自然沉降和二氧化硫污染等情况，提出应按照国家相关规定，保护好大钟寺周边环境。

20世纪90年代，夏明明等的《永乐大钟悬挂结构力学问题初探》[3]对爪形钟钮的抗拉强度、"U"型环的抗拉强度、铜穿钉的抗剪切力强度等进行了计算和分析，认为悬挂结构是足够安全的。韦及的《大钟寺里的中国钟王》[4]对永乐大钟的基本情况进行了总结介绍。陈梧山的《周渔璜与北京永乐大钟》[5]介绍了贵州诗人、康熙时期进士、曾任翰林院编修的周渔璜所作的永乐大钟相关诗句情况。于倞所著《中国古钟史话》[6]一书中的相关文章对永乐大钟铸造的历史背景、迁移情况、铸造特点等进行了讨论，并将永乐大钟的史载文选进行了梳理。

## 四、第四阶段（21世纪至今）：全面发展阶段

进入21世纪，随着大钟寺古钟博物馆内的工作人员对永乐大钟的研究增多，成果更加丰富，而社会各界人士借助各方力量对永乐大钟的研究也更加多元，多学科、多角度的研究基本确定了永乐大钟的大致面貌，相关研究内容正向纵深延伸，对永乐大钟的研究全面发展。

21世纪初期，即第一个十年，学术界主要围绕永乐大钟的汉、梵铭文，铸造技艺，力学结构等开展研究，特别是在永乐大钟历史文化背景等方面的学术探讨和研究更为多样，综合性论述和研究突出。

在铭文研究方面，2001年，大钟寺古钟博物馆编著出版了《永乐大钟铭文真迹》[7]一书。该书是自1996年开始对永乐大钟的铭文展开全面的拓印、整理、校勘和编辑工作的成果。博物馆还邀请北京大学季羡林教授担任该书的学术指导和名誉主编。永乐大钟钟身上所铸23万字汉、梵文佛教经咒被拓印整理出版，在永乐大钟铸成的历史上尚属首次，为进一步研究永乐大钟提供了便利。

1 查济璇、郎蕴琪：《利用超声方法测定北京大钟寺永乐古钟的壁厚》，《声学学报》1981年第5期，第284—290页。
2 单嘉宏：《保护好永乐大钟周围的环境》，《环境保护》1983年第10期，第28页。
3 夏明明、冯长根、杜志明、王永辉：《永乐大钟悬挂结构力学问题初探》，《文物》1990年第7期，第72—73、71页。
4 韦及：《大钟寺里的中国钟王》，《金属世界》1996年第4期，第21页。
5 陈梧山：《周渔璜与北京永乐大钟》，《贵州文史天地》1997年第3期，第46—47页。
6 于倞：《中国古钟史话》，中国旅游出版社，1999年。
7 大钟寺古钟博物馆：《永乐大钟铭文真迹》，北京燕山出版社，2001年。

夏明明《以钟为书　钟以载道——永乐大钟及北京钟铃文化》[1]一文对永乐大钟文化内涵、外观特性、声学特性及其局限性等进行了分析研究。文章认为尽管大钟蒲牢形钟钮与钟体铸接时，个别汉字被铸嵌于钟体之中，字数无法直接统计，但是结合善本反复查验，永乐大钟的汉、梵文佛教经咒字数确认在23万字以上。另外，永乐皇帝御制的《诸佛世尊如来菩萨尊者神僧名经》，在钟上只铸有前20卷以及结尾处的《大明神咒回向》和《吉祥赞》等经咒，并通过"三进三出"的排版设计，最终把《大明神咒回向》安排在钟体最重要也是最便于观看的"钟裙"东方，在御制"大明永乐年月吉日制"牌位右侧，从而突出巩固明朝"一统"的主题。张保胜先生对永乐大钟梵字铭文进行了系统的解读，并就梵文分布做了梳理和介绍[2]。张保胜先生认为永乐大钟上蓝札体梵字铭文分为三种：第一种为种子字，是象征佛菩萨和佛教教义的文字符号，是经义的高度浓缩；第二种为陀罗尼，即咒或真言；第三种为曼荼罗。据他统计，大钟计有咒语145道、曼荼罗7幅、咒牌4帧、种子字77个。季羡林先生称他的这项工作使"近600年的佛钟铭文第一次得以解读"。

　　在铸造工艺方面，韩战明的《永乐大钟铸造工艺探索》[3]主要在永乐大钟的铸造工艺即铸造方法、铸字方式、分范情况、钟钮的铸法、浇铸方式等方面进行了研究和讨论。作者经过研究，认为：永乐大钟是选用泥范法铸造，不是用失蜡法；字是刻在模子上后铸造的，而不是先铸钟后刻字；钟的分范情况内外不一；字是在硬化后的范上刻制，而不是在软泥上刻制；外范各圈是整圈刮制，而且是先刻字，之后分块；钟钮是提前铸好，然后预埋在合范内，浇注时钟钮与钟融为一体；大钟为正立浇注，不是用底注法浇注，而浇冒口是开在上面，即顶注式。

　　在悬挂结构特别是钟架保护方面，李华和刘秀英的《大钟寺博物馆钟架的超声波无损检测》[4]一文利用超声波无损检测的形式对永乐大钟钟架进行了检测分析。认为大钟梁架中除1号梁为润楠外，其他梁架为麦吊云杉和马尾松，而8根立柱均为马尾松。古钟木架构件的弹性模量比同种木材标准值降低10%—20%，个别降低达到30%，而下降达30%左右需要加强监测。部分钟架的梁、柱有较严重的开裂和腐朽。程载斌和申仲翰对永乐大钟悬挂结构在撞钟激励下的动态

1 夏明明：《以钟为书 钟以载道——永乐大钟及北京钟铃文化》，《北京社会科学》2005年第2期，第54—62页。
2 张保胜：《永乐大钟梵字铭文考》，北京大学出版社，2006年。
3 韩战明：《永乐大钟铸造工艺探索》，大钟寺古钟博物馆编：《大钟寺古钟博物馆建馆二十周年纪念文集》，文津出版社，2001年。
4 李华、刘秀英：《大钟寺博物馆钟架的超声波无损检测》，《木材工业》2003年第2期，第33—36页。

响应进行了振动测试分析，为永乐大钟的保护和撞钟安全评估提供参考[1]。徐永君等通过 ANSYS 有限元分析软件对永乐大钟及其悬挂支撑系统建立了有限元模型，进行了静力学分析及整体强度校核，为合力撞钟和整体维护加固提供了科学依据与技术指导[2]。张双寅的《永乐大钟梯形木架稳定性初探》[3]一文根据弹性结构稳定性理论的能量法和中国古建筑结构"卯榫"接头抗弯性能的简化的本构模型，采用对比法，对具有"收分"形式永乐大钟木架的稳定性进行了分析，认为立柱侧角对增大结构稳定性的作用十分明显，侧角越大，稳定性越好。

在历史文化背景方面，赵润华《读觉生寺〈大钟歌〉质疑——浅析明"永乐大钟"成因》[4]一文介绍了觉生寺《大钟歌》的撰写情况，分析了永乐皇帝朱棣铸造永乐大钟的原因以及清乾隆皇帝御制《大钟歌》诗的用意。于玻撰写的论文《永乐大钟三辨》[5]对成铸目的和成铸时间等进行了研究，提出永乐大钟的铸造时间很可能是在 1418 年至 1419 年间。《"华严钟"与华严宗——"华严钟"被后世称为"永乐大钟"的辨误》[6]一文首先对历史文献中关于"华严钟"的名称记载进行了梳理，阐明了历代将永乐大钟命名为"华严钟"的事实，之后分析了华严教义与"华严钟"的关系、明初华严宗在北京的影响，以及华严教义与永乐皇帝的崇信思想渊源，认为不管钟体上是否镌铸"华严"本经，都是以体现华严大乘教义为目的。《从华严钟看华严宗与密教的关系》[7]一文则探讨了华严钟的功能及其所铸密教经咒的意义等，认为华严钟的铸成是明成祖崇佛心理的体现；而通过对华严钟上梵文经咒的破译，认为密教的圆形、方形曼陀罗所表现出的形式与意义，是早期生殖崇拜的一种表现形式，这也体现出了华严钟的重要功能之一——祈雨，即古人认为久旱不雨是阴阳失调的反映，只有阴阳交合，才能风调雨顺；在钟上铸曼陀罗，与大钟寺原为祈雨场所及"大钟非祈雨不鸣"的传统相契合，绝非仅是一种历史巧合。除此之外，作者还认为在明初对密教尊崇的历史条件下，华严宗与密教很好地相互融合。在此时期铸成的华严钟，钟上不仅铸有汉文经咒，还铸有密教经咒，这些经咒与钟上的其他汉文经咒的作用都有驱邪、避害、增益、祈福之意。华严钟成为反映明朝永乐年间华严宗与

1 程载斌、申仲翰：《永乐大钟—悬挂结构动态响应分析》，李和娣主编：《固体力学进展及应用——庆贺李敏华院士 90 华诞文集》，科学出版社，2007 年，第 311—314 页。
2 徐永君、战颂、申仲翰、解小敏、于玻：《永乐大钟及悬挂支撑系统的撞钟过程瞬态分析》，《振动与冲击》2007 年 5 期，第 141—144、161 页；徐永君、战颂、李敏、解小敏、于玻：《永乐大钟强度分析》，崔京浩主编：《第 16 届全国结构工程学术会议论文集（第 I 册）》，2007 年，第 376—381 页。
3 张双寅：《永乐大钟梯形木架稳定性初探》，《力学与实践》2008 年第 6 期，第 18—21 页。
4 赵润华：《读觉生寺〈大钟歌〉质疑——浅析明"永乐大钟"成因》，大钟寺古钟博物馆编：《大钟寺古钟博物馆建馆二十周年纪念文集》，文津出版社，2001 年，第 129—140 页。
5 于玻：《永乐大钟三辨》，大钟寺古钟博物馆编：《大钟寺古钟博物馆建馆二十周年纪念文集》，文津出版社，2001 年，第 141—154 页。
6 于玻：《"华严钟"与华严宗——"华严钟"被后世称为"永乐大钟"的辨误》，大钟寺古钟博物馆编：《大钟寺古钟博物馆建馆二十周年纪念文集》，文津出版社，2001 年，第 197—208 页。
7 于玻：《从华严钟看华严宗与密教的关系》，《文物春秋》2003 年第 4 期，第 42—46 页。

密教相互融合的为数不多的珍贵文物之一。张必忠的《永乐大钟知多少》[1]则对北京地区所有永乐年间铸造的大钟进行了介绍。余康麟的《诗人周渔璜与"永乐大钟"》[2]同样介绍了清康熙时诗人周渔璜，以及其撰写《分咏京师古迹得明成祖华严大钟》诗词的情况。冬利和庚华《明朝宫廷书法家沈度与永乐大佛钟》[3]一文分析了明书法家沈度与永乐大钟之间的关系。

在综合性论述和研究方面，夏明明的《世界第一古老大钟新说》[4]除了探讨了永乐大钟的铸造时间和铸造原因，还介绍了永乐大钟的三次搬迁，以及其在声学、力学和铸造工艺方面的特点与成就。高凯军《关于永乐大钟若干问题的探讨》[5]一文对永乐大钟的基本特征及其地位，永乐大钟的铸造时间和地点，永乐大钟的搬迁及其功能的演变等进行了研究探讨。高凯军和夏明明所著《发现永乐大钟》[6]一书对永乐大钟的历史地位、汉梵铭文的内容及其特点、钟体形式和结构设计等各方面做了较为深入、系统的研究，提出了独特的见解，特别对汉梵铭文内容进行了研究。作者在前期勘查的基础上，详细列举了汉文经咒和梵文经咒的名称和分布位置，认为汉文铭文字数为 226 266 字，梵文铭文约 5600 字（音节）。

进入 21 世纪第二个 10 年后，关于永乐大钟的研究进一步结合了新技术，同时涌现出了一些新的研究视角。

庚华的《明朝宫廷书法家沈度与永乐大佛钟》[7]一文中除了对永乐大钟铭文的撰写者进行了探讨之外，还记述了"1996—2000 年大钟寺古钟博物馆集合各方力量，完成了对永乐大佛钟铭文的全面考察工作，并编辑出版了《永乐大钟铭文真迹》一书"的工作情况，同时也将永乐大钟铭文字数记为 23 万余字，其中 5000 多字为梵文。季红等结合三维扫描仪对永乐大钟进行三维扫描的案例，介绍了三维扫描系统和三维交互技术在文物展览中的应用[8]。2014 至 2017 年，大钟寺古钟博物馆编著出版了相关书籍，主要围绕永乐大钟的铸造缘起、搬迁过程、铸造年代、铭文内容和悬挂结构等就前期研究成果进行了归纳、总结，并进行

1 张必忠：《永乐大钟知多少》，《紫禁城》2002 年第 1 期，第 12—15 页。
2 余康麟：《诗人周渔璜与"永乐大钟"》，《贵阳文史》2002 年第 4 期，第 48—49 页。
3 冬利、庚华：《明朝宫廷书法家沈度与永乐大佛钟》，《中央民族大学学报（哲学社会科学版）》2009 年第 6 期，第 83—87 页。
4 夏明明：《世界第一古老大钟新说》，大钟寺古钟博物馆编：《大钟寺古钟博物馆建馆二十周年纪念文集》，文津出版社，2001 年，第 184—190 页。
5 高凯军：《关于永乐大钟若干问题的探讨》，《中国历史文物》2004 年第 2 期，第 64—71、97 页。
6 高凯军、夏明明：《发现永乐大钟》，中华书局，2006 年。
7 庚华：《明朝宫廷书法家沈度与永乐大佛钟》，庚华：《钟铃文物探微》，北京燕山出版社，2014 年，第 108—119 页。
8 季红、沈芸、杨巍：《三维扫描技术在永乐大钟虚拟交互展示中的应用》，《北京联合大学学报（自然科学版）》2015 年第 3 期，第 15—19 页。

科普创作[1]。全锦云先生对永乐大钟的型式进行了探讨和划分[2]。陈捷和张昕通过考察永乐大钟梵字铭文中作为核心的两组五方佛曼荼罗，探讨上U型环可能存在的安装错误，同时根据钟顶内壁曼荼罗的空间构成，总结大钟各组成部分一体化设计特点[3]。霍司佳则探讨了永乐大钟在不同历史空间中的不同解读，以及其如何作用于观者、听者，从而从不同角度理解永乐大钟[4]。

　　2020年后，侯宁《永乐大钟中国古代铸造巅峰之作》一文从文化、历史、艺术等多角度介绍了永乐大钟高超的铸造技艺[5]。李吉光考述了明代番、汉经厂的建立时间，以及永乐大钟在移到万寿寺前的停放情况。结合番、汉经厂功能的考虑，他认为永乐大钟未曾停放在番经厂，而一直停放在宫中，配合佛诞等节庆演出需要，万历五年后移至万寿寺[6]。2022年，大钟寺古钟博物馆"永乐大钟及馆藏古钟文物铭文、纹饰研究"课题组利用现代技术成功采集永乐大钟钟体图像，并完成了汉文、梵文和其他铭文符号的分类、计数、甄别，以及汉字铭文与传世经文版本比校工作，发现大钟汉字铭文的排版问题和规律，与传世版本差异问题，正俗字混用现象等，并对其进行了研究探索。该课题对永乐大钟汉字铭文进行进一步较为系统、准确的研究和梳理，进一步填补关于汉字铭文研究的空白[7]。2023年，李吉光运用"纪念碑性"的理论，从"钟"的起源和明早期"铸钟"行为出发，运用艺术史的方法，再次探讨了永乐大钟的观看者和存放地点，认为大钟被移至万寿寺前，应存放于皇宫之内或内府的某个不为人知的角落，只有永乐及历朝皇帝、历任司礼监掌印太监和大钟的铸造者与其有过关系，为文物研究提供了新的视角与方法[8]。大钟寺古钟博物馆"永乐大钟铭文排布关系及文化内涵研究"课题组则对永乐大钟梵字铭文的数量和排布进行了研究，对永乐大钟汉、梵铭文及布局背后所体现的文化内涵进行了较为系统的梳理和总结、提炼。

## 五、结语

　　纵观永乐大钟百年研究史可以看出，随着对于文物保护重视程度的不断加

1 大钟寺古钟博物馆：《古韵钟声》，北京燕山出版社，2014年；卢迎红、卢嘉兵主编：《古钟掌故》，北京联合出版公司，2017年；大钟寺古钟博物馆：《古钟博物馆营造旧闻》，北京燕山出版社，2018年。
2 全锦云：《东亚梵字文化研究》，文物出版社，2018年。
3 陈捷、张昕：《永乐大钟五方佛曼荼罗及其在建筑空间中的运用》，中国建筑学会主编：《2019年中国建筑学会建筑史学分会年会暨学术研讨会论文集（上）》，2019年，第354—363页。
4 霍司佳：《历史空间中的永乐大钟》，《北京文博文丛》2020年第1辑，第36—45页。
5 侯宁：《永乐大钟中国古代铸造巅峰之作》，《铸造技术》2020年第7期，第693—695页。
6 李吉光：《永乐大钟曾停留何处——兼谈明代的番经厂与汉经厂》，《首都博物馆论丛》，2022年，第18—21页。
7 李小丽，程呈，王申，郑宇伟：《永乐大钟汉字铭文新发现及研究》，《博物院》2023年第1期，第87—97页。
8 李吉光：《"纪念碑性"与永乐大钟停放地点的再考证》，《北京文博文丛》，2023年，第171—176页。

深、中国史学的不断发展、大钟寺文物保管所和大钟寺古钟博物馆的成立和发展、研究力量的增加，永乐大钟得到了越来越多的关注，研究成果不断涌现。特别是科学技术的进步、相关史料的整理和发布，为永乐大钟的研究提供了必要的基础条件，使得过去难以探寻和发现的问题得以找到新的突破。永乐大钟的研究成果日益增多，研究内容不断丰富，研究水平逐步提升，研究方向进一步拓展，成果的论述方向趋于永乐大钟的研究兼及保护，主要围绕永乐大钟历史文化、铸造工艺、力学结构、声学特性等诸方面展开，集中展现了永乐大钟的文化价值、科学价值和历史价值。但是总体来看，囿于明代文献的缺失和不足，关于永乐大钟的具体铸造时间、铸造地点、铸造原因等关键信息，多为专家学者综合各方面文献档案记载，加以综合分析得出的结论，缺乏关键的直接证据，对永乐大钟文化内涵的挖掘和阐释还不够全面和深入。在永乐大钟的保护，特别是永乐大钟利用上还有待进一步拓展。近年来对于觉生寺历史功能特别是祈雨情况的研究中并未发现在祈雨过程中使用永乐大钟的记载，与部分文献所著"非祈雨不鸣"的说法不相吻合，需要进一步挖掘史料，来探究永乐大钟在清代觉生寺中的具体功能。

党的十八大以来，以习近平同志为核心的党中央高度重视文物工作，习近平总书记发表了一系列重要论述。2022 年全国文物工作会议确立了"保护第一、加强管理、挖掘价值、有效利用、让文物活起来"的新时代文物工作方针，集中体现了习近平总书记关于文物工作重要论述精神。新时代新征程，更加需要继续挖掘相关档案史料，开展多学科交叉、融合研究，加强永乐大钟的研究与阐释，突出永乐大钟所展现的历史价值和精神内涵，不断展示中华文明的灿烂成就，做好永乐大钟的保护和利用工作，让永乐大钟在新时代焕发更加蓬勃的生机与活力。

# 永乐大钟挪至觉生寺时间考

程　呈*

**摘要：** 永乐大钟，现收藏于大钟寺古钟博物馆，为一级文物，镇馆之宝。20 世纪 90 年代，因其为古代大钟文物中最精美者，因此被冠以"钟王""世界第一"的美誉。文章结合相关历史文献资料，对永乐大钟从万寿寺搬迁至觉生寺的时间问题进行了详细论述和考证，纠正了前人研究、认识中的谬误，为进一步研究、阐释永乐大钟价值和内涵填补了相应空白。

**关键词：** 永乐大钟　觉生寺　搬迁　时间

永乐大钟，即明永乐年间铸造青铜大佛钟，通高 6.75 米，口径 3.3 米，重达 46.5 吨，周身内外遍铸铭文共计 23 万余字，钟体上有两处钟月，东面钟月铸有年款"大明永乐年月吉日制"，西面钟月为撞钟敲击点。该钟现收藏于大钟寺古钟博物馆，为一级文物，镇馆之宝。20 世纪 90 年代，因其为古代大钟文物中最精美者而被冠以"钟王""世界第一"的美誉。

然而，在目前的研究中，因史料匮乏，永乐大钟的研究呈现止步不前、诸多问题无解的困境。其中，关于永乐大钟在明清两朝搬迁经历的具体时间问题就是一直悬而未解的难题之一。本文将结合新发现的史料证据，重新分析考证永乐大钟从万寿寺搬迁至觉生寺的时间。此成果将纠正之前认识的谬误，填补相应空白，进一步推进永乐大钟的研究进程。

## 一、永乐大钟历史搬迁情况概述

在目前有限的档案记载中，永乐大钟曾经经历过三次搬迁。第一次搬迁是在明永乐年间，具体时间不详，具体搬迁情况暂未发现记载。仅在后世文献中

* 程呈，大钟寺古钟博物馆副研究馆员，研究方向：文物学、博物馆学。

有记述，永乐大钟最初铸成于北京城内景山附近的铸钟厂，铸成之后就立刻移至"汉经厂"安放。

第二次搬迁发生于万历年间，大钟由汉经厂移入万寿寺安放。明万历五年（1577），万历皇帝之母慈圣李太后出资由司礼监太监冯保在西直门外督建万寿寺。《敕建万寿寺碑文》记载："初，禁垣艮隅有番汉二经厂，其来久矣。庄皇帝尝诏重修，以祝釐延觊，厥功未就。今上践祚之五年，圣母慈圣宣文皇太后谕上若曰：创一寺以藏经焚修，成先帝遗意。上若曰：朕时佩节用之训，事非益民者弗举。惟是皇考祈佑之地，又重之以圣母追念荐福慈意，然不可以烦有司。乃出帑储若干缗，潞王、公主暨诸宫御中贵，亦佐若干缗，命司礼监太监冯保等卜地，于西直门外七里许广源闸之西特建梵刹，为尊藏汉经香火院。""工始于万历五年三月，竣于明年六月……上赐之名曰万寿。"与此同时，万历皇帝下令把汉经厂的永乐大钟迁到万寿寺安置。《酌中志》中"汉经厂"一条下"虏王求佛经、求僧"事件的记载中描述："虏王求经……至于三十年后，于西直门外万寿寺中建大钟楼，悬大钟一口，钟铸楷字佛经，样式淳古，其音洪大，可闻数十里。是时雨旸时若，香火丰足，此钟日夜撞不绝声，云十万八千杵。"[1]据明穆宗实录记载可知，虏王求经求僧事件发生于隆庆六年（1572）。因此，此次永乐大钟移置万寿寺的大致时间应在万历三十年（1602）左右。但是此次搬迁也因史料匮乏，尚无定论。不过，从明代袁宏道诗文中的描述"十龙不惜出禁林，万牛回首移山麓。沧海老霆行旧令，洛阳遗耆开新目。西山但觉神奸潜，易水不闻金人哭。道旁观者肩相摩，车骑数月犹驰逐"[2]不难看出，永乐大钟搬运所动用的人力物力之多，搬运的过程艰难且持久。永乐大钟移到万寿寺后，被悬挂在一座方形钟楼内，日供六僧击之。其钟声"声闻数十里，其声竑竑，时远时近，有异他钟"[3]。天启年间，不知道什么原因，永乐大钟居然被放置在了地上。《帝京景物略》记载："天启年中，钟不复击，置地上，古色沉绿，端然远山。"[4]关于这一问题，民间有传说，明天启年间，北京城里突然出现一种传言："帝里白虎分不宜鸣钟者。"[5]当时的皇帝明熹宗朱由校害怕灾难临头，就降旨把大钟从钟楼上卸了下来，放置在地上。

第三次搬迁则是在清朝初期，大钟由万寿寺移至觉生寺安置。清朝建立以后，待雍正皇帝继位，见"西直门外曾家庄，有圆址爽垲，长林加茂，右隔城

---

1〔明〕刘若愚：《酌中志》卷十六，北京出版社，2018年，第117页。
2〔明〕袁宏道：《袁中郎十集·破研斋集》卷二，《万寿寺观文皇旧钟》，明刻本，第1页。
3〔明〕蒋一葵：《长安客话》卷三，国家图书馆藏清抄本，第2页。
4〔明〕刘侗、于奕正：《帝京景物略》卷五，明崇祯（1628—1644）刻本，国家图书馆藏，第22页。
5〔清〕于敏中：《钦定日下旧闻考》卷七十七，清乾隆（1736—1795）武英殿刻本，国家图书馆藏，第15页。

市之器，左绕山川之胜，宜为寂静清修之地"，于是下令建造寺庙，并根据自己对于佛法的理解为寺庙取名"觉生寺"。此时，永乐大钟才再次被启用。雍正十一年（1733）四月，在觉生寺动工修建仅四个月时，内务府奏报和硕庄亲王允禄等臣上书曰："觉生寺在京城之乾方，在圆明园之巳方，钟之体属金，若移安觉生寺后甚为合宜……看觉生寺殿宇五层，后阁属土，若在阁后另建一层安设此钟，取金土相生之意，甚属妥协。"[1] 于是，永乐大钟再次起行，从万寿寺挪至觉生寺安置。而关于此次搬迁的时间记载，因出现多个版本，所以一直存在着争议。

## 二、文献记载迁移时间的诸种说法

关于永乐大钟迁移至觉生寺的时间记载，暂时没有发现直接的文献证据，目前根据诸多后世文献记载情况可知，大概有着三个不同版本的记载。

第一个记载是永乐大钟于乾隆八年（1743）挪至觉生寺。这个记载主要来自《钦定日下旧闻考》，也是史学界公认的说法，在文献中有许多类似的记载。在《钦定日下旧闻考》中"郊坰"一章内记述，万寿寺大钟是"乾隆八年皇上命移置兹寺内"[2]。因《钦定日下旧闻考》是乾隆三十九年（1774）清高宗皇帝命窦光鼐、朱筠等在清代学者朱彝尊所著的《日下旧闻》的基础上删繁补缺、援古证今、逐一考据而成，是迄今所见清代官修的规模最大、编辑时间最长、内容最丰富、考据最翔实的北京史志文献资料集，所以其记载内容的真实性一直都受到后世之人的认可。随着《钦定日下旧闻考》的刊行，乾隆八年永乐大钟被挪移到觉生寺的说法就被后人不断传抄，出现在了许多清代、民国时期的文献中，如清嘉庆《大清一统志》与《燕京岁时记》《栖霞阁野乘》《花随人圣庵摭忆》等。

第二个记载是永乐大钟于乾隆十六年（1751）挪至觉生寺。这个记载主要见于《宸垣识略》《唐土名胜图会》等文献，"本朝乾隆十六年，移钟于城北觉生寺。"[3] 然而，《宸垣识略》是清代学者吴长元根据《日下旧闻》和《日下旧闻考》两书提要钩玄、去芜存菁而成，因此书中大部分说法作者并没有亲自逐一再去考证。"乾隆十六年"的说法与《日下旧闻考》不同，可能是在传抄中笔误所致。《唐土名胜图会》为嘉庆十年（1805）日本学者冈田玉山等编绘，虽然其内为北京皇宫和皇宫生活的插图，史料价值较高，但是文字内容，尤其是并非作者的

1 移安万寿寺钟事，雍正十一年四月，中国第一历史档案馆藏。
2 《钦定日下旧闻考》卷九十九，第16页。
3 〔清〕吴长元：《宸垣识略》卷十四，清乾隆五十三年（1788）池北草堂刻本，国家图书馆藏，第6页。

亲身经历的内容则应为作者传抄或听闻而来。

第三个记载是永乐大钟于清雍正十年（1732）挪至觉生寺。该记载主要来自《水曹清暇录》，书中卷十三记载："觉生寺，在西直门外，雍正十年取万寿寺沈度所书全部莲华经大钟悬此，而建寺焉。"[1] 该书由汪启淑所作，是其任工部都水清史司郎中时，在公务之余写的见闻随笔，内容包括清代北京的政事掌故、名胜古迹、历史人物、社会风貌、趣闻异事等等，然而从其生平和该书流传版本看，大概成书于乾隆朝中后期，与永乐大钟搬迁的时间相去久远，故而或有谬误。

以上即为现在所流传的关于永乐大钟移至觉生寺时间的三个不同版本的记载情况。

## 三、永乐大钟挪至觉生寺正确时间考

在流传文献记载的三个版本中，第三种与已知觉生寺建寺史实不符，故而存在明显错误，第二种可信度最低，基本是传抄错误所导致，而第一种可信度显然最高。但是，如果顺着第一种说法的思路，那么一个新的问题随之而来。据档案记载，在觉生寺动工修建仅四个月时，内务府奏报和硕庄亲王允禄等臣上书曰："觉生寺在京城之乾方，在圆明园之巳方，钟之体属金，若移安觉生寺后甚为合宜……看觉生寺殿宇五层，后阁属土，若在阁后另建一层安设此钟，取金土相生之意，甚属妥协。"而这份奏折提出的方案，当时是得到了雍正皇帝的朱批回复："旨，依议，钦此。"按照这个档案记录，在雍正十一年（1733）四月时将永乐大钟挪至觉生寺的议题就已经被批准了。那么，《钦定日下旧闻考》中记载"乾隆八年皇上命移置兹寺内"，就说明移钟的过程长达十年之久，跨越了两代帝王。这一问题，史学界也有过讨论，大部分人猜测可能是因为雍正帝的去世影响了这次搬迁，而乾隆皇帝初登大宝，诸事繁杂，这才导致了工程进度被一拖再拖，直至乾隆八年才完成。但是，这个解释仅为一种猜测，其实并没有任何史料文献作为支撑。

经考证史料，从新发现的史料中可知，关于永乐大钟挪至觉生寺的时间，《钦定日下旧闻考》的记载其实有误。永乐大钟实则应是在雍正年间就已经迁移至觉生寺。

首先，在乾隆帝还是皇子时就曾到觉生寺游玩，并且写下了诗篇《觉生寺大钟》和《夜闻觉生寺钟》[2] 赞颂永乐大钟的精妙。这些诗篇中，身为皇子的弘

1 汪启淑：《水曹清暇录》卷十三，清乾隆五十七年（1792）汪氏飞鸿堂刻本，第5页。
2 故宫博物院：《乐善堂全集》，《故宫珍本丛刊》，海南出版社，2000年。

历不仅已经称永乐大钟为"觉生寺大钟"，还写到在夜间听到觉生寺大钟鸣响的事。在《觉生寺大钟》一诗中，他写道："洪钟二丈高，其围乃数倍。隆栋系旋虫，含光耀精彩。摩挲古质想前朝，精镌表里龙蛇高。标题岁月去如海，空余巨响振云霄。即今犹眩俗人眼，那论曾倾万家产。道场水月幻庄严，此语吾闻诸内典。层楼重建梵王家，仿佛诸天散雨花。一声击撞狮子吼，沙界同音演法华。"从该诗作"隆栋系旋虫，含光耀精彩""层楼重建梵王家"这两句描述也可看出，当时觉生寺大钟楼以及悬钟的梁架显然已经建好，而"一声击撞狮子吼"同时也表明该钟已经悬挂，并能够撞击敲响。这两首诗后来被收录到了乾隆皇帝的《乐善堂全集》乾隆二年（1737）刻本内。

《乐善堂全集》是弘历在藩邸时期诗文作品的集结。雍正八年（1730），弘历经过对自己手稿的整理，精心挑选了其中十分之三四满意的作品辑为《乐善堂文钞》(也称《庚戌文钞》)，共十四卷，不仅自己作了序文，还邀请弘昼、大学士鄂尔泰、张廷玉等为其作序。雍正九年（1731），他又邀请朱轼、蔡世远等作序，雍正十年又邀请了允禄、允礼、允禧等作序。乾隆皇帝即位以后，就将《乐善堂文钞》重新整理，改名《乐善堂全集》进行了刊刻出版，并且在新作的《序》中叙述了成书的原委以及对书籍内容的调整，言明是将原《乐善堂文钞》中的作品又进行了进一步筛选后，再添加了雍正八年以后的一些作品才形成了现在的这本书。该书于乾隆元年（1736）十一月开始刊刻，乾隆二年（1737）完成并颁行，一共四十四卷。因此，这足以说明雍正年间，还是皇子的乾隆就已经在觉生寺见到了悬挂并投入使用的永乐大钟。

无独有偶，在雍正十三年（1735）时，另一位诗人也见到了觉生寺安放的永乐大钟，并且也写下了诗篇，为确定永乐大钟挪至觉生寺的时间提供了史料证据。清代著名诗人汪师韩，字抒怀，号韩门，生于清康熙四十六年（1707），于雍正十一年中进士，改翰林院庶吉士。他在自己的著作《上湖纪岁诗编》[1] 中记载了自己在乙卯年二十九岁时作的一首五言绝句《觉生寺》。这首诗中，他写道"杰阁金钟徙，耆山玉印储"，并且在旁边注曰："万寿寺有明永乐间大钟，今移于此。"可见诗中所述的"杰阁金钟"就是永乐大钟，而"徙"则说明，写诗的时候迁徙永乐大钟到觉生寺的事件已经发生了。诗作注明为乙卯年，正是雍正十三年。

另外，再从其他的一些蛛丝马迹中也可推测挪钟事件发生于雍正年间的合

---

1〔清〕汪师韩：《上湖纪岁诗编 上湖分类文编》，清乾隆（1736—1795）刻本，天津图书馆藏，善本书号：19284，第1册，卷一，第2页。

理性。例如，在觉生寺的建寺时间上也或可讨论。觉生寺始建于雍正十一年正月，告成于十二年（1734）冬。但是，据内务府档案记载，雍正十一年十一月二十三日，雍正皇帝就题写了"慧照澄心"的匾文一张[1]，并着令内务府木作制作匾额。在古代，题匾文的行为一般都发生于建筑建成以后，由房舍所属主人经过查看后，根据建筑景致等进行题写，随后送工匠制作成匾额成品，再挑选吉日悬挂。那也就是说在雍正十一年十一月时，觉生寺的大部分建筑应该已经完工了，而致使拖到十二年冬才算寺院全部告成的原因，很可能是永乐大钟的迁移工程造成了寺院最终完工时间的后移。

由上述分析考证可知，《钦定日下旧闻考》中"乾隆八年皇上命移置兹寺内"的记载显然并不正确，而永乐大钟挪至觉生寺的事件应该发生在雍正十一年四月以后至雍正十二年冬之前这个时间段里。然而，具体究竟是发生在何时，还需要再结合新发现文献记载作进一步考证。

在清代大臣鄂尔泰长子鄂容安诗集《鄂刚烈诗》中收录了他早年作的《觉生寺大钟歌》一篇。该诗中"谬恐西方吼白虎，不知东海腾苍龙"一句后鄂容安注曰："钟为永乐年间造……本朝雍正十二年移觉生寺中。"[2]

鄂容安为清满洲镶蓝旗人，字休如，号虚亭，西林觉罗氏，三朝重臣鄂尔泰的长子，雍正十一年进士。在这首诗中，鄂容安明确记述了他是当值结束以后到了觉生寺，看到大钟觉得震撼无比才作了这首诗。诗中"我从下直得瞻仰，周旋百匝钦神功"一句中"下直"就是指"宫中当值结束"的意思。这说明，鄂容安作这首诗时还在京中任职。从史料中可知，鄂容安是在乾隆十三年（1748）才被外派到地方为官。并且，鄂容安在乾隆八年以前皆是担任充军机处章京、南书房行走、充日讲起居注官、侍读、侍讲、上书房行走、国子监祭酒等官职。如果永乐大钟是在乾隆八年，或者是在乾隆年间才挪到觉生寺，身为乾隆皇帝身边的近臣，鄂容安记错、写错时间的可能性几乎微乎其微。因此，鄂容安所记载的时间——雍正十二年，应是永乐大钟挪至觉生寺的正确时间。

## 四、结论

综上所述，永乐大钟自万寿寺挪至觉生寺的正确时间应为雍正十二年，而目前所流传并被普遍认可的《钦定日下旧闻考》中"乾隆八年"的记载，以及其他文献中"雍正十年""乾隆十二年""乾隆十六年"的记载，皆是谬误。

1 中国第一历史档案馆、香港中文大学文物馆：《清宫内务府造办处档案汇总》5，人民出版社，2005年，第746页。
2〔清〕鄂尔泰等撰，多洛肯点校：《鄂尔泰文学家族诗集》，上海古籍出版社，2018年，第250页。

永乐大钟作为大钟寺古钟博物馆镇馆之宝，国家一级文物，因其精湛的铸造技术，是我国在 600 年前作为世界顶尖科技享有国的实物证据，在世界享有盛名，拥有着丰富的史料价值、科学价值、历史价值。

然而，关于永乐大钟的研究，数年来受限于史料的匮乏，因此有许多未解之谜等待着逐步考证。永乐大钟挪至觉生寺正确时间的考证将为其研究填补相应空白，纠正流传谬误。

# 《考工记·凫氏》乐钟部位名物关系考辨[*]

## 李亚明[**]

**摘要：**《考工记》是迄今所见中国最早的手工业技术文献，其《凫氏》篇是中国最早的乐钟设计和铸造规范的记载。本文系统地运用名物训诂以及传世文献与出土文物互相印证的二重证据法，通过比对相关考古出土文物，类聚并考辨《凫氏》乐钟部位名物的空间关系、名实关系和度量关系。其中，空间关系包括有序的区间关系和比邻关系，名实关系主要表现为名异实同和名同实异，度量关系主要包括等量关系和比照关系。总结、归纳上述关系类型，可以为进一步探究先秦乐钟设计和铸造史提供翔实的文献史料证据。

**关键词：**《考工记》《凫氏》 乐钟 名物

《考工记》是迄今所见中国最早的手工业技术文献。前代有关《考工记》的注释和整理文献有：汉代郑玄《周礼注》，唐代贾公彦《周礼疏》，宋代林希逸《鬳斋考工记解》，明代徐光启《考工记解》，明代郭正域《批点考工记》，明代徐昭庆《考工记通》，明代程明哲《考工记纂注》，清代江永《周礼疑义举要》，清代程瑶田《考工创物小记》，清代戴震《考工记图》，清代孙诒让《周礼正义》（卷74—86）等，《四库全书总目提要》业已辨明。

《考工记·凫氏》[1]（以下简称《凫氏》）是中国最早的乐钟设计和铸造规范的记载。除了前述文献之外，唐兰《古乐器小记》曾为程明哲订正章句，容庚、张维持《殷周青铜器通论》曾以周纪侯钟各部位名称图阐释《凫氏》

---

\* 本文系国家社会科学基金中华学术外译项目"《考工记名物图解》（英文版）"（编号：22WYYB005）、西安外事学院高层次人才启动基金项目（编号：XAIU202413）的阶段性成果。

\*\* 李亚明，西安外事学院人文艺术学院教授，中国广播影视出版社总编室编审。

1《考工记》文本"凫氏"殆应作"钟氏"，详见吴澄考注、周梦旸批点：《批点考工记》，中华书局，1991年; Lothar von Falkenhausen, *Suspended Music: Chime Bells in the Culture of Bronze Age China*, Berkeley, Los Angeles, Oxford: University of California Press, 1993; 闻人军：《〈考工记〉"钟氏""凫氏"错简论考》，虞万里主编：《经学文献研究集刊》第25辑，上海书店出版社，2021年，第30—40页。

的命名。近年来，一些论著对中国古代乐钟和《凫氏》乐钟名称也有所涉及，但仍缺乏对《凫氏》乐钟名物之间的关系的系统考辨。正如程瑶田《凫氏为钟图说》所言："自汉迄今，由不明'凫氏为钟'诸'间'字之义，故注斯记者恒误。"[1]

系统地运用名物训诂以及传世文献与出土文物互相印证的二重证据法，通过比对相关考古出土文物，类聚并考辨《凫氏》乐钟部位名物之间的关系，对于准确理解《凫氏》文本，进而探究先秦乐钟发展沿革，具有一定的理论意义和实用意义。以下，从空间关系、名实关系和度量关系三个方面阐述《凫氏》乐钟部位名物之间的关系类型。

## 一、空间关系

程瑶田曾将《凫氏》的篇章结构分为"先叙其命名次第"和"次叙其命分次第"两个层次。这里的第一个层次，是指记述乐钟部件名物的顺序："从钟体两边通长名铣者叙起，然后从边而及中间之最在下者名于，于是自下而上曰鼓，又上曰钲，又上曰舞。舞与铣之起处齐平，而钟体之大致毕矣。自舞而上为钟柄，曰甬。甬上尽处曰衡，而止。然后复自上而下补叙之，在甬曰旋、曰幹，在钲曰篆、曰枚，在鼓曰隧，又止矣。"[2]

这个记述顺序，体现了乐钟各部位名物之间有序的区间关系和比邻关系等空间关系。具体来看，《凫氏》所记载钟的部位包括钟口两侧尖锐的两角（栾／铣）、钟口边沿（于）、钟口边沿的叩击部位（鼓）、钟体中上部的直形阔条部位（钲）、钟的平顶（舞）、悬挂钟体的柄部（甬）、悬挂钟体的柄部顶端的圆形平面（衡）、悬挂钟体的柄部中段突出的部位（旋）、钟柄上用以悬挂钟钩的孔（幹［斡］）、乳状凸钉之间的纹饰间隔界带（篆）、钟带之间突出的乳状凸钉（枚／景）、叩击部位的内腔用以调整音律的沟状磨槽（隧［遂］）等。

### （一）区间关系

【铣间—于】

《凫氏》："凫氏为钟……铣间谓之于。"意思是说，凫氏制作钟，位于钟口两侧尖锐的两铣周围一圈的迂曲形钟唇即钟口边沿叫作于。程瑶田谓："两铣下垂角处相距之间，即钟口大径，其体于然不平，故谓之于。"[3]孙诒让《周礼正义》

1〔清〕程瑶田：《凫氏为钟图说》，载《考工创物小记》，道光五年至九年学海堂《皇清经解》刻本，卷五百三十八。
2 程瑶田：《〈凫氏〉〈磬氏〉二记属文说》，载《考工创物小记》，道光五年至九年学海堂《皇清经解》刻本，卷五百三十九。
3《凫氏为钟图说》。

引徐养原语："于者，钟口上下之圜周也，与舞相对。"[1] 于位于钟口两侧尖锐的两铣周围一圈（铣间）。例如，山西绛县横水西周墓地 2022 号墓出土的青铜甬钟（M2022：193）钟口呈凹弧形[2]，可印证《凫氏》"铣间"与"于"的区间关系。

【篆间一枚】

《凫氏》："篆间谓之枚。"意思是说，钟带之间突出的乳状凸钉叫作枚（即景）。郑玄注引郑众语："枚，钟乳也。"程瑶田谓："枚之上下左右皆有篆，故曰'篆间谓之枚'也。"[3] 王引之谓："钟之两面，带凡四处，每带一处而有九钟乳，四九而得三十六……《博古图》所图周汉古钟，凡百一十四钟，每一面篆各两处，分列左右……每篆一处，钟乳上中下三列，列三钟乳，三三而九，面有篆两处，而得十八，两面四处而得三十六……"[4] 枚位于钟带之间（篆间）。例如：山西绛县横水西周墓地 2022 号墓出土的青铜甬钟（M2022：193）钟体的两面，每面有 18 个枚，各按三横三竖排列在钲部的两侧；[5] 山东沂水春秋时期纪王崮墓地 M1 号墓出土的青铜甬钟的 36 个枚位于钟体两面钲部两侧的三层钟带之间（图 1）；山西太原金胜村 251 号春秋时期大墓出土的夔龙夔凤纹编钟的篆带上下及两篆间都有螭首形乳状凸钉；[6] 曾侯乙墓出土的战国早期长枚甬钟，同样也是单面 18 个枚，两面 36 个枚，位于钲部两侧的钟带之间。[7] 上述文物，均可印证《凫氏》"篆间"与"枚"的区间关系。

## （二）比邻关系

【于上一鼓】

《凫氏》："凫氏为钟……于上谓之鼓。"意思是说，凫氏制作钟，于的上面即靠近钟口边沿的叩击部位叫作鼓。郑玄注引郑众语："鼓，所击处。"程瑶田谓："铣判钟体为两面……面之下体曰鼓。鼓，所以受击者。"[8] "于上为钟体下段击处，故谓之鼓。"[9] 鼓是位于钟体外壁下段于上、钲下靠近钟口边沿的叩击处。叩击钟的正面鼓部，可以得到钟的第一基频，即正鼓音；叩击钟的两侧鼓部，可以得到钟的第二基频，即侧鼓音。例如，陕西眉县杨家村窖藏西周逨钟乙 1 钟、山西侯马铸铜遗址出土的春秋晚期晋国编钟和湖北随州文峰塔墓地 M4 号墓出土

1〔清〕孙诒让撰，汪少华点校：《周礼正义》，中华书局，2015 年，第 3033 页。
2 详见山西省考古研究院、运城市文物工作站、绛县文物局联合考古队，山西大学北方考古研究中心：《山西绛县横水西周墓地 2022 号墓发掘报告》，《考古学报》2022 年第 4 期。
3《凫氏为钟图说》。
4〔清〕王引之撰，虞思征、马涛、徐炜君校点：《经义述闻》，上海古籍出版社，2016 年，第 535 页。
5 详见《山西绛县横水西周墓地 2022 号墓发掘报告》。
6 山西省考古研究所、太原市文物管理委员会：《太原金胜村 251 号春秋大墓及车马坑发掘简报》，《文物》1989 年第 9 期。
7 详见随县擂鼓墩一号墓考古发掘队：《湖北随县曾侯乙墓发掘简报》，《文物》1979 年第 7 期。
8《凫氏为钟图说》。
9〔清〕程瑶田：《凫氏为钟章句图说》，载《考工创物小记》，道光五年至九年学海堂《皇清经解》刻本，卷五百三十九。

的春秋晚期甬钟 **1** 的叩击部位，均可印证《凫氏》"于上"与"鼓"的比邻关系。

【鼓上—钲】

《凫氏》："凫氏为钟……鼓上谓之钲。"意思是说，凫氏制作钟，鼓上面的直形阔条部位叫作钲。程瑶田谓："铣判钟体为两面，面之上体曰钲……钲之言正也。" **2** "鼓上为钟体之上段，正面也，故谓之钲。" **3** 钲是位于钟体中上部（鼓上、舞下）正面和背面的直形阔条。例如，陕西眉县杨家村窖藏西周逨钟乙 1 钟（图 2）、上海博物馆藏西周中期克钟和西周晚期梁其钟、湖北随州文峰塔曾侯與墓出土的春秋时期编钟 **4** 的钲部，均可印证《凫氏》"鼓上"与"钲"的比邻关系。

【钲上—舞】

《凫氏》："凫氏为钟……钲上谓之舞。"意思是说，凫氏制作钟，钲上面的平顶叫作舞。程瑶田谓："舞，覆也，谓钟顶。" **5** "钲上为钟顶，覆之如庑，故谓之舞。" **6** 舞是古钟共鸣体的平顶，位于钲部之上。例如，陕西眉县杨家村窖藏西周时期逨钟乙 1 钟（图 3）、山西绛县横水西周墓地 1011 号墓出土的青铜甬钟、 **7** 山东沂水纪王崮墓地 M1 号墓出土的春秋时期青铜甬钟和河南新郑东周祭祀遗址 1 号坑出土的 A2 号钟的舞部，均可印证《凫氏》"钲上"与"舞"的比邻关系。

【舞上—甬】

《凫氏》："凫氏为钟……舞上谓之甬。"意思是说，凫氏制作钟，舞的上面悬挂钟体的柄部叫作甬。程瑶田谓："舞上连钟顶而出之钟柄也，为箭，故谓之甬。" **8** 甬是悬挂钟体的柄部，位于舞上。例如，陕西扶风出土的西周晚期南宫乎钟的柄部可印证《凫氏》"舞上"与"甬"的比邻关系。

【甬上—衡】

《凫氏》："凫氏为钟……甬上谓之衡。"意思是说，凫氏制作钟，悬挂钟体的柄部顶端的圆形平面叫作衡。程瑶田谓："其端谓之衡。衡，平也。" **9** "甬末正平，故谓之衡。" **10** "衡"指悬挂钟体的柄部顶端的圆形平面，位于甬部之上。

1 详见湖北省文物考古研究所、随州市博物馆：《湖北随州文峰塔墓地 M4 发掘简报》，《江汉考古》2015 年第 1 期。
2《凫氏为钟图说》。
3《凫氏为钟章句图说》。
4 详见湖北省文物考古研究所、随州市博物馆：《随州文峰塔 M1（曾侯與墓）、M2 发掘简报》，《江汉考古》2014 年第 4 期。
5《凫氏为钟图说》。
6《凫氏为钟章句图说》。
7 详见山西省考古研究院、运城市文物工作站、绛县文物局联合考古队，山西大学北方考古研究中心：《山西绛县横水西周墓地 1011 号墓发掘报告》，《考古学报》2022 年第 1 期。
8《凫氏为钟章句图说》。
9《凫氏为钟图说》。
10《凫氏为钟章句图说》。

程瑶田《凫氏为钟图说》绘衡等部位图曾呈现《凫氏》"甬上"与"衡"的比邻关系[1]。

## 二、名实关系

先秦诸子中，墨子主张根据不同的"实"来确定不同的"名"，即"取实予名"。公孙龙子提出："夫名，实谓也。"《庄子·至乐》提出："名止于实，义设于适，是之谓条达而福持。"二者都认为名实相符。然而，"名"与"实"之间尽管具有一定的对应关系，却没有必然的逻辑联系。名不一定完全不符合实，也不一定完全符合实。《凫氏》名物的名实关系主要表现为名异实同和名同实异两种类型。

### （一）名异实同

【栾—铣】

《凫氏》："凫氏为钟，两栾谓之铣。"意思是说，凫氏制作钟，钟口两侧尖锐的两角（栾）叫作铣。贾公彦疏："栾、铣一物，俱谓钟两角。"程瑶田谓："古钟羡而不圆，故有两栾，在钟旁，言其有棱栾栾然。"[2]"其体椭而不正圜，故两边有棱为两栾，通长生光泽，故谓之铣。"[3]此经"栾""铣"都指钟口两侧尖锐而有光泽的两角，名异实同。例如，陕西扶风出土西周晚期南宫乎钟（图4）、山东沂水纪王崮墓地 M1 号墓出土的春秋时期青铜甬钟（图5）、山西潞城潞河墓地出土的战国早期兽面纹甬钟（图6）钟口两侧的两角，均呈现了尖锐形和青铜光泽。

【县（悬）—旋】

《凫氏》："钟县谓之旋。"意思是说，悬挂钟体的柄部中段突出的部位叫作旋，即县（悬）。郑玄注："旋属钟柄，所以县之也。"王引之谓："'钟县谓之旋'者，县钟之环也。环形旋转，故谓之'旋'。"[4]孙诒让谓："旋属甬间，所以县于虡也。"[5]唐兰《古乐器小记》："据《记》文，三分甬长以设其旋，则知旋必着于甬。旋义为环，今目验古钟，甬中间均突起以带，周环甬围，其位置正与《凫氏》合，是所谓旋也。"此经"县（悬）""旋"都指甬部中段突出的环部，名异实同。例如，陕西眉县杨家村窖藏西周逨钟乙2钟、陕西宝鸡太公庙窖藏春秋时期秦公编钟甬部中段突出的环部，均显现了其悬挂钟体的功能；曾侯乙

1《凫氏为钟图说》。
2《凫氏为钟图说》。
3《凫氏为钟章句图说》。
4《经义述闻》第533页。
5《周礼正义》第3934页。

墓出土的战国早期甬钟的旋部饰有猴首龙身造型（图7）印证了郑玄注"今时旋有……盘龙"的说法。

**【旋虫—幹（幹）[1]】**

《凫氏》："旋虫谓之幹（幹）。"此经"旋虫""幹（幹）"都指钟柄上用以悬挂钟钩的孔，名异实同。例如，陕西眉县杨家村窖藏西周逨钟乙2钟（图8）、陕西宝鸡太公庙窖藏春秋时期秦公编钟、山西襄汾陶寺北墓地出土的春秋时期甬钟[2]的幹部，均呈现了制约悬挂钟钩以使其适度旋转的功能。

**【带—篆】**

《凫氏》："钟带谓之篆。"郑玄注："带所以介其名也，介在于鼓、钲、舞、甬、衡之间，凡四。"程瑶田谓："钲体正方中有界，纵三横四为钟带，篆起，故谓之篆。"[3]孙诒让谓："古钟钲间，每面为大方围一，以带周畛其外，而内以二从带中分之，从列椭方围二。椭方围中又以三横带畛之，为横列椭方围五，大小相间，三大而二小。大者各容乳三，小者为篆文回环其间，此带篆所由名也。"[4]此经"带""篆"都指钟体中上部直形阔条部位（钲）两边乳状凸钉之间的纹饰间隔界带，名异实同。以陕西眉县杨家村窖藏西周逨钟乙1钟（图9）、台北故宫博物院藏西周晚期宗周钟为例，其钟带都具有阻尼和加速衰减的作用，可以避免叩击时产生轰鸣声。

**【枚—景】**

《凫氏》："枚谓之景。"程瑶田谓："枚，隆起有光，故又谓之景。"[5]此经"枚""景"都指钟带之间突出的乳状凸钉（即钟乳），名异实同。钟乳作为钟体的振动负载，具有加速高频衰减的作用，有利于钟体的稳态振动。以湖北随州文峰塔曾侯與墓出土的春秋时期编钟（M1：1）[6]为例，其钟乳凸起较高，钉体无纹，顶端饰有浅涡纹。

---

1 各本"幹"作"幹"。程瑶田《凫氏为钟图说》谓："余谓'幹'当为'幹'，盖所以制旋者，旋贯于悬之者之凿中，其端必有物以制之。戴东原《注》云：'幹，所以制旋转者。'钟之旋虫盖亦是物与？'幹旋'二字，后人连文，本诸此矣。"段玉裁注《说文解字》"幹，蠹柄也"："判瓠为瓢以为勺，必执其柄而后可以挹物，执其柄则能旋在我，故谓之幹。引申之，凡执柄枢转运皆谓之幹。……或叚借'筦'字……或作'幹'字。"王引之《经义述闻·周官》"钟县谓之旋旋虫谓之幹"条谓："'旋虫谓之幹'者，衔旋之纽铸为兽形……居甬与旋之间而司管辖，故谓之'幹'。'幹'之为言犹'管'也。《楚辞·天问》'幹维焉系'，'幹'一作'筦'，'筦'与'管'同。"亚明案，以字形辨之，明代章黼撰、吴道长重订《直音篇》卷三《軎部》"幹"字作"輈"；清代邢澍《金石文字辨异》"幹"："汉武荣碑内'幹'三署。案，'幹'乃'幹'字转写之讹，始于汉时也。"'幹''幹'形音易溷；以字音辨之，'幹'本无管音，《集韵》《韵会》之'古缓切'音殆由'幹'音（《唐韵》'古案切'）衍转而来，俱属见纽元部；以字义辨之，《凫氏》'旋虫'及《说文解字》'蠹柄'之核义素皆为旋转，是故《广雅·释诂》云："幹，转也。"《增韵》训"幹"："旋也，运也，凡旋运者皆曰幹"。阮元《十三经注疏校勘记》："按，凡旋者皆得云'幹'"。然则《凫氏》'旋虫'文本当厘为'幹'，各本'幹'徒形近字耳，《经义述闻·周官》"钟谓之旋虫谓之幹"条之"筦""管"徒'幹'之假借同源字耳，与《凫氏》'旋虫'无涉，故宜从程、戴、段、阮诸公之意改《凫氏》文本之字。

2 详见山西省考古研究院、临汾市文化和旅游局、襄汾县文物局：《山西襄汾陶寺北墓地春秋墓（M3011）发掘简报》，《文物》2023年第8期。

3《凫氏为钟章句图说》。

4《周礼正义》第3935页。

5《凫氏为钟图说》。

6《随州文峰塔M1（曾侯與墓）、M2发掘简报》。

【于上之攠—隧（遂）】

《凫氏》："于上之攠谓之隧。"[1]此经"于上之攠""隧（遂）"均指钟口边沿内腔用以调整音律的沟状磨槽，名异实同。例如，陕西蓝田出土的西周时期应侯钟内壁有遂，正面正鼓的一条沟形长遂和背面左侧鼓的两条长遂都经过磨错的调音处理；陕西眉县杨家村窖藏西周时期逨钟乙1钟钟口边沿内腔的沟状磨槽（图10）也清晰可见。

《凫氏》上述乐钟部位名物的名异实同关系，恰如《庄子·知北游》概括"周""遍""咸"三个范围副词时所云："异名同实，其指一也。"

### （二）名同实异

【铣间】

《凫氏》："凫氏为钟……铣间谓之于。"意思是说，凫氏制作钟，位于钟口两侧尖锐的两铣周围一圈的迂曲形钟唇即钟口边沿叫作于。孙诒让《周礼正义》引徐养原语："'铣间谓之于'，弧背也；'以其钲为之铣间'，弧弦也。《记》两言'铣间'，其义不同。"[2]徐养原语甚是。同是"铣间"，在"铣间谓之于"一句中指钟口两侧尖锐的两铣周围一圈，犹如弓的圆弧；而在"以其钲为之铣间"一句中，"铣间"则指钟口的两铣之间的长度（即椭圆形钟口的长轴）。两者名同而实异。

沈文倬先生阐述学术史上对名物的名异实同关系和名同实异关系的两种偏颇理解："固执一家之说的专门之学，往往不能理解名异实同的事物是可以疏通的；反之，一些宏通的学者，又会辨别不清有些物制的实质差异，事事附会牵合，强求一致；二者都无法获致符合实际的确解的。"[3]探讨《凫氏》名物的名实关系，同样要注意避免这两种倾向。

## 三、度量关系

程瑶田曾概括《凫氏》篇章结构的第二个层次，是"叙其命分次第"，即记述乐钟部件之间的比例关系的顺序："分铣之通长为十，以为矩度。其余所命之分皆自此矩度中出之。是故钟体通长亦十，中与边同长也。分矩度之十为两段，上段钲八，下段鼓二也。然后度其钟口。钟口椭圆，画为十字，有纵有横。横者八，铣间也；纵者去二分得六，鼓间也。然后以鼓间六度其钟顶，亦画为十

---

[1] 俞樾谓："盖'隧'即'遂'之俗字。一简之中正俗错载，传写异耳。"俞樾撰，张钰翰校点：《群经评议》，北京大学出版社，2023年，第366页。
[2]《周礼正义》第3933页。
[3] 沈文倬：《孙诒让周礼学管窥》，杭州大学语言文学研究室：《孙诒让研究》，1963年，第43页。

字，有纵有横。横者六，舞修也；纵者去二分得四，舞广也。然后复以钲长为甬长之度。钲八，甬亦八也。甬形正圜屈，甬八，为之围，即其接舞处也。甬亦下大上小。上小者衡围，三分甬围，去一以为之也。至于钟体之厚，则有大钟小钟之分。十分其鼓间，以其一为大钟之厚；十分其钲间，以其一为小钟之厚也。遂之深，又从钟厚出之。六分其厚，以其一为之。"[1]《凫氏》名物的度量关系主要包括等量关系和比照关系两种类型。

## （一）等量关系

【钲（长）＝铣间】

《凫氏》："以其钲为之铣间。"郑玄注引杜子春语："铣，钟口两角。"并云："此言钲之径居铣径之八，而铣间与钲之径相应。"程瑶田谓："铣间者，钟口之大径。"[2]"铣间八。"[3]"此记以钟之命名位置既定，须制矩度，以为诸命名出分之本也。其矩度，即以钟体之长所谓铣者为之。……两铣之间，即以其钲为之，钲八，铣间亦八也，是为钟口大径。"[4]《凫氏》意思是说，把钟体中上部直形阔条部位的长度设置为钟口的两铣之间的长度（即椭圆形钟口的长轴）。其间比例关系可表述为：

钟体中上部直形阔条部位的长度（8 等份）
＝ 钟口的两铣之间的长度（即椭圆形钟口的长轴）（8 等份）

【鼓间＝舞修】

《凫氏》："以其鼓间为之舞修。"程瑶田谓："两鼓相触，以为钟口小径，是之谓鼓间。"[5]"鼓间六也，是为钟口小径。"[6]鼓间指钟口的两鼓之间的长度（即椭圆形钟口的短轴）。《凫氏》意思是说，把钟口边沿的两个叩击部位之间的长度设置为指钟的平顶的长度。其间比例关系可表述为：

钟口边沿的两个叩击部位（鼓）之间的长度（6 等份）
＝ 钟的平顶（舞）的长轴的长度（6 等份）

【钲长＝甬长】

《凫氏》："以其钲之长为之甬长。"程瑶田谓："于是以其钲之长为之甬长，甬长亦八也。"[7]《凫氏》意思是说，把钟体中上部直形阔条部位的长度设置为悬挂钟体的柄部的长度。其间比例关系可表述为：

1《〈凫氏〉〈磬氏〉二记属文说》。
2《凫氏为钟图说》。
3《凫氏为钟章句图说》。
4《凫氏为钟章句图说》。
5《凫氏为钟图说》。
6《凫氏为钟章句图说》。
7《凫氏为钟章句图说》。

钟体中上部两面直形阔条（钲间）的长度（8 等份）

= 悬挂钟体的柄部（甬）的长度（8 等份）

**【甬长 =（甬）围】**

《凫氏》："以其甬长为之围。"意思是说，把悬挂钟体的柄部的长度设置为其周长。其间比例关系可表述为：

悬挂钟体的柄部（甬）的长度（8 等份）= 周长（8 等份）

## （二）比照关系

**【铣（长）—钲（长）】**

《凫氏》："十分其铣，去二以为钲。"意思是说，把钟口两侧尖锐的两角之间的长度等分为十个等份，去掉其中的两个等份，作为钟体中上部直形阔条部位的长度。郑玄注："此言钲之径居铣径之八。"程瑶田谓："于是十分其铣，然后以十分之铣去二得八，为钟体上段之钲。"[1] 由此推算，钟口两侧尖锐的两角之间的长度与钟体中上部直形阔条部位的长度之间的比例关系为：

钟口两侧尖锐的两角（铣）之间的长度（10 等份）−2 等份

= 钟体中上部直形阔条部位（钲）的长度（8 等份）

**【铣间—鼓间】**

《凫氏》："十分其铣，去二以为钲，以其钲为之铣间，去二分以为之鼓间。"郑玄注："此言钲之径居铣径之八，而铣间与钲之径相应；鼓间又居铣径之六，与舞修相应。"程瑶田谓："去铣间之二分，以为两鼓间，铣间八，鼓间六也，是为钟口小径。"[2]《凫氏》意思是说，把钟体的长度等分为十个等份，去掉其中的两个等份，作为钟体中上部直形阔条部位的长度。把钟体中上部直形阔条部位的长度设置为钟口的两铣之间的长度（即椭圆形钟口的长轴），去掉其中的两个等份，作为钟口边沿的两个叩击部位之间的长度（即椭圆形钟口的短轴）。由此推算，钟体中上部两面直形阔条部位的长度与钟口边沿的两个叩击部位之间的长度（即椭圆形钟口的短轴）之间的比例关系为：

钟体中上部两面直形阔条部位（钲）的长度（8 等份）−2 等份

= 钟口边沿的两个叩击部位之间（鼓间）的长度（6 等份）

例如，对照山西绛县横水西周墓地 M2022 号墓出土的青铜甬钟（M2022：193）钟口的两铣之间（即椭圆形钟口长轴）与两鼓之间（即"于阔"，椭圆形钟

1《凫氏为钟章句图说》。
2《凫氏为钟章句图说》。

口短轴）的尺寸与《凫氏》有关记载，列出表1[1]。

表1　横水西周墓地出土甬钟（M2022：193）与《凫氏》铣间与鼓间比例关系对照

| 器号 | 铣间（厘米） | 鼓间（厘米） | 铣间与鼓间的比例关系（约） | |
| --- | --- | --- | --- | --- |
| | | | 横水西周墓地 M2022 | 《凫氏》 |
| M2022：193 | 24.7 | 18.6 | 1：0.753 | 1：0.75 |

再如，对照河南淅川和尚岭春秋中期楚墓 M2 出土的九件钮钟钟口的两铣之间（即椭圆形钟口长轴）与钟口的两鼓之间（即椭圆形钟口短轴）的尺寸与《凫氏》有关记载，列出表2[2]。

表2　和尚岭楚墓 M2 出土钮钟与《凫氏》铣间与鼓间比例关系对照

| 器号 | 铣间（厘米） | 鼓间（厘米） | 铣间与鼓间的比例关系（约） | |
| --- | --- | --- | --- | --- |
| | | | 和尚岭楚墓 M2 | 《凫氏》 |
| M2：37 | 8.7 | 6.8 | 1：0.78 | |
| M2：38 | 9 | 7.4 | 1：0.82 | |
| M2：39 | 10.2 | 8.1 | 1：0.79 | |
| M2：40 | 11.5 | 9 | 1：0.78 | |
| M2：41 | 13 | 9.5 | 1：0.73 | 1：0.75 |
| M2：42 | 14.4 | 11 | 1：0.76 | |
| M2：43 | 14.4 | 11.6 | 1：0.81 | |
| M2：44 | 16 | 12 | 1：0.75 | |
| M2：45 | 16 | 11.5 | 1：0.72 | |

又如，对照河南淅川和尚岭春秋中期楚墓 M2 出土的八件镈钟钟口的两铣之间（即椭圆形钟口长轴）与钟口的两鼓之间（即椭圆形钟口短轴）的尺寸与《凫氏》有关记载，列出表3[3]。

表3　和尚岭楚墓 M2 出土镈钟与《凫氏》铣间与鼓间比例关系对照

| 器号 | 铣间（厘米） | 鼓间（厘米） | 铣间与鼓间的比例关系（约） | |
| --- | --- | --- | --- | --- |
| | | | 和尚岭楚墓 M2 | 《凫氏》 |
| M2：46 | 15.5 | 12 | 1：0.77 | |
| M2：47 | 17.3 | 12.4 | 1：0.72 | |
| M2：48 | 18 | 12.6 | 1：0.7 | |
| M2：49 | 19.2 | 15 | 1：0.78 | |
| M2：50 | 21.3 | 16 | 1：0.75 | 1：0.75 |
| M2：51 | 24 | 17 | 1：0.71 | |
| M2：52 | 26.5 | 20 | 1：0.75 | |
| M2：53 | 28.2 | 19 | 1：0.67 | |

1 本表涉及山西绛县横水西周墓地 2022 号墓青铜甬钟（M2022：193）铣间与鼓间（即"于阔"）的尺寸统计数据，源于《山西绛县横水西周墓地 2022 号墓发掘报告》。
2 本表涉及河南淅川和尚岭春秋中期楚墓 M2 出土的钮钟的铣间与鼓间的尺寸统计数据，源于河南省文物研究所、南阳地区文物研究所、淅川县博物馆：《淅川县和尚岭春秋楚墓的发掘》，《华夏考古》1992 年第 3 期。
3 本表涉及河南淅川和尚岭春秋中期楚墓 M2 出土的钮钟的铣间与鼓间的尺寸统计数据，源于《淅川县和尚岭春秋楚墓的发掘》。

上述九件钮钟钟口的两铣之间（即椭圆形钟口长轴）与钟口的两鼓之间（即椭圆形钟口短轴）的平均尺寸比例关系约为 1：0.77，略高于《凫氏》记载的 1：0.75 的比例关系；而八件镈钟钟口的相关平均尺寸比例关系约为 1：073，则略低于《凫氏》记载的 1：0.75 的比例关系；九件钮钟与八件镈钟钟口的相关平均尺寸比例关系约为 1：0.75，恰与《凫氏》记载的 1：0.75 的比例关系相符。

另如，湖北随州文峰塔 M1（春秋晚期曾侯與墓）出土的八件编钟之中，两件（M1：2、M1：4）残破，对照其余六件编钟钟口的两铣之间（即椭圆形钟口长轴）与钟口的两鼓之间（即椭圆形钟口短轴）的尺寸与《凫氏》有关记载，列出表 4[1]。

表 4　文峰塔 M1 出土编钟与《凫氏》铣间与鼓间比例关系对照

| 器号 | 铣间（厘米） | 鼓间（厘米） | 铣间与鼓间的比例关系（约） | |
| --- | --- | --- | --- | --- |
| | | | 文峰塔 M1 | 《凫氏》 |
| M1：1 | 49.2 | 38 | 1：0.77 | |
| M1：3 | 20.6 | 16.4 | 1：0.8 | |
| M1：5 | 14.7 | 11.2 | 1：0.76 | 1：0.75 |
| M1：6 | 10 | 7.9 | 1：0.79 | |
| M1：7 | 7.9 | 6.1 | 1：0.77 | |
| M1：8 | 8.2 | 5.4 | 1：0.66 | |

上述六件编钟钟口的两铣之间（即椭圆形钟口长轴）与钟口的两鼓之间（即椭圆形钟口短轴）的平均尺寸比例关系约为 1：0.76，略高于《凫氏》记载的 1：0.75 的比例关系。

【舞修—舞广】

《凫氏》："以其鼓间为之舞修，去二分以为舞广。"意思是说，把钟口边沿的两个叩击部位之间的长度设置为指钟的平顶的长度；再去掉两个等份，设置为指钟的平顶的宽度。由此推算，钟的平顶的椭圆长轴与短轴的比例关系为：

平顶（舞）的长度（6 等份）−2 等份 = 平顶（舞）的宽度（4 等份）

例如，对照山西绛县横水西周墓地 M2022 号墓出土的青铜甬钟（M2022：193）舞部的椭圆长轴与短轴的尺寸与《凫氏》有关记载，列出表 5[2]。

---

1 本表涉及湖北随州文峰塔 M1（春秋晚期曾侯與墓）出土的六件编钟的铣间与鼓间的尺寸统计数据，源于《随州文峰塔 M1（曾侯與墓）、M2 发掘简报》。
2 本表涉及山西绛县横水西周墓地 2022 号墓青铜甬钟（M2022：193）舞部的椭圆长轴与短轴的尺寸统计数据，源于《山西绛县横水西周墓地 2022 号墓发掘报告》。

表 5　横水西周墓地出土甬钟（M2022：193）与《凫氏》舞修与舞广比例关系对照

| 器号 | 长轴<br>（厘米） | 短轴<br>（厘米） | 长轴与短轴比例关系<br>（约） | 《凫氏》舞修与舞广<br>比例关系（约） |
|---|---|---|---|---|
| M2022：193 | 20 | 15.7 | 1：0.785 | 1：0.67 |

再如，对照河南淅川和尚岭春秋中期楚墓 M2 出土的九件钮钟的舞部的椭圆长轴与短轴的尺寸与《凫氏》有关记载，列出表 6[1]。

表 6　和尚岭春秋中期楚墓 M2 出土钮钟与《凫氏》舞修与舞广比例关系对照

| 器号 | 长轴<br>（厘米） | 短轴<br>（厘米） | 长轴与短轴比例关系<br>（约） | 《凫氏》舞修与舞广<br>比例关系（约） |
|---|---|---|---|---|
| M2：37 | 8 | 6 | 1：0.75 | 1：0.67 |
| M2：38 | 8.6 | 6.5 | 1：0.76 | |
| M2：39 | 10.3 | 7.2 | 1：0.7 | |
| M2：40 | 10.5 | 8.6 | 1：0.82 | |
| M2：41 | 12.1 | 8.7 | 1：0.72 | |
| M2：42 | 13.2 | 9.2 | 1：0.7 | |
| M2：43 | 14 | 10.2 | 1：0.73 | |
| M2：44 | 14.4 | 10.3 | 1：0.72 | |
| M2：45 | 13.8 | 10.4 | 1：0.75 | |

又如，对照河南淅川和尚岭春秋中期楚墓 M2 出土的八件镈钟的舞部的椭圆长轴与短轴的尺寸与《凫氏》有关记载，列出表 7[2]。

表 7　和尚岭楚墓 M2 出土镈钟与《凫氏》舞修与舞广比例关系对照

| 器号 | 长轴<br>（厘米） | 短轴<br>（厘米） | 长轴与短轴比例关系<br>（约） | 《凫氏》舞修与舞广<br>比例关系（约） |
|---|---|---|---|---|
| M2：46 | 13.8 | 10.6 | 1：0.77 | 1：0.67 |
| M2：47 | 15.2 | 11.6 | 1：0.76 | |
| M2：48 | 15.5 | 12.5 | 1：0.81 | |
| M2：49 | 17.5 | 13 | 1：0.74 | |
| M2：50 | 18.5 | 14.2 | 1：0.77 | |
| M2：51 | 21 | 16 | 1：0.76 | |
| M2：52 | 23 | 17.5 | 1：0.76 | |
| M2：53 | 24 | 19.6 | 1：0.82 | |

上述九件钮钟的舞部的椭圆长轴与短轴的平均尺寸比例关系约为 1：0.74，八件镈钟的相关平均尺寸比例关系约为 1：0.77，均略高于《凫氏》记载的约1：0.67 的比例关系。

另如，对照湖北随州文峰塔 M1（春秋晚期曾侯與墓）出土的八件编钟的舞

1 本表涉及河南淅川和尚岭春秋中期楚墓 M2 出土的钮钟舞部的椭圆长轴与短轴尺寸统计数据，源于《淅川县和尚岭春秋楚墓的发掘》。
2 本表涉及河南淅川和尚岭春秋中期楚墓 M2 出土的镈钟舞部的椭圆长轴与短轴尺寸统计数据，源于《淅川县和尚岭春秋楚墓的发掘》。

部的椭圆长轴与短轴的尺寸与《凫氏》有关记载，列出表8[1]。

表8　文峰塔 M1 出土编钟与《凫氏》舞修与舞广比例关系对照

| 器号 | 长轴（厘米） | 短轴（厘米） | 长轴与短轴比例关系（约） | 《凫氏》舞修与舞广比例关系（约） |
|---|---|---|---|---|
| M1：1 | 42.8 | 32.6 | 1：0.76 | 1：0.67 |
| M1：2 | 46 | 34.2 | 1：0.74 | |
| M1：3 | 18 | 13.6 | 1：0.76 | |
| M1：4 | 17.5 | 13.2 | 1：0.75 | |
| M1：5 | 13.2 | 10 | 1：0.76 | |
| M1：6 | 9.3 | 6.6 | 1：0.71 | |
| M1：7 | 7.1 | 5.4 | 1：0.76 | |
| M1：8 | 7.4 | 5.6 | 1：0.76 | |

上述八件编钟的舞部的椭圆长轴与短轴的平均尺寸比例关系约为 1：0.75，也略高于《凫氏》记载的约 1：0.67 的比例关系。

【（甬）围—衡围】

《凫氏》："参分其围，去一以为衡围。"意思是说，把悬挂钟体的柄部（甬）的周长等分为三个等份，去掉一个等份，也就是把柄部的周长的三分之二设置为柄部顶端的圆形平面的周长。由此推算，柄部的周长（等于长度）与柄部顶端的圆形平面的周长的比例关系为：

悬挂钟体的柄部（甬）的周长（等于长度，8 等份）× 2/3

= 悬挂钟体的柄部顶端的圆形平面（衡 2）的周长（5.333 等份）

例如，对照山西绛县横水西周墓地 M 2022 出土的青铜甬钟（M2022：193）甬部的长度与衡部的长轴和短轴的尺寸与《凫氏》有关记载，列出表9[2]。

表9　横水西周墓地 M 2022 出土甬钟（M2022：193）与《凫氏》甬长与衡围比例关系对照

| 器号 | 甬长（厘米） | 衡部长轴（厘米） | 衡部短轴（厘米） | 衡围（厘米）[3] | 甬长与衡围的比例关系（约） | |
|---|---|---|---|---|---|---|
| | | | | | M2022：193 | 《凫氏》 |
| M2022：193 | 13.5 | 3.9 | 3 | 11.22 | 1：0.83 | 1：0.67 |

再如，湖北随州文峰塔 M1 号墓（春秋晚期曾侯與墓）出土的八件编钟之中，一件（M1：2）残破，对照其余七件编钟的甬部的长度与衡部的直径和周长

---

1 本表涉及湖北随州文峰塔 M1（春秋晚期曾侯與墓）出土的八件编钟的舞部的椭圆长轴（舞修）与短轴（舞广）的尺寸统计数据，源于《随州文峰塔 M1（曾侯與墓）、M2 发掘简报》。

2 本表涉及山西绛县横水西周墓地 2022 号墓青铜甬钟（M2022：193）甬部的长度与衡部的长轴和短轴的尺寸统计数据，源于《山西绛县横水西周墓地 2022 号墓发掘报告》。

3《山西绛县横水西周墓地 2022 号墓发掘报告》未涉 M2022：193 衡部周长尺寸。笔者根据 M2022：193 衡部的长轴和短轴的尺寸以及椭圆形周长的运算公式 $L=2\pi b+4(a-b)$ 的公式，推算其周长（即衡围）的尺寸为 11.22 厘米，甬长与衡部周长（即衡围）的比例为 1：0.83。

的尺寸与《凫氏》有关记载，列出表10[1]。

表10　文峰塔 M1 出土编钟与《凫氏》甬长与衡围比例关系对照

| 器号 | 甬长（厘米） | 衡径（厘米） | 衡围（厘米） | 甬长与衡围的比例关系（约） | |
| --- | --- | --- | --- | --- | --- |
| | | | | 文峰塔 M1 | 《凫氏》 |
| M1：1 | 44.4 | 10 | 31.42 | 1：0.71 | |
| M1：3 | 19.1 | 3.8 | 11.94 | 1：0.63 | |
| M1：4 | 18.1 | 3.8 | 11.94 | 1：0.66 | |
| M1：5 | 13.7 | 2.3 | 7.23 | 1：0.53 | 1：0.67 |
| M1：6 | 9.6 | 3.2 | 10.05 | 1：1.09 | |
| M1：7 | 7.2 | 1.5 | 4.71 | 1：0.65 | |
| M1：8 | 7.6 | 1.6 | 5.03 | 1：0.66 | |

上述七件编钟的甬部的长度与衡部的周长之间的尺寸比例关系，在去除最高值（M1：6）和最低值（M1：5）各一件之后，其余五件编钟的甬部的长度与衡部的周长之间的平均尺寸比例关系约为1：0.66，与《凫氏》记载的约1：0.67的比例关系相近。

【甬长—旋】

《凫氏》："参分其甬长，二在上，一在下，以设其旋。"意思是说，把悬挂钟体的柄部（甬）的长度等分为三个等份，两个等份在上面，一个等份在下面，把柄部中段突出的部位设在这个位置。

【鼓间—（壁）厚】

《凫氏》："是故大钟十分其鼓间，以其一为之厚。"意思是说，因此，把大钟钟口边沿的两个叩击部位之间的长度（即椭圆形钟口的短轴）等分为十个等份，把它的一个等份设置为大钟钟壁的厚度[2]。其间比例关系可表述为：

钟口边沿的两个叩击部位之间（鼓间）的长度（6 等份）×1/10
= 大钟钟壁的厚度（0.6 等份）

【钲间—（壁）厚】

《凫氏》："小钟十分其钲间，以其一为之厚。"意思是说，把小钟位于钟体中上部两面直形阔条部位之间的长度等分为十个等份，把它的一个等份设置为小钟钟体的厚度。其间比例关系可表述为：

钟体中上部两面直形阔条部位之间（钲间）的长度（8 等份）×1/10
= 小钟钟壁的厚度（0.8 等份）

---

1 本表涉及湖北随州文峰塔 M1（春秋晚期曾侯與墓）出土的七件编钟的甬部的长度（甬长）与衡部的直径（衡径）的尺寸统计数据，源于《随州文峰塔 M1（曾侯與墓）、M2 发掘简报》。
2 山西太原金胜村 251 号春秋时期大墓出土的夔龙夔凤纹编钟的钟腔内唇较厚，钟体外壁下段靠近钟口边沿叩击处两旁的前后又各有两处圈拱形特厚的部位，其余部位厚薄均匀。

【(遂) 厚—(遂) 深】

《凫氏》："为遂，六分其厚，以其一为之深而圜之。"意思是说，制作钟口边沿内腔用以调整音律的沟状磨槽时，把它的厚度等分为六个等份，把其中的一个等份设置为它的深度，并做成圆形。由此推算，钟口边沿内腔用以调整音律的沟状磨槽的厚度与深度的比例关系为：

钟口边沿内腔用以调整音律的沟状磨槽（遂）的厚度 ×1/6

＝钟口边沿内腔用以调整音律的沟状磨槽（遂）的深度

综上，《凫氏》所载乐钟的部分部位之间度量的比照关系如表 11 所示。

表 11 《凫氏》乐钟部分部位之间度量比照关系

| 名称 | 度量比照（等份） | | | | |
|---|---|---|---|---|---|
| 铣（长） | 10 | | | | |
| 钲（长） | 8 | | | | |
| 甬长 | 8 | | | | |
| 铣间 | 8 | | | | |
| 鼓间 | 6 | | | | |
| 舞修 | 6 | | | | |
| 舞广 | 4 | | | | |

当然，考古出土的先秦乐钟钟体各部位尺寸比例关系不是绝对的，因此，不必逐一弩求考古出土文物与《凫氏》文献记载的一致性；但是，我们仍然可以从《凫氏》设定钟体各部位尺寸比照关系的字里行间，看到先秦时期的乐官追求钟声的精确与和谐以实现乐钟最佳音响效果的理念。

## 四、结语

《凫氏》在乐钟方面的研究成果主要体现在乐钟的设计和铸造规范、影响乐钟声音的因素以及乐钟的检验方法等方面。这些记述不仅为先秦时期的乐工提供了重要的参照标准，也为后世的音乐和工艺研究留下了宝贵的文献资料。

《凫氏》乐钟部位名物的空间关系包括有序的区间关系和比邻关系；名实关系主要表现为名异实同和名同实异两种类型；度量关系主要包括等量关系和比照关系两种类型。上述关系之间，不但具有密不可分的关联性，而且具有互相制约的有序性。透过《凫氏》上述乐钟部位名物关系，可以窥见先秦乐钟设计和铸造的理念和实际水平。总结、归纳上述关系类型，可以为进一步探究先秦乐钟设计史和铸造史提供文献史料证据。

# 【附图】

图1　山东沂水春秋时期纪王崮墓地 M1 出土的青铜甬钟（局部）

图2　陕西眉县杨家村窖藏西周逨钟乙1钟的钲部

图3　陕西眉县杨家村窖藏西周时期逨钟乙1钟的舞部

图4　陕西扶风出土的西周晚期南宫乎钟

图5　山东沂水春秋时期纪王崮墓地 M1 出土的青铜甬钟

图6　山西潞城潞河墓地出土的战国早期兽面纹甬钟

图7　曾侯乙墓出土的战国早期甬钟的旋部

图8　陕西眉县杨家村窖藏西周逨钟乙2钟（斡部、旋部）

图9　陕西眉县杨家村窖藏西周逨钟乙1钟（局部）

图10　陕西眉县杨家村窖藏西周时期逨钟乙1钟（局部）

# 北铸钟王　南修武当

## ——略述明永乐皇帝的释道情结

### 张　敏*

**摘要：** 永乐皇帝是一位与佛教、道教关系密切的帝王。他在位期间敕令铸造的永乐大钟历经六百余年至今风采犹存，堪称世界佛钟的典范，素有"钟王"美誉。同时，他还大修武当宫观，将武当道教推向全盛。其释道情结在这些浩大工程中得以展现。本文拟以铸大钟、修武当为切入点，分析永乐皇帝热衷佛教、道教的诸多因素以及这种佛道情结于其王朝统治中所发挥的作用，借以阐明统治者对佛道信仰的认知取舍所采取的实用主义态度。

**关键词：** 永乐皇帝　释道情结　正嗣形象　王朝统治

中国古钟研究·第一辑

永乐皇帝是一位与佛教、道教关系密切的帝王。他在位期间敕令铸造的永乐大钟历经六百余年至今风采犹存，无论是其体量之巨、铸造之精还是铭文之多，都堪称世界佛钟的典范，素有"钟王"美誉。与铸钟同样显赫的工程是永乐皇帝倾四海之财，竭万人之力，动用三十万军民和巨资，大修武当宫观，经过十年营造，建筑宫殿庙宇两万多间，形成了一整套雄伟壮观的武当山道教建筑群。无论是北铸钟王还是南修武当，都反映出明永乐皇帝的释道情结，本文拟以铸大钟、修武当为切入点，分析永乐皇帝热衷佛教、道教的诸多因素以及这种佛道情结于其王朝统治中所发挥的作用，借以阐明专制集权的统治者对于佛道信仰的认知取舍所采取的实用主义态度。

## 一、永乐皇帝的佛道情结不是凭空产生的，是基于明太祖朱元璋的影响、既定佛道政策的成规以及自身的经历等几方面的结果

首先，成祖朱棣作为明太祖朱元璋众多子女中比较出色的一位深得太祖器

* 张敏，北京古代建筑博物馆研究馆员，研究方向：博物馆学、中国传统建筑文化、坛庙文化。

重，而朱元璋对佛道等宗教思想的态度是众所周知的，这对朱棣的成长及一生的活动不能不产生深刻的影响。

明太祖朱元璋起自社会下层，对宗教思想在被压迫的人民群众中所具有的渗透力有深刻的了解，他同时非常注重儒释道三教的关系，并且大力宣扬其一致性，在他所著《三教论》中这样阐述："夫三教之说，自汉历宋，至今人皆称之。……于斯三教，除仲尼之道祖尧舜，率三王，删诗制典，万世永赖。其佛仙之幽灵，暗助王纲，益世无穷，惟常是吉。尝闻：天下无二道，圣人无两心。三教之立，虽持身荣俭之不同，其所济给之理一。然于斯世之愚人，于斯三教，有不可缺者。"[1] 由此可见，"阴翊王度，暗助王纲"是朱元璋对待佛教、道教信仰及制定相关政策的基本出发点。他的这种态度，奠定了有明一代三教合流的官方基调。成祖继位后，在提及佛教时，也念念不忘"阴翊王度"之辞，这同其父的观点如出一辙，可见明太祖朱元璋之于佛教的态度对永乐皇帝影响之深。

封建统治者为了麻醉人民，维护统治，总是打出"君权神授""君权神佑"的旗号。假托神示与神佑，自然离不开对宗教的信仰和对神的崇拜。明王朝建立后，朱元璋在南京建真武庙，奉祀真武神，并让他的儿子们祭祀真武。所以，明代诸帝崇尚方术，信奉道教，始自太祖。对于从小生活在朱元璋身边，且颇有些雄才大略又足智多谋的朱棣来说，秉承其父的这种思想是很自然的。永乐皇帝在对待道教的态度上也是效法明太祖崇奉真武，树立明王朝正嗣形象。朱棣从侄儿手中用武力夺取皇权，他深知这种做法违背了封建社会伦理纲常，为了表明自己是朱氏皇权的正统继承人，必然在上层建筑，尤其是意识形态方面沿袭洪武旧制，同时在"护国家神"上更是效法朱元璋尊崇真武神，并且推崇到登峰造极的地步。在紫禁城中有一座别致的皇家道观，即钦安殿院落。钦安殿始建于明永乐年间，位于御花园正中，在南北中轴线上，足见其位置之重要。钦安殿内供奉道教中的北方神玄天上帝，又称真武大帝。按照四方学说，玄武为北方神灵，代表二十八星宿中的北方七宿，为龟蛇状。而在阴阳五行中，北方属水，色为黑，又守护着紫禁城建筑群免遭火患，让信仰同时兼具了实用功能。明永乐皇帝自诩为真武大帝飞升500年之后的再生之身，在他的倡导推动下，不仅宫中真武信仰十分盛行，而且全国各地大修真武庙。同样，朱棣崇奉道教真武神，大修武当山，从根本上是出于政治统治的需要，是维护皇权、征服人心的需要，是树立他作为明王朝嫡嗣正统形象的需要。

同时，明太祖在位三十一年，颁布过许多相关政令，形成一套较完备的佛

1〔明〕朱元璋撰，胡士萼点校，刘学锴审订：《明太祖集》，黄山书社，1991年，第214—216页。

教政策，成为以后明代各朝佛教政策的成规，这在某种意义上框定了永乐皇帝之于佛教的关联。如建立健全僧官体系，按照世俗官僚化管理的方式进行僧伽管理，使僧官成为文武官僚体系中的一个序列，这是将佛国拉入世间的制度保障，使之成为现实统治的一支有生力量。另外，他下令将佛教重新分为禅、讲、教三类，并规定其中教僧的主要任务是举行各种经忏仪式，为亡者或生者祈福消灾。朱元璋对此三类佛教有明显倾向，其着眼点重在社会效用而非佛教自身利益和发展，如在三类佛教中，他偏爱教类，因为他相信此类最有利于公序良俗，可以鼓励大众承担更多的社会责任。这种选择与其说是皇帝的个人偏好，不如说是皇帝在其政治角色认定下的个人需求。将佛教所具有的社会功能通过禅、讲、教的界划进行强化，这也充分体现了其佛教政策功能化的特点，这是使佛教能服务于王朝统治的制度保障。还有，约定僧人的行为规范，使僧伽的形象依据世俗的道德标准及按照站在统治者立场上所持的道德规范原则而进行整肃，从而使僧人这一佛教文化传播的媒介与载体更快更方便地为世俗所认可，这是使佛教在王权统治中发挥作用的最直接的人员保障。明初统治者，对佛教有清晰定位，是根据朝廷利益而非自身的宗教兴趣来制定相关政策的。佛教因其有益治道而获得合法性，这是朱元璋对于佛教的定位，也是他制定相关政策的出发点。成祖朱棣在由一藩王而登上皇帝宝座的过程中，他的重要谋士僧人姚广孝是出了大力的，"帝用兵有天下，道衍力为多，论功以为第一。"[1] 这也促就了永乐皇帝的佛教情缘。

同样，真武神与朱棣"靖难之役"有密切联系。《明史·礼制四》中载："及太宗靖难，以神有显相功，又于京城艮隅并武当山重建庙宇。"[2] 朱棣本人对此事也不讳言，他对建造武当宫观的军民匠人说："我自奉天靖难之初，神明显助威灵，感应至多，言说不尽"[3]，所以要大修武当宫观。明成祖大修武当宫观的根本原因是与他巩固靖难继统的政治需要相联系的。朱棣以藩王入继大统，违背了正统的伦理纲常，他为了动员将士帮他卖命，为了替自己不合礼法的行为寻找理论根据，有计划有预谋地制造了真武神"辅佐"燕王，"阴佑靖难"等神话，他大修武当宫观名义上是为了"报答神贶"，并为"皇考妣祈冥福"，实际上是有其政治目的的。

就成祖而言，其父对于佛教、道教思想的功利考量和既定政策以及入继大统的自身经历都促使他强调以儒教为中心，由佛、道二教共助王纲以治理天下。

1〔清〕张廷玉：《明史》卷一百四十五，中华书局，1974年，第4080—4081页。
2《明史》卷五十，第1308页。
3〔明〕任自垣：《敕建大岳太和山志》卷二《大明诏诰》，明宣德（1426—1435）刻本，国家图书馆藏，第7页。

## 二、明成祖热衷佛教、道教，永乐大钟的铸造和武当山的大修是需要重书一笔的

永乐大钟至今仍高悬于北京觉生寺内，以钟为载体，弘扬佛法、普度众生。永乐皇帝朱棣与武当山真武大帝的不解之缘，造就了历史上大规模营造武当山的壮举，得以留下宏伟壮观、千古卓绝的道教古建筑群。

永乐皇帝热衷佛教，比较突出的表现有序佛经、作佛曲、撰僧传等，而就工程之大、影响之深、传世之久而言，永乐大钟的铸制当属比较显赫的了。永乐大钟高悬于北京西郊觉生寺，铸造于明永乐年间，重约46.5吨，钟身内外铸有各种佛教经咒近百种，共23万余字，其中主要部位铸有《诸佛世尊如来菩萨尊者神僧名经》。之所以铸此《名经》，最明显的用意是对世人劝善规过，这在其《御制诸佛世尊如来菩萨尊者名称歌曲后序》中可以看出："朕主宰天下，轸念群生，弘体慈悲，发欢喜心，间取诸佛如来、菩萨、尊者名号，著为歌曲，广布流通，俾从受持讽诵，积善修因，以共成佛果，日臻快乐，此朕一视同仁之盛心也。然所著歌曲，无虑千百亿佛，无一字而非真言，无一语而非至善，如布帛菽粟之济人利世，不可一日而无者。"[1]以钟为载体，弘扬佛法、普度众生，对于随时随地宣扬善恶因果的永乐皇帝来说，实在也是做了一件功德无量的大善事。

后序中尽数铸钟之因由，但由此不难看出，耗费巨大的人力、物力、财力铸此大钟，其用意决不仅止于单纯对佛法的弘扬。更深一层的用意则是通过这口大钟的铸造向世人表明，因"靖难"而攫取帝位的朱棣，是得到诸神庇佑的。正如他在《诸佛世尊如来菩萨尊者名称歌曲御制感应序》中所说："朕统临天下，夙夜拳拳，以化民务。凡有所出，一出于至诚，是以佛经所至，屡获感通。"[2]这一方面为自己通过战争杀戮从侄子手中夺取帝位的不正当手段找到一个颇具说服力的借口，同时又在世人面前树立起一位谦恭赤诚、呕心沥血的仁义之君的形象，以掩盖其"当年燕飞啄孺子，南兵百万为沙虫"[3]的凶煞之气。所以永乐皇帝敕令铸制的这口永乐大钟在单纯的佛门梵钟意义之外，更被赋予了浓厚的政治色彩，正如佛教随着统治者操作利用手段越发娴熟后日益成为政权运行中的工具，越发成为政权的附属和支撑一样，永乐大钟是成祖朱棣利用佛教"阴翊王度，暗助王纲"的一颗砝码。

1〔明〕朱棣：永乐十八年正月初一日《御制诸佛世尊如来菩萨尊者名称歌曲后序》，《诸佛世尊如来菩萨尊者名称歌曲》不分卷附《感应歌曲》二卷，永乐十五年（1417）刻十八年（1420）印内府本。
2〔明〕朱棣：永乐十五年四月十七日《诸佛世尊如来菩萨尊者名称歌曲御制感应序》。
3〔清〕沈德潜：《觉生寺大钟歌》，〔清〕吴长元：《宸垣识略》卷十四，清乾隆五十三年（1788）池北草堂刻本，国家图书馆藏，第14页。

武当道教是指以湖北西北部的武当山为本山，以奉祀真武神为主要特征的一个道教流派。它兴起于宋代，到元代有所发展，自明永乐以后进入最盛时期，明成祖为了扶植武当道教，先后颁布圣旨诰令三十余道，大致内容涵盖：尊崇真武神，大修宫观庙宇；钦选高道，专为皇室祈福祝寿；拨赐公田佃户，专一供赡道士；赐给布匹和香烛油灯等；轮差军民洒扫修葺宫观，免除其杂役。明成祖制定的这些扶植政策，经过其后继者的补充和完善，为明代武当道教的发展兴盛奠定了基础。

朱棣在北方起家，自己是根据真武大帝也就是神的旨意起兵肃清内乱，既如此，那么从侄子手中夺取帝位的行为也就名正言顺了。于是，朱棣动用三十万军民和巨资，在武当山大兴土木。经过十年营造，建筑了宫殿庙宇两万多间，形成了一整套雄伟壮观的建筑群。民间传说金顶上铜铸的房屋内的真武大帝神像，就是按朱棣的像塑造的。明皇室封武当山为"大岳""玄岳"，使它的地位高于五岳。明代武当道场是"朝廷家庙"，明皇室不仅长期派遣宦官提督本山羽流、香火，而且经常遣官致祭，赉送神像、道经等物。所谓的"朝廷家庙"是指朝廷施舍国帑所修建的，专为皇室祈福禳灾，祝延圣寿的皇家神庙。家庙中供奉的真武自然就是明皇室的保护神。明仁宗以后，历朝皇帝即位时都要派遣高官到武当山致祭，祭文中多称颂真武神"丕显灵化，佑我邦家""佑我皇明"等等。武当道教在明代道教史上占有非常重要的地位，成为明代道教文化的交流中心，成为各地道士定期朝拜的圣地。武当真武神还对当时的民间信仰和社会风俗产生了广泛影响。在武当山，明永乐以后民间朝拜真武神的进香活动更加炽盛，在武当之外，各地也兴起崇奉真武神的风气。

北铸钟王、南修武当是成祖皇帝弘扬佛法、推尊道教的政策引领中颇具代表性的两大工程，工程虽浩大但具象，而以此作为国家意识形态的引领，其作用则深远而无穷。当然，这其中首先是帝王自身对于宗教信仰的笃信，但抛却个人喜好，作为帝国政策的补充作用决然不可小觑。

## 三、永乐皇帝的佛道情结在实施统治的过程中成为其政策的有力补充

自宋元以来民间佛风渐盛，传播渐广，而且佛教之于其他宗教的一个显著特点就是"在佛教中佛和菩萨虽然是崇拜对象，但不是主宰宇宙的神，不同于至高无上的上帝，他们不会发怒，不审判众生，不会因为人们冒犯了他们而把人送进地狱。人们服从佛的说教，并不是服从于一种权力、一种限制，而是服

从于他自己的本性"。[1] 这对社会底层的普通百姓颇具吸引力。当人们执着地追求幸福，以佛教所描述的美好的彼岸世界作为心灵慰藉的时候，现实社会的不完美则成为一个过渡、一种充满希望的等待，从而协调了专制与被专制的不平衡。这对于王者而言无异于一条统治的捷径，佛教也从最初的单纯祈福手段、太平祭享的象征逐渐发展成为争取人才的途径，而终至于统治者自觉地将佛教作为维护自身统治的工具，让人们在对佛的愉快的信任中完成了对断绝天人交通、垄断交通上帝大权的天子国王们的绝对服从。就佛教而言，作佛曲、铸佛钟从最初的祈福手段、吉祥象征发展成为争取人才的途径，而对藏族僧侣的封赐也表达了明代对于藏族地区所采取的"御边"政策，体现了佛教对于专制统治的实际意义。在永乐皇帝的统治中，利用佛教更为突出的体现则是对藏族僧侣官员的封赐。在《明史·西域传三》中有如下叙述："初，太祖以西番地广，人犷悍，欲分其势而杀其力，使不为边患，故来者辄授官……迨成祖，益封法王及大国师、西天佛子等，俾转相化导，以共尊中国，以故西陲晏然，终明世无番寇之患。"[2] 这一总结表述了明代对于藏族地区所采取的"御边"政策的目的与手段，也体现出佛教对于专制统治的实际意义。

由此可见，永乐皇帝对于佛教的热心护持，到头来仍是出于为王朝统治服务的功利目的。佛教的利益，同封建统治阶级的利益从根本上说是并行不悖的，这是佛教与中国传统文化长期互相融合的结果。犹如万松行秀指点耶律楚材所说"以儒治国，以佛治心"，可谓是历史经验的沉积以及现实需求下的精辟之论。

永乐皇帝大力扶持武当道教同样是出于政治的需要，表现为：崇奉真武，树立明王朝正嗣形象；"靖难之役"中假真武神佑，激励将士；在武当强调儒、释、道三教合一，调和出世入世，维护自身封建统治，将武当作为"皇家道场"；等等。其根本的政治目的则在于：第一，朱棣借大修武当道宫宣扬"君权神授"理论，用道教真武神"阴佑"靖难之说来对抗士大夫阶层维护封建礼法的舆论，这既可掩饰自己武力夺嫡的阴谋，又给靖难继统增添了神圣色彩。第二，朱棣借大修武当宫观来传播真武神"显相"的神话，以此争取下层民众的敬服。他利用宋元以来广大群众对真武神的狂热崇拜，宣传他与神的特殊关系，以巩固专制统治。第三，朱棣在扶植武当道教的同时，把真武神奉为保佑他和他的嫡子嫡孙永掌大明江山的保护神，把武当道场改造成"朝廷家庙"，这既表

**125**

1 魏承思：《中国佛教文化论稿》，上海人民出版社，2015 年，第 3 页。
2《明史》卷三百三十一，第 8589 页。

明他们的皇统有神保佑，是合法的，又可以对付其他藩王的不满和攻击。

综上，透过北铸钟王、南修武当的宏大工程，我们看到的是封建统治者利用佛教"阴翊王度，暗助王纲"、利用道教"真武显相，以助威灵"的真实意图，其宏旨仍然是昭示天下君权神授，借以稳固江山社稷，永乐皇帝的释道情结被染上了浓重的政治色彩。

# 保明寺铜钟所见明代内廷崇佛之风

李钰桐<sup>*</sup>

**摘要：** 保明寺又称皇姑寺，为嘉靖反佛毁寺期间少有的幸存佛寺。大钟寺古钟博物馆现存两口保明寺铜钟，钟身铭文皆镌刻捐资者姓名，当朝权宦与后妃列于其上，显示出明代佛寺与内廷的紧密联系，后妃、宦官皆参与捐资铸钟、兴建佛寺的宗教事务，崇佛之风在宫廷中广泛流行。明代宫廷内常设佛堂供内廷人员诵经礼佛，后妃、内宦耳濡目染，发展出对佛教的信奉。皇家常向寺院布施、捐赠财物，宦官在此基础上与僧人建立起双向利益关系，宦官向皇帝举荐僧人，僧人为宦官提供出宫养老之处，双方互利互惠，联系紧密。内廷女子久居宫廷之中，以佛教作为精神寄托。参与佛教铸钟可展现其虔诚之心，并提高自身社会地位，具有政治化与宗教化的双重属性。因而，从保明寺铜钟之中，可以窥见明代佛教在宫廷之中的盛行，与内廷崇佛之风在佛教发展中的强大影响力。

**关键词：** 明代　佛教铸钟　宦官　后妃

　　明代末期佛教在嘉靖毁寺后经万历朝得到复兴，在宫廷之中再度掀起广泛的崇佛之风。对于明代宫廷与佛教的联系，杜常顺在《明朝宫廷与佛教关系研究》一文中，对明朝自太祖建明至末期的皇室与佛教关系及宗教活动作出了详细论述，由此勾勒出明代宫廷与佛教关系的图谱；聂福荣在《万历朝慈圣李太后崇佛考论》中对万历朝慈圣皇太后的崇佛活动进行了具体阐释，由此将崇佛研究的对象由宫廷皇室细化至慈圣皇太后这一具体形象。这些论著主要采用《明实录》《帝京景物略》与佛寺的碑刻资料，而对佛教铸钟的铭文材料使用较少；主要考察明代对佛教的政策变化及表现，而对明代内廷，尤以女性与宦官

* 李钰桐，北京师范大学历史学本科在读，宾夕法尼亚大学东亚研究方向访问学生。

为代表的群体的崇佛现象，与内廷崇佛之风的兴起原因与影响也较少有探讨。本文试从两口保明寺铜钟的铭文出发，探讨内廷女性及宦官作为佛教铸钟主要捐资者所反映出的明代内廷崇佛现象，并对其原因进行阐述。

## 一、明代崇佛之盛

明代晚期佛教复兴，帝王妃嫔与宫女太监，皆存在对佛教的信仰与追求。明初太祖朱元璋颁布度牒制度，建立起一套严格的僧人管理体系。至明成祖时，对百姓出家人数提出严格限制。《明史·食货志》载："僧道给度牒，有田者编册如民科，无田者亦为畸零。"然而，对崇佛的限定却在其后逐渐废弛，宫中宦官多违反禁令，捐赠财物修建庙宇佛堂，与僧人建立起独特的利益网络关系。万历年间，对佛教的打压逐渐废弛，北京城内多数寺庙均为宦官资助修建，此后皇帝多对佛教采取包容态度，使佛教在明代逐渐发展兴盛。明代宫廷对佛教的信仰不仅局限于敕建佛寺、敕赐佛像，更有"俱剃度幼童替身出家"[1]者，表明佛教与皇室已然组成相互利用的关系，而佛教也渗透到明代的内廷生活之中。

内廷妃嫔与朝臣宦官参与佛教事务的方式之一便是捐资铸钟。佛寺之钟素来与佛教颇有渊源。例如，明代设立经厂供帝王妃嫔礼佛，而汉经厂作为明代宫廷印制佛经、举办佛事活动的机构，也曾是永乐大钟的放置之处。明代佛教政策的出台与相关机构的设立已经搭建出统治阶层与佛教互利互惠的雏形，佛教依靠统治阶级支持而发展，统治阶层也因佛教加持更显正统，因而崇佛之风在明代内廷随之流行。

佛教铸钟是寺院中不可或缺的宗教法器，悬挂于钟楼之上。钟身外围常刻佛经铭文，用以记录捐资铸钟者姓名、寺庙修建时间、佛经、咒语等，抑或记录国家祈福愿望，是重要的文化与资料载体。

在京城的众多佛寺中，保明寺位于北京市石景山区西黄村，素有"皇姑寺"之称。皇姑寺与明清皇室关系紧密，是明代太后及皇家女眷的"香火院"，为"皇亲内宦供经布施"[2]之处。《帝京景物略》载："皇姑寺，英宗睿皇帝复辟建也"[3]；《长安客话》："自后凡贵家女缁髡皆居其中。有寺人司户，人不易入"[4]。可见保明寺与明皇室渊源颇深，是可以与"皇家专用"画上等号的佛寺，将其作

1〔明〕沈德符：《万历野获编》卷二十七，中华书局，1959年，第686页。
2 杜常顺：《明朝宫廷与佛教关系研究》，暨南大学博士学位论文，2005年，第128页。
3〔明〕刘侗，于奕正：《帝京景物略》卷五，北京古籍出版社，2001年，第215页。
4〔明〕蒋一葵：《长安客话》卷三，北京古籍出版社，1982年，第60页。

为皇室在民间的一个象征，百姓在平日无法入内烧香。

嘉靖六年（1527），明世宗反佛毁寺，下令拆毁皇姑寺，引得两宫太后一并出面为其说情，颁布太后懿旨以保寺庙，从保明寺与皇家的渊源引申至对先祖命令的遵守，再以皇亲国戚、后宫妃嫔一并举例，使保明寺免于拆毁。此后，慈寿皇太后为保佛寺，与慈仁皇太后、永淳长公主一同翻铸铜钟，进一步巩固了保明寺的地位。由此可见，尽管皇帝崇道，但佛教在宫中对皇亲内宦的影响却依然存在。同时，保明寺作为京城中少有未被摧毁的佛寺，更加凸显了明代内廷与保明寺间千丝万缕的联系。

## 二、铜钟铭文所见宫廷佛寺联系

保明寺中的铜钟捐资者身份尊贵，往往为太后、公主等皇室一脉人物，或官宦朝臣，反映了明皇室宗亲与保明寺乃至佛教的密切关系，说明当时的善男信女不仅有平民百姓，对佛教的笃信更是在统治阶级、上层社会间流行。

### （一）皇姑寺事件：嘉靖朝毁寺之争

大钟寺古钟博物馆现存两口保明寺铜钟，其中一口铸造于明嘉靖十二年（1533），有"黄村寺钟"之称（图1）。钟上铸有"懿旨重造""敕赐顺天保明寺""昭圣康惠慈寿皇太后""永淳长公主""章圣慈仁皇太后"字样（图2），两宫皇太后的尊号同时出现在一口铸钟上，可见此口铜钟非同寻常。据记载，两宫太后偶有不合，而二者却在保留黄村寺一事上出奇同步，显示出佛教在后宫中的雄厚基础。此外，捐资人中还有"昌国公张、建昌侯张"等人，此二人应为张鹤龄、张延龄，皆为慈寿皇太后的同胞兄弟，更加巩固了保明寺的特殊地位。此钟铸于嘉靖十二年，而同年张鹤龄被贬谪，张延龄因罪入狱，二人由此退出了政治舞台。

嘉靖六年，朝廷实行废佛政策，保明寺面临拆毁风险。然而，自弘治时期皇姑寺便与皇亲内官产生了紧密联系。据《明世宗宝训》记载，对于拆毁皇姑寺一事，两宫太后都差人向嘉靖表示"留之"，可见其地位已远超出佛寺本身，而佛寺拆毁之争，也显现出嘉靖佛教抑制政策的内部矛盾，而佛教肃清也不仅是

图1

图2

宗教政策的改革与冲突，而是政治层面上各方势力的密切纷争。

## （二）盖塔庙之极：万历朝佛教复兴

保明寺中的另一口钟为明隆庆六年（1572）铸造（图3）。该钟铭文记录有众多宫廷女性及宦官姓名，表明其捐资者为宫廷皇亲与朝臣宦官。其中有"大明慈圣皇太后李氏"字样（图4），为神宗朝皇太后捐铸。慈圣皇太后为明神宗万历生母，太后崇佛，自号"九莲菩萨"。慈圣皇太后崇佛花费颇多，佛教在万历朝得到复兴，佛教艺术较明初得到广泛发展。万历年间，慈圣皇太后崇信佛教，宫中其他妃嫔也跟随皇太后一同为佛寺捐资。慈圣皇太后主政期间，曾在京城内外广修佛寺，礼敬高僧，据《明史》记载，"顾好佛，京师内外多置梵刹，动费巨万"[1]。万历即位之时年仅10岁，慈圣皇太后在政权交接之际多笼络宦官、崇佛之臣，用以巩固地位。虽然李太后在此之前已然崇信佛教，但无疑佛教在此时为太后提供了支持。

图3

图4

此外，铜钟铸有"司礼监掌印太监冯保""内府各衙门太监等官"之文，而冯保为神宗朝权宦，其权势一度可以影响神宗权力。冯保号双林，信奉佛教，万历四年（1576）于西直门外修建双林寺，《宸垣识略》载："明万历初，大珰冯保营葬地，造寺曰双林"。保明寺铜钟铭文共记载了1700余位捐资者，可见捐资铸钟规模之大。

万历即位之前，皇太子朱翊钧生母为李贵妃。若太子登基，原为正宫的陈皇后也将一同尊为皇太后。李贵妃与冯保商议打破旧例，冯保借此帮助张居正升至首辅之职，而自己也掌管了司礼监，三人彼此互援，由此成为万历朝初期的权力中心，也是保明寺铜钟的首要捐铸人。

**130**

1〔清〕张廷玉：《明史》卷一百十四，中华书局，1974年，第3536页。

## 三、明代内廷崇佛原因探碛

### （一）现世与来世：宦官与佛寺的密切联系

宦官为明代政治的重要组成部分，是宫廷生活中不可忽视的一个群体。明代宦官向寺院布施，多为布施宗教用品等。明初郑和便是一位信仰佛教的太监，《佛说摩利支天经》中载郑和为"菩萨戒弟子"[1]。郑和曾陆续"成造大藏尊经计十一藏"，布施给众多佛寺，可见宦官向寺院布施的传统自明初便有之。而保明寺铜钟所在的皇姑寺，更是将宦官布施作为其主要的物品来源。

宦官信佛，不仅捐赠财物用以资助修建佛堂庙宇，还常向皇帝举荐僧人。如"经厂王太监奏请，得赐大藏经，赐金建阁"，可见宦官礼敬僧人，而僧人也借此获得了钱财之助，借宦官之口提高了自己的地位。在此之上，修建寺院之风也在宦官之中盛行，宦官甚至将其"故第"改为寺庙，如南京承恩寺便为太监王瑾"改宅为寺"。

宦官信佛的原因，首先在于宦官作为特殊人群，其本身由于身体缺陷难免遭受歧视。虽然他们在官场上或可拥有较大的权力，但仍然无法摆脱其身份与地位的特殊性。佛教讲求以现世的崇佛付出换得来世的好报，这无疑与宦官身在宫廷的身份相暗合，为宦官提供了一个颇具吸引力的出路，对他们予以心灵上的抚慰。宣德年间，曾出现宦官从宫中出逃为僧的事件，内官私买僧牒，逃往别处为僧。宦官出逃的原因，有些是宫中待遇不佳，备受凌辱；有些则为僧人所惑。宣宗曾下令"敢有潜逃为僧者，皆杀不宥"，由此可见宦官潜逃成风，已然引起皇帝重视。因此，宦官群体的复杂组成使得佛教成为他们的一种心灵寄托。

除此之外，宦官不同于其他宫廷官员，因其身份特殊而并无后代。因此，宦官将寺院作为其年老后的养老之地，"以终残年"。为确保寺院能为宦官提供养老之处，他们往往会共同出资修建寺院，为僧众提供钱财，以保留自己的一席之地。宦官死后葬于寺院，其牌位也由寺院供奉，《酌中志》载"凡司礼监掌印、秉笔故后，各有牌位送外经厂供安……守寺僧人侍香火不绝"，可见佛寺对于宦官而言已成为其重要的归宿。

然而，由于明代宦官权力之大，所谓"空虚"之说未免不足为凭。明代宦官多有敛财之辈，在权力的遮蔽下更是做出诸多恶行。而宦官信佛，或许是他们相信能以此洗刷罪孽，以求佛祖慈悲的谅解。如此看来，佛教对宦官来说已远超出宗教的精神信仰范畴，宦官将佛教看作"护身符"，所谓的信仰多是因害

1《明朝宫廷与佛教关系研究》第152页。

怕遭受恶报而进行的表面忏悔。

尽管宦官对佛教的崇信也受到皇室信佛的影响，但嘉靖朝大举毁寺的情况似乎并没有对宦官信仰造成影响。明代社会的私阉风气，使得京城中存在着一批非法阉人。成化年间，对非法私阉者查处甚严，他们常常潜入佛寺之中寻求庇护。面对朝廷的严令禁止，佛寺仍承担风险收留阉人，可见背后的利益甚大。究其原因，首先在于私阉者可以作为宦官的势力，在宫外作为私人潜藏力量谋取利益；其次，佛寺为其提供庇护，而阉人中的宦官群体又可为佛寺捐资，二者相互利用，俨然形成了一种无形的绑定关系。从本质来说，宦官与僧人，皆是无所出的群体，在这一前提条件下，他们的互相依存似乎更为稳固。

### （二）参禅悟道：后妃女性的精神寄托

古代女性常囿于门庭之内，宫中后妃则更觉乏味，而佛教宣经恰好填补了后妃的精神空白。在明代，女性群体呈现出较强的崇佛倾向。她们缺乏与社会的接触和日常外出活动，这更加促进了女性将其情感寄托于宗教神灵，以填补缺失的乐趣。而通过捐资，女子也可为自己或家族求得安宁，礼佛成为宫廷女子乃至女性群体的精神寄托。

明代后妃参与佛教铸钟的原因，一方面是明代妃嫔久居宫廷之中，皇室成员多为虔诚的佛教信徒，宫廷对佛教的信仰使其耳濡目染，通过捐资铸钟，后妃可以展现自己的虔诚与慈悲之心，由此获得功德与神灵的保佑。另一方面，捐资铸钟也是一种政治化行为。参与佛教铸钟可以提高后妃在社会中的影响力，尤其保明寺铜钟以太后为首捐资，后妃也自当追随。同时，皇家通过宗教活动参与佛教事务也可以在民间提高皇室的信仰与威望。

同时，对于古代社会而言，女性在政治上的作用显然已被弱化。就保明寺铜钟的捐助者李太后而言，其作为皇太后的徽号仍然需要依托冯保等这一类权势在握的宦官实现。由此，似乎可以构建出明代"后妃—宦官—佛寺"的关系架构，而三者作为某种意义上的"弱势群体"，借由佛寺相互结合，构成了明代政治舞台中游离于皇权之外的另一个重要力量。而从佛教铸钟之中，恰好可以对明朝廷复杂的权力关系窥见一二。

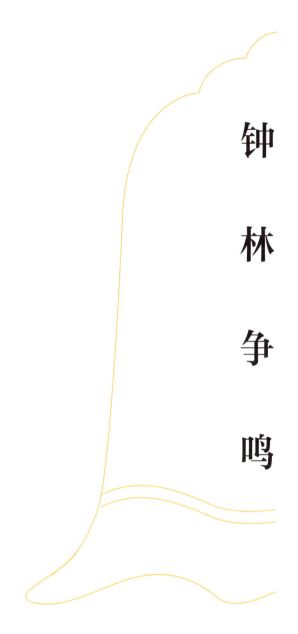

钟林争鸣

# 清代觉生寺建筑布局考

程 呈[*]

**摘要：** 觉生寺，始建于清雍正十一年（1733），旧时为北京城西直门至西郊园林石道旁的大型皇家佛寺，原由东、中、西三路建筑组成，现仅存中路及东路部分遗存。本文通过收集、归纳、总结清宫档案，结合名人游记日记、韩使燕行录等资料，对清代觉生寺东、中、西三路建筑格局情况进行考证，还原历史状貌。经考证，觉生寺整体建筑具有规整大方、凛然有序、层次分明、构思巧妙的特色，是清代早期敕建汉传佛寺的代表。本文对于清代雍正、乾隆时期敕建寺院的研究，以及今后博物馆保护与利用觉生寺现存古建筑的工作都具有一定的学术参考价值和现实意义。

**关键词：** 觉生寺 大钟寺 寺院布局

钟

林

争

鸣

　　觉生寺，位于北京市海淀区北三环路北，始建于清雍正十一年（1733），旧时为北京城西直门至西郊园林石道旁的大型皇家佛寺，自乾隆年间开始承担皇家祈雨的重要职责，成为国家祀典的重要场所之一。民国时期，寺院因失去皇室支持逐渐走向衰落，原东、中、西三路建筑逐渐遭到不同程度的毁坏。20 世纪 80 年代，大钟寺古钟博物馆依托仅存的觉生寺中路古建筑群建立而成。

　　关于觉生寺清代建筑布局的问题，由于其西路、东路两院毁坏时间过早，中路院内佛殿又在民国至新中国成立初期被占用、拆改，对原貌破坏较多，且未留下原设计图纸等档案资料，因此一直处于研究匮乏状态。近年来，相关学者主要研究成果有：于倞先生著《大钟寺》，该书对觉生寺大致的历史沿革进行了阐述，但其内容主要为觉生寺中路院的简要情况，而于西、东两路涉及甚少；大钟寺古钟博物馆编著《古钟博物馆营造旧闻》一书，也仅对博物馆现存建筑

* 程呈，大钟寺古钟博物馆副研究馆员，研究方向：文物学、博物馆学。

做了简要阐述，未对其历史状况做深入考证。

　　本研究通过收集、归纳、总结第一历史档案馆藏清宫内务府档案、上谕档案等资料1559份，结合清代、民国时期名人游记日记、韩使燕行录，清末民国图像档案等资料，对觉生寺清代建筑格局情况进行考证，还原清代觉生寺历史状貌，一方面可为清代雍正、乾隆时期敕建汉传佛教寺院的研究提供具有一定价值的学术参考，另一方面可为今后博物馆保护与利用觉生寺现存古建筑的工作提供更多学术支撑。

## 一、觉生寺历史沿革

　　觉生寺位于清代北京城西直门外西北，因明代永乐年间所铸大钟从万寿寺移至此处，故民间俗称为"大钟寺"。它始建于清雍正十一年，建成于雍正十二年（1734）冬。大钟寺古钟博物馆现存《敕建觉生寺碑文》记载，雍正当时建造觉生寺是看中了此地"长林嘉茂，右隔尘世之嚣，左绕山川之胜"的良好自然环境。觉生寺就处在燕京八景的"蓟门烟树"之中，有御制诗"梵钟欲醒红尘梦，断续常飘云外楼"之句。"觉生寺"之名源自雍正皇帝对佛法的理解，他在碑文中讲道："实无觉者，亦无觉之者，以无觉之觉，觉不生之生，斯朕之所谓觉生也欤。"

　　觉生寺建成以后，皇帝还参照雍和宫、柏林寺的规制，于雍正十三年（1735）规定每年拨给觉生寺银五百两以供寺内开销[1]，可见其对于觉生寺的重视。

　　乾隆皇帝继位后，规定每年举办常雩，如不下雨则在各坛庙分祷求雨。觉生寺由此开始兼承为清代皇家祈雨的重要职能，与凝和宫、宣仁庙、黑龙潭、大高殿等均为分祷场所。据乾隆四十三年（1778）五月初九日档案记载，觉生寺的祈雨场所选在"寺墙西净地"，"按大藏内《大云轮请雨经》依科设坛"[2]。在皇帝拈香祈祷后，王公亲贵等于开坛日起连续七天"每日轮流前往，寅时诣坛，至申时散"。

　　除此之外，觉生寺还是清代帝王前往颐和园、圆明园路途中的休憩之所。乾隆皇帝在其御制诗中就多次提及路过觉生寺小憩用膳之事。如《觉生寺少坐即事》中就写道："精蓝属路便，传餐少憩休。"在《觉生寺精舍小憩》中"宁当夸玉食，聊可试伊蒲"一句旁注曰"每于此路便传膳"。

1 台北"故宫博物院"藏：（满文）《奏报万寿等寺拨发官房官舍以供焚修香供事折》，雍正十三年十一月初五，档案号：402020413。
2 中国第一历史档案馆藏：《奏为令众僧人于觉生寺设坛唪经等事折》，乾隆四十三年五月初九日，档案号：348-112。

随着朝代的更迭，觉生寺也在历史洪流中变得风雨飘摇。及至清王朝覆灭，下属于内务府的觉生寺失去了依靠，逐渐走向衰败，大量佛像法器被抢劫、偷盗，如民国三年（1914）六名盗匪将殿内供奉所用景泰蓝五供器劫走[1]，民国十五年（1926）兵匪又将后阁二层的孔圣人铜像等抢走[2]。另外，兵灾、火灾致使房屋受损。据档案记载，民国十五年，寺内寄居的驻军管理不善，引发火灾，将中路正殿的东配殿和东围房烧毁[3]。寺庙住持体仁和尚苦苦支撑，靠租赁、售卖寺属田地赚取修缮费用，于民国二十年（1931）前后进行修缮。

后来，觉生寺开始办起了觉生寺平民学校和残废军人收容所。据档案记载，觉生寺平民学校为寺内僧众自办，有学生四班，校舍即为寺内"除供佛及寄居僧人等外"[4]其余全部房屋。残废军人收容所则设置于民国二十四年（1935），主要收留当时残废的军人[5]。

新中国成立以后，在党和国家的领导下，文化遗产抢救与保护工作逐渐有序开展。1957年，北京市人民委员会公布大钟寺（即觉生寺）为市级重点文物保护单位。1958年，北京市文物工作队到大钟寺调查登记，发现西路院、东路院早已无存，中路建筑保存基本完整，后阁两侧被新砌的两道围墙与前院落分隔开。后阁之前的区域由寺庙管理组租给果脯厂使用，最后的一进保存大钟的院落由普陀朝返僧看管。1980年3月，大钟寺文物保管所在中路最后一进院落成立，同年10月12日对外开放，向公众展示包括永乐大钟在内的京城诸多寺院遗存古钟。由此，觉生寺作为文化遗产开始履行起公众文化教育的职能。

1981年，《光明日报》发表呼吁抢救大钟寺的文章，一时引起社会关注，抢救仅存的觉生寺文物古建的工作开始进行。1983年，占用寺院中路和东路的单位在市政府的主持下开始进行腾退工作。1984年11月2日，市政府办公厅084号文批准大钟寺古钟博物馆成立。1985年10月4日，大钟寺古钟博物馆举行建馆典礼。依托于仅存的清代觉生寺中路古建筑群建立起来的大钟寺古钟博物馆（图1），主要以中国古代钟铃文化相关的收藏、研究、展示、教育为职能，以觉生寺现存中路古建筑为依托建设，常年设有"古韵钟声"展，展示馆内不同时期的各类古钟藏品。

1 北京市档案馆藏：《侦缉队关于抢劫大钟寺盗犯刘德即周顺的详报》（1914年），档案号：J181-019-03576。
2 北京市档案馆藏：《京畿宪兵司令部关于侦查大钟寺被营长赵仲三搬走铜佛的函》，档案号：J181-018-19990。
3 大钟寺古钟博物馆馆藏：民国二十年（1931）档案。
4 北京市档案馆藏：《北平市西直门外觉生寺即大钟寺寺庙登记表》，民国二十五年四月十日。
5 《残废军人收容所》，《益世报（北京）》1935年3月12日第8版。

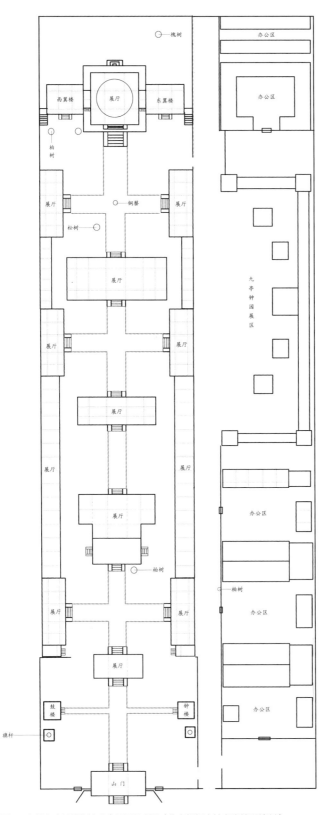

图1　大钟寺古钟博物馆现今平面示意图（作者根据实地考察情况绘制）

## 二、觉生寺清代建筑布局

现发现最早的关于觉生寺营建时期的档案是雍正十一年内务府记录的一份和硕庄亲王等人的奏折。奏折内提到，要移万寿寺大钟至觉生寺，因此需修改原中路院的布局设计，将"殿宇五层"改为"后阁之后另建一层"[1]。觉生寺中路院自此形成了中轴主体殿宇六层的格局，但此时是否设计了西路院与东路院，则不得而知。

关于觉生寺有三路院布局的记载则最早见于乾隆三十五年（1770）的内务府档案，时觉生寺有"山门三间，殿宇五十九间，东所房四十九间，西所房五十二间，禅房五十二间"。[2]虽叙述简洁，但也能知晓此时的觉生寺已经形成了东、中、西三路院的格局。而更详细一些的记载主要集中在嘉庆至道光年间，此时也是觉生寺祈雨活动最为繁盛的时期，因此多有因皇帝要参加祈雨仪式而对寺庙进行修缮的档案资料。

### （一）整体布局

清代觉生寺中、东、西三路院面积几乎相等，寺院整体为一个规整的矩形，东西宽约130米，南北长约210米（不含头道山门至照壁间距离），总占地面积约27 300平方米。

中路院现存有中轴主体建筑6座，分别是头道山门、二道山门、正殿、后殿、后阁、大钟亭，另中轴两侧还有配殿、围房、钟鼓楼、配楼等建筑，这与清代档案记载"山门二座，大殿二座，东西配殿四座，钟鼓楼二座，大钟亭一座，配楼二座，东西围房四座"[3]是一致的。但是关于这些建筑究竟是如何布局，院内各进如何划分，各时期却有不同记载。清代的档案中没有直接记载中路院进院划分情况，仅记载了"角门六座"。在民国时期的游记中，有的记载"自山门至钟楼共六进"[4]，有的记载"寺共五院"[5]，有的记载"庙殿共四层"[6]。从现今仅存建筑布局考察，觉生寺中路各殿宇两侧并无隔断墙，前后不分进院，而是以头道山门、配殿、围房、东西翼楼、大钟亭组成起来的群体建筑，但在实地考察中发现，正殿西配殿的南配房南边有一截遗留下来的断墙遗存（图2）。再从早期一些老照片中可以看到，头道山门两侧，二道山门两侧、以及后殿两侧，均有隔断墙，且设置有角门，与清代档案记载的数量、形制均一致。因此，可

钟

林

争

鸣

**139**

1 中国第一历史档案馆藏奏销档：《和硕庄亲王允禄移钟奏折》。
2 中国第一历史档案馆藏：《呈报官管寺庙殿宇房间数目清单》，乾隆三十五年五月二十二日，档案号：05-0277-032。
3 中国第一历史档案馆藏：《房库嘉庆二十三年觉生寺殿座添瓦料抹饰提浆料估清册》，嘉庆二十三年六月初三日，档案号：05-08-006-000356-0019。
4 白文贵：《闲话西郊》，民国三十二年（1943）治安总署印刷所印本，第32页。
5 傅葆琛：《游大钟寺记》，《益智》1914年第2卷第3期，3—4页。
6 《燕京小志》，《益世报》（北京）1928年2月17日第8版。

图2 觉生寺中路院现存配房南侧断墙遗存（作者2022年拍摄）

图3 卫星1962年、1966年、1972年拍摄觉生寺影像

得出结论，觉生寺清代时中路院建筑布局前后分为三进。第一进院由头道山门、二道山门、钟楼、鼓楼、东值房、西值房、东旗杆、西旗杆组成，形成一个闭合院落。过二道山门及两旁角门则可通往二进院。第二进院由二道山门、正殿、东配殿、西配殿、东配房、西配房、东围房、西围房、后殿组成，形成一个以正殿为中心的闭合院落。过后殿和两旁角门可进入三进院。第三进院由后殿、后阁、大钟亭、西穿堂、东影堂、西顺山房、东顺山房、西翼楼、东翼楼组成，形成一个以主建筑大钟亭为制高点，后殿为门、后阁为屏的闭合院落。

西路院毁坏时间较早。在咸丰八年（1858）五月十七日总管内务府《奏为觉生寺御座房间情形事》的奏报中提到"觉生寺御座房因年久被雨倾圮情形太重，一时修葺不及"。因此，内务府建议咸丰皇帝"寺中东院有北方五间，虽系规模较小，尚属幽静整齐，勘以预备"[1]。可见，此时随着清王朝国力的衰微，对于西路院御座房等建筑的修葺工作已经开始力不从心。西路院毁坏由此开始。到了二十世纪六十年代、七十年代，从卫星图档案中可以看到，西路院已经全部无存，相应位置上修建了其他建筑（图3）。因此，其基本建筑布局情况仅能从清代档案记载的蛛丝马迹里进行简要复原。

据档案记载，觉生寺西路院基本格局为前后两部分，前为空场，后为三进结构的御座房院。西路院的建筑格局主要是以御座房院为核心而设计。其前面部分在清道光二十四年（1844）八月十五日步军统领恩桂《遵查觉生寺僧人善辉不法情事由》的奏报中也明确记载，觉生寺"西所御座房以前房间场多空间"，基本没有建筑。另有学者认为，觉生寺清代祈雨祭坛设置在西路院内，但经作者考证，其祈雨祭坛并不在院内，而是在寺外以西，大致位置是今双榆树一带。清光绪四年（1878）三月初一，御史余上华也在奏折中提到，"觉生寺旁向来祈雨立坛之

1 中国第一历史档案馆藏：《奏为觉生寺御座房间情形事》，咸丰八年五月十七日，档案号：05-0796-004。

所，俗呼为九龙岗。地稍高而土常润。相传为龙脊发现之地，是以祷雨辄应。"[1]可见，祈雨祭坛是在大泥湾、小泥湾之间的九龙岗，并不在寺西路院内。参考其他寺院西路御座房院的设计推测，前部分可能为停放皇帝御驾仪仗等物品的空间。

西路院后部分为御座房院，档案记载有"御座房正房一座，东西配房二座，后楼一座，膳房二座"[2]，"垂花门一座……两边游廊四座"[3]等建筑，共将空间隔为四进。第一进院由南膳房、垂花门、西穿堂组成，形成一个闭合院落。西穿堂为沟通西路院与中路院的通道。第二进院由垂花门、御座房、东配房、西配房、游廊组成，形成一个以御座房为核心建筑的闭合院落。御座房和两旁角门可通三进院。第三进院由御座房、北膳房组成，形成闭合院落。北膳房和两旁角门可通四进院。第四进院由北膳房、后楼组成，是西路最后一进院落。

东路院前后大致为三个部分：北部共有一进院，是负责祈雨祭祀的建筑部分，由大悲坛和配房组成；中部共有三进院，是禅房建筑，由客堂、方丈房、茶房等建筑构成；南部共有一进院，由厨房、车棚、马圈等建筑构成。并且在北部与中部建筑中间，应该有大片竹林、怪石的园林景观作为间隔。

综上，觉生寺的基本建筑布局情况已经清楚（图4）。从整体建筑布局来看，觉生寺为典型的伽蓝七堂形制：中路院为佛殿，司供奉佛事；西路院为御座房，供皇帝休憩；东路院为僧舍，为寺中僧人、客人居住生活之地。作为清代早期敕建汉传佛寺，觉生寺是典型代表之一。

### （二）建筑情况

#### 1. 中路院建筑

中路院建筑在清末至民国时期并未遭到大规模的破坏，寺僧对佛殿部分不断有小型修缮维护。二十世纪六七十年代，因被食品厂占用，佛殿等建筑被拆改为厂房、宿舍使用，因此基本木构虽保存完好，但门窗、彩画、瓦石等则多数遭到破坏和改动，大部分围墙、值房等建筑被拆除。根据清代修缮档案和名人游记的记载描述，可对其原貌略作考证。

（1）头道山门与二道山门

头道山门，为觉生寺正门，坐北朝南，面阔三间，歇山顶，调大脊，灰色筒瓦；前后明间各设有石券门一道，券脸饰缠枝莲花纹；前后次间则有石券窗共四个，券脸饰缠枝莲花纹；前门额上有石质蓝底金字穿云飞龙纹匾额"敕建觉生

1 中国第一历史档案馆藏：《奏请派员查明总管内务府大臣茂林占官地立私坟宜从严治罪事》，档案号：03-5529-023。
2 中国第一历史档案馆藏：《房库嘉庆二十三年觉生寺殿座添瓦料抹饰提浆料估清册》，嘉庆二十三年六月初三日，档案号：05-08-006-000356-0019。
3 中国第一历史档案馆藏：《为支领修理觉生寺御座房间等项需用工价银钱事》，道光十五年十二月二十八日，档案号：05-08-006-000603-0058。

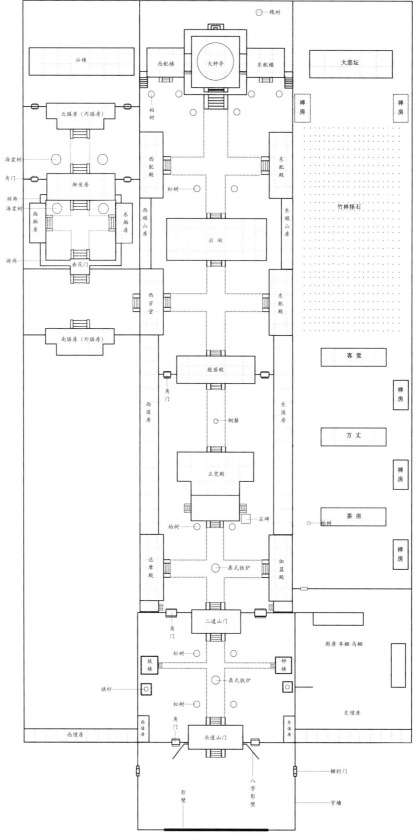

图4　觉生寺清代建筑布局复原图（作者根据档案资料记载复原绘制）

寺"，上印"奉敕敬书"，下落款"自得居士""果亲王宝"二印（图5）。

图 5　觉生寺头道山门（作者 2024 年拍摄）

头道山门内原供奉有泥塑彩绘哼哈二将塑像，现已无存，因缺乏史料暂不知详情。

另外，觉生寺头道山门前两侧的山墙原接有八字影壁墙二座，上有砖雕花，早已损毁（图6）。今从清代档案和老照片中可知，原八字影壁墙各长"一丈二尺"，方心处砖雕为宝瓶莲花。

图 6　20 世纪 80 年代复建觉生寺头道山门八字影壁墙（作者 2024 年拍摄）

八字影壁后院墙有东、西角门各一座。门前置有照壁一座，面阔三间，庑殿顶，两侧接"宇墙"四段，设东西栅栏门各一座，早已损毁。今山门外八字影壁墙、山门左右角门、围墙等均为建馆时复建，宇墙、照壁未复建。

二道山门，又被俗称为"天王殿"或"弥勒殿"，位于一进院北，面阔三间，硬山顶，调大脊，灰色筒瓦，五垂脊兽，前明次间皆为红漆障木板，设券门一道，券窗二道，后明次间为红漆砖墙，设门扇一槽，无窗。

二道山门内原正中供奉着木质弥勒佛塑像，左右供奉着泥塑彩绘四大天王塑像，弥勒佛背面供奉铜制韦驮天尊塑像。

（2）钟楼与鼓楼

钟楼、鼓楼位于头道山门后，一进院东西两侧。钟楼歇山顶，调大脊，三脊兽，上下共二层，一层无窗，仅开一石券门，券门做圆门牙子，券脸饰缠枝莲花纹，二层为一间，四面为刷红漆障木板，各开一窗（图7）。

钟楼上层内原悬铜钟一口。西为鼓楼一座，形制与钟楼同，上层原放置鼓一面。

（3）正殿及其配殿与配房

正殿，位于中路二进院中心，檐下悬有乾隆御

图 7　觉生寺钟鼓楼（作者 2024 年拍摄）

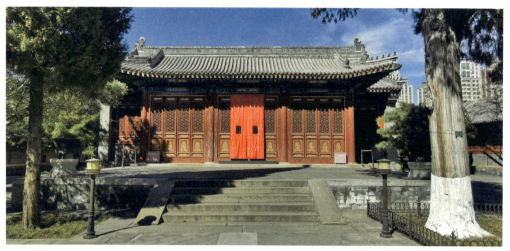

图8　觉生寺正殿（作者2022年拍摄）

笔匾额"妙明正觉"，因此又称"正觉殿"[1]，不仅是觉生寺内最主要的建筑之一，也是中路院中等级最高的建筑，其面阔五间，进深三间，前出抱厦三间，正殿为硬山顶，调大脊，七垂脊兽，抱厦为箍头脊，五垂脊兽。正殿正面抱厦明次间为门三槽，两侧为窗二槽，正房稍间为窗二槽，后面明次间为门三槽，无窗。门窗纹样为三交六椀样式棂花（图8）。

殿前有月台一座，月台前东侧放置有雍正十二年立"敕建觉生寺碑"，正面镌刻《敕建觉生寺碑》碑文，背面和两侧镌刻有三首关于觉生寺的乾隆御制诗。

正殿内原正面供奉金漆如来佛坐像一尊，左右为二胁侍彩绘泥塑像，前悬五色片金欢门幡一个，五色锦缎筒幡四首，各随群幡六首[2]，梁上悬有雍正十一年十一月二十三日雍正皇帝御笔匾额"慧照澄心"[3]，东西两侧则供奉有十八罗汉塑像，而在正殿佛像后隔板背面有"刀山剑水，业风苦海之形，凡造物业者，皆受刀锯烧锉之刑"[4]诸字。

正殿左右两侧为东、西配殿二座。东、西配殿皆面阔五间，进深三间。东西配殿正面明次间设门三槽，稍间为窗二槽，门窗纹样为灯笼锦棂花，后面无门窗。东为伽蓝殿，西为达摩殿，内供奉"伽蓝护法诸神像"[5]（图9）。

东、西配殿南侧各配有配房一座，原为卷棚顶，筒瓦，上无脊兽，后不知在何时改为调大脊，饰三脊兽。经调查，其内木架依然保存了六檩卷棚的结构（图10）。史料并未记载对配房屋顶进行修改的原因，而清代内务府修缮的档案中目前

1　[日] 中野江汉著，韩秋韵译：《北京繁昌记》，北京联合出版公司，2017年，第251页。
2　中国第一历史档案馆藏：《为查验觉生寺等处欢门幡等项应修情形事》，道光十八年五月二十七日，档案号：05-08-002-000414-0020。
3　中国第一历史档案馆、香港中文大学文物馆：《清宫内务府造办处档案总汇》5，人民出版社，2007年，第712页。
4　〔清〕徐庆淳：《梦经堂日史》（咸丰五年本），《韩使燕行录》第九十四册，第253页。
5　《闲话西郊》第32页。

也未发现修缮东西配房的记录，因此何时被改顶的尚不可知。2016年，笔者于东配房门边北墀头侧面墙砖面上发现镌刻有"前班求雨住处"题记。经考证，此配房为觉生寺举办大云轮祈雨道场时参与祭祀的亲贵、散秩大臣轮班住宿之处[1]。觉生寺祈雨活动始于乾隆四十三年，至清光绪末年共举行了240余次。在乾隆五十年（1785）左右，觉生寺祈雨活动开始逐渐发展成形，形成了亲贵大臣分前、后两班轮流住宿祈雨的规制。

图9　觉生寺正殿西配殿（作者2022年拍摄）

图10　正殿配房木构与现今外观（作者2022年拍摄）

（4）后殿与东西围房

图11　觉生寺后殿（作者2022年拍摄）

后殿，又称"般若殿"，位于正殿之后，面阔五间，进深三间，硬山顶，调大脊，灰色筒瓦，七垂脊兽。后殿正面明次间有门扇三槽，稍间有窗二槽，门窗纹样为灯笼锦棂花，后面明间为券门，无窗（图11）。

殿内原悬有乾隆御笔匾额"般若真诠""凡圣同居"等。

东围房、西围房位于后殿的东西两侧，各为十二间，原为前出廊，卷棚顶，灰色筒瓦，每三间设有一槽门扇、二槽支摘窗。今从调研中可知，现存的西围房十二间的木构为六檩卷棚形制（图12），而东围房十二间的木构为七檩卷棚形制（图13），不仅与西围房大相径庭，且形制与清官式建筑样式不符，由此也证明东围房为后期重建，与民国时期档案记载被火焚烧后重建事件相符。

东西围房原为觉生寺禅房，其内设有炕。据史料记载，清代时围房内住满僧人。

（5）后阁及其配殿

后阁，位于后殿之后，第三进院中，在营建觉生寺初期时原设计为寺院中

1 王申、程呈：《觉生寺"前班求雨住处"题记与清代觉生寺祈雨》，《北京文博文丛》2017年第三辑，第31—37页。

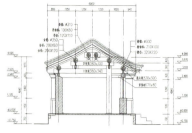

图12 觉生寺西围房六檩卷棚木构（左：作者2022年拍摄；右：2022年测绘）

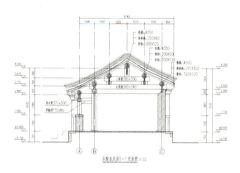

图13 觉生寺东围房七檩卷棚木构（左：作者2022年拍摄；右：2022年测绘）

路第三进院中轴最后一座建筑，该阁为二层结构，面阔七间，进深三间，硬山顶，调大脊，五脊兽。后阁一层原为"大法堂"，前面明次间设门三槽，稍间设窗四槽，门窗纹样

图14 觉生寺后阁（作者2022年拍摄）

为灯笼锦桄花，后面明间设券门一道，无窗；二层原为藏经阁，前面设门三槽，稍间设窗四槽，门窗纹样为灯笼锦桄花，后面设窗七槽（图14）。

（6）西穿堂

西穿堂，是中路通往西路御座房院的主要通道，然档案中并未详细记载其位置所在，仅言明其位于御座房院垂花门以东，中路西，"后檐屏门四扇，各高八尺五寸，宽二尺五寸，厚二寸五分五，灰绿油"，屏门里子则涂"灰搭色紫油"，其后檐有檐墙二道，"上身提刷红浆二段，凑长二丈四尺"。从其简单的修缮记录中可以推测出，西穿堂至少为一座面阔三间以上的建筑。

今中路主要古建筑皆保存完整，除主殿宇外，今存东西配殿共六座，与档案中记载"配殿四座"不符。据实地调研可知，如今的六座配殿中，正殿前的东西配殿二座和大钟楼前的东西配殿二座建筑各部尺寸、形制、等级一致，均为面阔五间，进深三间，五檩硬山，并且其功能民国时期皆有记载，分别为伽蓝殿、达摩殿、观音殿、地藏殿，而后阁前的东西配殿虽形式与四座配殿大体相同，但有诸多疑点值得推敲。

首先，其各部尺寸皆比四座配殿更小，建筑基础也更低，如表1所示。其次，从老照片中了解到，四座配殿虽前有廊，但并未露明，而后殿西配殿，明显前为明廊形式，今建筑明间金柱额枋上还保留有原挂匾的木托一对（图15）。再者，民国时期的图档记载，后阁西配殿被用作寺中库房，而并非供奉神像的殿宇[1]。最后，从早期卫星图中可以隐约看到，后阁西配殿在御座房院整体建筑西北，位置符合西穿堂与垂花门的位置关系情况（图16）。

图15　现今觉生寺藏经楼前西配殿（疑原西穿堂）及挂匾木托（作者2022年拍摄）

图16　觉生寺1945年航拍图

综上可知，今觉生寺现存中路后阁前西配殿从位置、形式上看，与档案中所述的西穿堂较为符合，而如今殿宇的建筑外貌，可能为后期改建而成。

表1　觉生寺现存中路各配殿部分尺寸（作者2022年测量）

| 建筑名称 | 面阔 | 面阔明间 | 面阔次间 | 面阔稍间 | 进深 | 进深明间 | 前廊进深 | 建筑台基 | 建筑台明 | 檐高 |
|---|---|---|---|---|---|---|---|---|---|---|
| 正觉殿西配殿 | 五间 | 3.84 m | 3.68 m | 3.56 m | 三间 | 5.1 m | 1.43 m | 0.71 m | 0.81 m | 3.8 m |
| 正觉殿东配殿 | 五间 | 3.84 m | 3.68 m | 3.56 m | 三间 | 5.1 m | 1.43 m | 0.71 m | 0.81 m | 3.8 m |
| 大钟楼西配殿 | 五间 | 3.84 m | 3.68 m | 3.56 m | 三间 | 5.1 m | 1.43 m | 0.71 m | 0.81 m | 3.8 m |
| 大钟楼东配殿 | 五间 | 3.84 m | 3.68 m | 3.56 m | 三间 | 5.1 m | 1.43 m | 0.71 m | 0.81 m | 3.8 m |
| 后阁西配殿（西穿堂） | 五间 | 3.84 m | 3.53 m | 3.53 m | 三间 | 3.88 m | 1.27 m | 0.65 m | 0.64 m | 3.4 m |
| 后阁东配殿 | 五间 | 3.84 m | 3.53 m | 3.53 m | 三间 | 3.88 m | 1.27 m | 0.65 m | 0.64 m | 3.4 m |

1 大钟寺古钟博物馆藏：民国时期觉生寺档案。

（7）大钟亭及其配殿与配楼

大钟亭，又称"大钟楼"，坐落于青砂石月台上，上下为两层，下层为方形，面阔三间，进深三间，上层为圆形，抹角梁，十二脊攒尖宝顶，上饰脊兽"海马一路五个"[1]。大钟亭正面明间门一槽，稍间窗二槽，檐下悬挂有乾隆御笔匾额"华严觉海"，后面明间门一槽，稍间窗二槽，门窗纹样为灯笼锦椠花内中镶饰"寿"字（图17）。

图 17　觉生寺大钟楼（作者 2022 年拍摄）

图 18　觉生寺永乐大钟（作者 2022 年拍摄）

亭内设有饰朱红地沥粉贴金云龙纹彩画的大钟架一座，上悬明永乐年间铸造青铜大佛钟一口（图18）。钟下设置八角形散音池一座，四周环朱红漆栅栏。钟前设朱红漆供桌一张，原供景泰蓝五供器。钟后有木质悬梯二座，可至二层。亭内二层仅为一圈回廊，围绕大钟悬挂结构而建，上下中空，可观看到大钟顶部悬挂结构。

关于大钟亭的建设年代问题，史学界多有争议。《日下旧闻考》记载，永乐大钟是于乾隆八年（1743）从万寿寺移到觉生寺的，因此大钟亭也应该是乾隆八年才建成。其后诸多文献都引用了这一记载，从而引发了史学界关于"为何雍正十一年四月和硕庄亲王就上书挪钟，并且得到了雍正皇帝的批准，结果永乐大钟却在乾隆八年才挪至觉生寺"等问题的种种猜测。

近年来笔者收集关于永乐大钟的史学资料时发现，在雍正十二年时皇子弘历就已经写下了《觉生寺大钟》《夜闻觉生寺钟》等诗篇，并且于乾隆二年（1737）收录在《乐善堂全集》中刊印。另外，清代文人汪师韩在雍正十三年时也写下了《觉生寺》一诗，诗中有"杰阁金钟徙，耆山玉印储"一句，并注曰"万寿寺有明永乐间大钟，今移于此"。由此可见，永乐大钟应是雍正十二年时就已经挪至觉生寺，并且投入使用。由此推测，大钟亭也应是与觉生寺中路其他建筑一起于雍正十二年冬建设完成。

大钟亭东西有配楼，又称"翼楼"，原为调大脊，筒瓦，坐北朝南，皆为面

---

1 中国第一历史档案馆藏：《为支领粘修觉生寺大钟楼西南角脊添买沙滚砖等项所需银钱事》，嘉庆八年六月二十五日，档案号：05-08-006-000111-0043。

阔三间，进深一间，前有廊。

大钟亭前两侧有东西配殿各一座，面阔五间，进深三间，分别为观音殿和地藏殿，形制与正殿东西配殿相同。

**2. 西路院建筑**

西路院建筑因清末至民国时期基本已毁，所以仅能从文献档案的记载中尝试复原其大致情貌。

（1）垂花门与游廊

过西穿堂则见西院垂花门，"面活（阔）一丈三尺，通进深一丈六尺，柱高九尺，六檩，卷棚挑山"[1]，内有灰绿色屏门。

垂花门两侧连接着游廊。游廊共计二十间，御座房与东西厢房连游廊各一座，各面阔一间，东西厢房与垂花门连游廊各一座。游廊"棚后封户檐成造，头停布筒瓦"[2]。据记载，廊内后墙壁上装饰有名家书法砖刻石碑，其中西廊壁间为斌良先叔祖"勤毅公墨刻诗翰"[3]。

（2）御座房与配房

据载，御座房面阔五间，"明间面活一丈一尺，次间各面活一丈，稍间各面活九尺五寸"，通进深三间，"进深一丈六尺"，前后廊"各进深四尺，柱高一丈一尺"[4]，调箍头脊，七檩挑山，"两山各挑二尺"[5]，头号筒瓦勾滴。后稍间檐墙二道，各长一丈，高一丈五寸。御座房的前后，各有青砂石垂带五级踏跺一座[6]。

装修方面，其明次间前后檐格扇各三槽，共二十四扇，"各高七尺九寸，内八扇各宽二尺二寸，十六扇各宽二尺"，糊饰香色毛边纸。稍间前装修支摘窗二槽，共八扇，"各高三尺二寸宽四尺"，上四扇糊饰"蓝纱"[7]，下四扇糊饰蓝连四纸。连四纸，即连史纸、连泗纸，原产江西、福建，为嫩竹所制的手工竹帘纸，纸质轻薄，透光性很好。清代常以蓝色纱、蓝色连史纸糊窗，既透光又富有装饰效果。另，上有风窗五扇，"各高一尺六寸，内一扇长九尺五寸，二扇各长八尺五寸，二扇各长八尺"，糊饰高丽纸。稍间后檐檐墙"添安支柏二扇，

1 中国第一历史档案馆藏：《房库嘉庆十八年风神庙觉生寺云神庙殿座墙垣添安瓦料抹什提浆料估清册》，嘉庆十八年八月初三日，档案号：05-08-006-000277-0046。

2 中国第一历史档案馆藏：《房库觉生寺御座房五间及游廊修理料估清册》，嘉庆十五年十二月二十五日，档案号：05-08-006-000236-0043。

3 斌良：《抱冲斋诗集》，清光绪五年（1879）刻本。

4 中国第一历史档案馆藏：《画匠房觉生寺御座房糊什清册》，嘉庆八年四月二十日，档案号：05-08-006-000109-0064。

5 中国第一历史档案馆藏：《为支领修理觉生寺御座房房间等项添买沙滚砖等物所需银钱事》，嘉庆十五年十二月二十五日，档案号：05-08-006-000236-0042。

6 中国第一历史档案馆藏：《觉生寺御座房等项修理料估清册》，嘉庆十八年五月初八日，档案号：05-08-006-000277-0048。

7 中国第一历史档案馆藏：《画匠房糊什觉生寺御座房内里顶棚墙壁等项清册》，嘉庆十四年九月二十六日，档案号：05-08-006-000213-0050。

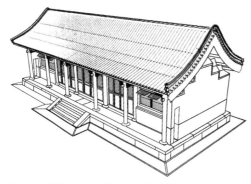

图19 清代觉生寺御座房复原图（作者根据档案文献记载复原绘制）

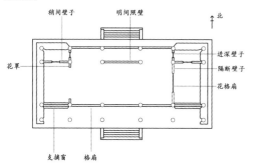

图20 清代觉生寺御座房平面示意图（作者根据档案文献记载绘制）

见方五尺五寸，随支杆四根"。[1]至此可知其基本形制与外貌（图19）。

御座房室内，明间设有面阔照壁一道，"高一丈〇五寸，宽一丈"，而稍间另有面阔隔断壁子各一道，"各高一丈五寸，宽八尺六寸，内除门口一个，高六尺，宽二尺四寸，方窗一扇见方二尺七寸"[2]，以高丽纸糊饰。进深有花罩，另一边则为隔断板，"长一丈六尺，高一丈，内除花格扇一槽高七尺五寸，宽七尺"。[3]后廊有进深壁子二道，"各高九尺，宽四尺，内除门口一个，高六尺，宽二尺四寸"。[4]（图20）

除上述外，御座房内布置诸多挂屏、字画等为装饰，"福方、挂屏、字画、条封十九件……满堂红一块玉璧子挂屏六件，各高二尺二寸，宽八寸；满堂红一块玉璧子福方四件，各见方二尺四寸；蓝绫边字画横披二件，各高四尺，宽七尺；蓝绫边字画条二件，各长六尺，宽三尺；蓝绫边字画斗一件，见方四尺五寸；蓝绫边字对二副，各长六尺，宽一尺"。[5]

（3）南膳房与北膳房

据载，西路院有两座膳房，位于垂花门外的膳房为南膳房，又称"外膳房"，面阔五间，后出抱厦三间，正座为"明间面阔一丈一尺，次稍间各面阔一丈，进深一丈八尺，内前廊深四尺，柱高九尺，径七寸"[6]，卷棚顶，六檩挑山。其内设置有高灶和高炕。装修方面，前后明次间有格扇各三槽，上有帘架各三扇，稍间前后檐枕窗四槽，抱厦两山为"枕窗二槽"[7]，俱糊饰榜纸。

1 中国第一历史档案馆藏：《木库嘉庆十九年觉生寺御座房等项粘修清册》，嘉庆十九年十二月十六日，档案号：05-08-006-000298-0060。
2 中国第一历史档案馆藏：《觉生寺栅栏树戗各殿下枕窗格御座房配房油糊清册》，嘉庆二十四年八月初九日，档案号：05-08-006-000371-0062。
3 中国第一历史档案馆藏：《觉生寺山门外东西栅栏修理糊什清册》，嘉庆二十三年六月初三日，档案号：05-08-006-000356-0021。
4 中国第一历史档案馆藏：《画匠房嘉庆十九年觉生寺山门外东西栅栏并御座房等项油糊清册》，嘉庆十九年十二月十六日，档案号：05-08-006-000298-0058。
5 中国第一历史档案馆藏：《为实销托裱懋勤殿传觉生寺福方挂屏字画条对格眼等共用工料银两事等》，光绪三十三年八月二十三日，档案号：05-08-030-000551-0051。
6 中国第一历史档案馆藏：《觉生寺南膳房一座五间揭瓦估册》，道光五年七月十六日，档案号：05-08-006-000469-0045。
7 中国第一历史档案馆藏：《觉生寺山门外东西栅栏修理糊什清册》，嘉庆二十三年四月初七日，档案号：05-08-006-000356-0021。

位于御座房以北的为"北膳房"，又称"内膳房"，面阔五间，前出抱厦三间，正座为卷棚顶，五檩硬山，"明间面阔一丈一尺，次稍间各面阔一丈，进深一丈二尺"。其抱厦则为歇山顶，"进深八尺，俱柱高九尺，径七寸"，"抱厦四檩借一檩"[1]。

关于膳房，乾隆十五年（1750）时曾有旨意将宫内各处膳房合为御茶膳房，并分为掌管内宫膳食的内膳房与掌管外廷膳食的外膳房。但是觉生寺的内、外膳房与宫内情形不尽相同。觉生寺的内膳房在档案中还被称为"茶房"，应为专门负责供应御座房茶水、果子之处，而外膳房内设高灶、高炕，是专门供奉膳食之所。从内外膳房的形制也可看出，内膳房相较外膳房，等级略高。从位置上讲，做膳食的厨房油烟极重，也不会放置于内院。这也比较符合四合院中，往往将做饭的厨房放置于垂花门外的布局特色。

乾隆十五年，乾隆皇帝自北郊礼毕回御园时途中往觉生寺休憩用膳，作《北郊礼毕还御园因成五绝句》，诗云"觉生偶一尝香积，未悟无生那觉生"，并加注曰"由坛还御园途经觉生寺，每于彼传餐，寺僧以素膳进，略一尝之，非全用，伊蒲馔也"[2]。

### 3. 东路院建筑

关于觉生寺东路院内建筑的记载，比之其他两路院少之又少。但是在一些到觉生寺游玩人物的日记中，能见少许描述，结合现存两座房屋的调研结果，大致可了解东路院建筑的简单情况。

（1）大悲坛及其配房

大悲坛，或称"大悲殿"，位于觉生寺东路院北，始建于何时不详，最早于嘉庆十五年的档案中见到有"大悲殿边脊被风刮坏"需修缮的记载。

因史料太少，所以对大悲坛的形制只能根据档案大致判断。光绪年间的修缮记录中描述，"觉生寺大悲坛四间屋内满糊饰顶棚"，而在韩使的记录中大悲坛为"二层高阁"[3]，由此可推测，大悲坛为一座至少面阔五间的二层楼阁，而其门窗则为"前檐窗户槅扇糊饰品蓝纱片"。

大悲殿内情形档案中则记载"明间后檐床罩一槽，东进间落地罩一槽，满糊饰品蓝纱片"[4]。而其下层"排几百口有胜于他处，满壁书画皆是奇绝"。屋内

1 中国第一历史档案馆藏：《觉生寺北御膳房一座计五间前接抱厦三间清册》，道光五年七月十六日，档案号：05-08-006-000470-0016。
2 《北郊礼毕还御园因成五绝句》，《御制诗四集》卷四十三，古今体七十五首【丁酉三】乾隆四十二年（1777）。
3 ［韩］权时亨：《石湍燕记》（道光三十年本），《韩使燕行录》第九十一册，第 31 页。
4 中国第一历史档案馆藏：《为支领成做觉生寺供奉开坛祈雨应用铁牌架子等项所需银两等事等》，光绪二十九年七月初七日，档案号：05-08-030-000497-0035。

"床上有数个横轴，即乾隆御笔篆书佛经"[1]，"上妥佛像，亦方燃灯供佛"[2]。

从档案中看，记载有大悲殿修缮的档案均为光绪二十九年（1903）因祈雨而进行相关房舍修葺的内务府呈文，而大悲坛内情况描写中也提及床上放置数轴佛经。觉生寺祭坛祈雨是按佛教《大云轮请雨经》进行的祈雨活动。关于大悲坛两处的记载均与祈雨活动有关，因此推测，觉生寺东路院北大悲坛可能是一处专进行祈雨唪经的建筑。

大悲坛前两侧有配房，即禅房六间，前檐有纱屉子共四槽，同样为"满糊饰品蓝纱片"。

（2）禅房

禅房主要分布在东院南部。禅房有许多间，"或揭曰客堂，或揭曰方丈，或揭曰茶房，皆诸僧所处也"。[3] 从史料记述中可知，禅房部分的房舍应分为客堂、方丈房、茶房三进。

今觉生寺东路院仅余两座房舍，一为北房五间，民国时期史料记载为方丈所居，一为北房的东配房三间。

（3）厨房、车棚与马厩等

据清代道光年间档案记载，觉生寺"佛楼之外系客堂、厨房、车棚、马圈"[4]等。但是，觉生寺厨房、车棚、马圈究竟如何排布，都是什么样子，并没有过多记载。

在民国三年关于大钟寺盗案的一份盗犯续供档案中也清楚记录，当时有六名盗犯从觉生寺东角门进入后到达了东院马棚院，后进二门院内，北屋为方丈房，西屋为执事房，从其路线可知东院基本布局与清代史料记载相符合。

在馆藏建馆前的图纸档案中可见，觉生寺东路院南边有北房六间、东房五间。从所在位置推测，这两座房舍可能是档案中所述的厨房、车棚、马圈之类建筑的一部分，但因缺乏更多的史料支撑，无法定论，期待今后有更多史料出现再做详考。

### （三）内外景观

#### 1. 地理位置

觉生寺位于北京城西直门外西北，"德胜门外西北十里"，是清代通往西郊园林的石道附近的重要建筑（图21）。

1《石湍燕记》第32页。
2［韩］佚名：《燕行录（地）》（咸丰十年本），《韩使燕行录》第九十二册，第29页。
3《燕行录（地）》，第29页。
4中国第一历史档案馆藏：《遵查觉生寺僧人善辉不法情事由》，道光二十四年八月十五日，档案号：03-2813-020。

从西直门至圆明园的石道，其道路由西直门出发，经过高梁桥、广通寺、大慧寺、觉生寺、小泥湾、双关帝庙、清梵寺、海淀镇，最后到达圆明园。

据史料记载，清代皇帝多次往返于圆明园与紫禁城之间，并中途在觉生寺用餐、休憩，尤以乾隆皇帝为甚。觉生寺距圆明园约"二十里"，距紫禁城约"十余里"，几乎处在从北京城到圆明园这条石道的中点位置。从出行的角度讲，清

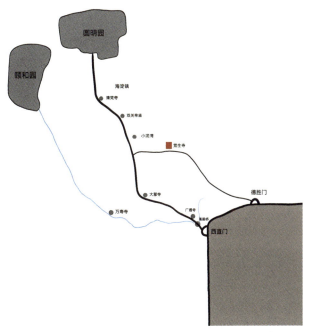

图21　觉生寺位置示意图（作者根据档案记载与现今遗存情况绘制）

代皇帝早晨无论从哪边出发，途中行至觉生寺时都到了一天的用餐时间。因此，觉生寺成了路途中用餐、休息的最佳选择，成了连接城区与郊区园林之间的重要陆上节点。乾隆皇帝曾在其诗作中多次提及在觉生寺休憩的场景，在《北郊礼成回跸御园即目成咏》一诗中更是直言"觉生路便每传餐，十里烟郊破爽寒"。

### 2. 周边景观

觉生寺的周边景观十分优美。在雍正皇帝的《敕建觉生寺碑》文中就描述，是因"此地长林嘉茂，右隔尘世之嚣，左绕山川之胜，宜为寂静清修之地"，所以肇建梵宇。

觉生寺东边不远处是元大都城墙遗址，古人认为此处是古蓟门遗址，因此称为"蓟丘"。此处清代时"林木蓊翳"，景色甚美，被乾隆皇帝列为"燕京八景"之一。在张若澄绘制的《燕山八景图册》中"蓟门烟树"一页，可见觉生寺在画面右上角隐隐露出大钟楼的屋顶（图22）。

觉生寺的临近四周则为"旷野"，有大

图22　清张若澄绘《燕山八景图册》中的"蓟门烟树"页

片良田。乾隆皇帝在诗中写道"肩舆寻郭途，麦禾竞油油""轻舆清晓历郊衢，芃绿黍禾滟露珠"，就是描述通往觉生寺的石道上，看到麦田绿油油的景象。

### 3. 寺内景观

觉生寺内园林景观在清代时特色鲜明，东、中、西三路院的植物和造景各有特色，"僧寮深幽静寂，竹林柁木位置井井"，极有盛名。乾隆皇帝有诗云："竹柏深成林，野花芬以幽。"

图23　觉生寺古树（作者2024年拍摄）

中路院多植松柏。在中路院中，因是以奉佛为功能的院落，所以没有设计休闲型景观，而更多的是种植象征长青的松柏。自第一进院至第三进院，每院都遍植松柏。据史料记载：一进院二道山门前就有松树4至6棵，每年都需"添安戗木"维护；二进院正殿前种植柏树2棵，民国时期，正殿前柏树还生成了"柏上生榆"的奇景，闻名一时；三进院在清代时院中大钟亭前有松柏六棵，形如虬龙，大如伞盖，"每株荫及数亩，而且离奇古怪，极腾骞拖蠹之妙，马和之不能过，五大夫第一级也"[1]，为当时的京外盛景（图23）。

西路院作为御座房院，院中种植则以海棠为主。院中御座房前、房后，都种植了数棵海棠树，以"戗木支撑"。初春时节景色甚美。乾隆曾有《觉生寺精舍小憩》一诗云："精舍花宫畔，萧闲小憩娱。"[2]可见院中景色之精细雅致。

东路院后部分为祈雨的大悲坛，前部分为寺僧日常生活和招待客人的住宿之所，因此前后造景有所不同。后部分大悲坛前，有"绿竹数百竿，猗猗成林，其旁有怪石七八座"[3]。相较于中路院松柏的严肃庄严、西路院海棠的繁华艳丽，东路院以竹林怪石布景，更多体现的是修行人不问世俗、潜心修道的淡泊心境与坚定信念。东路院前部分各禅房院内，则"堂前杂植花卉而别有奇异草卉矣"。比之寺内其他地方，此处杂植花卉则更显寺僧居住处的生活气息。

## 三、特色价值分析

觉生寺为清代雍正时期兴建大寺，从整体情况而言具有规整大方、凛然有序、层次分明、构思巧妙的特色。

从平面布局角度看，首先，觉生寺布局严谨考究，凛然有序。觉生寺因为

1〔清〕震钧著，顾平旦点校：《天咫偶闻》卷九，北京古籍出版社，1982年，第204页。
2《御制诗四集》卷八十九，古今体八十八首【壬寅五】乾隆四十七年（1782）。
3《石湍燕记》第31页。

平地起建，所以设计规划上完全不受地形山势等自然因素的影响，建筑布局完全依照"伽蓝七堂"形制修建，规整严谨。虽然中路院大钟亭起初并不在营建的整体布局规划中，但设计匠人依然考虑到了整体布局的需求，将大钟亭完美地融入其中，使得觉生寺"伽蓝七堂"的形制仍然规矩完整。其次，觉生寺的整体布局为多进合院式，围绕着三条南北向的主轴线串联各部分院落空间，不仅规整，而且各部分也因此而连接成为整体。

从侧剖面的角度看，觉生寺建筑布局设计层次分明、主体突出。觉生寺东、中、西三路院建筑的布局皆以中轴最后一座主体建筑为制高点，使得建筑由前往后形成了层层递进、层层升高的艺术效果（图24）。中路院中轴第一建筑头道山门高约8.03米，随后一座建筑大钟亭高约17.17米，前后两个建筑高度差将近10米。值得注意的是，大钟亭虽为后加入营建计划的建筑，设计匠人依然考虑到了这个问题，因此特意将整个楼体以二层青石台加高基础，以攒尖顶加高上层顶部，使整体高出了前面原本设计为寺院最后建筑的后阁，从而解决了寺院制高点位置的问题，让寺院整体重心依然保持在最后方，增加了建筑群体在视觉和感官上的稳定性。东、西路最后楼阁建筑的设计，也遵循了这一理念。当人们自山门而进，随着逐渐深入寺院，建筑体量逐层变大，建筑高度逐渐变高，最后到达核心建筑大钟楼，从心理上给观者造成压迫与敬畏之感。结合觉生寺周边旷野的自然环境，更加凸显觉生寺在整个环境中的至高地位，令人肃

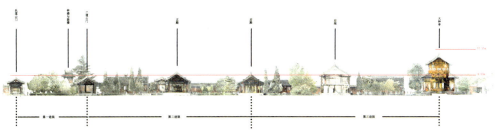

图24　觉生寺中路院中轴主体建筑三维扫描侧剖面图

然起敬。

从园林设计角度讲，觉生寺的整体园林设计遵循建筑功能布局。觉生寺中路院为佛殿，因此园林设计以松柏为主，植于殿前后两侧，凸显秩序感，配合佛殿建筑逐层递进、逐层升高的设计，凸显庄严庄重的氛围。西路院为皇帝休憩之所，以海棠为主，增添美观、休闲的意境。东路院是寺僧生活之所，以竹、石、杂花为主，不仅生活气息浓厚，更营造出一份出家人应有的清静无为之感。比之北京地区其他山地寺院的园林设计，觉生寺不仅建筑规整，园林设计也整

齐有序，凸显了合院式寺院的特色。

## 四、结论

  觉生寺为北京城西直门至西郊园林石路旁的大型皇家佛寺，自乾隆年间开始承担皇家祈雨的重要职责，成为国家祀典的重要场所之一。清代时觉生寺由东、中、西三路院落建筑组成，从整体建筑布局来看，为典型的伽蓝七堂形制：中路院为佛殿，司供奉佛事；西路院为御座房，供皇帝休憩；东路院为僧舍，为寺中僧人、客人居住生活之地。其建筑布局具有规整大方、凛然有序、层次分明、构思巧妙的特色：平面布局严谨考究，因平地起建，所以设计规划上完全不受地形山势等自然因素的影响，建筑布局完全依照"伽蓝七堂"形制修建，规整严谨；整体布局为多进合院式，围绕着三条南北向的主轴线串联各部分院落空间，不仅规整，而且各部分也因此而连接成为整体；从侧剖面的角度看，建筑布局设计层次分明、主体突出，东、中、西三路院建筑的布局皆以中轴最后一座主体建筑为制高点，使得建筑由前往后形成了层层递进、层层升高的艺术效果；园林设计遵循建筑功能布局，比之北京地区其他山地寺院的园林设计，觉生寺不仅建筑规整，园林设计也整齐有序，凸显了合院式寺院的特色。

  觉生寺是清代早期敕建汉传佛寺的代表。清代觉生寺建筑布局的研究对于清代雍正、乾隆时期敕建寺院的研究，以及今后博物馆保护与利用觉生寺现存古建筑的工作都具有一定的学术参考价值和现实意义。

# 清乾隆御制觉生寺大钟歌碑考

程　呈　王　申*

**摘要：** 大钟寺古钟博物馆藏 "清乾隆御制觉生寺大钟歌碑"，现矗立于觉生寺（即今大钟寺古钟博物馆）大钟楼内，永乐大钟东侧，是清代描述永乐大钟为数不多的实物见证，具有重要的历史文化价值。文章结合相关历史文献资料，对石碑的基本形制、纹饰、款识等内容进行了梳理和介绍，并对乾隆皇帝书写的御制诗《觉生寺大钟歌用学士沈德潜韵》的诗文内容进行了较为细致的分析和考释。

**关键词：** 乾隆　觉生寺　大钟歌

"清乾隆御制觉生寺大钟歌碑"，现矗立于觉生寺（即今大钟寺古钟博物馆）大钟楼内，永乐大钟东侧，为汉白玉材质，现今保存完好。该碑碑身刻有铭文共计 431 字，主要为乾隆皇帝以行书书写的御制诗《觉生寺大钟歌用学士沈德潜韵》，详细记述了乾隆皇帝主观意识中的永乐大钟，是清代描述永乐大钟为数不多的实物见证，具有重要的历史文化价值。据相关文献记载，该碑自乾隆年间起，就一直矗立于此，直至今日，但关于该碑的研究，却寥寥无几，仅有少数著作或文章提及或记录该碑。本文将结合相关历史文献，对该碑铭文及相关内容略作考释。

## 一、石碑基本形制

"御制觉生寺大钟歌碑"矗立于清觉生寺中路主体建筑大钟楼内，明永乐大钟钟架东侧，坐北朝南，通高 3.12 米，宽 1.18 米，厚 0.44 米，汉白玉材质。石碑整体共由碑头、碑身、碑座三个部分，铭文和纹饰两个主要内容组成（图 1）。

* 程呈，大钟寺古钟博物馆副研究馆员，研究方向：文物学、博物馆学；王申，大钟寺古钟博物馆业务部副主任，博物馆馆员，研究方向：中国钟铃文化、文化遗产保护与研究。

《御制觉生寺大钟歌碑》石碑周身饰精美浮雕纹饰，主要以龙纹、莲花、忍冬纹为主。碑头为云头造型，正、反面皆浮雕卷草式双龙纹，以线条刻画成卷曲的卷草枝蔓代替龙身，而其尾部、爪部草叶化现象较为突出，是龙纹抽象变体的形态。碑首以非常见的草叶式龙纹代替写实性的龙纹，虽然缺少了皇室威仪，但与碑身整体的缠枝纹遥相呼应，增加了整个碑体的灵动感。

图1　清乾隆御制觉生寺大钟歌碑

碑座为长方形，上部饰浮雕莲花瓣纹，下部正、反两面浮雕莲花纹、缠枝忍冬纹等，左、右两侧面浮雕缠枝忍冬纹。莲花纹，是中国古代汉族传统纹饰之一。自佛教传入我国，莲花便作为佛教标志，代表"净土"，象征"纯洁"，寓意"吉祥"。莲花因此在佛教艺术中成了主要装饰题材，是古代常用的寓意图案之一。在"御制大钟歌碑"中使用最多的有缠枝莲花纹、莲座莲花瓣纹、环形莲花瓣纹等。忍冬纹是印度佛教装饰中的一种常用形式，随同佛教传入中国而广泛流行。忍冬即是金银花，是一种藤蔓缠绕植物。中国古人喜欢忍冬，因其有长寿延年的吉祥含义。然而，忍冬纹装饰在中国仅仅流行于大量吸收外来样式的南北朝时期，至唐代就逐渐演变为独具中国特色的卷草纹样。

碑身为长方形，正面四周饰有一圈浮雕缠枝忍冬花卉纹，纹饰以S形枝蔓上下蜿蜒连贯，雕刻精细。缠枝忍冬纹下方正中，则雕刻有不同形态的奇石纹饰，构成仿若缠枝忍冬蜿蜒自山石中生长而出，攀岩向上缠绕石碑的装饰画面。碑身背面开光，四周装饰一圈浮雕缠枝忍冬花卉纹。而碑身两侧则同样饰有缠枝莲花纹、奇石等纹饰。

石碑铭文皆镌刻于碑身正面，细致入微，为乾隆皇帝以行书书写御制诗《觉生寺大钟歌用学士沈德潜韵》，共计431字，碑文内容如下：

晁谋弗善野战龙，金川门开烈焰红。

都城百尺燕飞入，齐黄群榜为奸凶。

成王安在乃定案，夹辅公旦焉可同？

瓜蔓连抄何惨毒，龙江左右京观封。

谨严难逃南史笔，忏悔讵赖佛寺钟。

道衍俨被荣将命，犍椎冶尽丹阳铜。

穹窿重过万石簴，印泥精镂禅机锋。

夏屋十寻虞不举，鲸鱼盈丈方堪舂。

山灵水族无不具，魑魅罔两怪哉虫。

欲借撞杵散愤气，安知天道怜孤忠。

榆木川边想遗恨，凫氏徒添公案重。

忆昔遨游西海子，水天上下玻璃空。

一川可通万寿寺，夤缘偶抳曹溪宗。

乔松偃盖假山古，杰阁巍巍独据中。

洪钟在悬洵伟观，联吟更喜昆弟从。

苍黝其色蟠其纽，中宏外耸何隆隆。

华严字迹传沈度，半满全揭开群蒙。

觉生鹿苑皇考创，材饬内帑群鸠工。

谓是善吼周沙界，乃从旧寺移乘风。

太清十里渺乎小，日日演梵闻离宫。

扛考已廓苾刍眼，摩挲更畅骚人胸。

不离一步钟如是，东西分别心犹蓬。

我惜德潜老始达，其诗亦复伦考功。

成编著作呈乙览，不闻肯作苏佯聋。

独爱长歌践其韵，非夸藻采争雌雄。

载赓唱酬古弗废，诗话千载留芳踪。

圣经佛旨究异路，将以何道训成童？

于论于乐备法物，安可以此归辟雍？

安可以此归辟雍？不如任彼出林大且逢。

觉生寺大钟歌用学士沈德潜韵

乾隆丙寅仲春御制并书（钤印乾隆宸翰、旨远辞文）


## 二、碑文内容

该碑正面碑文为乾隆皇帝所作《觉生寺大钟歌用学士沈德潜韵》，又名《觉生寺大钟歌用沈德潜韵》**1**，为乾隆皇帝于乾隆十一年（1746）所作。从碑文内容上分析，可分为三大部分进行详考，一为诗文正文，一为题目与款，一为铃印。

## （一）诗文

《觉生寺大钟歌用学士沈德潜韵》是一首长篇叙事诗，诗文内容可分为五部分。

诗文的第一部分为："晁谋弗善野战龙，金川门开烈焰红。都城百尺燕飞入，齐黄群榜为奸凶。成王安在乃定案，夹辅公旦焉可同？瓜蔓连抄何惨毒，龙江左右京观封。谨严难逃南史笔，忏悔讵赖佛寺钟。"这一部分，乾隆皇帝首先讲述了"靖难之役"的史实状况。他借引西汉景帝时期晁错削藩之策，指出当时燕王朱棣起兵的原因。金川门为南京外城十三座城门之一，位于外城北面，东为神策门，西为钟阜门，当时负责防守金川门的朱元璋第十九子谷王朱橞，与曹国公李景隆打开城门迎接朱棣进城，南京陷落。"野战龙"用《周易》"龙战于野，其血玄黄"的典故，与"烈焰红"相对，描述了当时激烈的对抗冲突。同时，乾隆皇帝还将永乐皇帝朱棣攻打自己侄儿朱允炆与周公旦辅佐周成王的故事做对比，引出了对永乐皇帝夺取江山的过程中杀戮太多的评价，"瓜蔓抄"就是朱棣杀戮过多的案例之一。根据《明史·景清传》记载，景清在洪武年间考中进士，建文帝初年，景清官至北平参议，很受燕王朱棣赏识。"靖难之役"后，朱棣入南京，景清虚与委蛇，朱棣仍任其为御史大夫。一日早朝，景清暗藏利刃，密谋行刺，被搜出后，景清表明"欲为故主报仇"，于是，"成祖怒，磔死，族之。籍其乡，转相攀染，谓之瓜蔓抄，村里为墟。"**2**这里描述了朱棣不仅灭其族，还如同瓜蔓蔓延一般，让其家乡一并覆灭，"瓜蔓抄"由此而来。该案例也在许多文人诗句中被引用，用以佐证朱棣杀戮过多。再加上龙江左右坟墓遍地的描述，从而得出铸造永乐大钟是因为永乐皇帝朱棣杀戮过重，内心惶恐，恐难逃史书的记载，因此需要依赖铸造大佛钟进行忏悔的个人观点。

虽然至今仍未发现任何关于永乐皇帝铸造永乐大钟的直接文献记载，但是从其他文献记载中可以了解到，乾隆皇帝在诗中的这个观点尚值得商榷。据文献记载，早在宋代，就有"惟功大者其钟大"**3**的记载。明洪武六年（1373），太祖朱元璋在南京"铸大钟。其制：仿宋'景钟'，以九九为数，高八尺一寸，拱以九龙"，"十四年四月，重铸朝钟。十七年五月，重铸京城禁钟，重二万斤"。**4**

1《御制诗初集》中该诗记名为《觉生寺大钟歌用沈德潜韵》。
2〔清〕张廷玉：《明史》卷一百四十一，中华书局，1974年，第4027页。
3〔元〕脱脱：《宋史》卷一百二十九，中华书局，1977年，第3009页。
4〔清〕龙文彬：《明会要》卷二十一，清光绪十三年（1887）永怀堂刻本，天津图书馆藏，第8页。

明成祖朱棣很有可能是继承其父思想下令铸造了永乐大钟，而在永乐大钟钟体所铸铭文《大明神咒回向》一文中，也明确地反映了永乐皇帝铸钟的真正意图，被今人称为"十二惟愿"："惟愿如来阐教宗，惟愿大发慈悲念，惟愿皇图万世隆，惟愿国泰民安乐，惟愿时丰五谷登，惟愿人人尽忠孝，惟愿华夷一文轨，惟愿治世长太平，惟愿人民登寿域，惟愿灾难悉消除，惟愿盗贼自殄绝，惟愿和气作祯祥。"最后还有"敬愿大明永一统"的语句。在"十二惟愿"中并没有任何忏悔的内容，而更多的则是表达了对国家富强统一、人民幸福康泰的美好愿望。另外，在永乐皇帝为《诸佛世尊如来菩萨尊者神僧名经》所作的序文中，永乐皇帝非常明确地表达了对于诛杀"谗言君臣"之人的决心，并且言明"今王法所诛皆不忠不孝之人，凶暴无赖，非化所迁。即佛所谓有罪不得不杀，有恶不得不用刑，杀可杀，刑可刑。所以涤拔恶类，扶植善良，显扬三宝，永隆佛教，广利一切"[1]。而在明成祖《御制荣国公神道碑》碑文中也写道："及皇考宾天，奸臣擅命，变更旧章，构为祸乱，危迫朕躬。朕惟宗社至重，匡救之责实有所在"[2]。可见，永乐皇帝朱棣将靖难之役看作是自己应该做的事情，并未对其有忏悔之意。因此，乾隆皇帝在《大钟歌》中所发表的个人观点，显然并不能成立。

当然，乾隆皇帝的个人观点也并非一家之言，而是基本代表了清朝统治阶层的主流认识。如在乾隆皇帝之前，就有曾任詹事府詹士的周起渭在《分咏京师古迹得明成祖华严大钟》一诗中写有："当年杀戮成丘墟，凭仗佛力相忏除。《金刚》《华严》八十卷，蒲牢腹背分明书。一字忏除一冤命，字少冤多除不竟。钟声夜发老狐鸣，头戴髑髅暗中听。"[3]后来加礼部尚书衔，封光禄大夫、太子太傅的沈德潜也有"当年燕飞啄孺子，南兵百万为沙虫。抄连瓜蔓凝碧血，祸延赤族锄群忠。凭仗佛力消黑业，趤趤声彻天门重。恒河沙数至无算，火焰灭熄刀轮空"[4]之语。这些清朝的皇室和官员均将永乐大钟看作是永乐皇帝出于忏悔而造，目的主要是批判其以藩王之位起兵击败建文帝夺取皇位，揭露永乐皇帝发动"靖难之役"后的过多杀戮，从而起到贬低前朝，维护清朝统治的作用。

诗文的第二部分为："道衍俨被荣将命，犍椎冶尽丹阳铜。穹窿重过万石簴，印泥精镂禅机锋。夏屋十寻虞不举，鲸鱼盈方丈堪舂。山灵水族无不具，魑魅罔两怪哉虫。欲借撞杵散愤气，安知天道怜孤忠。榆木川边想遗恨，凫氏

1 赵朴初主编：《永乐北藏》，第178册，线装书局，2000年2月，第186页。
2 北京石刻艺术博物馆编著：《新日下访碑录》1，北京燕山出版社，2013年，第246—248页。
3 王钟翰点校：《清史列传》，中华书局，1987年，第5803页。
4 沈德潜：《沈归愚诗文全集·归愚诗钞》卷十，《清代诗文集汇编》234，上海古籍出版社，第139页。

徒添公案重。"这一部分，乾隆皇帝结合自己的想象讲述了姚广孝就像古史传说中记述的荣将那样，接受了铸钟的命令，消耗天下铜矿资源，铸造出形大量重的永乐大钟。但是由于缺少进一步史料作为支撑，难以判断"丹阳铜"为特指，还是只是引用典故，寓意耗铜之多。同时，乾隆皇帝却也对永乐大钟进行了夸赞，表示钟上铭文极尽精巧，蕴含佛家教义。大钟之重，有着挂不起来的危险，就连撞钟用的钟槌都需要很大的地方才能得以施展。然而永乐皇帝妄图通过大钟"散愤气"，却被天道不容，最终永乐皇帝客死榆木川，哪怕是让铸钟匠人们用铸钟的方法来积攒功德，也解决不了这样的历史问题，反而让无辜的铸钟匠人陷入繁杂的历史案件中。该部分承接上一部分，继续表达了乾隆皇帝的个人看法，除了描述永乐大钟的基本形制和其铸造的不易与精美，更是为了与上一部分呼应，巩固因"忏悔"铸钟的说法，同时还将永乐皇帝客死榆木川归于上天降罚，认为这是上天为了怜悯被其在靖难之役中杀害的众多贤良之臣的惩罚，从而继续达到贬低前朝皇帝的效果。

诗文的第三部分为："忆昔遨游西海子，水天上下玻璃空。一川可通万寿寺，夤缘偶挹曹溪宗。乔松偃盖假山古，杰阁巍巍独据中。洪钟在悬洵伟观，联吟更喜昆弟从。苍黝其色蟠其纽，中宏外耸何隆隆。华严字迹传沈度，半满全揭开群蒙。"从这一部分开始，与前两部分有着明显不同，《大钟歌》开始写实。乾隆皇帝主要是描述当年自己还是皇子时，从西海子自长河乘船到万寿寺，看到永乐大钟悬挂在钟楼里的情景，并详细描述了自己看到永乐大钟时真实的感受。

从史料中可知，永乐大钟于明万历年间移至万寿寺后被悬挂在方形钟楼中，且每日由六名专职僧人进行敲击。在明天启年间时却因为"帝里白虎分不宜鸣钟"[1]的流言而被废置于地上。明朝灭亡，清朝建立，永乐大钟在清代初期依然放置于地上。清康熙四十年（1701）春分日文华殿大学士张英"携大郎、二郎、六郎出西直门过高梁桥沿溪水至法华寺，饭于僧舍。因至万寿寺时甫移华严钟于后阁，尚未悬架，遂过天禧宫看白松"[2]。可见此时永乐大钟还废置在万寿寺地上。而乾隆皇帝于康熙五十年（1711）出生，雍正十三年（1735）继位，时年应该为24岁，从其诗中自由游览京城景致可以看出，其时应该已经成年，故而永乐大钟在雍正时期很可能已经被重新悬挂在万寿寺钟楼之中。而"华严字迹传沈度"之语，则写明当时已有相传，永乐大钟上面的铭文为明代书法家沈度所写。这

---

1〔清〕于敏中：《日下旧闻考》卷七十七，清乾隆武英殿刻本，国家图书馆藏，第15页。
2〔清〕张英：《文端集》卷四十六，《文津阁四库全书清史资料汇刊》集部一二，商务印书馆，2006年，第102页。

一句被后人认为是永乐大钟上铭文为沈度所书的一个佐证，但观永乐大钟内外23万字铭文，应非出自一人之手。具体书写者是谁，还有待进一步的研究考证。

诗文第四部分为："觉生鹿苑皇考创，材饬内帑群鸠工。谓是善吼周沙界，乃从旧寺移乘风。太清十里渺乎小，日日演梵闻离宫（注：觉生寺去圆明园二十里）。扪考已廓苾刍眼，摩挲更畅骚人胸。不离一步钟如是，东西分别心犹蓬。"这一部分，乾隆皇帝主要是描述他的父亲雍正皇帝动用"内帑"置办材料、召集工匠建造了觉生寺，并且将永乐大钟从万寿寺挪来的情况。永乐大钟到了觉生寺日日被敲响，钟声传播很远，可以传到远在西郊的圆明园。它的钟声可以净化比丘，它的形貌可以让诗人敞开心胸。

在众多的史料记载中，永乐大钟是乾隆八年（1743）才挪到觉生寺安置，如《日下旧闻考》记载："乾隆八年皇上命移置兹寺内。"[1]然而，其实在雍正十一年（1733）四月，也就是觉生寺动工修建仅四个月时，内务府就已经奏报了和硕庄亲王允禄等臣上书要挪永乐大钟到觉生寺的事，并得到了雍正皇帝的同意。如果是这样，那么挪钟就整整花了十年时间。大部分人猜测这可能是因为雍正帝的去世影响了这次搬迁，而乾隆皇帝初登大宝，诸事繁杂，这才导致了工程进度被一拖再拖，直至乾隆八年才完成。但其实关于永乐大钟挪至觉生寺的时间记载是诸多史料记载中的一个错讹之处。早在雍正十一年四月至十三年八月之间，永乐大钟就已经挪至觉生寺并且安置妥当了。乾隆帝还是皇子时就曾到觉生寺游玩，并且写下了《觉生寺大钟》《夜闻觉生寺钟》[2]等诗篇赞颂永乐大钟的精妙。这些诗篇中，身为皇子的弘历不仅已经称永乐大钟为"觉生寺大钟"，还写到在夜间听到觉生寺大钟鸣响的事。除此之外，汪师韩所作《觉生寺（乙卯 二十九岁）》，钱大昕所作《万寿寺》也有相关记述。可见，在雍正年间永乐大钟就已经被成功挪到了觉生寺，且完成了悬挂工程，投入到正常使用中了。

而诗中关于永乐大钟声音传播范围的描述，按照距离计算，如果钟声真的能传十里，甚至数十里，在清代时觉生寺距紫禁城大约十数里，距圆明园大约二十里，这样的距离肯定可以听见永乐大钟的钟声。在档案记载中，乾隆四十二年（1777），乾隆皇帝因在平定大小金川的战役中取得了最终的胜利，于是决定在紫禁城午门举行"受俘"仪式。一位外国传教士在写往家乡的书信中写道，受俘仪式在当天的凌晨4点半开始，"一听到北京大钟寺的钟声，亲王们、达官

1〔清〕于敏中：《日下旧闻考》卷九十九，北京古籍出版社，1983年，第1646页。
2 故宫博物院编：《乐善堂全集》（乾隆二年本），《故宫珍本丛刊》，海南出版社，2000年。

显贵和各衙门的官员们以及御林军从四面八方成群结队来到了皇宫，一切皆依礼部规定安排妥当。"[1] 由此可见，此处乾隆皇帝诗中所云是可信的。

诗文第五部分为："我惜德潜老始达，其诗亦复伦考功。成编著作呈乙览，不闻肯作苏佯聋。独爱长歌践其韵，非夸藻采争雌雄。载赓唱酬古弗废，诗话千载留芳踪。圣经佛旨究异路，将以何道训成童？于论于乐备法物，安可以此归辟雍？安可以此归辟雍？不如任彼出林大且逢。"这一部分，乾隆皇帝主要是对自己写这首诗的意义进行了阐述，提及了沈德潜将自己写的《觉生寺大钟歌》呈给乾隆皇帝御览，而乾隆皇帝看过后一是因为沈德潜才华很好，不忍无视，一是自己本身也很喜欢写长诗，所以和沈德潜韵作了这首诗，而不是为了同沈德潜在长诗上一争长短。同时，其还在诗中回应了沈德潜诗文中的一些言论和看法。沈德潜在其著作《归愚诗钞》的序文中也记述了"君和臣韵"的事情，并感动地评价"古未有之"[2]。

沈德潜，字确士，号归愚，著名诗人、诗歌批评家，长洲县（今苏州市）人，初学诗于吴江、叶燮，中年以前授徒为生，并以诗名。乾隆四年（1739），六十七岁的沈德潜方中进士，官至内阁学士兼礼部侍郎，后又加礼部尚书衔、太子太傅。乾隆三十四年（1769），沈德潜去世，乾隆皇帝还追封其为太子太师，赐谥文悫，入贤良祠祭祀。由于他经常和乾隆以诗唱和，深得荣宠，故在当时，他的诗论和作品也很具影响力。

在沈德潜的《觉生寺大钟歌》最后一部分他提到："今皇崇道讲经学，鸿都观礼来耆童。始终条理借法物，曷不辇载归辟雍。于论于乐颂圣德，相和鼍鼓声逢逢。"[3]意思是当今皇帝崇尚儒学，吸引了天下老少前来观礼，为何不将永乐大钟用车载着运到辟雍，以它作为一件"教具"去教化世人，大钟钟声刚好可以与鼍鼓鼓声相和，这样可以讲经典理论又可以以礼乐教化众人。但是，乾隆皇帝在《觉生寺大钟歌用学士沈德潜韵》中却回应沈德潜："圣经佛旨究异路，将以何道训成童？于论于乐备法物，安可以此归辟雍？"意思是，儒家经典和佛家经典传授的思想不是一路的，永乐大钟身上铸造的是佛家经典，如何能够帮助传播儒家经典给天下人呢？从理论和礼乐上永乐大钟都只是一件宗教法器而已，怎么可以到辟雍里去作为儒家"教具"呢？不如让钟声飞出丛林更合适。

---

1 [法] 杜赫德编，郑德弟等译：《耶稣会士中国书简集：中国回忆录（第六卷）》，大象出版社，2005年，第88页。
2《归愚诗钞》卷十，《清代诗文集汇编》234，第17页。
3《归愚诗钞》卷十，《清代诗文集汇编》234，第139页。

## （二）款识

碑文的款识是一个具有非常重要价值的部分，从中可以透露出许多相关历史信息。《御制觉生寺大钟歌碑》碑文的最后题写款识包括诗文的题目"觉生寺大钟歌用学士沈德潜韵"和时间"乾隆丙寅仲春御制并书"。

"觉生寺大钟歌用学士沈德潜韵"作为该诗题目被记在了碑文的最后。不仅表明了诗歌的主旨，还间接点明了该诗的创作背景。此处题目中称沈德潜为学士，因在乾隆七年（1742）后沈德潜累迁官职，至侍讲学士。

碑文款识中时间为"乾隆丙寅仲春"。"仲春"指的是春季的第二个月，即农历二月。而在《石渠宝笈续编》[1]中记载，《御笔觉生寺大钟歌》另有一卷草书作品被保存在宁寿宫。其为"宣德笺本"，"纵一尺一寸五分，横四尺六寸"，后落款为"乾隆丙寅三月御笔"。

宫内所藏草书落款为三月，且在内务府档案记录中记载，乾隆十一年（1746）三月三十日，"七品首领萨木哈来说，太监胡世杰交御笔觉生寺大钟歌横批一张，传旨著画送花白描边，其乌丝轻了，得时交懋勤殿将乌丝画重些，钦此。"[2]又记载，乾隆十一年五月十九日，"七品首领萨木哈将画得松花白描边大钟歌横批一张持进，交太监胡士杰呈进讫。"[3]此处的记录与《石渠宝笈续编》中记载的宫内藏《御笔觉生寺大钟歌》一卷的记录相吻合，由此可知三月横批确实才开始制作，五月方制作好。可见石碑制作应早于宫内所藏乾隆皇帝草书的书写时间。

## （三）钤印

石碑碑文中第三个重要的部分就是诗文后的钤印，共有两枚印章，一为"乾隆宸翰"，一为"旨远辞文"（图2）。

"乾隆宸翰"是乾隆经常使用的印章，出现在诸多墨宝中。"宸"原指北极，即紫微垣，后借指帝王居所，而"翰"的意思是用笔所书，因为在古时常以羽翰作为笔使用，所以用笔书写可以称为"翰"。乾隆宸翰，就是乾隆皇帝用笔书写的意思，与"乾隆御笔之宝"的意思大体相同。"旨远辞文"这枚印章则比较少见。"旨远辞文"，出自《周易·系辞》下传，"其称名也小，其取类也大。其旨远，其辞文，其言曲而中，其事肆而隐"，[4]意思深远而语言富有文采。

而在《石渠宝笈续编》[5]中记载的《御笔觉生寺大钟歌》草书作品，其前"引

1〔清〕王杰纂：《石渠宝笈续编》卷四十四《宁寿宫藏一》，清乾隆内府钞嘉庆增补本。
2 中国第一历史档案馆、香港中文大学文物馆：《清宫内务府造办处档案总汇》14，人民出版社，2005年，第573页。
3 同上。
4 崔波注译：《周易》，中州古籍出版社，2007年，第401页。
5《石渠宝笈续编》卷四十四《宁寿宫藏一》。

首"有御笔"威音广觉",和"乾隆宸翰"、鉴藏宝玺"石渠宝笈所藏"两枚印章，其后则钤"研露""和顺积中""所宝惟贤""乾隆御笔"四枚印。

图2 碑文后两枚印章"乾隆宸翰"和"旨远辞文"

此处的"乾隆宸翰"应与石碑中的印章相同，只不过是钤在了引首，而不是末尾。"石渠宝笈所藏"则是《石渠宝笈》专用收藏章，表明此书法作品被收藏珍存。"研露"，应是乾隆皇帝以唐诗"研露题诗洁，消冰煮茗香"一句所刻制，意为清雅、喜爱。"和顺积中"的印章则出自《礼记》"和顺积中而英华发外"[1]一句，意为只有内心和顺、不断在岁月中修养自己，才能真正使英华自然而然地体现在人的外表。"所宝惟贤"印章出自《尚书·旅獒》中"不宝远物，则远人格；所宝惟贤，则迩人安"[2]一句，意思是所尊重的只是贤人。这三枚印章与御制碑上的"旨远辞文"，都表达了乾隆皇帝对自己这首《御笔觉生寺大钟歌》的喜爱和满意。

另外，有趣的是经查看《石渠宝笈续编》所记载《御笔觉生寺大钟歌》[3]实物后发现，除了记载的印章外该作品最后左下角还印有一枚朱文印——"宣统尊亲之宝"。这枚印章在故宫现存诸多书画作品中时常见到。它是清朝最后一个皇帝溥仪御览先人所藏书画后留下的印记。

## 三、结语

"御制觉生寺大钟歌碑"整体保存完好，材质精良，纹饰精美，雕工精湛，是大钟寺古钟博物馆内现存为数不多的觉生寺原有文物，见证了觉生寺在清朝时的辉煌，也是清代描述永乐大钟为数不多的实物见证，具有重要的史料价值和文物价值。碑上所刻《觉生寺大钟歌用学士沈德潜韵》一诗，不仅为我们研究觉生寺早期所承载的历史功能，以及永乐大钟在清时的实际作用、文化内涵提供了参考，也为我们探究清朝统治者对明朝统治者的认识，以及乾隆皇帝对于永乐大钟的情感和评价提供了借鉴。同时，该诗不仅在《御制诗集》和《石渠宝笈续编》中有所收录，在《日下旧闻考》等文献中也有记载，这为我们进

1〔东汉〕郑玄注：《礼记》卷十一，明刻本，国家图书馆藏，第11页。
2《尚书》卷下，明内府刻本，国家图书馆藏，第18页。
3故宫博物院藏：《弘历章草书觉生寺大钟歌卷》，文物编号：008 故 00238885。

一步判断该诗的创作背景、创作时间以及字句变化提供了依据。如今，该碑依旧保存于大钟楼内，立于永乐大钟东侧，向观众进行原状陈列展示，让观众更直观地感受明、清两代统治者所寄予永乐大钟的不同愿景，进一步感受凝聚着古代匠师们高度智慧的永乐大钟的无穷魅力。

# "清净设供养 虔求等寓龙"
## ——觉生寺清代祈雨中的龙文化*

王 申**

**摘要：** 清代皇家分祷祈雨是始建于清雍正十一年（1733）的觉生寺所承担的重要历史功能。文章结合相关历史文献资料和现存实物，通过觉生寺祈雨活动、祈雨仪式中龙文化的表现形式以及祈雨仪式中龙信仰的文化内涵，以新的视角梳理了觉生寺清代皇家祈雨过程中所蕴含的龙文化。觉生寺清代皇家祈雨是中国古代龙文化不断发展、变化的集中展现，与其他祈雨习俗中龙的象征性的体现一脉相承，同时又具有皇家祈雨的独特标识。加强觉生寺历史功能研究，特别是进一步多方面探究清代觉生寺皇家祈雨背后的文化内涵，对于更好地理解清代皇家祈雨文化，展示觉生寺所承载的历史功能，保护和利用好觉生寺古建筑群起到重要的支撑作用。

**关键词：** 清代 觉生寺 祈雨 龙文化

觉生寺（图 1），位于北京西直门外，是清雍正皇帝敕建的皇家寺院，始建于清雍正十一年（1733），告成于雍正十二年（1734）冬。自乾隆年间起，觉生寺一直作为清代皇家祈雨的重要场所。根据目前研究情况，觉生寺清代祈雨活动出现了"拈香祈雨""祭坛祈雨"和迎请"邯郸圣井岗龙神庙铁牌"到寺供奉祈雨三种形式[1]。

图 1 大钟寺古钟博物馆（觉生寺）山门

* 本文为北京市文物局 2023 年"一对一"科研课题"北京地区龙王庙及相关碑刻调查与研究（三期）"学员成果。
** 王申，大钟寺古钟博物馆业务部副主任，博物馆馆员，研究方向：中国钟铃文化、文化遗产保护与研究。
1 王申：《清光绪二十九年觉生寺祈雨考》，《北京文博文丛》2020 年第 1 辑，第 22—35 页。

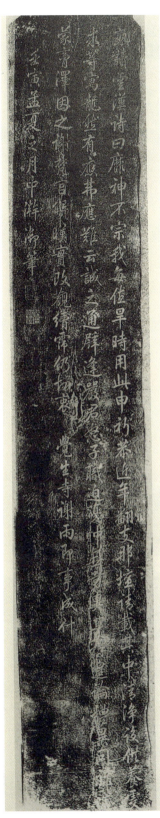

大钟寺古钟博物馆大雄宝殿东配殿耳房为"前班求雨住处"，是觉生寺清代举行祭坛祈雨活动中亲贵轮班求雨等环节的重要实物见证。馆内所藏清代雍正十二年《敕建觉生寺碑》，其侧面镌有清乾隆皇帝于乾隆四十七年（1782）所作的御制诗《觉生寺谢雨即事成什》[1]（图2），诗中云："熟读云汉诗，曰靡神不宗。我每值旱时，用此申祈恭。近年翻支那，坛请载其中。清净设供养，虔求等寓龙。然有应弗应，难云诚之通。辟逢严君怒，子职迫忧忡。无方冀其释，遑论礼异同。昨适蒙膏泽，因之谢梵宫。解暵实改观，续需仍切衷。"该诗主要内容为"谢雨"，记述了乾隆皇帝遵照"靡神不宗"的思想，进行祈雨活动。其中"近年翻支那，坛请载其中"，展现了乾隆皇帝在觉生寺设祭坛祈雨的史实情况，从侧面反映了觉生寺祈雨的历史地位与时代意义。然而，无论是觉生寺祭坛祈雨的选址，还是通过《大云轮请雨经》依科设坛祈雨，再到迎请"邯郸圣井岗龙神庙铁牌"到寺供奉进行祈雨，其背后都蕴含着中国古代龙文化的内涵背景。笔者结合档案史料，略作探讨，请各位学者批评指正。

## 一、觉生寺祈雨活动

根据目前掌握的档案文献记载的不完全统计，觉生寺祈雨自乾隆四十三年（1778）始，至光绪三十四年（1908），共进行了240次以上，乾隆、嘉庆、道光、咸丰、光绪均亲诣觉生寺进行过祈雨活动[2]。在觉生寺进行祈雨活动的三种形式中，"拈香祈雨"和"祭坛祈雨"应都起始于清代乾隆年间，只有在光绪二十九年（1903）出现了一次迎请"邯郸圣井岗龙神庙铁牌"到寺供奉进行祈雨的方式。

图2 《敕建觉生寺碑》碑一侧碑文拓片照片[3]

1 大钟寺古钟博物馆：《古韵钟声》，北京燕山出版社，2014年，第11页。
2 王申：《觉生寺清代祈雨缘起问题新议》，《北京文博文丛》2023年，第101—106页。
3 《古韵钟声》第11页。

"拈香祈雨"，为皇帝或者皇室亲贵到觉生寺进行拈香祝祷祈雨。"拈香"即撮香焚烧以敬神佛。这种祈雨活动形式简单，有时是皇帝亲诣觉生寺拈香，其他亲贵分诣大高殿、凝和庙、宣仁庙等地，有时是皇帝单独于觉生寺拈香，有时则由其他皇室亲贵到觉生寺拈香。

"祭坛祈雨"相较"拈香祈雨"更为复杂且隆重。祈雨时由皇室特选高僧在"觉生寺墙西净地"，"按大藏内《大云轮请雨经依》科设坛"，祈雨活动一般持续举行七日，中间不能间断，如果一个七日未能降雨或者雨量不够，则需要再祝祷七日。其中最长的一次为光绪二年（1876）正月二十四日至闰五月十八日，共连设二十一坛。觉生寺的祭坛祈雨始于清代乾隆年间，嘉庆至光绪时期时形成了完备的程式，至清朝灭亡才随之消失。每次祈雨以军机处上谕命令开坛（或设坛），进行拈香、轮班住宿祈雨，成功后发上谕撤坛、报谢。

迎请"邯郸圣井岗龙神庙铁牌"到觉生寺供奉进行祈雨，则是从地方"引进"的祈雨形式，且仅于光绪二十九年出现，伴随"祭坛祈雨""拈香祈雨"同时进行。也许是由于当年进行的祈雨效果并不理想，光绪二十九年五月初九日"上谕本年京师雨泽稀少，迭经虔诚祈祷，尚未渥沛甘霖，实深寅盼，着派陈璧克日前赴邯郸县龙神庙敬谨迎请铁牌到京供奉，以迓和甘，钦此"[1]。接到上谕后，身兼顺天府尹的陈璧"于本月十一日由京搭坐轮车起程至顺德府，换用舆马敬谨前往迎请"[2]。五月十六日，陈璧迎请铁牌到京，"仍由轮车至前门车站"[3]。军机大臣面奉谕旨，"前饬陈璧应请铁牌现已到京，在觉生寺供奉，着发去大藏香一枝，派醇亲王载沣即日前往拈香行礼，钦此"[4]。

这次祈雨达到了"叠沛甘霖，郊原普被"[5]目的，于是在闰五月初九日的上谕中，光绪皇帝决定于五月十二日亲自到大高殿拈香，觉生寺派礼亲王世铎恭代拈香报谢，觉生寺即行撤坛。

按照邯郸龙神庙铁牌祈雨的习俗，光绪二十九年祈雨活动成功以后也照例命人将铁牌送回，并且举行祀谢。据档案记载上谕"着派顺天府府丞李盛铎敬谨送往邯郸县龙神庙，并发大藏香十枝交李盛铎恭齐祀谢，钦此"[6]。至此，迎请邯郸圣井岗龙神庙铁牌祈雨活动才算结束。

1 中国第一历史档案馆藏：光绪二十九年五月初九第 2 条。
2 中国第一历史档案馆藏：《为着陈璧前往直隶邯郸县龙神庙迎请铁牌到京供奉祈雨先期查照预备事致内务府》，档案号：05-13-002-000338-0084。
3 同上。
4 中国第一历史档案馆藏：《为前饬陈璧迎请铁牌现已到京在觉生寺供奉着发去大藏香一枝派醇亲王载沣即日前往拈香行礼事》，光绪二十九年五月十六日，档案号：05-13-002-000338-0096。
5 中国第一历史档案馆藏：《为皇上亲诣大高殿拈香并派礼亲王世铎等分诣觉生寺等处恭代拈香报谢降雨事》，光绪二十九年闰五月初九日，档案号：06-01-001-000482-0157。
6 中国第一历史档案馆藏：光绪二十九年闰五月初九第 2 条。

## 二、觉生寺祈雨仪式中龙文化的表现形式

　　龙是中华民族的象征，也是最重要的原始图腾之一，因此中华民族也自称为"龙的传人"，其影响不可谓不深远。虽然觉生寺是清代皇家寺院，但在觉生寺祈雨活动中，龙作为供奉对象、装饰艺术、意象代表，体现在不同环节之内，展现了不同的龙的形象，其背后所承载的亦是中国自古以来龙文化发展变化的结果体现。

### （一）作为供奉对象的龙形象

　　龙作为供奉对象出现在觉生寺祈雨活动中，主要是体现在"祭坛祈雨"仪式中。

　　觉生寺"祭坛祈雨"所用《大云轮请雨经》在目前存世的乾隆《大藏经》中收录了隋、唐时期所译的四个版本。通过与内务府档、上谕档记录的觉生寺祭坛祈雨材料对比发现，四个版本均与其有细节差别。只有乾隆四十三年由皇六子永瑢奉诏绘制并被收录在乾隆四十七年刊印的《御制大云轮请雨经》一书中的祭坛坛法和坛图，与实际搭建的祭坛具有较高的相似度。

　　关于觉生寺大云轮请雨祭坛，已有相关研究，不再赘述。然而，通过祭坛场地的布置和所诵经文内容可以看出，祭坛祈雨的核心就是祭祀龙王。

　　觉生寺大云轮请雨祭坛上主供的龙王像，被绘于插屏之上（图3）。在《御制大云轮请雨经》中对于其有较为详细的记载和描绘。龙王像插屏供奉在距离幄中高桌以东三肘（约0.96米）、南五肘、西七肘、北九肘的四个方向的四个青帏八仙高桌上。东八仙高桌向西，供奉龙王一身三头；南八仙高桌向北，供奉龙王一身五头；西八仙高桌向东，供奉龙王一身七头；北八仙高桌向南，供奉龙王一身九头。除此之外，插屏上还各画龙王四位眷属围绕，下为海涛，上有云气。供奉用的八仙高桌皆套青布桌套，上设供器和供物。从经文仪轨对于龙王像的描述

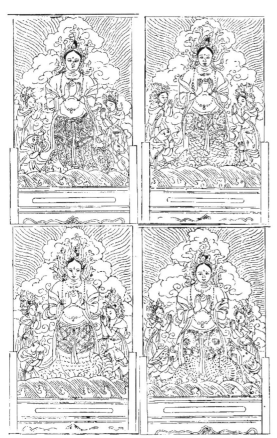

图3　觉生寺大云轮请雨祭坛龙王像

以及所列图像可知，该经中所供龙王为上半身如菩萨形，下半身为蛇形，且头出三、五、七、九，除人面外，其余全为蛇头。这种龙王形象与中国传统文化中的龙形象以及龙王庙中供奉祭祀的龙王形象相差甚远，而保留了印度蛇王的特征。

而在《御制大云轮请雨经》的经文中，则一次诵咏出185个龙王，并在最后说道："又愿以此礼佛念诵及诸功德，回施一切诸天龙王，并及含识有形之类升法座时高声读诵此经，及咒书夜不绝，若一七日若二七日远至三七日必降甘雨……"从该经文的记述中不难看出，诸天龙王便是此经祈求降雨的主要对象。然而其并非单单只是一味推崇，还夹杂着威胁之意，从而震慑龙王，达到祈雨的目的。

除此之外，觉生寺祈雨所迎请的"邯郸圣井岗龙神庙铁牌"，其上的文字，主要是迎请铁牌的时间、人员等信息，以及祀谢的词语，虽然未刻有龙的形象，但是其本身就是龙神庙的器物，加以应用，使之作为龙的代表而呈现在世人面前。故而，铁牌作为龙的象征物，亦是作为供奉对象而存在，同样被当时人们认为是祈雨的关键。

## （二）作为装饰艺术的龙形象

觉生寺祭坛祈雨活动中，在祭坛搭建的装饰场景中也蕴含着鲜明的龙形象。根据档案记载，祭坛坛场方广十二步（约368.64平方米[1]），为正方形，坐西朝东建设，四周以席围墙为界畔。而搭做的席围墙"见方八丈，高七尺……席墙除门口四个，凑长二十八丈，高七尺"[2]，且油糊彩画，"四面画龙"[3]，具体样式在《御制大云轮请雨经》中，详细记录为"以席为墙，四面有门，门各画二行龙守护，用代经所

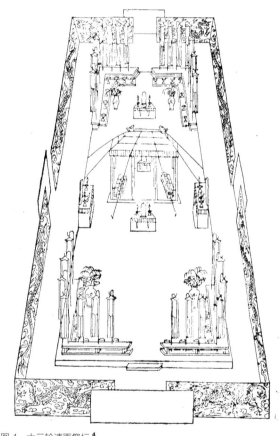

图4　大云轮请雨祭坛[4]

1 清乾隆年间，一尺等于今32厘米，一步等于五尺。
2 中国第一历史档案馆藏：《房库嘉庆二年觉生寺祈雨搭席墙棚座料估清册》，嘉庆二年闰六月二十日，档案号：05-08-006-000014-0017。
3 中国第一历史档案馆藏：《为支领预备觉生寺祈雨应用库贮地平等物搭做席围墙等项需用银钱事》，嘉庆三年六月十七日，档案号：05-08-006-000027-0020。
4 《御制大云轮请雨经》，清乾隆四十七年（1782）刊本，第1页。

云或灰或水以为界畔者，龙首皆向门而蜿蜒，其尾互相勾结"（图4）。从图中也可看出，整个祭坛共有四对五爪行龙，每对行龙皆被绘画在坛门左右两侧的席围墙上，躯体呈波浪状，龙头上扬，且被云纹包围，给人呈现出极具生命力的画面。这里的行龙不同于祭坛中供奉的龙王像，而与中国传统文化中的龙的形象趋于统一。作为装饰艺术中的行龙形象也从侧面展现了清代祈雨的皇室气象。

除此之外，祭坛席墙四面各开一口，长一丈，为坛门。觉生寺的祭坛中道场四门外则设席插屏影壁挡在四座门前，"各长一丈六尺，高七尺"**1**，席上还画对成五彩雾龙水兽**2**。然而这里的五彩雾龙水兽形象具体为何，由于经中和坛图里均未有详细描述，还有待进一步挖掘史料加以研究。

### （三）作为意象代表的龙形象

作为意象代表的龙形象，主要体现在祭坛位置的选择上，其特殊的地理位置成了祭坛选址的主要因素。

关于觉生寺祭坛祈雨地点的选择，在中国第一历史档案馆内收藏的觉生寺祈雨档案中，记录较少且不甚详细。如：乾隆四十三年五月初九日，"臣永瑢臣金简谨奏为奏闻事，臣等遵旨，谨按大藏内《大云轮请雨经》，依科设坛于觉生寺墙西净地……"**3**仅仅表明觉生寺设坛祈雨的地点位于觉生寺西墙外净地，具体在哪则并未言明。唯有御史余上华在光绪四年（1878）三月初一上奏的奏折中提到："觉生寺旁向来祈雨立坛之所，俗呼为九龙冈。地稍高而土常润。相传为龙脊发现之地，是以祷雨辄应。"**4**而"九龙冈即在寺外正西地方，形式蜿蜒起伏，似有龙脉连贯，故俗称为九龙冈，自九龙冈至觉生寺墙以外接连一带均系官地，形式宏敞，气象清华，为向来祈雨设坛之所。"**5**至于祭坛的具体位置，遗迹早已无存，又无文献记载，如今仅从几幅早期的地图和记载中，根据一些线索可以推测，祭坛所在范围大致在今大钟寺古钟博物馆（觉生寺）以西，大泥湾社区和小泥湾社区以东，北三环以北，翠宫饭店以南的范围内（图5）**6**。

从该档案记录可以看出，在觉生寺祈雨祭坛位置选择之时，龙的因素起到了决定性作用。而在此之中的龙的形象，不甚清楚，只是在档案中记录九龙岗

1 中国第一历史档案馆藏：《为支领预备觉生寺祈雨应用地平等项所需工价银钱事》，嘉庆元年九月二十五日，档案号：05-08-006-000006-0046。
2 中国第一历史档案馆藏：《画匠房嘉庆元年觉生寺祈雨应用幅架支杆席墙等件油画清册》，嘉庆元年九月二十五日，档案号：05-08-006-000006-0047。
3 中国第一历史档案馆藏：《奏为令众僧人于觉生寺设坛唪经等事折》，档案号：04-01-01-0257-005（奏销档348-112）。
4 中国第一历史档案馆藏：《奏请派员查明总管内务府大臣茂林占官地立私坟盗从严治罪事》，档案号：03-5529-023。
5 中国第一历史档案馆藏：《为总管内务府大臣茂与其兄庆林占觉生寺官地营葬着全庆徐桐查明因何侵占官地该庙僧人因何听其擅用等事等》，光绪四年三月初五日，档案号：05-13-002-000261-0042。
6 王申：《清光绪二十九年祈雨考》，《北京文博文丛》2020年第一辑，2020年，第22—35页。

为"龙脊发现之地""形式蜿蜒起伏，似有龙脉连贯"。这一模糊表达，却是龙的意象的最直接的体现。

图 5　觉生寺祭坛所在区域推测示意图（截取自 2020 年 2 月 10 日百度地图）

## 三、觉生寺祈雨仪式中龙信仰的文化内涵

觉生寺祈雨仪式中，不同祈雨方式和龙的形象的不同，其背后所蕴含的文化属性自然也并不相同。大云轮请雨祭坛中的龙王像和邯郸圣井岗龙神庙铁牌虽然都是供奉对象，但祭坛中的龙王像应是佛教文化与传统神文化融合发展的结果，铁牌则是邯郸地方龙母信仰的象征物，也是地方信仰"正统化"的结果。而祭坛席围墙上所绘行龙形象，以及觉生寺祈雨祭坛位置的选择，虽然一个体现在装饰艺术上，一个是龙的意象的体现，但背后应该都受了中国传统龙文化的影响。这些龙的不同形象与表现形式均应是龙文化发展至清朝时最直观也最为鲜明的展现。

### （一）祭坛祈雨供奉的龙王像：佛教文化与传统龙文化的融合

觉生寺祭坛祈雨中供奉的龙王像，出自《大云轮请雨经》，具有较为鲜明的佛教特征。佛教创立于古印度，东汉永平十年（67），传入中原地区，自此以后，对中国古代历史文化产生了较为深刻的影响，而佛教中的龙文化与传统文化中的龙的进一步结合，推动了龙王信仰的发展。

龙是佛教中八部护法神之一，即天众、龙众、夜叉、乾闼婆、阿修罗、迦楼罗、紧那罗和摩睺罗伽，因天众和龙众法力最为高深，又被称为"天龙八部"。佛教中的龙的种类很多，《渊鉴类函》中按照功能将其分为天龙、神龙、地龙、伏龙四种，并记述为："别行曰有四种龙，一天龙，守天宫殿持令不落者；二神龙，兴云致雨益人间者；三地龙，泱江开渎者；四伏藏龙，守轮王大福人藏者。"[1] 由此可见，在佛教中，神龙能够兴云致雨，这与中国传统文化中龙善变化，能致云雨有着相似之处。而对于龙王形象的描述既没有较为固定的居所，也没有一成不变的面貌，如《佛母大孔雀明王经》记载有："或有龙王行地上，或有龙王常居空，或有恒依妙高山，或在水中作依止。"同时，还有着一头、二头乃至多头，无足、二足、四足乃至多足龙王的记述等[2]。

中国关于龙的记载，古已有之，但是对于龙王的称呼则被认为是受到了印度佛教的影响。早在西晋时僧人竺法护就翻译了《佛说海龙王经》。东晋时僧人法显撰写的《法显传》（又名《历游天竺记》）又将海龙王的称呼带入中国[3]。故而早在两晋时，龙王的称呼就已经传入中国。据南朝梁慧皎《高僧传》卷六《晋庐山释慧远》记载，释慧远在东晋孝武帝宁康元年（373）与弟子数十人来到江西浔阳，见庐峰清净，住于龙泉精舍，这里缺少水源，一向干旱，慧远便以杖叩地，说："若此中可得栖立，当使朽壤抽泉。"言毕，清流涌出，浚矣成溪。此后，浔阳亢旱，慧远便在水池畔读诵这部《海龙王经》，忽有巨蛇出现在水池上空，须臾大雨，庐山从此变成风调雨顺之地，慧远将所住精舍命名为龙泉寺[4]。《高僧传》的这则故事，表明早在东晋时期，就已有用诵读佛经的方式求雨的记载。而后，龙王在人们心目中的地位逐渐上升。

觉生寺祭坛祈雨中所供奉的龙王像远非中国传统文化中的龙王形象，而保留浓厚的密教色彩。清代皇室通过搭建大云轮请雨祭坛，供奉龙王像，诵念《大云轮请雨经》以达到求雨的目的，不仅是乾隆皇帝"靡神不宗"思想的体现，同时也是佛教文化与中国本土文化，以及中国和古印度文化之间相互交流、融合的结果，一定程度上也体现了清代统治者以及中华文化的包容性。

### （二）迎请邯郸圣井岗龙神庙铁牌：邯郸地方龙母信仰的"正统化"

觉生寺于光绪二十九年祈雨中所迎请的到底是哪一块铁牌，自目前发现的文献记载中尚未可知，但其确是邯郸圣井岗地区龙母文化的承载载体，见证了邯郸地方龙母信仰的"正统化"。

龙母信仰是龙神信仰中重要的组成部分，关于龙母的传说早在晋时，就已有记载。《华阳国志》中记有："哀牢，山名也。其先有一妇人，名曰沙壹，依哀牢山下居，以捕鱼自给。忽于水中触一沉木，遂感而有娠。度十月，产子男

1〔清〕张英、王世贞等纂：《渊鉴类函》第四百三十八卷《鳞介部二·龙》，据1887年上海同文书局石印本影印，中国书店，1985年。
2 释见如：《佛母大孔雀明王经注释汇编》，宗教文化出版社，2010年，第54页。
3〔东晋〕法显撰，邵天松校笺：《法显传校笺》，南京师范大学出版社，2022年，第178页。
4〔梁〕慧皎撰，富世平点校：《高僧传》卷第六《义解三·晋庐山释慧远》，中华书局，2023年，第219—220页。

十人。后沉木化为龙，出谓沙壶曰：'若为我生子，今在乎?'而九子惊走。惟一小子不能去，陪龙坐，龙就而舐之。沙壶与言语，以龙与陪坐，因名曰元隆，犹汉言陪坐也。"[1] 清人所著《松阳县志》记载："晋时，松旱，县令陈时祷雨于百仞山，忽见白龙见于山上，大雨如注。令上其事，更名为白龙山，县亦因之立庙祀夫人，为龙母庙，又名太婆庙，盖因乡人称之，旱仍祷焉。"[2] 可见，当时已有龙母传说，且龙母已被赋予了行云布雨的能力。

邯郸铁牌祈雨本是河北邯郸当地的民俗活动。据《邯郸县志》记载，圣井岗"在县西北二十里，位于输龟河之阳，广袤约十亩有奇，殿宇七十余楹，为邑中庙宇之冠"[3]。庙宇据传建造于元仁宗延祐二年（1315），明正统、嘉靖时都有重修。庙中神像前有井（图6），传说"深约丈余，雨不溢，旱不涸，故名圣井"[4]。

图6　圣井岗龙神庙圣井

祈雨铁牌就存储在"圣井"中，"祷雨者捞取井中铁牌供之，辄应"[5]。于是不只邯郸本地人崇尚此种祈雨方式，周围乡民也受其影响，甚至有地方官专门至邯郸龙神庙迎请铁牌祈雨。

这种祈雨文化应是脱胎于从当地传说中逐渐形成的龙母信仰，也是唐代以来、佛教传入后龙的拟人化的结果。圣井岗龙神庙供奉的主要就是"九龙圣母"。据当地传说记载，殿中圣母为600多年前邯郸县北牛叫村房永和的女儿，名为房宝。一日，房宝与嫂子在河边洗衣，见水上一桃漂来，鲜艳诱人，捞予其嫂，嫂子又回让房宝。岂料吃下桃子后没多久，房宝怀孕了。未婚先孕在当时被看作不守妇道、有辱门庭，房宝被其父逐出家门。次日，其兄入山寻妹回来后说，在山上见有数条巨蛇盘旋在房宝周围，顷刻间狂风突起，雷电交加，巨蛇腾空而去，房宝也不见了踪迹。事情传开后，人们都说房宝是"圣母"，生了九龙子。九子为：九龙、苍龙、金龙、焦龙、黄龙、黑龙、火龙、青龙、白龙。后圣井岗庙宇中立起了"九龙圣母"的神位。民国《邯郸县志》记载，房宝父亲房永和是房姓的二世祖，母亲韩氏是韩姓的第七世，也是北牛叫村人。到民国二十二年（1933），房姓已传19世，韩氏已传28世[6]。

1〔晋〕常璩：《华阳国志》卷四《南中志》，齐鲁书社，2010年，第56—57页。
2〔清〕支恒春纂：《松阳县志》卷一二《杂事》，（台北）成文出版社，1975年，第1161页。
3 杨肇基修，李世昌纂：民国《邯郸县志》卷三《地理志·名胜》，《中国地方志集成·河北府县志辑》第60册，上海书店，2006年，第424页。
4 同上。
5 同上。
6 杨肇基：《邯郸县志》卷十七《故事志·轶闻》，民国二十九年（1940）刻本，国家图书馆藏，第13页。

九龙圣母升天后，玉帝派她到圣井岗掌一方祸福。圣母见此地周围多是岗坡地，庄稼全靠老天下雨，遇到大旱，百姓更是颗粒无收，故百姓多有到此求雨者。圣母责问龙王，龙王以没有"调水符牌"为由不肯行雨。圣母回天庭向玉帝讨符牌，玉帝不给，圣母便去求皇后和皇姐，背着玉帝偷来一枚符牌投于圣井中，至此，圣井龙王才依符听令。因此处圣井内有调水符牌，祈雨甚灵，所以香火很盛。该传说与中国历史上各地方民间信仰中的龙母信仰有着异曲同工之妙。

传说固然是虚幻的，但真实的圣井岗龙神庙位于今天的河北省邯郸市西北丛台区的圣井岗，现为河北省重点文物保护单位。建筑从南到北依次为戏楼、山门、九龙圣母殿、九龙桥、圣井亭、三霄殿，且多为 20 世纪 90

图 7　圣井岗龙神庙现存金属牌

年代重修或复建。九龙圣母殿内现存古井一口，井口为青石雕砌的神龙，龙的头和颈部垂直矗立于地面，龙身绕井口一周，即为当地传说中的"圣井"。1986年整修时，共从井内打捞出各种金属祈雨牌 111 枚，其中 40 枚字迹清晰可辨，其余大多数字迹已经辨识不清，现陈列于圣井岗文物陈列室（图 7）[1]。祈雨牌质地不一，铜质、铁质居多，锡质少量，史料中所载金质和银质的铁牌已经无存。这些金属祈雨牌见证着曾经祈雨活动的频繁与隆重。

而迎请圣井岗龙神庙铁牌祈雨从民间走向皇家，从邯郸走进北京，则缘起于同治六年（1867）。根据《蕉轩随录》记载"同治丁卯京师亢旱，会稽张霭堂农部（霞）在总理衙门行走，言于恭邸及各堂官，遂属霭堂亲往邯郸请铁牌至京，奉安都城隍庙中"，[2] 当时铁牌被供奉在京城的城隍庙内，由钟郡王奕诒负责拈香行礼。从史料中可知本次祈雨非常成功，六月二十六日，也就是铁牌到京的第三天京城就阴雨绵绵，之后又下起了大雨直到晚上才停歇。同治皇帝为表示对祈雨效果的感谢，按照邯郸龙神庙祈雨成功需打造新牌还祀的习俗，特意下令打造了一面金牌，并添置一座金座，与铁牌一同还回邯郸龙神庙[3]。庙中现存光绪二十五年（1899）八月所立的《圣井岗龙神灵应碑记》记载："穆宗皇帝命礼部尚书万公青黎至邯郸请铁牌得雨，铸金牌还之，现存邑库，并发帑银三千

1 贾国巍主编：《北方龙母 道教丛林：圣井岗》，中国文史出版社，2008 年，第 22 页。
2〔清〕方濬师撰，盛冬铃点校：《蕉轩随录 续录》，中华书局，1995 年，第 449 页。
3 中国第一历史档案馆藏上谕档：同治六年六月二十七日。

两。敕修庙宇，列入祀典。地方官春秋致祭。(同治) 九年，光绪四年，仍请铁牌得雨，加封号'灵应昭佑宏济龙神'，颁御书匾额者三次。"[1] 现金牌不知下落。正是同治六年这次祈雨成功，使得迎请邯郸龙神庙铁牌进京祈雨的形式被清皇室认可，正式列入官方祭祀。

根据史料统计，清代同治至光绪时期共迎请铁牌进京祈雨九次，分别在同治六年、同治九年 (1870)、光绪二年、光绪四年 (1878)、光绪五年 (1879)、光绪十五年 (1889)、光绪二十五年、光绪二十六年 (1900)、光绪二十九年，供奉地点分别在都城隍庙、大光明殿、觉生寺等地，而圣井岗龙神庙也被屡次加封号，称为"灵应昭佑宏济永泽溥惠圣井龙神"。

故而，迎请"邯郸圣井岗龙神庙铁牌"到觉生寺供奉并进行祈雨，应是民间信仰"正统化"的结果。邯郸地方信仰即龙母信仰在官方祈雨灵验后，被清朝最高统治者列入国家祀典，并予以加封号、赐匾额等一系列殊荣，地方民间信仰由此上升为国家认可的神明。而将"邯郸圣井岗龙神庙铁牌"在觉生寺供奉，则进一步丰富了觉生寺作为清代皇家祈雨场所进行祈雨的形式，突出了觉生寺在清代乾隆至光绪时期较为特殊的地位，也使觉生寺成了九次迎请"邯郸圣井岗龙神庙铁牌"入京供奉地点中硕果仅存保留至今的祈雨场所。

### （三）觉生寺祈雨祭坛位置的选择与祭坛装饰场景的绘画：根植于中华文化中的龙文化

祭坛席围墙上所绘行龙形象真实而具体，而觉生寺祈雨祭坛位置的选择则是龙的意象体现，这一实一虚的背后应都受了中国传统龙文化的影响，是传统龙文化的直观体现。

龙，作为一种文化动物，在中华民族中有着较为深厚的思想渊源。1987 年，在河南濮阳西水坡遗址发现属于仰韶文化时期的龙，该龙用蚌壳摆塑，头朝北、面朝东，昂首弓背，尾巴作摆动状，该遗址年代在 6500 年前。1994 年，在辽宁省阜新市阜新蒙古族自治县沙拉镇查海遗址聚落中心墓地上方挖掘发现一条石堆塑龙，该遗址是新石器时代早期 (前 10 000—前 7000) 人类聚落遗址。大量考古出土发现的龙的形象表明，早在新石器时代，中华文化中就已有龙的出现。在《山海经》中曾记述："有人衣青衣，名曰黄帝女魃。蚩尤作兵伐黄帝，黄帝乃令应龙攻之冀州之野。应龙蓄水，蚩尤请风伯、雨师纵大风雨。黄帝乃下天女曰魃，雨止，遂杀蚩尤。"[2] 甲骨文卜辞中则记道："其乍龙于凡田，有雨。"学者

1 圣井岗文物管理处藏：《圣井岗龙神灵应碑记》。
2 〔晋〕郭璞：《山海经》卷十七《大荒北经》，明刻本，国家图书馆藏，第 6 页。

裘锡圭认为"乇龙"就是作土龙求雨[1]。《吕氏春秋》中同样有着"以龙致雨,以形逐影"[2]之说。汉代成书的《说文解字》在解释"珑"这个字时,也记述为:"珑,祷旱玉也,为龙纹;从玉,龙声。"[3]表明至少在此之前,雕刻有龙纹的玉器就已经作为在干旱时求雨的礼器。汉代画像石中也有神龙降雨的图绘。

　　龙的行云布雨功能以及其在中国农业社会中的重要地位,使得人们相信只要通过虔诚祈祷,就能祷雨应验,普降甘霖,而这种祷雨灵验的传说或事实也反作用于祈雨仪式本身。故而在觉生寺设坛祈雨位置的选择上,虽然未有像龙王庙那样的龙王传说以及龙潭等特殊地理环境,但是"土常润"的现实情况,让传说中的"龙脊"发现之地更为真实,这种传统文化背景下的特定条件使得祈雨设坛之所坐落于"九龙冈"之地。祭坛四周围墙皆绘有中国传统文化中能够兴云布雨的"龙",则更加使得觉生寺祈雨祭坛显得虔诚且庄重。

　　除了在祈雨祭坛位置选择上蕴含着清代统治阶级对于龙文化的继承与崇拜,同时,清代君臣对于祈雨设坛之所同样异常重视。光绪年间,内务府大臣茂林与其兄庆林将"九龙冈"之官地立为私坟,被认为是"掘断龙脉,污秽坛庙重地",亦是"今岁设坛易地,因是祈祷无灵"的罪魁祸首。御史余上华认为应"特派大员确切查明,从严治罪,并籍其侵公钜积,以赈灾黎庶,民怨消而天和自应,俾以后左右近习咸知儆惕,自不敢专擅矣"[4]。最终,查明茂林等所立茔地确实是觉生寺的官地,且"广狭几与觉生寺相埒"[5],其不仅私行商换,最主要是因为"建茔开濠,以致坛基逼窄",影响了祈雨,故而罪责更重。最终,总管内务府大臣茂林、奉宸苑卿庆林、僧录司正印僧人真实、寺僧显澄、笔帖式兴麟文绪等与此案有关人员,均"交部严加议处"[6]。而庆林所占用的官地七十亩,尚未营葬,故而"其房间树木壕沟均应令一律平毁,以复旧规,仍由官饬庙将原地领回,所给折卖银一千四百两应归内务府充公"[7]。这一系列的措施维护了皇家祈雨设坛之所的严肃性,也体现了"龙"的突出地位。

　　同时,不论是拈香祈雨还是祭坛祈雨,均有清代帝王亲诣觉生寺的档案记载,乾隆、嘉庆、道光、咸丰、光绪均有涉及,帝王作为真龙天子,这一龙的化身的特殊角色参与到祈雨仪式中,本身也是人们对于祈雨灵验深信不疑的重

1 裘锡圭:《说卜辞的焚巫尪与作土龙》,《甲骨文与殷商史》第一辑,上海古籍出版社,1983年。
2《吕氏春秋·有始览·应同》,中华书局,2007年,第377页。
3〔汉〕许慎撰,徐铉校定:《说文解字》,中华书局,1963年,第11页。
4 中国第一历史档案馆藏:《奏请派员查明总管内务府大臣茂林占官地立私坟宜从严治罪事》,光绪四年三月初一日,档案号:03-5529-023。
5 中国第一历史档案馆藏:《为总管内务府大臣茂与其兄庆林占觉生寺官地营葬着全庆徐桐查明因何侵占官地该庙僧人因何听其擅用等事》,光绪四年三月初五日,05-13-002-000261-0042。
6 中国第一历史档案馆藏军机处上谕档:光绪四年四月初一日内阁奉。
7 中国第一历史档案馆藏军机处上谕档:光绪四年四月初一日。

要保障。

## 四、结语

  觉生寺是清代皇家寺院，也是清代皇家祈雨的重要场所，承担着履行国家祈雨祭祀职能的重要作用。在自清乾隆至光绪年间的 170 余年中，觉生寺三种不同的祈雨形式进一步丰富了觉生寺的祈雨表现形式和文化内涵。而不论是"祭坛祈雨"的设坛之所"九龙冈"，还是依照"大云轮请雨经"依科设坛祈雨，抑或是迎请"邯郸圣井岗龙神庙铁牌"供奉祈雨，其背后都蕴含着中国自古以来源远流长的龙文化，是中国古代龙文化不断发展、变化的集中展现，其与其他祈雨习俗中龙的象征性的体现一脉相承，同时，又具有着皇家祈雨的独特标识。觉生寺清代祈雨之所以经久不衰，且深受清代皇家重视，正是传统的龙文化、佛教中的龙王信仰以及地方龙母信仰正统化共同作用的结果。在以农为本的中国古代，风调雨顺才能五谷丰登，皇家祈雨一定程度上寄托了清代统治者的政治诉求，更是其维护国家统治的需要。

  觉生寺作为皇家祈雨的载体，集中体现了思想、信仰以及文化内涵等之间的关系。加强觉生寺历史功能研究，特别是进一步多方面探究清代觉生寺皇家祈雨背后的文化内涵，对于更好地理解清代皇家祈雨文化，展示觉生寺所承载的历史功能，保护和利用好觉生寺古建筑群起到重要的支撑作用。

# 觉生寺建筑彩画探究

曹振伟 *

**摘要：** 觉生寺始建于雍正朝，与清工部《工程做法》颁布的时间一致。建筑区域内现存有三个时期的清代彩画遗迹，分别是大雄宝殿明间脊部雍正十一年（1733）的龙和玺彩画，天王殿和大雄宝殿内檐雍正十二年（1734）的旋子彩画，以及大钟楼内檐的清代中后期（嘉庆朝前）旋子彩画。另通过档案研究，发现在损毁的御座房区域建筑上，有当今已失传的油饰做法，是研究清代档案与实物相结合的绝佳案例。此外寺内清代彩画现存在较为严重的病害，主要为始建时期匠人人为造成，且存在相互叠加的情况，随着材料的老化，病害具有面积大、发展趋势快的特点。

**关键词：** 旋子彩画 和玺彩画 粉红油 小点金旋眼 串箍头

觉生寺始建于清雍正十一年（1733），竣工于雍正十二年（1734），与清工部《工程做法》颁布的时间一致，是将研究清代档案与实物相结合的绝佳案例。目前，觉生寺的研究成果多集中在古钟领域，建筑相关的研究相对较少，如于孜著《大钟寺》[1]、大钟寺古钟博物馆编《古钟博物馆营造旧闻》[2]、程呈著《档案中的觉生寺》[3]等，以上成果主要涉及建筑的档案、现状描述等内容，并未涉及彩画。彩画专项仅有罗飞著《皇权与佛法——觉生寺大雄宝殿明间脊步彩画》[4]，文中介绍大雄宝殿明间脊部的龙和玺彩画构图及纹饰特点，分析其年代与价值，判断彩画下限为雍正十二年的遗存，但部分分析内容有误。

\* 曹振伟，故宫博物院研究馆员。
1 于孜：《大钟寺》，北京燕山出版社，2006 年。
2 大钟寺古钟博物馆：《古钟博物馆营造旧闻》，北京燕山出版社，2018 年。
3 程呈：《档案中的觉生寺》，《北京档案》2022 年第 12 期，第 51—53 页。
4 罗飞：《皇权与佛法——觉生寺大雄宝殿明间脊步彩画》，《紫禁城》2023 年第 9 期，第 130—145 页。

## 一、建筑历史及彩画概况

觉生寺始建于清雍正十一年，由皇帝敕建，次年冬日完工。寺庙占地面积 3.8 公顷，建筑坐北朝南。主轴线上由南往北依次为照壁（已毁）、山门、钟鼓楼、天王殿、大雄宝殿、观音殿、藏经楼、大钟楼。乾隆八年，永乐大钟从万寿寺移至觉生寺。乾隆五十二年（1787）觉生寺成为皇家祈雨的场所，此活动一直延续到清朝末年。

觉生寺内建筑彩画主要有旋子彩画、和玺彩画两大类型，其中含龙和玺彩画（大雄宝殿明间脊部）、墨线小点金龙锦方心旋子彩画（大雄宝殿内檐）、墨线小点金花锦方心旋子彩画（大钟楼外檐）、雅伍墨花锦方心旋子彩画（山门、天王殿、钟鼓楼、各配殿及耳房外檐）、雅伍墨一字方心旋子彩画（各配殿及耳房内檐、各围房）五小类（图 1）。区域内所有外檐彩画、大雄宝殿和大钟楼部分内檐彩画为现代绘制，天王殿、大雄宝殿和大钟楼内檐存有清代彩画遗迹。

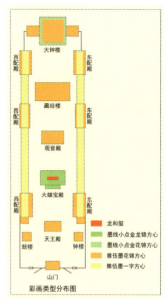

图 1　大钟寺彩画类型平面分布图

## 二、油饰、彩画营缮历史

清代档案所载的历次油饰、彩画和裱糊的修缮主要集中在嘉庆、道光两朝，且修缮对象主要为山门外东西栅栏门和御座房区域的建筑。嘉庆朝几乎每年皆有修缮，共计 46 次，涉及栅栏门的修缮档案 16 条、御座房 25 条。道光朝修缮共计 48 次，涉及栅栏门的修缮档案 22 条、御座房 14 条、南北膳房 9 条、垂花门 4 条。咸丰朝进行过房间纱屉窗糊饰[1]，此后清代至民国再未见其他修缮记录。1986 年重新绘制彩画，改变了原有的等级和做法。现有内外檐新作的彩画为 2006 年和 2013 年修缮时所绘。

### （一）建筑布局

道光三年（1823）档案载"御座房五间，东西配房六间，垂花门、游廊共二十一间，落膳房二层计十三间，山门两边门房计二十二间……转角游廊四座计二十间……垂花门外东边穿堂门后檐屏门一槽"[2]，道光五年（1825）载"觉生寺北御膳房一座五间……前接抱厦三间……正座五檩硬山。抱厦四檩借一檩

1 中国第一历史档案馆藏：《画匠房咸丰六年觉生寺房间纱屉窗糊饰清册》，档案号：05-08-006-000787-0062。
2 中国第一历史档案馆藏：《为勘估修理觉生寺御座房东西配殿房间等项所需工料银两事》，档案号：05-08-006-000435-0007。

歇山"[1]，道光十七年（1837）载："觉生寺西院垂花门前膳房一座五间，后抱厦三间。"[2]

通过档案可知，御座房位于觉生寺的西路，含独立院落和南北两座膳房。院落内主要为正房、配房和游廊，最南侧为垂花门。南膳房北出抱厦，北膳房南出抱厦。

### （二）历次修缮

#### 1. 嘉庆朝的修缮

嘉庆朝觉生寺垂花门油饰的做法如今已失传，对栅栏门的修缮具有逐渐简化的特点。

> 觉生寺御座房西南抄手游廊一座。粘补内飞檐椽二十根……灰粉红油……望板当十九空……灰黑油……闸档板十九空……灰黑油……连檐、瓦口一段……胶朱油……椽头计二十个，灰彩画烟琢墨葵花、柿子花。飞头计二十个，召（即罩）油。垂花门外西角门一座上粘补抱框二根……刷搭色紫胶……使灰三道。糙油光粉红油每尺用桐油一两、银珠二两五分、红土三分、定粉一分□、香油六分，四十五尺油匠一工。使灰三道。糙油光黑油每尺用桐油一两、烟子二分、香油六分，四十五尺油匠一工。刷胶光朱红油每尺用水胶二分、红土三分、桐油五分、银珠五分、香油六分，一百尺油匠一工。刷搭色紫胶每尺用水胶二分、红土三分、银珠五分、烟子一分，二百尺油匠一工。椽子二十个使灰一道，彩画烟琢墨葵花、柿子花等每个用桐油一分、五十个油匠一工、水胶二分、定粉二分、广花二分、锅巴绿二分、烟子五分、五十个画匠一工。飞檐椽头二十个召油，桐油一分。[3]

嘉庆十八年（1813），西南抄手游廊椽子做三道灰地仗，表面刷粉红油。望板、闸挡板做三道灰地仗，刷黑油。连檐、瓦口不用灰，刷胶后刷朱红油。角门的抱框粘补修复不用麻和灰，用刷搭色紫胶的方法随抱框以外其他部位刷上旧油饰的颜色。椽头做三道灰地仗，彩画烟琢墨葵花、柿子花不贴金。飞头罩油。椽子刷粉红油和望板刷黑油的两种油饰做法已失传，并且无实物遗存。档案中详细记录了其材料和配比，对复原清代此类油饰具有重要的指导意义。

> 东西栅栏一座分三堂，内明间门口一座……随四抹栅栏门二扇、两边余腮二堂……柱子四根……七成灰麻土油……上下槛六道……饯木四

1 中国第一历史档案馆藏：《木库道光五年觉生寺北御膳房一座计五间前接抱厦三间清册》，档案号：05-08-006-000470-0016。
2 中国第一历史档案馆藏：《为查销觉生寺膳房等项计修理情形及用过银两事》，档案号：05-08-006-000618-0066。
3 中国第一历史档案馆藏：《画匠房嘉庆十八年觉生寺御座房等油糊清册》，档案号：05-08-006-000277-0049。

根……俱七成灰麻土油……签头三十七个……灰绿油。柱头四个内两个俱灰绿油。四抹栅栏门二扇……转身大边四根……七成灰麻土油。抹头八根……上下棍二十四根……俱七成灰麻土油……粘补七成地仗使灰五道、麻一道、糙油光红土油每尺用桐油二两二钱一分、线麻四钱九分、红土五钱五分、香油六分，二十二尺油匠一工。使灰三道，糙油光绿油每尺用桐油一两、大绿一两、香油六分，四十五尺油匠一工。[1]

嘉庆十九年（1814）东西栅栏的柱头做三道灰地仗，刷绿油。门口、栅栏门、余腮、柱子、上下槛、戗木修补70%的地仗，一麻五灰做法，刷红土油。表面刷红土油属于低等级做法，但是由于栅栏门易受风雨侵蚀，其下层的地仗做法采取加麻加厚的措施。

觉生寺山门外东西栅栏每道分为三堂……随四抹栅栏门二扇、两边余腮二堂……两面安戗木成做。柱子八根内四根……灰红土油……上下槛十二道内四道……贴棍四十八根……戗木八根……俱灰红土油。签头七十四个……灰绿油。柱头八个内四个……俱灰绿油。四抹栅栏门四扇……转身大边八根……灰红土油……上下棍子木四十八根……俱灰红土油。头层山门左右角门二座粘补下槛二道……灰搭色紫朱油……二层山门上粘补下槛三道内一道……左右角门二座粘补上下槛二道……抱框四根粘补……大殿五间抱厦三间粘补下槛三道……俱灰搭色紫朱油。西穿堂通御座房上粘补后檐屏门四扇……灰绿油。屏门里子四扇……灰红土油。御座房前垂花门后檐粘补实榻屏门四扇……灰绿油……使灰三道，糙油光红土油每尺用桐油一两、红土五钱五分、香油六分，每四十五尺油匠一工。使灰三道，糙油光绿油每尺用桐油一两、大绿一两、香油六分，每四十五尺油匠一工。使灰三道，糙油光搭色紫朱油每尺用桐油一两、红土三钱、银珠五钱五分、烟子一分、香油六分，每四十五尺油匠一工。[2]

嘉庆二十年（1815）主要是油饰保养修缮，与之前的区别主要是降低了栅栏门地仗的做法，去掉了材料麻。具体做法是东西栅栏门扇、余腮、柱子、戗木、上下槛、贴棍、大边、棍子等部位做三道灰地仗，刷红土油。签头、柱头做三道灰地仗，刷绿油。西穿堂通御座房后檐有屏门四扇，正面刷绿油，背面刷红土油。垂花门门扇内外皆刷绿油。

觉生寺山门外东西栅栏门……随四抹栅栏门二扇、两边余腮栅栏……

1 中国第一历史档案馆藏：《画匠房嘉庆十八年觉生寺山门外东西栅栏油什清册》，档案号：05-08-006-000290-0043。
2 中国第一历史档案馆藏：《画匠房嘉庆二十年觉生寺大殿配殿御座房配房膳房棚壁窗槅糊什及栅栏角门油什清册》，档案号：05-08-006-000310-0048。

柱子八根……刷红土胶光油……上下槛……贴楥……戗木……俱刷红土胶光油……签头……灰绿油……柱头……俱灰绿油。栅栏门……转身大边……刷红土胶光油……抹头……上下榥……俱红土胶光油。大殿前抱厦粘补下槛……灰搭色紫油。西穿堂后檐粘补屏门……灰绿油。屏门礼（应为里字）子……灰搭色紫油……刷红土胶光红土油每尺用水胶二钱、红土七钱、桐油五钱、香油六分，每百尺油匠一工。使灰三道，糙油光绿油每尺用桐油一两、大绿一两、香油六分，每四十五尺油匠一工。使灰三道，糙油光搭色紫油每尺用桐油一两、红土三钱、银珠五钱五分、烟子一分、香油六分，每四十五尺油匠一工。[1]

嘉庆二十四年（1819），栅栏门地仗的做法再次降低，不使用砖灰地仗，直接在木构上刷胶，刷红土光油和绿油。

**2. 道光朝的修缮**

据道光四年（1824）的档案所载"觉生寺山门外东西栅栏门……随四抹栅栏门二扇两边余腮栅栏……两面安戗木……柱子八根……灰麻朱油……上下槛……贴楥……戗木……俱灰麻朱油。签头……灰绿油。柱头……俱灰绿油。栅栏门……转身大边……灰麻朱油。抹头……上下榥……俱灰麻朱油……使灰五道，麻一道，糙油光朱油每尺用桐油二两九分、线麻七分、红土三分、银珠五钱五分、香油六分，二十二尺油匠一工。使灰三道，糙油光绿油每尺用桐油一两、大绿一两、香油六分，四十五尺油匠一工"[2]可知，道光四年开始，对栅栏门的油饰等级进行了较大的提升，除恢复麻灰地仗外，将原有低等级的红土油提升成为朱红油。之后的历次修缮，皆延续了本次提升后的做法。

**3. 民国时期的修缮**

民国二十二年（1933），修缮配殿[3]。

**4. 中华人民共和国成立后的修缮**

1985—1986年拆迁、修缮，此次工程未按清代做法绘制，错误地将彩画等级提升。1991年对东路进行修缮[4]。2005年至2006年的觉生寺修缮工程，修缮规模含彩画等[5]。2013年，大雄宝殿拆除室内吊顶，对内檐彩画进行补绘[6]。具体方案是：山门内、外檐上架彩画保持现状不动；天王殿外檐彩画保持现状不动，对

1 中国第一历史档案馆藏：《觉生寺栅栏树戗各殿下枋窗格御座房配房油糊清册》，档案号：05-08-006-000371-0062。
2 中国第一历史档案馆藏：《画匠房道光四年觉生寺山门外栅栏油什清册》，档案号：05-08-006-000459-0008。
3 《大钟寺》第228页。
4 《大钟寺》第232页。
5 北京市文物局网站：《大钟寺修缮工程招标邀请函》，2005年5月16日。
6 罗飞：《皇权与佛法——觉生寺大雄宝殿明间眷步彩画》，《紫禁城》2023年第9期，第134页。

内檐老彩画进行维护、清理、保养，按样补齐残缺部分；大雄宝殿外檐彩画保持现状不动，对内檐老彩画进行维护、清理、保养，按样补齐残缺部分；后殿，外檐彩画保持现状不动，内檐露明上架大木，翻外外檐重绘雅伍墨花锦枋心旋子彩画；藏经楼，外檐彩画保持现状不动；大钟楼，内外檐彩画保持现状不动。觉生寺现有内外檐新作的彩画为 2006 年、2013 年两次修缮时所绘。2016 年 9 月，进行九亭钟园屋面挑顶、下架油饰工程 [1]。

## 三、历史影像分析

部分西方学者在 20 世纪初期拍摄了觉生寺的影像，其中清晰度较高的如美国摄影师 Geo.W.Griffith（格林菲斯）于 1903 年所摄的鼓楼（图 2）、荷兰摄影师 Jhr A.J. van Citters 于 1902 年至 1905 年间拍摄的大雄宝殿（图 3）以及日本摄影师山本赞七郎于 1899 年所摄的大钟楼 [2]（图 4），对分析彩画原状起到了至关重要的作用。

鼓楼照片虽然清晰度略显不足，但从中可看出：①明间中间为方心，两侧找头的末端画整栀花盒子。最显著的特点是方心的尺寸大于找头尺寸。②次间

图 2 1903 年 格林菲斯所摄鼓楼照片（图片由欧阳靖飞提供）

图 3 1902—1905 年 Jhr A.J. van Citters 所摄大雄宝殿照片（图片源自荷兰国立民族学博物馆网站）

图 4 1899 年山本赞七郎所摄大钟楼照片

1 北京市文物局网站：《大钟寺古钟博物馆启动修缮保护工作》，2016 年 3 月 31 日。
2 徐家宁编著：《中国历史影像·早期摄影家作品集·山本赞七郎》，文心出版社，2017 年，第 71 页。

额枋的彩画仅为整栀花盒子。大雄宝殿的照片同样显示出方心尺寸大于找头尺寸的显著特征。

大钟楼的照片清晰度较高，从照片中可得到大量的彩画信息，如：①彩画大线为墨线，旋眼贴金。由于很难辨识找头旋花的菱角地部位是否贴金，因此无法判断是墨线小点金还是墨线大点金旋子彩画。②次间不设盒子。垫板使用半拉瓢卡池子的构图方式，最大的特点是中间池子的尺寸远长于两侧的池子。通过中间池子的位置和长度尺寸，可推断出建筑开间的中线，进一步推断出大额枋方心尺寸的特点是同样大于找头尺寸。但是大钟楼内檐彩画两者的尺寸相当，符合晚清三停尺寸相等的特点，皆因内外檐彩画的时代不同所致。次间大额枋找头为勾丝咬旋花。方心内使用宋锦纹饰，与现状2006年复原绘制的黑叶子花卉方心不同。此外，由柱头整旋花的设色规律可推断出次间的设色情况。柱头整旋花外圈的头路旋瓣刷绿色为历朝旋子彩画的固定设色，可知老照片中颜色较暗的部位为绿色，颜色偏白的部位为青色。可推断出次间大额枋的设色为青箍头、青皮条线、绿岔口、青楞线（图5）。需要注意的是，老照片中青楞线匹配的是锦纹方心，而内檐和2006年复原的彩画皆为青楞线匹配黑叶子花卉方心。③照片中次间小额枋被松树遮挡，通过与大额枋设色相反的规律，可推断出其为绿箍头、绿皮条线、青岔口、绿楞线。与绿楞线相匹配的方心不可能为绿色底色的花卉方心，因此方心部位应为青色为底色的纹饰。清代彩画中，方心含宋锦纹饰的类型为龙锦方心和花锦方心两种类型，由此可判断小额枋为青地的龙纹方心彩画，大钟楼彩画应为龙锦方心墨线小点金或龙锦方心墨线大点金二者其一。④明间彩画特点是同鼓楼，大小额枋的两端皆用整盒子，方心长度长于找头。小额枋找头旋花为一整两破加喜相逢纹饰。通过之前的规律，可推断明间大额枋的设色为绿箍头、绿栀花盒子、绿皮条线、绿楞线。小额枋与檐檩反之，为青箍头、青栀花盒子、青皮条线、青楞线。

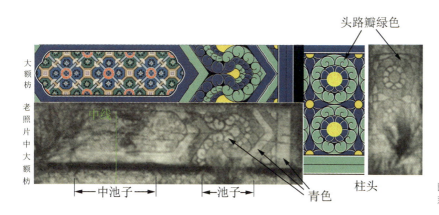

图5　大钟楼次间
彩画复原示意图

通过对老照片进行分析，可初步判断 1899 年至 1903 年时，鼓楼、大雄宝殿和大钟楼外檐彩画的尺度设计相同，应为同一时期的遗迹。大钟楼外檐应为龙锦方心的墨线旋子彩画。由于缺少相关的修缮档案，通过 1987 年至 2004 年大钟楼的照片[1]可知，2006 年修缮时砍掉的大钟楼的彩画为 1986 年所绘制的龙锦方心金线大点金旋子彩画，因此可初步判断 2006 年所绘彩画的复原依据应为老照片，而非当时的现状，但所复原的花锦方心墨线小点金旋子彩画存在错误的可能性较大。

## 四、现存彩画年代考证

### （一）龙和玺彩画的年代分析

觉生寺内的龙和玺彩画仅见于大雄宝殿的明间脊部，为搭包袱（袱子）式龙和玺彩画（图6）。彩画的中部设包袱，横跨脊檩和脊垫板两构件。脊枋正面绘制龙和玺彩画，底面采用燕尾、池子的构图样式。中间包袱心以朱红油打底，上绘片金坐龙纹饰。包袱心外侧为包袱边九道纹饰，由内及外依次为连珠纹、两道云气纹、立水如意云、三瓣莲座、如意云、片金硕火、佛光，最外侧一道纹饰不清晰。除最内及最外两道纹饰外，其余皆用青、香、绿、紫四色金琢墨捵退工艺绘制。脊檩两端设盒子，内绘造像，纹饰不清。脊垫板采用燕尾、池子构图，燕尾内红地绘片金吉祥草，池子内绿地绘片金花卉。脊枋绘龙和玺彩画，两侧盒子内绘片金双升夔龙纹。底面设三池子，内青地绘片金双夔凤纹。

在脊部大木上绘制彩画的实例最早出现于元代，其主要功能是在上梁大吉的重要时间节点时祭祀后土司工之神，因此等级远高于室内其他木构件的小点金旋子彩画。明代至清代康熙朝皇家建筑的脊檩皆绘制五彩祥云彩画，至雍正朝才开始加入龙纹包袱，似乎与雍正皇帝自诩为龙神相关[2]。在非宗教寺庙类的皇家建筑中脊部画包袱的做法较早，如元代的永乐宫三清殿。在安装最后三根大木——明间脊部檩垫枋时才会举行上梁大吉的祭祀仪式，根据觉生寺始建于雍正十一年正月的时间推算，仪式应于该年举行，而非次年，因此脊部彩画比寺内其他大木的彩画要早一年绘制。同时，大雄宝殿脊部的搭包袱式龙和玺彩画具有清代早期雍正朝的特征，如：①使用矿物质颜料，蓝绿主色在显微镜下呈典型的矿石颗粒形态，大小在 50μm—130μm 左右（图7），非合成材料。②仅一

1 据 1987 年大钟寺宣传册、2002 年大钟寺明信片以及 2004 年印制的大钟寺古钟博物馆"2005 新年鸣钟祈福迎新会"请柬封皮上的照片显示，三者大钟楼的彩画相同，应为 1986 年重绘。
2 曹振伟：《紫禁城建筑脊步祥云彩画调查研究》，《故宫博物院院刊》2019 年第 7 期，第 77—89、111 页。

图 7　大雄宝殿颜料微观形态（明间脊檩和玺彩画青绿色颜料微观形态）

图 6　大雄宝殿脊部搭包袱式龙和玺彩画

前檐上金垫板旋花青色颜料微观形态

层彩画，未见重绘痕迹。③和玺彩画方心头与圭线光的大线皆呈弧线状[1]。④龙纹前低后高呈俯冲姿势。⑤龙纹周围的散云延续明代的万字云造型。⑥垫板池子的花朵造型呈剖切状，延续明代绘法。

### （二）旋子彩画的年代分析

#### 1. 雍正时期的旋子彩画

清代旋子彩画按照含金量和工艺的复杂程度主要划分为 8 种类型。觉生寺内现存有雍正时期两种类型的彩画，其一为大雄宝殿及其抱厦内檐的龙锦方心墨线小点金旋子彩画，其二为天王殿内檐的雅伍墨花锦方心旋子彩画。两处彩画在形制上具有清代早期雍正朝的特征，如：①仅一层彩画，未见重绘痕迹。②使用矿物质颜料（图 7）。③方心头呈花瓣状的弧线，端头出尖[2]。④龙纹前低后高呈俯冲姿势。龙身后部压有云纹的做法仅见故宫康熙朝的彩画遗迹，为早期画法的延续，之后再未曾出现（图 8）。⑤找头的二路瓣、三路瓣旋花呈花瓣状，且内绘黑老。⑥使用两色金箔。⑦池子内所绘的抽象花卉使用剪裁法，写生花卉用明暗两色的绿叶子（图 9）。⑧宋锦内绘卷草纹。因彩画为古建工程中后期的工作，因此

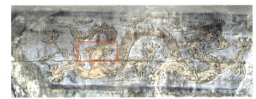

大雄宝殿龙纹

故宫永和宫龙纹（康熙二十五年）

图 8　大雄宝殿龙纹时代特征

1 曹振伟：《和玺彩画形制分期研究》，《故宫学刊》2017 年总第 18 辑，第 291 页。
2 曹振伟：《明清皇家旋子彩画形制分期研究》，《故宫博物院院刊》2017 年第 4 期，第 87 页。

钟

林

争

鸣

189

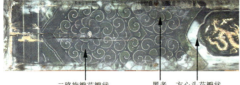

绿叶子花卉　　　　抽象花卉采用剪裁法

二路旋瓣花瓣状　　黑老　　方心头花瓣状

图9　天王殿及大雄宝殿内檐彩画时代特征

大钟楼内檐彩画

图10　大钟楼内檐清代彩画

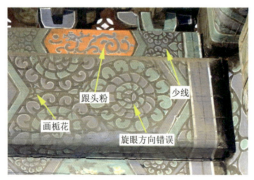

画栀花　　跟头粉　　少线　　旋眼方向错误

图11　大钟楼内檐东北转角做旧的彩画

可判断其比脊部晚一年绘制，为雍正十二年所绘。

### 2. 清中叶后期的旋子彩画

大钟楼内檐彩画的现状较为复杂，直接观察可见3个时期的彩画痕迹。其中东北、西北转角位置的彩画疑为现代新绘。其余室内上架大木彩画具有两层痕迹。底层纹饰时代特征不明显。表层彩画具有清中叶后期的特征，经过过色见新处理（图10）。其清中期的特征为：①颜料非晚清的群青颜料色相。②方心头呈弧线状，不出尖。③找头旋花为花瓣状，仅有一部分二路瓣内绘制黑花。④花卉叶子非晚清的黑叶子画法，叶片通体为墨绿色，与清中期明暗两种绿色的叶片不同。⑤宋锦中心的圆环内绘制金刚宝杵纹，为嘉庆朝之前的做法[1]。

### 3. 中华人民共和国成立后修复的彩画

大钟楼内檐东北、西北转角位置的彩画疑为现代新绘。彩画纹饰形制明显为晚清至近现代的特征，且表面采取刷尘土的做旧处理方式。鉴于北京市内清代至民国时期鲜有彩画做旧的处理方式，因此初步判断其为1986年所绘（图11）。两处彩画做法粗糙，纹饰错乱，为现代较低水平的作品。特点如：①旋瓣大小不一。②少画线条。③旋眼方向错误。④将原清中期的双夹粉夔龙改为晚清至民国的一侧白粉的跟头粉绘法。⑤整破旋花的交界处应黑色平涂，改为晚清以后的栀花画法。

1 曹振伟、赵京：《恭王府清代宋锦纹饰探究》，《王府历史文化研究》（第一辑），故宫出版社，2023年，第185页。

## 4. 小结

觉生寺建筑群内存有三个时期的清代彩画遗迹（图 12），分别是大雄宝殿明间脊部雍正十一年的龙和玺彩画，天王殿和大雄宝殿内檐雍正十二年的旋子彩画，以及大钟楼内檐的清代中后期（嘉庆朝前）旋子彩画。

# 五、彩画特色价值

## 1. 大钟楼花锦方心小点金彩画

在清代《内廷工程做法》中所载与花（卉）锦（纹）方心相匹配的彩画类型有两种。其一为墨线小点金花锦方心，"小点金花锦方心每折宽一尺，长一丈用水胶一两六钱、白矾一钱二分、青粉二钱、土粉三钱、定粉九钱、南片红土六分、彩黄一两二钱、黄丹八分、银珠五分、藤黄一分、大绿一两五钱、锅巴绿五钱、天大青八钱、胭脂二分、南烟子八分、广靛花四钱八分、见方三寸红金四张，贴金油四分"[1]；另一为雅伍墨花锦方心，"雅伍墨花锦方心每折宽一尺，长一丈用水胶一两六钱、白矾一钱二分、青粉二钱、土粉三钱、定粉九钱、黄丹八分、彩黄一两、锅巴绿四钱、银珠五分、南烟子八分、大绿一两五钱五分、藤黄一分、胭脂二分、广靛花四钱八分"。从档案上看，以上两种花锦方心的彩画，其主要材料的区别与贴金相关，如初步判断彩黄为贴金的包黄胶工序所用材料，南片红土为贴红金的打底色。除此之外，小点金彩画多用八钱的天大青材料，而雅伍墨的彩画青色仅使用广靛花一种颜料。从实物上看，北京市内皇家建筑花锦方心的旋子彩画，几乎皆为雅伍墨一个类别[2]。大钟楼外檐新绘制的花锦方心墨线小点金旋子彩画若为按照清代原做法复原（图 13），则为该类彩画罕见的实例，具有较高的价值。但是前文依据老照片进行了初步推断，其应为龙锦方心墨线旋子彩画，还需挖掘更多资料进行研究。

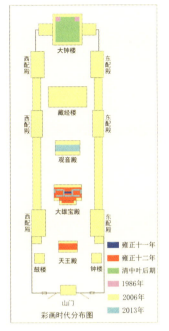

图 12　觉生寺彩画时代平面分布图

图 13　大钟楼外檐花锦方心墨线小点金彩画

---

1 故宫博物院藏：《工程做法·内廷工程做法》，《故宫珍本丛刊》第 340 册《清代则例》，海南出版社，2000 年，第 25—27 页。
2 大钟寺外，仅见东城区南药王庙三清殿有此做法。

### 2. 大雄宝殿旋眼小点金做法

旋眼是旋子彩画找头旋花之圆心，即旋花花心。明清旋子彩画的旋眼按照纹饰的造型主要分为写实花卉旋眼、如意头状旋眼、花瓣状旋眼、凤翅瓣状旋眼和蝉状旋眼等。其中的蝉状旋眼顾名思义，造型似金蝉，盛行于清代中期至今。常见的底端做法为圆形或椭圆形底座，似蝉头。自底座起，正向对称绘制两个凤翅，犹如蝉翼。蝉状旋眼的工艺做法有多种，可单色叠晕或素色，亦可贴金（图14）。可做双沥粉贴金、单沥粉贴金、金琢墨、点金等，也可仅将旋眼外圈的花瓣贴金[1]。其中，在旋眼端头的圆形端头部位贴金是一种极特殊的小点金做法。从现存实物上看，该做法多集中在清早中期，如清早期莲花寺、怡亲王祠，清中期的日坛神厨、先农坛神厨、地安门火神庙、北海阐福寺、西顶娘娘庙、花市清真寺、海潮庵等。

### 3. 平板枋串箍头绘法

平板枋是古建筑大木构件之一，位于斗拱之下、额枋之上。旋子彩画中平板枋的绘制题材有多种，其中最常见的是降魔云和半拉瓢卡池子。降魔云和半拉瓢卡池子呈二方连续的构图方式绘制其上。还有种构图方式较为特殊，称为串箍头做法（图15）。所谓箍头，即彩画端头绘制的与木构件方向垂直的条状色带。串箍头绘法将大额枋的箍头都向上串联绘制到平板枋之上。柱头左右的箍头把柱头之上的平板枋区域与箍头外的区域分割开来。串箍头绘法中平板枋箍头的设色有几种情况：第一，所有平板枋箍头皆设为单一的颜色，与各间大额枋箍头的颜色无关联。此种做法多出现在清代初期。第二，平板枋的箍头与其下大额枋箍头的颜色保持一致，因此柱头左右的相邻两间箍头的颜色颠倒。此种做法为清代雍正朝之后所常见。从题材上看，在柱头之上的区域可绘锦纹、整破栀花、西番莲、花卉等多种纹饰。串箍头绘法起源尚不可知，早期研究认为是清代早期的稀有做法，并作为彩画时代的判断点之一。但从实物上看，该做法在元代墓葬、明代宫殿，以及清代宫殿、坛庙上皆有运用，一直沿用到清

蝉状旋眼满贴金箔

日坛神厨

大钟寺大雄宝殿

图14 蝉状旋眼小点金做法

图15 彩画串箍头绘法

1 曹振伟：《明清官式建筑旋子彩画旋眼研究》，《古建园林技术》2016年第3期，第22—27页。

代晚期。明末和清初的彩画实例如故宫弘义阁、咸若馆、玄穹宝殿、福佑寺西配殿；清中期的彩画如北京市碧云寺山门和菩萨殿、北海阐福寺钟楼，承德市普乐寺、殊像寺山门、溥仁寺宝相长新殿；清晚期的如故宫南三所、先农坛太岁殿、万寿寺大雄宝殿、戒台寺大雄宝殿、东岳庙瞻岱门和岱岳殿，蔚县灵岩寺，赤峰市福会寺西配殿等。觉生寺天王殿、大钟楼的平板枋亦为串箍头构图，且一部分为清中后期的遗迹，为此类做法补充了实例依据。

#### 4. 其他特色

大雄宝殿明间脊枋底面的夔凤纹是目前已证的彩画中最早的夔凤纹饰（图6右下），天王殿内的夔龙纹是目前已证的彩画中最早的夔龙纹饰[1]，对该类纹饰的演变研究提供了重要的参考。

## 六、典型病害及成因

觉生寺现存的清代彩画存在多种常见病害，如起翘、空鼓、开裂、脱落等。面积较大的病害为水渍、泥渍，主要集中在天王殿内檐，为早期梁架屋面漏雨所致。此外，内檐老彩画还存在其特有的病害类型，为先天性选材与制作工艺上的缺陷所致。

#### 1. 松木材料渗出松脂

由于楠木材料的匮乏，清代的木结构建筑普遍使用松木代之，但松木油性较大，易渗出松脂，造成油饰及彩画的破坏。觉生寺大雄宝殿的彩画出现松脂渗出的情况，造成特殊的脱落病害（图16）。

松脂渗出　　　　　　　大雄宝殿松脂渗出

图16　彩画松脂渗出病害

#### 2. 地仗工艺简单造成拉接力不足

建筑木结构所使用的材料疑似为松木材质，出现大量开裂的情况，但老彩画仅使用单皮灰地仗制作，并未使用麻。单皮灰地仗拉接力不足，随着木构开裂而出现多处裂痕。

#### 3. 缺少工序造成地仗黏接力不足

彩画出现空鼓、起翘的病害现象较为常见，但天王殿、大雄宝殿内檐彩画的该类病害为制作工艺缺陷造成的必然结果。在彩画地仗制作之前，需要对木基层采取砍斧迹的处理措施，即将平整光滑的木构砍出凹凸不平的斧迹，使得木构表面变得粗糙，便于麻灰地仗的粘接。天王殿、大雄宝殿两座建筑并未实施砍斧迹

1 八大处大悲庵内檐夔龙、夔凤纹疑似为康熙朝的遗迹，早于大钟寺，但较难考证。贤良祠内檐现存的雍正早期的夔凤纹亦未见考证。

砍斧迹工序

大雄宝殿未砍斧迹

天王殿未砍斧迹

天王殿未砍斧迹

图17　彩画典型病害

大钟楼沥粉于油皮上

大雄宝殿沥粉于底色颜料上

图18　沥粉工序错误

的工序，直接在光滑的木构上制作地仗，黏接力不足造成现今地仗大面积起翘甚至脱落的情况发生（图17）。

**4. 沥粉工序错误造成金箔脱落**

高等级的彩画纹饰多采用沥粉贴金的做法，一般工序是先在地仗上沥粉，而后大面积平涂彩画青绿底色，同时将沥粉盖于底色之下，增加了沥粉的稳定性。但是从大雄宝殿和大钟楼剥落的沥粉贴金处可观察到，两处沥粉皆在红色和绿色的颜料之上。其工序是先在地仗上刷青、绿、红等颜色或油饰，再在其上沥粉贴金。由于时代久远，打底层调制青、绿颜色的骨胶失效，同时表层沥粉贴金等油性材料的强度较大，造成沥粉与打底颜色交接部位产生力差，造成沥粉贴金纹饰的脱落（图18）。

觉生寺老彩画较为严重的病害主要为始建时期匠人人为造成，且存在相互叠加的情况，随着材料的老化，病害具有面积大、发展趋势快的特点。以现有的材料和技术手段，很难采取相应的保护措施，需要进行针对性的材料研发，并进行现场修复实验验证。

# 七、结语

觉生寺现存的清代彩画是研究工部《工程做法》的绝佳案例，还需要进一步深入研究，如对彩画材料成分、地仗成分的科学分析等。此外由于病害情况特殊，需要进行针对性的研究，如制作方法、材料等，并进行现场修复实验验证。

# 勘误说明

　　本书部分满文显示有误，因形式特殊，为便于阅读，现全部替换，按本篇满文出现顺序排序，勘误如下：

| 位置 | 满文 |
| --- | --- |
| 1（P195） | （满文） |
| 2（P198） | （满文） |
| 3（P198） | （满文） |
| 4（P199） | （满文） |
| 5（P199—P200） | （满文） |
| 6（P200） | （满文） |
| 7（P201） | （满文） |

# 从满文史料看清朝觉生寺的活动

佟庄弘 *

**摘要：** 满文作为清朝时期的法定使用文字，在历史文献里占据重要地位，对论述对象与相关历史事件的考究具有重要意义与作用。现如今北京大钟寺在清朝时期相关满文史料中被记为"觉生寺"（满文：giyo šeng sy ），涉及皇家祈雨祭祀、皇帝下榻访问、藏传汉传佛教相互交流等历史事件。本篇论文从《满文起居注》《满文上谕档》《大清仁宗睿皇帝实录》《清实录》四部满文民族语言典籍入手进行翻译考究，检索相关史料，得出相关信息，并进行数据化整理。从历史渊源、历史活动考究与未来满文语料定位整理等方面，以及从不同时间维度为过去与将来的大钟寺满文工作开展做出讨论与展望。

**关键词：** 大钟寺 觉生寺 宗教 祭祀活动 清朝 满文

钟

林

争

鸣

**195**

清朝时期，佛教与寺庙之间的关系紧密且复杂。清朝是中国历史上最后一个封建王朝，由满族建立，存在于 1644 年到 1911 年之间。在这个时期，佛教继续作为中国社会中一个重要的宗教和文化力量。清朝作为佛教发展与鼎盛时期，通过政治交流与民族交流，使佛教逐渐分流为两大支流：藏传佛教与汉传佛教。但是受语言发展影响，满文作为官方语言，大部分寺庙的历史记述以满文为载体。一些重要的皇家寺庙，尤其是那些与皇室有直接联系或得到皇室特别赞助的寺院，可能会使用满文进行记录和通信。这类寺院往往也承担着为皇族成员举行佛教仪式的职责。觉生寺是当时北京境内的汉传佛教主要皇家宗教场所之一，始建于清雍正十一年（1733），清乾隆五十二年（1787）后成为皇家祈雨活动场所之一，1985 年 10 月 4 日被辟为大钟寺古钟博物馆并正式对外开放。历史

* 佟庄弘，北京林业大学本科在读，研究方向：民族历史、满文史料。

长河中的满文史料对于研究清朝历史、满族文化、中国多民族交流及东北亚地区的历史具有极其重要的价值，包括佛教在内的各种宗教信仰在清代都得到了不同程度的发展，而相关记录则反映出当时社会对待宗教事务的态度与实践方式。觉生寺中除了汉语言史料外，满文史料也发挥了重要价值且记录了很多重要事件。本篇文章将从三大板块——觉生寺与满文史料的历史渊源，结合地理区域与人文习俗从选定满文史料分析大钟寺相关历史活动及特殊定位，相关满文材料定位，对有关觉生寺的满文史料进行整合分析。

## 一、觉生寺与满文史料的历史渊源

清朝是由满族人建立的中国最后一个封建王朝，它在中国历时近三个世纪。满文史料在清朝时期具有重要的地位，因为满文是清朝官方语言之一。寺庙作为佛教等宗教活动的场所，在当时也扮演了重要角色。

宗教方面的满文史料，则是指那些记录了清代各种宗教信仰和实践的文献资料。在清代，特别是康熙、雍正和乾隆三位皇帝的统治时期（约 17—18 世纪），对于文化和学问非常重视，这一时期产生了大量的历史文献、典籍以及文学艺术作品。康熙皇帝虽受儒家思想影响，但对佛教亦有深厚的兴趣，并支持藏传佛教的传播以及佛教寺庙的建设；乾隆皇帝也十分推崇佛法，并有多次西藏之行，与喇嘛进行过宗教交流。此外，在这些盛世中也注重维护民间信仰与祭祀传统。

觉生寺相关的满文史料最丰富的历史时期主要在乾隆、嘉庆和道光年间。这三个时期正是佛教作为皇家官方宗教鼎盛发展的时期。据官方记载，觉生寺于清乾隆五十二年后成为皇家祈雨活动场所之一。作为官方祭祀场所以及佛教交流场所，觉生寺自然会见载于诸多满文史料。清朝作为一个由满族建立的王朝，早期在官方文件、通信和其他重要文书中广泛使用满文。清朝初期，政府鼓励汉族士大夫学习满文，并设立了专门的机构负责教授满语，如顺天府习字馆[1]等。同时，在一些关键职位上安排了精通满语的汉人官员。觉生寺相关的满文史料，记录者的身份多为官员而非民间百姓等其他身份之人，觉生寺在清朝作为皇家祭祀场所，需要用满文记录有关活动和历史。在清朝统治者看来，使用满文是维护民族特色和巩固统治地位的重要手段之一。通过满文记录相关宗教内容，再利用宗教宣传满文及其文化，以此巩固自己的统治。因此，在清代

1 又称"顺天府学"，位于东城区府学胡同。建于明洪武元年（1368），名大兴县学。永乐元年（1403）改北平为顺天府，始称府学。清朝时期承担学校功能，教授汉文、满文等民族语言，培养多语言学士为朝廷服务。现为北京市府学胡同小学校址。

尤其是前期，许多官方文件都有汉、蒙古及满三种文字并用的情况（例如故宫门匾牌文为汉、蒙、满三语）。到了 18 世纪中后期，随着汉人在政府中影响力逐渐增大以及国家对内整合趋于完善，使用满文记录工作内容的需求逐渐降低。然而直到 19 世纪晚期甚至 20 世纪初，仍然有部分官方文件会采用双语。具体到觉生寺来说，清朝后期就基本没有与其相关的满文史料了，这从侧面反映了以满文为载体的历史记忆在历史演变中的规律。

觉生寺作为皇家祭祀场所，满文史料的记载内容也体现了其在清朝的重要地位。《满文起居注》是清朝皇帝的日常生活记录，其中包括了皇帝的言行、决策、仪式、接见等各种活动。这些记录详细记载了皇帝的私人和公共生活，为研究清代历史和文化提供了宝贵资料。在这部分中记录了康熙皇帝在觉生寺祈福、下榻等相关活动。《大清仁宗睿皇帝实录》，简称《嘉庆实录》，是记载嘉庆帝在位期间政治、经济、文化、军事等方面事迹的官方史书。在这部分中记录了颙琰皇帝的子嗣们在觉生寺祈福祭祀等相关事件。《满文上谕档》是清代皇帝用满文发出的诏令、指示等文件的集合。这些档案记录了皇帝对于国家大事、政策决定、人事任免等方面的命令和意见。在这部分中记录了觉生寺的佛教交流以及维修维护等活动。综上所述，清朝官方满文文书档案等史料中记录了大量有关觉生寺的皇家活动及寺庙发展等内容，对于满文史料的研究及以觉生寺为代表的汉传佛教的研究具有重要价值。

## 二、结合地理区域与人文习俗从选定满文史料分析大钟寺相关历史活动及特殊定位

清朝时期，佛教寺庙在中国社会中扮演了多重角色，其功能和相关事件受到当时的地理区域、人文习俗以及政治环境的影响。清朝统治者虽然信仰藏传佛教，但也对汉传和其他形式的佛教采取了包容政策。在清代前期，特别是雍正、乾隆年间，汉族文化艺术受到高度重视，在这一背景下许多著名寺庙得到兴修并日渐兴旺，出现了诸如"八大处"[1]等著名佛教群落。从满文史料中，我们可以探寻隶属汉传佛教的觉生寺在清朝时期的相关功能以及一些特殊作用。

### 祈雨功能

觉生寺在清朝建设与发展历史长河中最主要与最根本的作用是作为皇家祈

---

1 又名"西山八大处"，位于北京市石景山区四平台村境内，指分布在翠微山、卢师山和平坡山的八座寺院，始建于隋末唐初，历经辽、金、元、明、清历代修建而成，旧时有"八刹"之称，是北京西郊较重要的风景区和佛教活动地。西山八大处从一处至八处依次为长安寺、灵光寺、三山庵、大悲寺、龙王堂、香界寺、宝珠洞、证果寺。

雨祭祀官方场所。相关满文史料记载如下（截取两例 [1]）：

*[满文]*

niohon gūlmahūn inenggi hesei sahaliyan muduri juce

giyo šeng sy de mandal ilibubufi aga baiha

乙卯。

命于黑龙潭觉生寺设坛祈雨。

——《大清仁宗睿皇帝实录》卷一百十"嘉庆八年三月"

*[满文]*

wang sebe dendeme tucibufi

ilan mukdehun de jalbarime baire be dahame

sahaliyan muduri juce，giyo šeng sy

juktehen i jergi juwe babe，an i

gemu doocan arafi jalbarime baikini，juwan

jakūn ci deribume nadan inenggi gingguleme

jalbarime sain aga agara be baikini

诸王分别，离宫前往三潭，于此地祷告暂住。

黑龙潭与觉生寺，两地按常规设立道场，诸王前往祷告暂住。

于十八日起，重新祷告暂住七日，祈求好雨。

——《满文起居注》"嘉庆八年四月下"

通过以上两例满文史记可以发现，觉生寺与黑龙潭有着重要的联系。两地基本同时作法祈雨，皇帝带领一众前往祈福求雨。当然，北京黑龙潭目前有两处，一处在海淀区，一处在密云区。历史最悠久的为海淀区的"黑龙潭温泉"，在明朝《帝京景物略》和清朝《日下旧闻考》及《光绪顺天府志》中都有记述。

**198**

---

1 引文语言顺序：满文，拉丁文，汉语。下同。

海淀区政协原主席张志田执笔编写的《海淀寺庙》中记述得更为详细。据文献记载，明万历及清康熙、乾隆等帝王，都曾多次来此祈雨、观潭。为此，在庙外还修建了供帝王们休息的行宫。并且此处设有龙王庙，因此此处应为满文史记中一同祈雨的黑龙潭遗址，两处寺庙共同设道场作法。因此我们也可以判断，觉生寺的祈雨，并非"单独活动"，而是与其他祭祀场所一同活动，类似于现如今"主会场""分会场"之别，两处祈雨之地都凭借不同的身份承担着相同的作用。乾隆帝在位期间，曾多次亲赴觉生寺祈雨，至乾隆五十二年更是下令辟觉生寺为祈雨场所之一，此后祈雨活动一直持续至清末。据史料记载，乾隆、嘉庆、道光、咸丰、光绪皇帝都曾亲自到觉生寺主持祈雨仪式，次数多达 240 余次。

## 拈香

从记载中发现"拈香"字眼在觉生寺相关满文史料中出现的次数很多，作为宗教词汇，通常指的是在佛教和道教的宗教仪式中点燃并奉献香，是一种比较庄重正式的祝香方式。这种做法被认为是向神明或佛菩萨表示敬意和虔诚的一种方式。从记录中可以得出：在重大事项礼毕或举行之前，觉生寺承担着相关的拈香礼仪工作（截取三例）。

dele

na i

durbejen simelen i mukdehun be wecehe, dorolon šanggaha manggi

giyo šeng sy juktehen de genefi hiyan dabufi

uthai

cū n hū i tang de genefi

hū wang taiheo i elhe be baiha

乾隆三十七年五月下，上祭方泽坛，礼成，前往觉生寺焚香。

遂至（圆明园）春晖堂给皇太后请安。

——《满文起居注》"乾隆三十七年五月下"

ᡩᡝᠯᡝ ᡤᡳᠶᠣ ᡧᡝᠩ ᠰᠢ ᠵᡠᡴᡨᡝᡥᡝᠨ ᡩᡝ ᡤᡝᠨᡝᡶᡳ

ᡥᡳᠶᠠᠨ ᡩᠠᠪᡠᡶᡳ

ᡝᠵᡝᠨ ᡤᡠᡵᡠᠩ ᡩᡝ ᠸᡝᠰᡳᡴᡝ ᡝᡵᡝ ᡳᠨᡝᠩᡤᡳ ᠪᡠᡴᡩᠠᡵᡠᠨ

ᠪᡠᡴᡩᠠᡵᡠᠨ ᠪᡝ ᡳᠪᡝᠪᡠᡶᡳ

dele giyo šeng sy juktehen de genefi

hiyan dabufi

ejen gurung de wesike ere inenggi bukdarun

bukdarun be ibebufi

dergici toktobureo seme wesimbuhede

乾隆五十二年四月下，上诣觉生寺焚香。

主升宫。是日，呈进科举考试各考生试卷，请圣意裁定。

——《满文起居注》"乾隆五十二年四月下"

Ilan mukdehun de ginggun unenggi baime jalbariki seme wesimbuhebi，

kmuni juwan ninggun cideribume

sahaliyan muduri juce de mukdehun ilibu giyo šeng sy juktehen i hū wašasa be

an i šan g`ao šui cang de

ginggun unenggi i nomum be hūlabu

某日，起居注官桂庆（音）、吴凤培（音）。

初四日，丙子，上御觉生寺拈香，上还宫，此日上谕："朕……《会典》所记……"

——《满文起居注》

从以上史料中得知，觉生寺不仅是皇帝等皇室成员拈香之地，也成为官员们的拈香场所。皇帝通常在礼前礼后或事前事后拈香净心祈愿，官员们也效仿其行为。因此，觉生寺承担了拈香功能。除此之外，觉生寺成为拈香"热门之地"，大概因其地理位置便利：觉生寺位于海淀区中心，北京市西北部。按皇帝及大部分皇室成员行踪来说，故宫—颐和园—圆明园为最常规的路线。从觉生寺到故宫的距离，如果以直线计算，约为 10 千米左右。颐和园位于海淀区西北部，大钟寺西北方向约 10 千米。圆明园靠近颐和园，在大钟寺西北方向约 9 千米处。便利的地理位置方便皇帝以及官员在路线上顺路访问以及行事。而且拈香为汉传佛教寺庙的行为礼仪规范，更符合汉人礼佛时的行为举止。因此觉生寺便成了合适之选。

### 文化交流

在清朝时期，寺庙不仅是佛教活动的场所，还具有重要的文化交流功能等多重社会作用。皇家会利用宗教礼仪来处理对外关系，例如接待使节时安排其参观包括寺庙在内的名胜古迹，在一定程度上促进了民族间的文化交流（截取一例）。

orin duin de fulahūn ihan inenggi

dele giyo šeng sy muktehen de genefi

二十四日，丁丑，上诣觉生寺

并在此焚香

——《满文起居注》

在清代，康熙、雍正、乾隆三位皇帝通过一系列军事征服及和平联姻等手段来巩固对这些领土及其人民（包括各个不同部落）的控制。康熙皇帝还通过将自己塑造成藏传佛教"法王"的形象来赢得藏传佛教信仰者们（包括许多喇嘛和贵族）的支持。虽说上述满文史记举例中，蒙古官员当时信奉的正统宗教为藏传佛教，但是作为文化交流的载体，汉传佛教寺庙也具有与藏传佛教进行文化交流的功能，统治者通过宗教加强中原民族与边疆民族之间的民族联系，巩固统一与稳定的局面。

综上所述，通过对不同时期涉及觉生寺的官方满文文献进行分析，可以发现觉生寺在不同层面均在为皇室服务，汉传佛教寺庙在清代发挥着多方面的作用。

文化融合：由于清朝是一个多民族国家，汉传佛教作为主要宗教之一，在维护不同民族间的和谐关系中发挥了重要作用。皇室通过支持包括汉传佛教在内的各种佛教流派，展现出对多元文化的接纳态度。汉传佛教寺庙成了不同民族和地区之间文化交流的重要场所。僧侣和信徒们的活动、不同宗教信仰或民族的官员的朝拜，以及汉传佛教与其他宗教（如藏传佛教）之间的互动，促进了不同文化之间与宗教之间的理解与融合，促进了民族认同，统一了思想，巩固了统治。

政治象征：寺庙常常被用来进行各种祈福和祭祀活动。这些活动不仅限于皇帝本人或皇家成员，也可能服务于国家安定、五谷丰登等相关公共事务。除此之外，清朝皇室通过对佛教进行赞助和保护、官方集资修建庙宇以及在重要节日参与寺庙活动，显示了皇室对于百姓的关注，这种做法有助于提升其政治合法性和道德权威。

信仰践行：一些清代帝王亲自信奉佛教，并可能会在特定寺院进行私人修行，追求精神解脱或启迪。除此之外，根据地理因素，寺院也是皇帝们很好的下榻之地，方便起居与访问。

觉生寺作为汉传佛教的代表在清代发挥了重要的作用，既是官方祭祀活动场所，也具有巩固民心的作用，还用以与不同宗教派别或民族进行交流。清朝的统治者，成功地利用宗教团结了我国北方、西南等区域民族，这对维护国家的统一和团结有着重要的作用。

## 三、大钟寺相关满文资料相关定位思考与发展保护

大钟寺作为清朝时期建立的汉传佛教寺庙，其涉及的满文史料对于研究相关满文语言有着重要意义。从这其中我们不仅可以得到大钟寺自身在清朝时期发展的最直接资料，也可以从侧面多角度呈现清代社会。

清朝官方文件：清朝初期，许多官方文件包括诏令、奏折等都使用满文书写。大钟寺作为官方祭祀场所，从不同方面涉及的官方工作（例如财政、礼仪、施工建设）都有待考究。这些为了解当时政府运作方式、礼仪制度和社会管理等方面提供了第一手材料。

民俗与传统习惯：寺庙作为礼仪活动场所，承担服务皇室与民间两大体系的宗教活动。满族乃至整个清代社会的民俗活动、礼仪习惯以及日常生活方式都有可能记载在相关满文档案中。这些资料对于理解当时社会风貌具有不可替代的价值。

宗教寺庙发展：大钟寺作为正统祭祀场所，影响并且可能支配管理北京境内当时其他相关汉传佛教寺庙，与藏传佛教寺庙也有着不少交流。这些资料对于已消失的寺庙，或无法确证的相关史实都具有一定的价值。

多元视角与交流：满族统治者的统治长达两个多世纪，在这个过程中形成

了融合汉族和其他民族特色的独特社会结构。寺庙作为民族文化交流的载体，肩负着民族文化交融的责任使命。阅读并分析满文史料，可以从一个不同于汉语的视角来审视历史事件和民族发展。

　　满文史料的发掘是一个复杂且持续的过程，涉及历史学家、语言学家、考古学家和许多其他领域专家的协作。现如今有关汉传佛教寺庙满文史料或其他民族语言史料的相关内容凤毛麟角，尤其大钟寺作为汉传佛教寺庙，现已发现的相关满文史料，更应加以保护，利用现代科技如数字化扫描技术帮助转录和分析这些材料，成立数字博物馆，并使其更加易于存储和检索。除此之外，也应以此作为博物馆宣传契机，开拓满文史料相关宣传板块，鼓励公众参与，也可以激励促进更多未知语料史料的发掘与探索。不同方面的努力，都是为了更好地理解并保护这部分有关大钟寺的珍贵历史遗产所必须采取的措施。通过系统性开拓工作、整理工作与保护宣传工作，可以确保将来有更多大钟寺在清代特别是清代早期的性质面貌与功能得到准确呈现，更进一步促进汉传佛教寺庙相关满文史料的发掘与研究。

钟

林

争

鸣

# 浅谈不可移动文物预防性保护研究与应用

## ——以永乐大钟钟架监测为例

**郭 聪**\*

**摘要：** 近年来，我国不可移动文物保护的整体形势，正由以抢救性保护为主向预防性保护和抢救性保护并重的趋势发展。对文物本体的监测是不可移动文物的预防性保护的前提条件。目前，大量先进的数字化的科技手段不断被引入文物监测领域。本文以大钟寺博物馆持续开展的永乐大钟钟架的检测项目为例，阐述数字化的科技监测手段在不可移动文物保护领域的应用及其成果对于博物馆发展的有益之处。永乐大钟原状陈列是大钟寺古钟博物馆的核心展览。永乐大钟自乾隆八年（1743）移至觉生寺内安放至今。永乐大钟钟架是唯一承挑永乐大钟的力学结构，其结构的稳定与否，直接关系永乐大钟这件馆藏珍贵文物一级品的安危。2016年以来大钟寺古钟博物馆持续开展对永乐大钟钟架力学结构的监测项目，此项目通过对永乐大钟的钟架开展持续性的监测活动获取钟架形变量的数据，再通过对数据的处理与比对，得出钟架发生形变的量化数据，从而判断钟架的力学结构是否稳定。由于钟架的修缮和维护记录不甚详细，暂时无法对其进行全面、科学、合理修缮和保护。掌握第一手的监测数据，预判钟架稳定性和安全性十分必要。

**关键词：** 博物馆 钟架 监测 文物保护

文物，见证了人类社会发展，是历史文化传承的载体。由于自然环境的恶化以及保存中的众多不可抗因素，许多流传至今的文物遭到不同程度的损伤。

\* 郭聪，首都博物馆副研究馆员，研究方向：不可移动文物及可移动文物的预防性保护。

图1 永乐大钟钟架全貌

图2 永乐大钟钟架局部

长期研究表明，环境因素对文物藏品的影响非常巨大。例如温度、湿度对文物的长期保存、防腐程度有重要影响；光照和紫外线是造成褪色和化学损坏的主要原因；博物馆、展览馆等人流密集场所大量的气体聚集，加上日趋恶化的空气污染对文物的保存产生了更加严重的威胁。因此，开展文物预防性保护工作刻不容缓。近年来，我国的不可移动文物保护整体上也正由以抢救性保护为主向预防性保护和抢救性保护并重的趋势发展。

大钟寺古钟博物馆收藏的举世瞩目的永乐大钟，自乾隆八年（1743）至今，已在觉生寺（大钟寺）内悬挂了近300年，承载永乐大钟的木结构梁架仍然保持了悬挂之初的状态与外表装饰（图1、图2），原状陈列对公众展出。近年来，随着文物保护事业的不断深入与完善，大钟寺古钟博物馆逐年加大对永乐大钟的保护力度，自2016年开始实施的"永乐大钟钟架监测"项目就是其中的一项重要预防性保护举措。

## 一、永乐大钟钟架监测的必要性

永乐大钟铸成于明永乐（1403—1424）年间，距今已有六百余年的历史。大钟通高6.75米，口径3米，总重约46.5吨，铸造精美，通体铸刻铭文共计22万余字，现为馆藏一级文物。据史料记载，清雍正十一年（1733），皇帝下旨兴建觉生寺时，有大臣奏请将永乐大钟移至觉生寺内安放[1]，但至乾隆八年（1743）才完成转移、安放事宜[2]。据此推算，永乐大钟悬挂于大钟寺古钟博物馆的大钟楼内的钟架之上，至今已有280余年。其间关于永乐大钟钟架修缮和维护的记录和资料鲜见于文献。大钟及钟架所在的大钟楼建筑规制极具特色，上圆下方，风格上与永乐大钟钟架及悬挂于其上的永乐大钟浑然一体。大钟架由十七根梁枋和八根柱子构成。通过勘察我们发现，大钟楼建筑与大钟架在结构上相互独立，

---

1 中国第一历史档案馆存内务府奏销档案：《奏请为移安万寿寺钟折》。
2 〔清〕于敏中：《钦定日下旧闻考》卷九十九，清乾隆（1736—1796）武英殿刻本，国家图书馆藏，第16页。

永乐大钟的重量完全由钟架独立承担，大钟楼建筑结构不承担永乐大钟的重量。由此推断，当时悬挂永乐大钟时应按照先将大钟就位，再搭建大钟架，然后悬挂大钟，再修筑大钟楼的顺序施工。

大钟寺古钟博物馆自 2016 年以来连续开展了永乐大钟钟架结构监测课题。此项课题的开展意在采集永乐大钟钟架结构的形变量数据，通过对比探查钟架结构是否出现歪闪、变形等病害，及时预警钟架结构的安全隐患。

在文物古建修缮的实践中，一个棘手问题就是古建实体的维护、保养、修缮的记录和资料不完整。永乐大钟钟架结构监测就是为以后的修缮提供科学、可靠、真实的基础数据。今天，大量的文物科技保护技术手段不断涌现，此项工作也可以为文物科技保护新技术应用于永乐大钟钟架保护、觉生寺古建筑群的保护提供支撑。

对于永乐大钟钟架结构的安全性，大钟寺古钟博物馆曾联合中国林业科学研究院木材工业研究所及中国科学院力学研究所做过一些调查和研究，成果见于：《大钟寺博物馆钟架的超声波无损检测》(《木材工业》第 17 卷第 2 期)；《永乐大钟及悬挂支撑系统的撞钟过程瞬态分析》(《振动与冲击》第 26 卷第 5 期)；《永乐大钟梯形木架稳定性初探》(《力学与实践》第 30 卷第 6 期)。以上研究成果从材料和结构的角度对永乐大钟钟架的稳定性做出了初步的分析，确定了永乐大钟钟架木材的树种属性，并通过现场实测数据和科学建模，得出永乐大钟钟架结构合理，可以经受撞钟带来的力学冲击，但上述结论均基于 2003 年至 2008 年间的一次性实测做出，时间久远且缺乏延续性。随着科技的进步，结构监测手段的丰富和发展，对于永乐大钟钟架的可持续性的结构监测十分必要。

永乐大钟的钟架是大钟唯一的支撑和受力系统。虽然其承重结构合理，但是由于年代久远，且维保、修缮的记录不详，目前已出现了腐蚀、开裂等多种影响其稳定的因素。此外，受北京地区季节性温度和湿度变化的影响，承重结构体也会出现周期性的形变。为了全面掌握钟架结构形变情况，进而对钟架承重结构的安全性进行科学的评估，对其进行形变监测十分必要。

## 二、永乐大钟钟架结构监测的技术特点

永乐大钟钟架的监测内容是建筑构造体的形变数据监测，因此在选择监测方法时必然是对其力学结构进行测绘、监测。随着近年来测绘手段的不断发展，三维激光扫描测绘技术不断成熟，并在我国不可移动文物科技保护领域里不乏成功应用的案例。相较于传统的测量、拍照、建模等手工测绘技术，三维激光

扫描测绘技术有着不接触文物本体、精度高、速度快、效率高、成本低等诸多优点，特别适合对古建筑不规则构造体的测绘，效率更高。综上，我们采用三维激光扫描技术开展对永乐大钟钟架结构的监测。

永乐大钟钟架通高 7.6 米，东西长 6.3 米，南北进深 6.0 米。整个钟架结构有 4 根方柱、4 根圆柱和 17 根大小不一、多层纵横重叠的梁、枋组成。8 根木柱向内收分，合力向心，受力均匀。9 根主要承重梁，叠错 5 层，五横四纵承挑永乐大钟。大钟架通体施彩画，从现存状况和已知的材料上分析，彩画尚未经历过修缮，仍为绘制初期原物，因此具有极高的历史价值。梁柱主题纹饰为龙，在每根柱子上面绘制一条巨大的龙，龙头置于柱子的上方。龙呈升势，缠绕着柱子的绝大部分，龙头上方置宝珠火焰于柱子与梁的搭接处。这种装饰手段，对帝王祈福地点起到有效的烘托渲染作用。

如图 3 所示，钟架 8 根立柱中 4 根为圆柱，分别位于钟架的四角。其余 4 根为方柱，分别立于钟架东西两侧。梁架由下而上分为五层，其中一、二层梁由东西南北 4 根组成，三、四层梁均有 2 根，五层为悬挂大钟梁架。

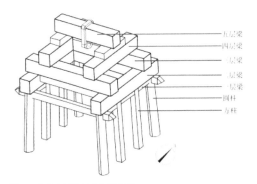

图 3　永乐大钟钟架结构示意图

根据钟架结构的特点和三维激光扫描的技术特性确定了如图 4 所示的技术路径，即通过每季度一次的现场扫描获取数据，再通过点云拼接和数据预处理，建立钟架结构数据库，之后通过软件处理得出我们需要的模型和结论。

确立技术路径后，根据现场勘查情况、永乐大钟钟架体量及开放参观的诸多因素，确定选用 30 米以内的中距离扫描设备。我们从目前市场主流扫描设备中选取了奥地利 Riegl 公司的中距离扫描仪。此设备精度高，速度快，且后续处理数据的效率较高。另外，根据项目需要延续展开的特点，我们选取了 4 个靶点，建立坐标系。这样可以保证每次测量的数据全部处于同一坐标系中，确保数据准确性。同时，每次扫描时，还要通过 24 个不同的站位点采集数据，

图 4　技术路线示意图

确保数据的覆盖率和准确性。通过几年的监测我们共采集了 11G 的点云原始数据。

数据完成采集后，通过扫描配套软件对站位点进行拼接和点云预处理，导入软件进行建模对比。在处理数据建模过程中，我们选用 Geomagic 软件。此款软件，对于大数据处理的稳定性较好，保障数据的安全，同时效率也较高。

2020 年进行了 4 次检测数据的采集。在 2020 年 4 月、7 月、10 月和 12 月分别进行了 4 次独立的形变监测，获得了大量的点云数据，而对于形变量的提取，可以有多种方式，两个连续时段的形变量反映的是连续性变化，跨时段的形变量反映的是一定时间间隔的形变累积量。本项目两个时段间距为 1 季度，跨时段分析仅对第一次和最后一次进行比对，即 2019 年最后一次和 2020 年最后一次。周期为 1 年，所以形变量分析有两种，即季度形变量分析和年度形变量分析。

在季度形变量方面，共完成 4 次观测，可以构成 3 个时段进行比较，即 2020 年 4 月到 7 月、2020 年 7 月到 10 月、2020 年 10 月到 12 月。如下表所示，共对比处理点云数据 7 574 004 个。以 2020 年 4 月至 7 月数据为例（表 1），如图 5 所示，其中 7 534 230 个点云变化值在正负 0.9 毫米之间，占比 99.47%，17 529 个点云数据在负 1.4 毫米至负 0.9 毫米之间，占比 0.23 %，22 245 个点云数据形变量在正 0.9 毫米至正 1.4 毫米之间，占比 0.29%。如图 6 所示，大钟架结构绝大部分处于正负 0.9 毫米的绿色区间。综上，可知这个季度钟架结构的形变量最大正向偏差为 1 毫米，最大负向偏差为 1 毫米，监测到的平均偏差在负 0.5 毫米至正 0.9 毫米之间，整体结构季度形变量微小，说明结构处于稳定状态。

表 1　季度形变统计表

| 最小值 | 最大值 | 点云数量 | 占比 % |
|---|---|---|---|
| −0.003 7 | −0.003 2 | 0 | 0.000 0 |
| −0.003 2 | −0.002 7 | 0 | 0.000 0 |
| −0.002 7 | −0.002 3 | 0 | 0.000 0 |
| −0.002 3 | −0.001 8 | 0 | 0.000 0 |
| −0.001 8 | −0.001 4 | 0 | 0.000 0 |
| −0.001 4 | −0.000 9 | 17 529 | 0.231 4 |
| −0.000 9 | 0.000 9 | 7 534 230 | 99.474 9 |
| 0.000 9 | 0.001 4 | 22 245 | 0.293 7 |
| 0.001 4 | 0.001 8 | 0 | 0.000 0 |
| 0.001 8 | 0.002 3 | 0 | 0.000 0 |
| 0.002 3 | 0.002 7 | 0 | 0.000 0 |
| 0.002 7 | 0.003 2 | 0 | 0.000 0 |

在年度形变量方面，以 2019 年 12 月至 2020 年 12 月两时段的整体模型对比产生的形变量为例，共对比处理点云数据 4 505 760 个（表 2）。如图 7 所示，326 657 个点云变化值在正负 0.8 毫米之间，占比 96.02 %，101 459 个点云变化值在负 1.2 毫米至负 0.8 毫米之间，占比 2.5%，77 644 个点云数据在正 0.8 至正 1.2 毫米之间，占比 1.72%。如图 8 至图 13 所示，大钟架结构各方向结构形变量均处在正负 0.8 毫米的绿色区间内。综上，可知 2019 年 12 月至 2020 年 12 月年度形变量最大正向偏差为 1 毫米，最大负向偏差为 1 毫米。监测到的平均偏差在负 0.5 毫米至正 0.5 毫米之间，整体结构季度形变量微小，说明结构处于稳定状态。

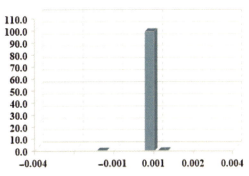

图 5　季度形变量柱状统计图

图 6　季度形变量点云示意图

表 2　年度形变量统计表

| 最小值 | 最大值 | 点云数量 | 占比 % |
|---|---|---|---|
| −0.003 2 | −0.002 8 | 0 | 0.000 0 |
| −0.002 8 | −0.002 4 | 0 | 0.000 0 |
| −0.002 4 | −0.002 0 | 0 | 0.000 0 |
| −0.002 0 | −0.001 6 | 0 | 0.000 0 |
| −0.001 6 | −0.001 2 | 0 | 0.000 0 |
| −0.001 2 | −0.000 8 | 101 459 | 2.251 8 |
| −0.000 8 | 0.000 8 | 4 326 657 | 96.025 0 |
| 0.000 8 | 0.001 2 | 77 644 | 1.723 2 |
| 0.001 2 | 0.001 6 | 0 | 0.000 0 |
| 0.001 6 | 0.002 0 | 0 | 0.000 0 |
| 0.002 0 | 0.002 4 | 0 | 0.000 0 |
| 0.002 4 | 0.002 8 | 0 | 0.000 0 |
| 0.002 8 | 0.003 2 | 0 | 0.000 0 |

我们还通过对数据的深度分析，对永乐大钟钟架的主要承重梁纵横剖面的形变对比进行监测。具体做法是，先构建每次扫描对象的三维模型，而后将同一监测对象的 4 次获取结果配准到一个统一的坐标系统中，根据需要对模型进行剖分，对获得结果所需的剖面进行对比。如图 14、图 15 所示，以钟架东侧承重梁为例，截取 13 个横断面及 3 个纵断面。通过对比其在 4 个不同时段的形变量，

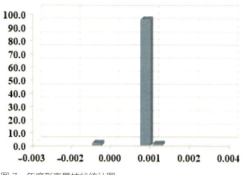

图 7　年度形变量柱状统计图

我们发现，不同时段的剖面线极为接近，垂直向差异小于 1 毫米，所以在较小比例的显示环境下，所看到的某剖面的 4 条曲线重合较好，几乎完全重叠为一条直线。这说明各时段间东侧承重梁变形量极小，状态稳定。

综上所述，我们采集到了监测对象完整的各种数据资料，构建了相应的三维模型，并在此基础上完成了基于三维模型的比对，获得了能够准确全面地反映出承重结构体变化的变形信息。数据分析分别采用了基于点云模型比对和剖面线比对两种方法，获得了一致的结果：第一，通过对 4 期观测数据和 2019 年与 2020 年年度监测数据的完整分析发现，结构体的竖向位移（即变形量）小于 1 毫米。第二，96% 以上的结构体表面竖向位移（即变形量）分布在正负 0.8 毫米区间，平均偏差在正负 0.5 毫米区间。第三，考虑到测量误差及数据处理误差，永乐大钟的承重梁形变趋势目前处于稳定状态，梁柱表面存在较小变化，根据断面图对比分析，未出现突变，梁柱整体受力能够保持相对稳定。

图 8　钟架前视图

图 9　钟架后视图

图 10　钟架左视图

图 11　钟架右视图

图 12　钟架顶部图

图 13　钟架底部图

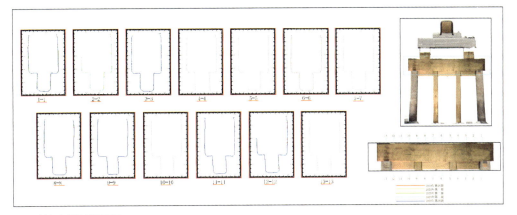

图 14　钟架东侧梁横断面图

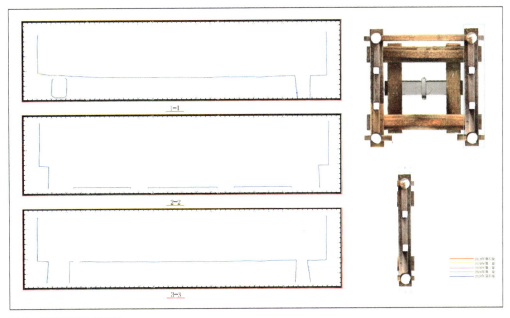

图 15　钟架东侧梁纵剖面图

## 三、余论

随着项目的不断深入开展，我们取得了宝贵的第一手数据。解析这些数据，不但可以为钟架结构的安全性提供科学的依据，还对其保护利用有多重的意义。在不可移动文物的保护和利用过程中，修缮和维护资料的完整性是科学、合理、有效编制方案的基础，而该项目基础数据的取得，为今后开展针对永乐大钟、钟架乃至觉生寺古建的保护和利用以及其他的科研活动提供真实的、可靠的数据支撑。

对于永乐大钟钟架开展的监测工作，是首次对觉生寺古建筑群的组成部分实施的预防性保护措施，其意义在于将不可移动文物预防性保护理念引入了对觉生寺古建筑群的保护工作。其后，大钟寺古钟博物馆陆续开展了永乐大钟钟架探伤、觉生寺古建筑群沉降结构监测等预防性保护项目，对该古建筑群保护起到积极作用。

另外，利用三维扫描技术的延伸应用，如图16所示，可以精确还原古建的框架结构。结合网络空间技术的运用，为博物馆传统社会教育功

图16　永乐大钟钟架三维复原图

能的延展和开发提供了新的手段，同时也为博物馆文创产品的开发提供了更加翔实的素材。特别是2020年突发的新冠疫情，使得越来越多的博物馆开始开展"云观展""云体验"等线上互动活动，相信三维扫描获得的基础数据在今后的网络和大数据应用会发挥更大作用。

钟声悠扬

# 浅谈中国古代钟铃文化发展历程中的中华文明的突出特性

王　申[*]

**摘要：** 中国古代钟铃文化源远流长、自成体系，是中华文明的重要组成部分。文章结合相关历史文献和钟铃文物、展品，对中国古代钟铃文化发展历程中所展现出的中华文明的五大突出特性略作分析，以进一步阐明中国古代钟铃文化的历史作用和现实意义，以期对中国古代钟铃文化的传承和传播提供借鉴和参考。

**关键词：** 钟铃文化　发展历程　中华文明

2023 年 6 月 2 日，习近平总书记出席文化传承发展座谈会并发表重要讲话。习近平总书记强调，中国文化源远流长，中华文明博大精深。只有全面深入了解中华文明的历史，才能更有效地推动中华优秀传统文化创造性转化、创新性发展，更有力地推进中国特色社会主义文化建设，建设中华民族现代文明。习近平总书记指出，中华优秀传统文化有很多重要元素，共同塑造出中华文明的突出特性。中华文明具有突出的连续性、突出的创新性、突出的统一性、突出的包容性和突出的和平性。

中国古代钟铃文化源远流长、自成体系，是中华文明的重要组成部分。古钟作为历史上中国各族人民普遍使用的一种器物，是中华民族一份宝贵的历史文化遗产。古代钟铃器物作为文化载体，从中国古代钟铃文化发展历程看，中华文明的五个突出特性均贯穿其中，且有着紧密的内在联系。笔者结合相关历史文献和钟铃文物、展品，对中国古代钟铃文化发展历程中所展现出的中华文明的突出特性略作分析，不当之处恭请专家学者指正。

---
* 王申，大钟寺古钟博物馆业务部副主任，博物馆馆员，研究方向：中国钟铃文化、文化遗产保护与研究。

## 一、突出的连续性见证着中国古代钟铃文化绵延不断的发展历程

习近平总书记指出："中华文明具有突出的连续性，从根本上决定了中华民族必然走自己的路。如果不从源远流长的历史连续性来认识中国，就不可能理解古代中国，也不可能理解现代中国，更不可能理解未来中国。"

连续性是中华文明最突出的特点，中国古代钟铃文化作为中华文明的载体之一，同样走过了漫长且绵延不断的发展历程，一定程度上始终承载着中华民族独特的精神标识。

大量的古代历史文献都记述着中国古代钟铃文化起源的古史传说。《周礼·冬官考工记·凫氏》记载："凫氏为钟，两栾谓之铣。"[1]认为"凫氏"是古代掌管作钟的官员。《管子·五行第四十一》中记载："昔黄帝以其缓急作五声，以政五钟。令其五钟，一曰青钟大音，二曰赤钟重心，三曰黄钟洒光，四曰景钟昧其明，五曰黑钟隐其常。"[2]认为黄帝根据声音的急缓铸造"五钟"，并分别对应五种颜色和五个音调。《山海经·海内经》则记载："炎帝之孙伯陵，伯陵同吴权之妻阿女缘妇，缘妇孕三年，是生鼓、延、殳，始为侯。鼓、延是始为钟，为乐风。"[3]认为是殳发明了箭靶，鼓、延二人发明了钟，创作了乐曲和音律。《吕氏春秋·仲夏纪第五·古乐》："黄帝又命伶伦与荣将铸十二钟，以和五音，以施《英韶》。"[4]认为发明钟的并不是黄帝本人，而是黄帝命令一个叫伶伦的乐官和一个叫荣将的大臣共同铸钟，并且发明了音律，于是有了用来演奏的乐钟。《世本·作篇》记载："垂作钟。"[5]《说文解字》则记载："钟，乐钟也。秋分之音，物种成。从金，童声。"[6]这里认为"万物种成"的秋季，一些带壳与核的植物，在脱水之后，成为人们第一次用来发声的原始器物。虽然这些文献记载发明和制作钟的人有所不同，但都表明早在文献记录中的三皇五帝时期，钟作为乐器就已经出现了。当然，这些记载都是后世的记述，真实性目前还有待考证。钟铃的起源虽不能根据这些传说来贸然断定，但它们却以不同的形式向后人讲述着中国古钟文化的源远流长。

韩建业教授指出：中华文化根植于大约距今200万年的旧石器时代，肇始于距今一万多年的新石器时代早期；至距今8000多年的新石器时代中期，迈开了中华文明起源的第一步；距今6000年前后，迈开了中华文明起源的第二步；距

1〔汉〕郑玄注：《周礼·冬官考工记第六》，清乾隆五十二年（1787）福礼堂刻本，国家图书馆藏，第22页。
2〔唐〕房玄龄注，〔明〕刘绩补注：《管子》卷十四《五行第四十一》，明刻本，国家图书馆藏，第13页。
3〔晋〕郭璞注：《山海经·海内经第十八》，明刻本，从尤冠之宋本校正，〔清〕毛扆校并跋，国家图书馆藏，第45页。
4〔汉〕高诱训解：《吕氏春秋·仲夏纪第五》，明万历张登云刻本，国家图书馆藏，第9页。
5〔汉〕宋衷注、黄锡禊校：《世本·作篇》，〔汉〕宋衷注〔清〕秦嘉谟等辑：《世本八种》，中华书局，2008年，第39页。
6〔汉〕许慎：《说文解字》第十四上《金部》，宋元刻本，〔清〕丁晏跋，国家图书馆藏，第3页。

今 5100 年前后，良渚和南佐等数百万平方米的都邑性聚落，是具有区域王权的早期国家，标志着中华文明的诞生；距今 4100 年左右，初步具有"大一统"天下王权的夏朝建立[1]。也正是在中华文明起源的第二步这一时期，早期的陶铃、陶钟开始出现。1956 年，在河南陕县庙底沟出土了一件新石器时代仰韶文化的陶钟，距今约有 5900 多年的历史，作为早期钟铃的代表，为探索钟铃类器物的起源提供了重要线索。而在距今 5100 年中华文明诞生至夏朝建立这一时期，更多的陶铃、陶钟被发现。甘肃省临夏回族自治州广河县祁家集出土了距今 4800 年马家窑文化的叶形纹彩陶铃，该陶铃呈葫芦形，施黑彩，绘菱形网格纹和弧线纹，陶铃顶部塑一弯曲的手柄，方便持握，鼓腹中空，里面盛有小石子，当摇动陶铃时，石子与陶壁碰撞，产生叮当的响声；河南郑州大河村遗址出土了距今约 4700 年至 4400 年的仰韶文化陶铃[2]；湖北天门石家河三房湾遗址出土了距今约 4400 年的石家河文化陶铃，该铃体两面均阴刻有兽面纹；陕西西安斗门镇出土了距今约 4300 年至 4000 年的龙山文化陶钟；等等。除此之外山西陶寺遗址曾出土过红铜铃，河南偃师二里头遗址中也有一些铜铃被发现。这些陶铃、陶钟、铜铃是我国历史上钟铃器物的雏形，也见证了古代钟铃文化的悠久历史。

从距今五六千年的陶铃、陶钟，到横截面为合瓦形的青铜乐钟，再到横截面为正圆筒形的梵钟，中国古钟经历了前后两个不同的发展阶段，形成了两大古钟体系。"合瓦形"乐钟主要盛行于先秦时期，乐钟作为代表权力地位的礼乐重器占据主导地位。同时，不同类型的乐钟也被广泛应用于当时的社会中。《诗经·小雅·蓼萧》中记述"和鸾雍雍，万福攸同"[3]，《诗经·周颂·载见》也记述"龙旂阳阳，和铃央央"[4]，表明先秦时期在王室贵族的车马上使用铜铃已然成风。两汉后特别是魏晋南北朝时期，随着佛教的传播与道教的兴起，佛、道用钟开始出现，其形制总体呈圆筒状，横截面为正圆形，与先秦时期乐钟的"合瓦形"形制有着明显区别，中国古钟的形制、声音、功能等都随其变化而发生了相应变化。自魏晋南北朝时期出现后，一直沿用至近代，学术界将这一新的古钟类型泛称为"梵钟"[5]。中国古钟作为中华优秀传统文化的载体之一，其上的铭文、纹饰，以及铸造工艺等，都蕴含着丰富的中国古代社会政治、军事、经济、宗教、音乐、文学、民俗及铸造技术等方面的历史信息，一定程度上反映了古人的审美取向，同时也见证了古代社会科学技术发展的历史进程，在中国古代物

1 韩建业：《中华文明的突出特性贯穿古今且相互联系》，《中国社会科学报》2023 年 6 月 13 日。
2《郑州大河村遗址发掘报告》，《考古学报》1979 年，第 332 页。
3〔汉〕毛苌传，〔汉〕郑玄笺：《诗经》卷十《小雅·南有嘉鱼之什第十七》，清永怀堂刻本，〔清〕丁晏校注，国家图书馆藏，第 3 页。
4《诗经》卷十九《周颂·臣工之什第二十七》，第 9 页。
5 大钟寺古钟博物馆：《古韵钟声》，北京燕山出版社，2014 年，第 41—47 页。

质文化史中占有重要地位。

时至今日，"坐如钟""警钟长鸣"等与钟相关的词语还时常出现在我们的生活之中，校园钟、开市钟、纪念钟、友谊钟等不同类型的钟铃，还在发挥着不同功用，凸显了中国古代钟铃文化的历史连续性。

## 二、突出的创新性促使着中国古代钟铃文化始终保有蓬勃生机

习近平总书记指出："中华文明具有突出的创新性，从根本上决定了中华民族守正不守旧、尊古不复古的进取精神，决定了中华民族不惧新挑战、勇于接受新事物的无畏品格。"

创新性作为中华文明不断发展的不竭动力，也推动着中国古代钟铃文化不断向前发展，使得钟铃文化始终保有蓬勃的生命力。

先秦时期，劳动人民创造出不同形制、不同功用的乐钟，这些乐钟被广泛运用于战争、祭祀、宴飨等不同场合。《太平御览》引用《乐书》记述："凡金为乐器有六，皆钟之类也，曰钟、曰镈、曰錞、曰镯、曰铙、曰铎。为钟而大，錞于也，圆如椎头，上大下小者，谓金錞和鼓。镯，钲也，形如小钟，军行为鼓节。铙，铃而无舌，有柄而执之。铎如大铃。"[1]

上述各类乐钟虽然形制迥异，但是却有着一个共通之处，即钟体的横截面多为椭圆形，我们称之为"合瓦形"。这种类型的钟体设计与后世横截面为正圆形的钟体相比，具有较为明显的"阻尼作用"[2]，使钟声在空气中传播时能够加速衰减，使钟的发声不能够延续、持久，从而防止演奏时声音的相互干扰，为更好地使用乐钟进行演奏奠定了基础。

西周时期，象征着等级和秩序的礼乐制度得以建立和完善，一定程度上维护了当时的统治，而以钟、磬为主要载体的乐悬制度也应运而生，通过悬挂乐器的多少和面数来代表各统治阶层的身份地位。正如《周礼》中的记载："正乐县之位，王宫县，诸侯轩县，卿大夫判县，士特县。"[3]《文献通考》引郑玄注："宫悬，四面悬；轩悬，去其一面；判悬，又去其一面；特悬，又去其一面……"[4]

1978 年，湖北省擂鼓墩曾侯乙编钟出土。该套编钟在正鼓、侧鼓两个部位上标出了能击发出音响的阶名和律名，表明当时的人们已经能够很好地掌握编

1〔宋〕李昉：《太平御览》卷第五百七十五《乐部十三》，万历元年（1573）倪炳明刻本，第9—10页。
2 夏明明：《曾侯乙编钟与中国古钟》，《机械技术史》1998年，第301页。
3〔汉〕郑玄注：《周礼》，中华书局，1936年，第132页。
4〔元〕马端临：《文献通考》卷之一百四十《乐考》，元泰定元年（1324）西湖书院刻本，国家图书馆藏，第3页。

钟的特性，特别是掌握了一个钟体发出两种声音的工艺。正是两段圆弧组成的合瓦形，使一件钟上同时存在两种不同的基频，"当敲击正鼓位时，波节线在侧面，节制了侧面的音频，波幅在中间，激发出正鼓音。当敲击侧鼓位时，节线在中间，波幅在两侧的侧鼓位，节制了正面的音频，激发出的主要音频为侧鼓音"，[1] 从而使得每件编钟可分别发出两个呈大三度或小三度关系的乐音。不仅如此，曾侯乙编钟的魅力还在于它的音域跨越五个半八度，十二个半音齐备，可以自如地进行"旋宫转调"。同一个乐句在经过"旋宫转调"之后，整体音调都进行了升高，从而使曾侯乙编钟可与现代的"乐器之王"钢琴相媲美，像钢琴一样可以同任何乐器进行合作，演奏出中外的任何乐曲。但是不容忽视的是，曾侯乙编钟的发明比钢琴早了 2000 多年。另如随州曾侯犺编钟、晋侯苏编钟、河南平顶山的魏庄甬钟等的出土和发现，证明中国先秦"双音钟"铸调技术的发明，应在周初甬钟创建后不久就已经得以确立[2]，以曾侯乙编钟为代表的中国编钟"一钟双音"的技术创造是我国古代劳动人民的智慧结晶。

创新性除了体现在钟铃器物的技术创造中，其创新、开拓的精神同样被铭记于钟铃器物之上。1978 年出土于陕西宝鸡太公庙村的秦公镈，铸有"秦公曰：我先祖受天命，赏宅受国。烈烈昭文公、静公、宪公不坠于上，昭合皇天，以虩事蛮方。公及王姬曰：余小子，余夙夕虔敬朕祀，以受多福，克明厥心，盭龢胤士，咸畜左右，蔼蔼允义，翼受明德，以康奠协朕国，盗百蛮，具即其服，作厥龢钟，灵音肃肃雍雍，以匽皇公，以受大福，纯鲁多釐，大寿万年。秦公其畯龢在位，膺受大命，眉寿无疆，匍有四方，其康宝"[3] 共 135 字铭文，讲述了秦襄公被赏宅授国，并与文公、宪公等几代人共同努力把秦国从弱小带向强大的历史事实，同时也印证了《史记·秦本纪》中关于文公、静公、宪公三代世系的记载是正确的[4]。从秦襄公"伐戎而至岐"[5]，秦文公在汧、渭水之交营建都邑，制定诛灭三族的刑法，到宪公与西戎作战，灭掉荡社，再到武公"伐邽、冀戎，初县之"[6]，秦国在每个历史时期几乎均有重大的变化和发展，使秦国从弱小不断走向强大。秦公镈上短短十数列文字，正是秦国人创新与开拓精神的缩影，映射着秦国"奋六世之余烈"，最终走向强大和统一的历史。

收藏于日本奈良国立博物馆的陈太建七年钟被认为是最古老的梵钟，铸有

1 夏明明：《曾侯乙编钟与中国古钟》，《机械技术史》1998 年，第 301 页。
2 王子初：《曾侯犺墓编钟的音乐考古》，《音乐研究》2021 年第 1 期，第 15—26、2—3 页。
3《先祖受天命 铭记秦公镈》，卢迎红、卢嘉兵主编：《古钟掌故》，北京联合出版公司，2017 年，第 33 页。
4《史记·秦本纪第五》"静公"作"竫公"，未即位而卒，赐谥"竫公"；"宪公"作"宁公"。
5〔汉〕司马迁撰、〔宋〕裴骃集解、〔唐〕司马贞索隐、〔唐〕张守节正义：《史记》，中华书局，2000 年，第 129 页。
6《史记·秦本纪第五》第 131 页。

"陈太建七年十二月九日，钟一口，供养起，弟子沈文殊造，称廿斤"的字样，表明了铸造时间、铸钟人和钟的重量的不同信息。梵钟所带来的钟体形制的变化，促进了钟铃器物功用的发展变化，或为朝钟，或为坛庙钟，或为佛钟，或为道钟，或为更钟等等。明人宋应星在《天工开物》中对钟的功用进行了总结："凡钟为金乐之首，其声一宣，大者闻十里，小者亦及里之余。故君视朝、官出署必用以集众，而飨饮酒礼必用以和歌，梵宫仙殿必用以明摄谒者之诚，幽起鬼神之敬。"[1]从乐钟到梵钟，正是古代劳动人民按照不同需求不断进行探索的体现。正是不断的创新、创造，才造就了中国古钟如此之多的实用功能，满足了不同时期、不同场所人们对于声音的需求，也正是这因时因势的创新与开拓，才使得中国古代钟铃文化经久不息。

### 三、突出的统一性是中国古代钟铃文化发展历程中的独特表达

习近平总书记指出："中华文明具有突出的统一性，从根本上决定了中华民族各民族文化融为一体、即使遭遇重大挫折也牢固凝聚，决定了国土不可分、国家不可乱、民族不可散、文明不可断的共同信念，决定了国家统一永远是中国核心利益的核心，决定了一个坚强统一的国家是各族人民的命运所系。"

在中华文明不断发展的过程中，统一始终是大势所趋、民心所向。在中国古代钟铃文化的发展进程中，统一性既表现在对于古钟器物所蕴含的独特意义的统一认识，也表现在其具体内容中。

《礼记·乐记》记载："王者功成作乐，治定制礼，其功大者其乐备，其治辩者其礼具……"[2]自商周以来，历代君王以"功成作乐"为第一要务；而"作乐"之中，均以造律钟为重[3]。《汉书·董仲舒传》记载："盖闻五帝三王之道，改制作乐而天下洽和，百王同之……教化之情不得，雅颂之乐不成，故王者功成作乐，乐其德也。"[4]《旧五代史》记载："古之王者，理定制礼，功成作乐，所以昭事天地，统和人神，历代已来，旧章斯在。"[5]从上述文献记载中可以看出，无论是统一的封建王朝，还是处在暂时分裂的乱世，对于"制礼作乐"均有着统一的认识。之后的统一王朝，元、明、清也均将其作为王朝建立后的头等大事。乐钟作为"作乐"的载体，承载着历朝历代对于"礼"的认同。

秦始皇统一六国，秦王朝的建立，象征着中央集权的"大一统"国家正式

1〔明〕宋应星：《天工开物》，江苏广陵古籍刻印社，1998年，第241页。
2〔汉〕郑玄注：《礼记》，中华书局，1962年，第2499页。
3 王子初：《我们的编钟考古（上）》，《中国音乐学》2012年第4期，第25页。
4〔汉〕班固撰、〔唐〕颜师古注：《汉书》，中华书局，2000年，第1900—1902页。
5〔宋〕薛居正等：《旧五代史》，中华书局，2000年，第1329页。

形成。"收天下兵，聚之咸阳，销以为钟镶，金人十二，重各千石，置廷宫中"[1]，展现了王朝一统的威仪。

唐高祖时，"唐协律郎张文收乃依古断竹为十二律，高祖命与孝孙吹调五钟，叩之而应，由是十二钟皆用"。[2]宋崇宁四年（1105），宋徽宗下诏"今追千载而成一代之制，宜赐新乐之名曰《大晟》"[3]，伴随着新乐创作，大晟钟应运而生。金皇统元年（1141），"始就用宋乐，有司以钟磬刻'晟'字者犯太宗讳，皆以黄纸封之"。金大定十四年（1174），"太常始议：'历代之乐各自为名，今郊庙社稷所用宋乐器犯庙讳，宜皆刮去，更为制名。'于是，命礼部、学士院、太常寺撰名，乃取大乐与天地同和之义，名之曰'太和'"。[4]清康熙五十四年（1715），"改造圜丘坛，金钟玉磬，各十有六"。至此，最后一个封建王朝完成了"作乐"的传统。这种对"制礼作乐""藏礼于器"的统一认识一定程度上成了维护国家统一、文明延续的内生动力。

除此之外，《宋史》记载"皇帝五钟，一曰景钟。景，大也。钟，四方之声，以象厥成。唯功大者其钟大，世莫识其义久矣"。[5]明代时期，也有铸钟表功的现象。明史记载，朱元璋在南京铸造太和钟时也提出了"惟功大者其钟大"的理念。明成祖朱棣就很有可能是本着其父的这一理念下令铸造了明永乐大钟。虽然铸造的钟体形制发生了变化，出发点亦从制礼作乐变化为"惟功大者其钟大"，然而其内在的联系却不曾断绝。

永乐大钟，铸于明朝永乐年间，总重46.5吨，钟体内外及悬挂结构上遍铸汉文、梵文经咒，总计23万余字，距今已有约600年的历史。永乐大钟上有这样一段铭文，是永乐皇帝的《大明神咒回向》，也是十二个愿望，主要包括："惟愿国泰民安乐，惟愿时丰五谷登，惟愿人人尽忠孝，惟愿华夷一文轨，惟愿治世长太平，惟愿人民登寿域，惟愿灾难悉消除，惟愿盗贼自殄绝，惟愿和气作祯祥"等等，之后则写有"敬愿大明永一统"的祈愿。关于永乐大钟的铸造原因，目前未在文献中找到明确记载，然而从此处我们或可理解永乐皇帝铸造永乐大钟，很可能是为昭显功德，并且宣扬其希望的"大明永一统"的政治理想；同时也显示出，中华民族从古至今，国家统一、民族团结、国泰民安自始至终都是我们由衷的期盼，也寄托了对国家、对民族、对人民的祝福。这种文化一体、国家一统的传承和祈愿集中表达了中华文明的统一性，串起了历史长

1《史记》第170页。
2〔宋〕欧阳修、宋祁：《新唐书》，中华书局，2000年，第304页。
3〔元〕脱脱：《宋史》，中华书局，2000年，第2025页。
4〔元〕脱脱：《金史》，中华书局，2000年，第577页。
5《宋史》第2030页。

河中的中华文明，展现了自古以来我们统一的多民族国家的发展历史。

## 四、突出的包容性推动中国古代钟铃文化发展历程在不同环境中向前发展

习近平总书记指出："中华文明具有突出的包容性，从根本上决定了中华民族交往交流交融的历史取向，决定了中国各宗教信仰多元并存的和谐格局，决定了中华文化对世界文明兼收并蓄的开放胸怀。"

在中国古代钟铃文化的发展进程中，包容性既表现在对外来文化的兼收并蓄，也体现在形制上的不断融合，更体现在不同内容题材乃至不同文化的交流互鉴，包容性使得钟铃这一载体承载着不同文化，从而在不同历史环境中向前发展。

佛教自东汉明帝时期从印度开始传入中国，魏晋南北朝后，随着佛教的不断传入和发展，在承袭中国古代传统古钟风格的基础上，梵钟汲取了部分外来佛教文化因素，一定程度上成为中外文化交流与传播的产物，体现了中华文化的包容性。

隋唐时期，梵钟的形制开始出现明显的南北差异。北方地区的梵钟整体外形呈抛物线状，底口明显外敞，钟口部位为莲花瓣状；而南方地区的梵钟则呈现出整体外形呈圆筒状，钟口平齐，作为撞钟点的钟月则位于钟体腰部居中位置。自辽宋金元后，南北方梵钟则开始出现融合趋势[1]。

唐代以后，北方地区先后被契丹、女真和蒙古等少数民族所控制，从而形成了辽、金、元、清等不同统治政权，但不同民族的统治阶级均认同并继承了铸钟的传统，从而使钟铃文化进一步发展。从辽代的阁院寺铁钟、金大定时期的邢州开元寺铁钟，到元代的铜更钟，再到清代乾隆朝钟等等，中国古钟历代相袭，体现了中华文明对不同民族文化的包容，也展现了不同民族文化对于中华文明的认同。

伴随着佛教的发展，中国本土的道教也在不断地发展。历代统治者均对佛教、道教以及儒家有着不同的理解和政策，三者均成为人们信仰的对象而并生共存。收藏于河北涞源阁院寺内的阁院寺钟，铸于辽天庆四年（1114），除了铸有"南无护国仁王佛"等佛名号之外，还记有"太上府君、太上太岁"等道教神祇，其佛、道内容共同存在的现象，从侧面体现了辽代"三教并行"的文化政策，而正是这种多元并存的政策促进了相关信仰的传播和文化的发展。明嘉靖时期的保明寺钟上面铸有两个铸造年款，一为"大明天顺六年夏月吉日铸造洪钟一口"，一为"大明嘉靖十二年三月二十一日奉懿旨重造"，透过它，我们不仅可能了解一段嘉靖时

---

1《古韵钟声》第44—47页。

重铸保明寺铜钟的故事，更可以感受到当时两宫皇太后与嘉靖皇帝对于佛教等不同文化的理解与包容。

金大定邢州开元寺铁钟 **1** 上铸有黄道十二宫图，即白羊宫、金牛宫、双子宫、巨蟹宫、狮子宫、室女宫、天秤宫、天蝎宫、人马宫、摩羯宫、宝瓶宫、双鱼宫。该钟将十二宫图以及铸钟年款、祝颂吉语、八卦符号等共同铸在铁钟上，不仅展现了中外文化的交流互鉴，其中国化的特殊表达更见证了中华文明求同存异、和而不同的气象。海淀区鹫峰秀峰寺的西洋铜钟 **2**、通州区博物馆的西洋铜钟 **3**、通州贾后疃村天主教堂的 1920 年西什库铁钟 **4**、民国二十一年完全小学铁钟 **5**、通州区潞河中学校钟 **6** 等近代西洋铜钟以及形制近似西洋钟的钟出现，见证了元代后西洋钟随着西洋传教士进入中国的历史情况，体现了西方钟铃文化对于中国钟铃文化的影响，以及中国钟铃文化在吸收西洋钟特点后的发展变化，成了中外文化交流和中华文明兼收并蓄的历史见证。

除此之外，众多古代梵钟文物上，铸有汉文、梵文、藏文、彝文等文字，同样体现了民族融合、中外交流的历史，是历代文明相融、民族相亲、国家一体的有力表达。

## 五、突出的和平性是中国古代钟铃文化自始而终的文化基因

习近平总书记指出："中华文明具有突出的和平性，从根本上决定了中国始终是世界和平的建设者、全球发展的贡献者、国际秩序的维护者，决定了中国不断追求文明交流互鉴而不搞文化霸权，决定了中国不会把自己的价值观念与政治体制强加于人，决定了中国坚持合作、不搞对抗，决不搞'党同伐异'的小圈子。"

回顾中华民族五千多年的文明史，中华民族始终秉持"以和为贵"的理念，而和平性亦是中国古代钟铃文化自始而终的文化基因。

在《管子·五行》中就曾记载："昔黄帝以其缓急作五声，以政五钟。令其五钟，一曰青钟大音，二曰赤钟重心，三曰黄钟洒光，四曰景钟昧其明，五曰黑钟隐其常。五声既调，然后作立五行以正天时，五官以正人位。人与天调，然后天地之美生。" **7** 这表明五声调整好了，就可以确定五行、五官，从而校正

1 范玉琪：《金大定邢州开元寺铁钟考》，《文物春秋》1993 年第 1 期，第 36—38、23—100 页。
2 大钟寺古钟博物馆：《北京古钟（上）》，北京燕山出版社，2005 年，第 160—161 页。
3《北京古钟（上）》第 324 页。
4《北京古钟（上）》第 31—319 页。
5《北京古钟（上）》第 322—323 页。
6《北京古钟（上）》第 327—328 页。
7 支伟成：《管子通释》，上海书店，1996 年，第 288 页。

天时季节以及人们的地位，而人事与天道协调了，天地间美好的事物也就产生了，一定程度上表达了对天下太平和谐的向往。秦公镈钟"蔼蔼允义，翼受明德，以康奠协朕国，盗百蛮，具即其服……"的铭文表明希望通过光明的德行，安定协和自己的国家，周围的方国都能安分守国。从夏商周到明清，钟磬之音、礼乐之声不曾断绝，内涵也不断丰富，在历朝历代的祭祀、朝会等重大典礼场合中，都有着古钟的身影，其所奏之音无不展现着古代人们对于天人合一、和谐统一等哲学思想的不同思考。

除此之外，古钟上铸造祝颂吉语自宋、金开始十分普遍。大钟寺古钟博物馆馆藏明清时期梵钟铭文中，常见的祝颂语有"皇图永固、帝道遐昌、佛日增辉、法轮常转""风调雨顺、国泰民安、五谷丰登、天下太平"。然而，不论其表述如何，均表达了当时功德主、铸钟人等对于宗教信仰的虔诚，对国家和生活的美好祝愿，对盛世太平的无限向往[1]。直到近现代所铸梵钟仍保留着铸造祝颂吉语的传统，亦是和平性不断发展变化后在人们心中延绵不绝的写照。

如今，从侵华日军南京大屠杀遇难同胞纪念馆的和平大钟，到铸有"牢记历史，不忘过去，珍视和平，开创未来"的上海淞沪抗战纪念馆"警世钟"与中国华侨历史博物馆的"波茨坦和平钟"，再到大钟寺古钟博物馆藏的香港回归警世钟、澳门回归纪念钟等，无不被人们赋予了铭记历史、珍爱和平的美好寓意，钟声再一次凝聚起中华民族团结奋进的精神纽带和自强不息的精神动力。

## 六、结语

中国古代钟铃文化的发展历程，展现了中华文明几千年来的连绵不绝，也展示了中华文明的丰富多彩。突出的连续性见证着中国古代钟铃文化绵延不断的发展历程；突出的创新性促使着中国古代钟铃文化始终保有蓬勃生机；突出的统一性是中国古代钟铃文化发展历程中的独特表达；突出的包容性推动中国古代钟铃文化在不同环境中向前发展；突出的和平性是中国古代钟铃文化自始而终的文化基因。做好中国古代钟铃文化研究和阐释，不断认识钟铃文化独具特色的生命力，不断推动中国古代钟铃文化创造性转化和创新性发展，不断彰显中国古代钟铃文化的时代价值，对于更全面地认识中华文明，让钟铃文化在建设中华民族现代文明新征程中焕发新的活力，无疑有着深刻的意义和影响。

1 卢迎红、卢嘉兵：《大钟寺古钟博物馆藏古钟拓片集》，北京联合出版公司，2015年。

# 依据《古建筑安全防范技术规范》议古建筑类博物馆安全防范工作
## ——以大钟寺古钟博物馆为例

曹　静　　欧阳鑫[*]

**摘要：** 2023 年 10 月，北京市市场监督管理局发布北京地方标准《古建筑安全防范技术规范》。标准除规定了古建筑安全防范的基本要求、防护区域和部位等要求外，提出了对安全防范系统的合规性、功能性、防范能力开展评估的标准，为文物古建筑保护提供了更为翔实的参考及评价依据。文章以大钟寺古钟博物馆文物安防为实例，依照《古建筑安全防范技术规范》，分析古建筑类博物馆安防需求，提出存在的问题和对未来的展望，为文物古建筑提升整体安全防护能力提供具有较高价值的参考依据，推动文物古建筑可持续利用与延续。

**关键词：** 规范　古建筑　安防　大钟寺

《北京市"十四五"时期文物博物馆事业发展规划》提出，"推动文物治理体系和治理能力建设得到新提升""优化文物安全长效机制"。古建筑类博物馆是依托文物建筑建设的博物馆，是中国博物馆体系的重要组成部分。随着博物馆事业的全面发展，古建类博物馆在创新文物开放模式过程中，建设安全监管平台，增强安全防护整体能力尤为重要。

## 一、《古建筑安全防范技术规范》的出台以及编制背景

2023 年 6 月，《古建筑安全防范技术规范》正式出台，并于 2023 年 10 月 1 日开始实施。该规范涉及的内容弥补了国家标准的不足，填补了北京市古建筑

* 曹静，大钟寺古钟博物馆副研究员；欧阳鑫，大钟寺古钟博物馆馆员，研究方向：博物馆学、文物保护与安全。

安全防范技术规范的空白，在管理及政策层面突出指导性，技术层面突出科学性，执行层面突出针对性，使用层面突出长效性，投资层面突出合理性。规范出台后可做到古建筑安全系统建设有标准可依、有据可查，进而落地生根，切实增强和提升北京地区古建筑的安全性。

2016 年，《国务院关于进一步加强文物工作的指导意见》(国发〔2016〕17号) 提出：加强文物安全防护，实施文物平安工程，切实降低文物保护单位安全风险。

2017 年《国务院办公厅关于进一步加强文物安全工作的实施意见》(国办发〔2017〕81号) 提出：强化科技支撑，提高防护能力。

2022 年，国家文物局关于印发《文物安全防控"十四五"专项规划》的通知（文物督发〔2022〕12号）提出：压实文物安全责任，完善文物安全制度标准，强化科技支撑。

2021 年，北京市市场监督管理局印发了《2021 年北京市地方标准制修订项目计划（第一批）》的通知。《文物建筑安全防范工程技术规范》作为第一批项目，由北京市文物局牵头，北京安全技术学会起草。该规范自 2021 年开始，就已正式开展标准起草工作，先后进行现场调研 10 余次、会议讨论 23 次以及专业研讨会 30 余次。2021 年 12 月开始标准预审，2022 年 6 月公开征求意见，2022年 11 月完成编制审查送稿，最终于 2023 年 1 月形成批稿。

## 二、大钟寺古钟博物馆安全防范基本概况

大钟寺古钟博物馆依托清代觉生寺古建筑群建立，又名觉生寺，始建于清雍正十一年（1733），总占地面积约 30 000 平方米。1957 年，北京市政府将觉生寺列为市级文物保护单位。1980 年 2 月，北京市政府批准成立大钟寺文物保管所。1984 年 11 月，经北京市政府批准，"大钟寺古钟博物馆"成立。1985 年 10月 5 日，博物馆举行了建馆典礼，正式对外开放。1996 年 12 月，觉生寺被国务院列入第四批全国重点文物保护单位。根据《文物系统博物馆风险等级和安全防护级别的规定》中的要求，大钟寺古钟博物馆为一级风险单位。

大钟寺古钟博物馆作为全国重点文物保护单位，自建馆以来，修缮、改陈共计 30 余次，其中安防工程改造 4 次、消防工程改造 3 次、防雷工程改造3 次。历经逐年的增设、修缮、填补性建设，工程总体上发挥了积极的作用，但随着新国标、地标等规范出台和产品、技术的更新，单位的安全防护设施技术总体已经落后，尤以数据共享、智能化应用、信息安全、用电安全方面为甚。

## （一）安防系统

### 1. 技防设备

2019 年，大钟寺古钟博物馆对馆内电子防范系统进行了全面升级，除按照相关规范进行各系统的设计外，还充分考虑了管理、预防、指挥控制和事后取证分析等实际需求。

为提高大钟寺古钟博物馆安保和应急处理水平，将主要区域分为纵深防护体系中的周界、监视区、防护区和禁区四部分防区，所有前端摄像机均为视频融合前端，其中固定枪式摄像机或半球摄像机共 187 台，联动球型摄像机 23 台，全景摄像机 2 台，总计 212 台。

按照主要功能分区，分室内陈列区、室外展区、办公区、停车广场等几部分，如表 1 所示，按照相关规范规定，应按照一级防护级别进行布防设计。

表 1　博物馆风险等级划分表

| 序号 | 部位名称 | 风险等级 | 防护级别 |
|---|---|---|---|
| 1 | 钟韵洪鸣 | 三级 | 三级 |
| 2 | 礼乐回荡 | 三级 | 三级 |
| 3 | 质器庄严 | 一级 | 一级 |
| 4 | 妙境梵音 | 一级 | 一级 |
| 5 | 永乐大钟 | 一级 | 一级 |
| 6 | 阅古钟林 | 一级 | 一级 |
| 7 | 阅古钟林（东十五间） | 一级 | 一级 |
| 8 | 外国钟 | 一级 | 二级 |
| 9 | 敕建觉生 | 一级 | 二级 |
| 10 | 金火流光 | 一级 | 一级 |
| 11 | 临时展厅 | 一级 | 二级 |
| 12 | 文创室（展厅预留） | 三级 | 三级 |
| 13 | 互动室（展厅预留） | 三级 | 三级 |
| 14 | 办公区 | 三级 | 三级 |
| 15 | 停车场 | 三级 | 三级 |

图 1　外周界

从整体上将博物馆由外向内划分为四道防护区，构成完整的纵深防护体系，技防系统设置周界、监视区、防护区和禁区。

第一道防线：外周界（图 1）。利用点、线、面、立体空间相结合的技术手段封锁所有进出博物馆的围墙、屋顶、大门、通道等，对非法进入和非法靠近博物馆的行为予以准确报警，充分发挥技防系统早发现、快报警的技术特点。大钟寺古钟博物馆四周由围墙垒砌，形成外周界，考虑到系统防范的周密性和实施的便利性，为了提高防护能力，设置有 30 对主动红外探测器和 29 台摄像机进行视频复核。

在四周分段安装主动红外探测器，形成周界防护。周界报警时相应的联动摄像机进行视频复核。摄像机加装 LED 补光灯，和周界报警联动。西南角和北侧与外界连通的屋面上安装滚网（图 2），加强物防。

图 2　滚网

第二道防线：监视区（图 3）。在外周界内、防护区外的建筑物四周，合理选择布设摄像机，在防护区和禁区外建立有效的监控地带，同时借助物防延迟作用，争取处警时间。大钟寺古钟博物馆整体为南北长、东西短的长方形建筑群，安全防范系统的监视区设置在博物馆外墙与防护区之间的区域，共计安装 54 台固定摄像机、2 台全景摄像机和 16 台球形摄像机。

图 3　监视区

第三道防线：防护区（图 4）。防护区主要为室内展厅和室外区域，同时在展厅内建立局部纵深防护体系，有效地处理好开馆闭馆防护区设防转换问题。

室内展厅前端布防情况：安装固定摄像机 71 台、手动紧急报警按钮 14 个，用于对展厅参观通道的防护；安装对讲分机 14 台、双鉴探测器 79 个、音频探测器 36 个，用于视音频复核；安装红外幕帘探测器 44 个，用于对门窗的防护。

室外展厅前端布防情况：室外展区安装固定摄像机 16 台、球形遥控摄像机 2 台。

图 4　防护区

其他部位前端布防情况：安检室安装半球摄像机 2 台、手动紧急报警器 1 个；售票处安装半球摄像机 2 台、手动紧急报警器 1 个。

第四道防线：禁区（图 5）。将文物库房、中心控制室、财务室按照禁区的标准进行设计，共设置 3 套门禁系统、5 台固定摄像机、3 台红外幕帘探测器、3 台震动报警探测器、3 台双鉴探测器、1 个音频探测器、2 个手动紧急报警器和 2

图 5 禁区

图 6 消火栓

图 7 消防自动报警系统

图 8 微型消防站

图 9 微型消防车

台对讲分机。在文物库房建立局部纵深防护体系，使博物馆整体大纵深与文物库房局部小纵深相结合，确保文物的安全。

大钟寺古钟博物馆安全防范系统工程以监控中心为中枢，强大的管理技术为集成平台，以入侵报警系统为核心，以声音复核、图像复核为辅助，通过集成将每个系统融为一体，构建了一个数字化、智能化、可视化的全时空视频融合的安全防范系统，从而达到提高安全防范、宏观驾驭治安局势和应急指挥、处置突发事件的能力。

**2. 消防设备**

大钟寺古钟博物馆设置了消防给水及消火栓系统（图 6），投入时间为 2004 年。消防给水系统为市政管网供水，院内共设置 11 处地下室外消火栓，其中 9 处为 DN65/DN100 地下室外消火栓，2 处为 DN65/DN65 地下室外消火栓，均设置在井内。每个消火栓附近设置消防器材箱，箱内配置了消防水枪 1 支、消防水带 2 盘、消防专用电话主机 1 台、消防应急广播主机 1 台、消防专用分机电话 2 台、灭火器 370 具。

另设置火灾自动报警系统（图 7），投入使用时间为 2016 年 9 月，采用集中火灾报警系统，主要设备包括火灾报警控制器（联动型）2 台、CRT 图形显示装置 1 台、区域火灾报警控制器 3 台、用户信息传输装置 1 台、区域显示器 2 台、感烟火灾探测器 341 只、感温火灾探测器 7 只、手动火灾报警按钮 39 只、声光报警器 38 个、输出模块 2 只、输入 / 输出模块 5 只等。同时，设置电气火灾监控系统，投入时间为 2016 年 9 月，主要设备包括电气火灾监控器 1 台、剩余电流电气火灾组合探测器 3 只、电气火灾探测器 18 个。

在大钟寺古钟博物馆门口处设有微型消防站（图 8、图 9），站内配置消防服 12 套、消防绳 6 根、消防自救呼吸器 16 个、消防斧子 6 把、消防手台泵 2 台、消防车 1 辆及配套装备、消防增压式水泵 1 台、防爆方位灯 6 个、消防手套 12 副。

### 3. 防雷设备

根据 DB11/741—2010《文物建筑雷电防护技术规范》(北京地方标准) 第 4.2 条第一款,"全国重点文物保护单位的文物建筑"为第一类防雷建筑物,故大钟寺古钟博物馆属于"第一类防雷文物建筑"。

大钟寺古钟博物馆古建筑群直击雷防护范围包括:山门、钟鼓楼、天王殿、大雄宝殿、后殿、藏经楼、大钟楼和东西翼楼、两侧配庑古建筑物。其余建筑为仿古建筑物。博物馆建筑均铺设了避雷带及引下线,在古建筑中采用纯铜材质,在非古建筑中采用镀锌钢材质。避雷系统(图 10)于 2016 年建成使用,设有接闪器、引下线 201 条、接地装置、等电位和电源 SPD 等。

图 10 避雷系统

### (二)人力防范

大钟寺古钟博物馆现有专职安保人员 50 人,其中 8 人具有初级建(构)筑物消防员资格。采用"四班倒"和"长白班"结合的值班制度:"四班倒"每班为 6 小时,每班至少有 8 名保安人员在岗;"长白班"上班时间为 9:00 至 17:00,每班至少有 15 名保安人员在岗。

### (三)实体防范

展区内设有安全检查点 1 处、中控室 1 个、地下消火栓标识 11 个、视频监控区域标识 19 个。因展品为开放式展陈,所以未设置隔离栏杆或软质导流围栏等隔离疏导设施。在开放区设有 2 处紧急疏散口、防恐器材 4 套(图 11),如遇突发情况,能保障人员快速撤离。

图 11 防恐器材

## 三、古建筑类博物馆在对外开放中存在的安全隐患

根据《古建筑安全防范技术规范》,提出安全防范要求,将安全防范系统分为人力防范、实体防范和电子防范三大体系,三者相互结合,互为补充。大钟寺古钟博物馆作为一级文物保护单位,其安全防范系统的人防、物防、技防建

设充分考虑了文物的安全性与开放性、保护措施与环境协调性、防护均衡性的需求，纵深防护层次合理、技防系统设置严密，基本满足《古建筑安全防范技术规范》的相关要求，但从实际工作角度分析，还存在一定的难点。现总结如下：

### （一）复杂的周边环境易导致灾难的发生

在古建筑类博物馆里，建筑本身具有较高的历史文化价值，因此其在安全防范方面，亦存在着一定的制约性。例如，古建类博物馆多为木质结构，防火要求极为严格。火灾隐患因素较多，尤其周边环境复杂，易多方位导致灾难的发生。

图12 现场补救

大钟寺古钟博物馆自2000年以来，周边先后发生过四次火灾。其中，最为严重的发生于2013年1月15日，距离大钟寺古钟博物馆大钟楼西墙外30余米的第二食品厂承租楼房（北京豪雨林家政服务中心）发生火灾，火势凶猛（图12）。火情就是命令，为确保国保文物单位安全，大钟寺古钟博物馆在几分钟内迅速组织起一支由值班干部、警卫人员、驻馆临时工组成的14人抢救队伍，在馆领导的指挥下，启动防火预案，由保卫科带领扑救人员一线排开，架梯子、上房顶、接水带、开消防栓，为失火现场已经无水的消防队水车及时提供了一条水带蓄水，保证了现场灭火水源的供给。经过消防员近一个小时的扑救，大火基本被扑灭。经现场勘查，失火楼房占地面积二百多平方米，共有二层，博物馆各项设备安然无损。

### （二）多角度加强安保培训

大钟寺古钟博物馆设安保工作负责人员1名、保安50名，基本满足馆内安全防范要求，但从长远发展分析，安保人员专业技能较为薄弱，主要体现在缺乏安防设施专业技能，在操作设备时，容易造成设备损毁和系统功能的破坏。另外，在继续教育和培训方面，古建类博物馆往往忽略对安保人员在文物保护、文物利用等方面知识的培训，由于缺乏这类知识，安保措施只能停留在馆内安全的表面，也对博物馆未来的发展产生了一定的影响。

### （三）规范管理体系

博物馆安全管理体系不仅仅依托于人防、物防和技防这三大类，更应该规范馆内人员的职责以及加强职工的安全意识。尤其对于古建筑类博物馆，灾难的发生往往就是人员疏忽造成的。2017年初，大钟寺古钟博物馆大钟楼西翼楼北侧临时工宿舍发生火情，博物馆中控值班人员和保安人员发现并及时采取措施扑救，未造成重大事故和影响。经检查，现场过火面积约 2 平方米，损失情况是：一床被褥、一台 32 寸旧电视机、一张旧桌子、一个凳子、一台旧空调、房屋的石膏吊顶、一台收录机等。分析现场情况后，初步认定是电器线路老化过热引燃周边杂物所致。为了防止复燃，我们将该房间内的所有物品清出，并将相邻房间内的物品清出，挑开房屋吊顶，对顶部进行喷淋湿化，并安排人员对现场进行警戒。

这次火情的教训是深刻的。情况发生后，博物馆领导班子立即做了布置，及时召开了紧急会议，向中层干部通报了早上发生在博物馆的火情，并对博物馆安全现状进行了深层次的分析。会议指出，博物馆的安全教育工作还不够深入，对检查出的隐患督促整改不够到位，个别部门人员对《安全隐患通知书》的落实不够彻底，责任部门的较真意识还不够强等，尤其是博物馆安全制度中的责任追究落实得还不够到位，让一些人产生了麻痹大意等不良习惯，从而导致隐患事故的发生。针对这些现象，博物馆进行了严格的整顿，从作风上入手，加强职工教育，强化责任意识，落实各项措施，对有问题的人该处罚的处罚，该批评的批评，要把板子打在"人头上"，引以为戒，防止以后类似情况再次发生。

### （四）设备设施有待完善

健全博物馆安全相关设施，利用数字孪生技术，在前端视频监控点布设的基础上，直观地将博物馆及周边场景中处在不同位置、具有不同视点视角的分镜头监控图像实时智能拼接到事先构建好的三维模型中，实现 AI、大模型、智慧自动巡逻、历史视频回放、视频关联显示、测量与规划预演、警报联动挂屏显示、全景视频智能分析等实战功能。

## 四、结语

古建筑不仅是历史的见证，还承载了民族、文化和社会的丰富内涵。古建筑安全更是古建筑保护的生命线，是一项至关重要的工作，对于维护国家和全球文化遗产的完整性至关重要。在现代社会中古建类博物馆面临着严重的安全风险。这些风险可能导致历史遗产的严重破坏或永久损失，对文化遗产的完整性和可持续性构成了巨大威胁。近年来，随着文物保护工作受到了社会各界的广泛关注，人们的古建筑保护意识亦得到了显著提升，尤为重视利用科技手段，加强对文物安全保护工作。《古建筑安全防范技术规范》的出台，恰恰为古建筑类博物馆提供了强有力的支撑，也为文物建筑保护和文物安全监管工作提供了具有较高价值的参考依据，将会推动文物古建筑可持续发展。

# 从博物馆 IP 授权视角探索中小型博物馆文创新业态的实践

## ——以大钟寺古钟博物馆馆藏古钟文物为例

曹　静<sup>*</sup>

**摘要：** 近年来，在我国经济发展的推动下，博物馆行业得到了快速发展。"博物馆之城"的建设更是推动博物馆 IP 授权产业走向专业化、规范化。为支持博物馆 IP 授权的发展，自 2012 年始，政府相关部门相继出台了多份指导性文件以促进博物馆文创产业的发展，博物馆文创工作也迈上了新的台阶。文章以博物馆 IP 授权概念和资源种类为出发点，结合北京地区中小型博物馆 IP 授权现状，以大钟寺古钟博物馆文创工作为实例，分析中小型博物馆在 IP 授权方面受到制约的因素，提出关于中小型博物馆在 IP 授权方面的思考与建议。

**关键词：** 博物馆　IP 授权　中小型　文创　实践

习近平总书记在主持十八届中央政治局第十二次集体学习时强调："要系统梳理传统文化资源，让收藏在禁宫里的文物、陈列在广阔大地上的遗产、书写在古籍里的文字都活起来。"

近年来，在我国经济发展的推动下，博物馆行业得到了快速发展[1]。"博物馆之城"的建设更是推动博物馆 IP 授权产业走向专业化、规范化。作为公益性文化单位，博物馆属于公共文化服务体系的一部分，其 IP 授权的资源也更具开发性与创造性。

233

* 曹静，大钟寺古钟博物馆副研究员。

1 邬楠：《博物馆 IP 资源的应用与保护探讨》，《中外企业文化》2021 年第 1 期，第 91 页。

## 一、指导政策的变化

为支持博物馆 IP 授权的发展，自 2012 年始，政府相关部门相继出台了多份指导性文件以促进博物馆文创产业的发展[1]。2012 年，财政部修订印发《文化产业发展专项资金管理暂行办法》，明确将"文化内容创意生产"纳入支持范围；2016 年国务院发布的《关于进一步加强文物工作的指导意见》，提出实施"互联网＋中华文明"行动计划，支持和引导企事业单位通过市场方式让文物活起来。同年，国家文物局印发《关于促进文物合理利用的若干意见的通知》，支持文博单位依托文物资源，采取合作、授权、独立开发等方式进行文化创意产品开发，面向社会提供知识产权许可服务；2018 年，北京市文化局等八部门印发《关于推动北京市文化文物单位文化创意产品开发试点工作的实施意见》，鼓励北京市属部分试点单位采取合作、授权、独立开发等方式开展文化创意产品开发工作；2019 年国家文物局印发《博物馆馆藏资源著作权、商标权和品牌授权操作指引（试行）》，明确指出开展博物馆馆藏资源授权，对进一步盘活文物资源，丰富文化消费供给，满足人民群众美好生活需求，具有重要意义；2021 年，北京市文物局制定了《北京市"十四五"时期文物博物馆事业发展规划》，提出拓宽馆藏文物向文创产品、服务设计开发转化的路径，加强博物馆馆藏资源版权保护与指导，稳妥推进体制机制创新，支持博物馆通过知识产权授权、入股等形式与各方力量共同开展文创产品开发工作；2022 年，为贯彻落实中共中央宣传部等九部委《关于推进博物馆改革发展的指导意见》、文化和旅游部等八部委《关于进一步推动文化文物单位文化创意产品开发的若干措施》等精神，北京市文物局印发《关于进一步推动局属博物馆文博文创工作的实施意见》，从盘活馆藏文物资源、IP 授权的效益、如何选取优质合作商和成立文创专职部门等方面对开展博物馆 IP 开发授权给予了指导性意见。

国际博物馆协会 2022 年将博物馆定义为："博物馆是为社会服务的非营利性常设机构，它研究、收藏、保护、阐释和展示物质与非物质遗产。博物馆向公众开放，具有可及性和包容性，促进多样性和可持续性。博物馆在不同社会组织的共同参与下，以符合道德且专业的方式进行运营和交流，为教育、欣赏、休闲、深思和知识共享提供多种体验。"在最新版本的定义中，增加了包容性、可及性是博物馆一个民主化的过程，提到可与不同的社会组织共同参与运营和交流。博物馆要促进多样性以达到文化的可持续发展，这不仅是中国博物馆的特色，更是世界博物馆的特色。

---

1 吴示昌、王丽娜：《江苏省中小型博物馆文创产业探究》，《文物鉴定与鉴赏》2022 第 15 期，第 102 页。

从政策指导和最新版博物馆定义的变化中，可以看出博物馆文创工作人员与社会力量开展合作的可能性不断增加。先前，博物馆做文创大多是闭门造车，在馆内设文创部门，进行产品研发和销售，像是一个自给自足的小循环。但是在数字经济时代的今天，随着博物馆的不断发展，这种现象已不能满足观众们的需求。不仅是文创，还包括博物馆本体，都需要走出象牙塔。近些年，各地政府、文博单位积极努力，在博物馆IP授权及文化创意产品开发方面，进行了大量行之有效的探索和实践，让文物"活起来"的共识逐步增强。

## 二、博物馆 IP 授权概念的理解

### （一）博物馆 IP 的概念

所谓 IP，即 intellectual property（知识产权）。1967 年世界知识产权组织（WIPO）在斯德哥尔摩签订的《世界知识产权组织公约》中指出，知识产权包括传统意义上的著作权（版权）、商标权、专利权和"其他一切来自工业、科学及文学艺术领域的智力创作活动所产生的权利"[1]。

博物馆的知识产权是指博物馆在科技、文化、艺术、工商等领域内，基于其智力成果和工商业标记等依法产生的权利[2]。2007 年，世界知识产权组织（WIPO）发布了《博物馆知识产权管理指南》，旨在帮助博物馆利用知识产权加强和改善对文物的利用，并将博物馆知识产权界定为版权、商标权、专利权、网络域名和工业设计权等五大类。

### （二）博物馆 IP 资源的种类

博物馆 IP 资源的种类具有一定的丰富性和创造性，不再局限于文物，还存在于文物和文化的延伸之中。例如，博物馆工作人员在履行其工作职责期间创造出的各种智慧与科技成果同样也是博物馆的 IP 资源。不管博物馆是否意识到这些 IP 的存在以及 IP 开发利用的价值，作为重要的文化收藏、保护、展示与教育机构，博物馆都好似天然的 IP 资源富矿（表 1）。

表 1　博物馆 IP 资源种类 [3]

| 版权 | 商标权 | 专利权 | 商业机密 |
| --- | --- | --- | --- |
| 藏品 | 博物馆名称 | 展览设置 | 捐赠者名单 |
| 出版物 | 馆徽 | 科学过程 | 营销策划 |
| 网站 | 展览名称 | 设计 | 软件代码 |

1 姜璐：《"IP"经营——博物馆提供公共文化产品与服务的新思路探索》，《中国博物馆》2017 年第 1 期，第 79 页。
2 来小鹏、杨美琳：《博物馆相关知识产权法律问题研究》，《中国博物馆》2012 年第 4 期，第 63—66 页。
3 Diane M. Zorich, *Developing Intellectual Property Policies: A How-To Guide for Museums*, Canadian Heritage Information Network（CHIN），October 29, 2015, http://canada.pch.gc.ca/eng/1443701322305/1443701319879#121.

| 版权 | 商标权 | 专利权 | 商业机密 |
|---|---|---|---|
| 多媒体作品 | 教育方案名称 | 铸造工艺 | 商业冒险 |
| 公共关系材料 | 博物馆的建筑或建筑特征 | 装裱 | 展示理念 |
| 图像 | 口号 | 硬件 | |
| 电影 | 商店名称 | | |
| 视频 | 餐厅名称 | | |
| 手稿、地图、建筑图纸 | 出版物名称（藏品目录、通讯、杂志） | | |
| 教材、宣传册、习题、美术馆指南、教师材料 | 公共项目名称 | | |
| 公共项目 | 域名 | | |
| 软件 | | | |
| 数据库 | | | |
| 行政与编目材料等、清单、目录卡片、借款协议、采集表单 | | | |
| 录音资料（CD、录音带、电唱机） | | | |

## 三、北京地区中小型博物馆 IP 授权现状

北京地区共有 189 家博物馆，其中约四分之三的博物馆是国有博物馆，国有博物馆现在大部分都划为公益一类。2021 年改革后北京市文物局所属博物馆（以下简称"局属博物馆"）13 家，虽均已有不同类型的文创产品生产，但在 IP 授权经营管理方面，中小型博物馆与现代化大型综合类博物馆相比较存在发展滞后现象。2021 年，北京市文物局依据《北京市"十四五"时期文物文博事业发展规划》，对北京市白塔寺管理处（俗称白塔寺）、孔庙和国子监博物馆、北京石刻艺术博物馆三家单位的文创空间举行了揭牌仪式。北京石刻艺术博物馆（俗称五塔寺）为 2019 年国家文物局公布的全国文创试点单位之一。北京石刻艺术博物馆和白塔寺两家文博单位，在文创工作中均采用了以博物馆为主体、合作单位为主导的授权方式，将博物馆馆藏文物以授权的方式进行再次创作，研发文创商品。两家文博单位的 IP 授权性质为一般性授权，这也给博物馆留出了更为广泛的授权余地。授权有效期均为短期或中期合作，没有长于三年的长期合作。

在政策机制方面，两家文博单位都是试点式合作，缺乏真正的兜底机制。公益类博物馆不能设有馆属企业，无法取得合理的营业执照正常参与文创商品的经营与销售，唯有选择 IP 授权的方式研发博物馆特色文创产品。虽然两家文博单位在授权运行方面存在相同点，但亦存有差异。

首先，授权合作的表现形式不同。北京石刻艺术博物馆曾借助"孵化平台"，通过平台委托"北京华彩创佳文化传播有限公司"与局属博物馆对接，签订《博物馆馆藏资源版权、商标权与品牌授权战略合作协议》。合作内容主要是博物馆委托华彩公司代为授权第三方使用上述工业产权和版权，华彩公司对馆

藏资源进行数字化处理。因为是"战略协议"，双方具体的权利、义务部分概括性大于具体性，缺少合作金额、责任承担等核心内容。

白塔寺管理处授权模式则为"自主合作模式"，以创建博物馆最后一个展厅为目的，通过寻找与白塔寺文化相吻合的企业进行授权，利用馆藏资源创作适合博物馆观众群体的商品。同时结合各种活动，丰富最后一个展厅。白塔寺管理处于2021年正式开始IP授权，与多家文化公司合作，生产出上百件文创商品，并在2021年9月将第一批文创产品在服贸会上与观众见面，其直接目的是吸引更多观众走进博物馆，促进文创商品的销售，通过最后一个展厅取得社会效益和经济效益。

其次，授权标的范围不同。在授权标的方面，北京石刻艺术博物馆曾以商标权、品牌等工业产权以及版权为标的，未涉及其他知识产权，如名称权、荣誉权等。白塔寺管理处则是以馆藏文化资源作为授权标的全权授权。前者在协议中并没有明确授权标的的各种知识产权的取得时限、所属等问题，也没有显示出足够的可操作性。白塔寺管理处则与授权公司达成一致，通过"北京文博衍生品创新孵化中心"平台申请白塔寺管理处独有版权，其内容主要以白塔寺的照片、设计图以及对白塔的再次创作为主。

## 四、大钟寺古钟博物馆文创工作发展过程

除试点文博单位外，还有部分国有中小型博物馆曾尝试开展IP授权。例如，大钟寺古钟博物馆，该馆属于公益一类博物馆，为全额拨款事业单位，近年来在文化创意产品开发和经营方面做了一些尝试和探索。2015年初，正式开展文化创意产品开发与经营工作，设有专门的文化创意开发经营部门和文化创意商店，编制人员5名。文化创意产品开发与经营实行的是"博物馆正式员工参与设计——委托社会上有资质的文化企业制作产品——馆属企业经营"的模式。直至2017年，博物馆累计投入近80余万元自有资金用于文化创意商店建造和文化创意产品开发，设计制作了七大类20种文化创意产品，包含文件夹、梵文化妆镜、吉祥物、《心经》折页、钟韵文化衫、文化手提袋以及各类文化创意丝巾等（图1—图3）。但是

图1 大钟楼抱枕

图2 蒲牢T恤

图3 旋子彩画丝巾

图 4　IP 人物形象（一）

图 5　IP 人物形象（二）

图 6　吉祥物

由于博物馆文化创意产品经营的社会效益一直未达到预期目标，加之馆属企业经营亏损严重，根据政策要求，关闭了经营场所。

2018 年至 2022 年，文创工作处于停滞状态。自 2023 年始，大钟寺古钟博物馆成立了文创小组，为更好地开展文创工作，走访调研多家市属博物馆。最终，于 2024 年与两家文化公司签署了文创授权合作协议，从馆内古钟藏品入手，挖掘古钟文化内涵，设计创造大钟寺古钟博物馆独有的文创产品。此外，博物馆还与北京仲夏盈年文化传媒有限公司共同设计出大钟寺的 IP 人物形象（图 4、图 5）。

这款吉祥物的设计灵感来源于传统铜钟，它代表着大钟寺悠久的历史和深厚的文化底蕴。吉祥物的整体造型圆润可爱，又不失呆萌，给人以亲和感。在细节设计上，融入了铜钟的特征元素，如以钟月为腰带、钟钮蒲牢为头饰以及钟裙为服饰等，使其形象更加鲜明独特。它的眼睛明亮有神，透露出聪明与机智；笑容灿烂，让人感到温暖和欢乐。该吉祥物已正式在博物馆内推出，得到观众们的喜爱（图 6）。

色彩设计中，选用了两种色调：一种为黄色。自古黄色是皇家专用色，代表着尊贵与权威，符合大钟寺敕建的历史地位。另一种为粉红色。在中国文化中，粉色被视为高雅、优美、细腻的象征，与女性美和优雅联系在一起；在当代粉色是一种温柔、浪漫的颜色，寓意着甜美、纯真、青春、爱情等美好情感。另外，吉祥物简洁的造型为以后的衍生品的制作提供了更多的想象空间。

## 五、中小型博物馆在 IP 授权方面受到制约的因素

"北京文博衍生品创新孵化中心"，由北京市文物局与中国版权保护中心联合成立，是北京市博物馆文创资源汇聚与公共服务平台。该平台以孵化中心网站建设为抓手，以展示中心、商业推广中心为纽带，配合博物馆馆藏资源版权保护相关活动，集聚博物馆文博文创元素资源，为博物馆文创提供政策扶持、设计开发、版权保护、授权生产、经营管理等配套服务，可谓是 IP 授权的综合

服务平台。

对"北京文博衍生品创新孵化中心"平台数据进行统计与分析后发现，平台介绍有近 170 家文博单位（包括北京市公立博物馆和私立博物馆），据不完全统计可供授权版权数量约为 39213 件，为文博单位免费登记 504 件数字版权证书。其中 14 家文博单位与平台合作，生产文创产品 137 件。合作单位约占 8.3%，已生产文创衍生产品约占 0.35%。从数据统计分析，平台提供可挖掘、可授权藏品数量较大，但实际开展 IP 授权的文博单位数量并不多，文创衍生品少之又少。其原因或许为部分文博单位有"自主合作"公司，并未通过"北京文博衍生品创新孵化中心"开展 IP 授权。因此，统计数据存在一定偏差，并不代表整体，仅供参考。

依据平台数据，结合现阶段 IP 授权工作实际开展情况，北京地区中小型博物馆在 IP 授权方面处于起步阶段，IP 授权工作较为落后，与现代化综合型博物馆相比较，呈现出"两极分化"现象。

就建筑面积而言，中型博物馆建筑面积在 4000—10 000 平方米之间，一般隶属于各系统省厅（局）直属博物馆和省辖市（地）博物馆。小型博物馆建筑面积一般小于 4000 平方米，隶属于各系统市（地）、县局直属博物馆和县（县级市）博物馆。这些中小型博物馆规模、藏品数量、观众流量、知名度与国家博物馆、故宫博物院、首都博物馆都无法相比。虽同属北京地区，但由于隶属级别不同，在财政方面存在一定差距，导致 IP 授权方面制约因素较为复杂，究其原因可以从以下几方面分析：

**（一）中小型博物馆"IP"授权前景不够明朗，缺乏相关支持政策和必要的资金投放渠道**

2011 年，根据《中共中央国务院关于分类推进事业单位改革的指导意见》（中发〔2011〕5 号）及其配套文件要求，公益一类事业单位不能从事经营活动。目前国有中小型博物馆绝大多数为公益一类，按此规定不能开展经营活动。政策提出清理整顿博物馆馆办企业经营问题，一些馆属文化企业相继关闭。

《意见》提出"坚持事企分开的原则，将文化创意产品开发与公益服务分开，原则上以企业为主体参与市场竞争"。虽然提出"试点单位通过知识产权作价入股等方式投资设立企业，从事文化创意产品开发经营"，但实际操作运行难度很大，政策无形中限制了一些博物馆的文化创意产品开发工作，中小型博物馆参与试点的机率也很小。

随后，促进博物馆 IP 授权相关文件相继出台，困扰博物馆的经营性问题终于有了"正名"和"保障"。经研读政策发现，这些政策对大型博物馆开展文化创意产品开发与经营工作有利，但对于中小型博物馆来说，执行好政策比较困难，要想使政策真正落实，还需出台细则。

中小型博物馆开展 IP 授权事业前景不容乐观。主要原因是现有博物馆免费开放，补助经费和各级财政保障运行经费均没有将文化创意开发列入预算支出项目，IP 授权的资金使用和开发文化创意产品亦没有明确的经费渠道。中央和地方各级财政现有资金渠道未进一步完善，说明博物馆在 IP 授权过程中资金的投入缺乏相应的专项资金支撑。

### （二）中小型博物馆文物资源匮乏，文化创意产品同质化严重

文化资源匮乏意味着可挖掘整合的相应的文化元素少，博物馆在策划、设计、制作文化创意产品时难度也会随之增加。文物资源挖掘不够，无法形成系列产品，导致产品同质化。大部分中小型博物馆都生产过丝巾、冰箱贴、马克杯、T 恤衫、明信片、纪念章等，同质化较为严重。如：大钟寺古钟博物馆馆藏文物以古钟为主，开发种类较为单一，同时还要顾及中国人的习俗，"送钟"与"送终"的谐音，从美学角度与其他器物相比，缺少柔美。因此馆内早期大都从义乌批发与文创相关的产品，造成文创产品种类落入俗套，过于大众化，缺少本馆独有的创新衍生品。

### （三）中小型博物馆客流量少，与大型博物馆形成两极分化

目前，全国中小型博物馆存在一个"通病"——客流量少，对博物馆开展文化创意产品开发和经营属不利因素。开发制作中要控制商品成本，需要一定的数量，经销渠道不畅通，导致积压库存，直接影响产品的投入与资金循环，承担的投资风险压力相对提高。基于观众流量和成本问题，优质的第三方机构不愿意主动合作开展博物馆 IP 授权，但中小型博物馆又找不到适合本馆未来发展、具有馆藏文物特色的文创产品，形成一个死循环。

### （四）"文创空间"运营把控风险高

受现行政策影响，北京地区博物馆无法以主体身份参与文创运营，只能全权交予合作方，为合作方提供场地，并由合作方负责运营。

2021 年至今，北京市文物局下属多家文博单位都与不同的文化公司签署了授权合作协议，为合作方免费提供售卖场地，销售运营全权由合作方进行管理，博物馆不直接参与其中。

但博物馆却承担着"文创空间"运营把控责任，对于合作方所生产出的产品，博物馆要严格地审核和把控，避免出现意识形态以及版权抄袭等问题。

在版权抄袭方面，古建类博物馆的风险会高出其他类型博物馆。究其原因，

其藏品虽有一定的独特文化，但古建本身却具有相同的文化属性。例如古建彩画、窗花棱角、建筑造型以及院内绿植等等，都存在相似之处，容易造成产品创意的模仿，所生产出的产品也就具有高度相似性，很难判断版权归属，容易造成不必要的法律纠纷问题。此种现象还需要博物馆本体在产品设计审核过程中，抓住本馆古建的特色，设计生产具有独特属性的文创产品。

## 六、关于中小型博物馆 IP 授权的思考与建议

### （一）设立 IP 授权专项部门，促进 IP 授权与产品开发之间良性互动，双规同向，互为补充

现阶段很多博物馆将 IP 授权与文创产品拆分成两个部门，这样会影响两者之间共同的成长。基于此，博物馆开展 IP 授权，需在同一个部门内完成，使产品开发与品牌授权双轨并行，探索博物馆文创产业合作发展的新模式。例如：国家博物馆将文创产品和授权设立在同一个企业内完成，两者共同发展，相互支撑。

中国国家博物馆与局属文博单位在 IP 授权文创运营模式上存在异同。国博文创是企业化管理模式，国博（北京）文化产业发展有限公司作为中国国家博物馆全资子公司，全权代表国博对馆藏文物资源进行商业开发与利用，深耕"国博衍艺"品牌。文创产品是"国博衍艺"的使者，让更多的企业了解到品牌的调性，促生与国博合作的意愿。截至 2021 年，"国博衍艺"品牌与 90 余个品牌开展授权合作，产品超过 400 余款，在帮助合作品牌实现文化价值提升的同时，拓展了文创的形式和思路，触及更多层面的受众。例如，国博曾与肯德基合作，在全国 5000 家肯德基店铺同步推出国博版产品，在北京、上海、广州、深圳等全国 19 个重点城市进行不同文物主题的店铺国博品牌装修打造国博文化新春活动。合作设计包含员工制服、海报、门贴、窗贴、餐巾贴、桌贴、宅急送车身及主题店沉浸式用餐体验概念。另与伊利 QQ 星合作，收获了一批小粉丝。

在商业品牌授权过程中，能够产生新的东西，通过合作用新的方式看待文物。自 2016 年开始进行博物馆"馆藏 IP＋互联网"的深度融合探索。一方面与众多优质的社会力量开展合作，深挖博物馆 IP 资源和文创产品设计开发的潜力，打通从文物 IP 到原创设计、投资生产、线上销售的全产业渠道，形成文化资源与产业资源的无缝对接。另一方面，利用国博持有的馆藏文物资源、学术支撑与众多行业头部品牌进行授权合作，为品牌赋能，在增强品牌文化附加值的同时，为古老的文化遗产走进大众生活提供了新的思路。

IP 授权是在和大市场接轨，为产品的研发提供更多新的思路和渠道合作的可能性。经过知识产权的授权，沉淀下大量的素材、图库、社会资源，成为企业重要的无形资产。

## （二）开展博物馆文创商店联盟

北京地区中小型博物馆在 IP 资源开发和利用方面，属于起步阶段，缺乏对资源的挖掘，力量单薄。需建立统一的文创商店联盟体，集中收集和展示北京地区博物馆馆藏文物背后的艺术价值。

例如"江苏省博物馆商店联盟"，是以江苏全省博物馆（包括南京博物院）以及江苏省博物馆学会为依托，由江苏省各有关博物馆商店自愿加盟组成的行业连锁战略联合体，采用先进的连锁管理运营模式和市场营销理念，依据共同的章程和规则，整合全省博物馆及其商店资源。联盟提供统一的商店形象，包括统一的商标、统一的环境布置、统一的形象设计、统一的品牌、统一的色彩装饰等，在统一的运营管理体系下，统筹博物馆 IP 资源授权，博物馆衍生产品精品系列的研发、营销及市场推广，充分利用多馆的藏品及展览资源，最大程度降低设计、开发成本，让利于公众，打造新型一体化博物馆文创产业平台。

## （三）建立健全产业链，培养专业人才

完整的 IP 授权产业链可以促进博物馆发展，提高其知名度。大部分中小型博物馆因为缺少专业 IP 授权人才，即使政策完善，在博物馆 IP 授权实际工作中，仍是纸上谈兵，落不了地。博物馆 IP 授权到底需要怎样的人才？

首先，具备历史学术研究能力，能够挖掘馆藏文物和博物馆本身特色以及博物馆所在地域的文化内涵。现阶段，文旅融合在产品研发过程中，需注重突出特色，针对不同受众群体，提供类型多样的产品可供选择。

其次，在设计上，具有审美把控力。对于合作方给出的方案，能够提出可行性建议，将文化与科技结合、传统与时尚结合、艺术与实用结合，创造出博物馆自身品牌的文创产品。

最后，具备管理能力。不仅要有对于博物馆 IP 授权相关文案的策划、销售手段和售后、品牌的管理能力，还要具备一定的知识产权及 IP 授权的法律知识。综合而言，博物馆 IP 授权工作需要培养复合型人才，在人员培养方面，要从多角度、多方位开展培训。

在信息高速发展的时代背景下，中小型博物馆应抓住文化产业领域的 IP 授权热潮，探索博物馆文创产业合作发展新模式，让博物馆中的文物"活起来"，让文物的价值内涵与文化元素在社会中得以充分利用，使其时代意义得以彰显。

# 关于国有博物馆理事会的实践与思考

## ——以大钟寺古钟博物馆为例

曹　静　　焦晋林[*]

**摘要：** 党的十七届二中全会审议通过的《关于深化行政管理体制改革的意见》，首次提出"法人治理结构"。大钟寺古钟博物馆作为北京市文物局第二批事业单位法人治理结构改革试点单位之一，于 2021 年 1 月成立了大钟寺古钟博物馆理事会。本文在近年来的实践基础上，就博物馆理事会功能与定位谈点浅显看法。

**关键词：** 国有　博物馆　理事会　实践　思考　大钟寺

博物馆法人治理结构是指博物馆作为独立法人，为了解决其内部所有权与经营权分离，以及委托—代理关系问题而建立起的一整套规范，这些规范涉及所有者（国家所有权主体）、经营权人（博物馆法人）、监督者（外部监督主体和内部监督主体）以及其他利益相关者（社会公众）之间责权利关系的制度安排。

大钟寺古钟博物馆作为北京市文物局第二批事业单位法人治理结构改革试点单位之一，于 2021 年 1 月成立了大钟寺古钟博物馆理事会。本文在近年来的实践基础上，就博物馆理事会功能与定位谈点浅显看法。

## 一、大钟寺古钟博物馆理事会成立背景及基本情况

党的十七届二中全会审议通过的《关于深化行政管理体制改革的意见》在论及推进事业单位分类改革时指出："按照政事分开、事企分开和管办分离的原则，对现有事业单位分三类进行改革。主要承担行政职能的，逐步转为行政机构或将行政职能划归行政机构；主要从事生产经营活动的，逐步转为企业；主要从事公益服务的，强化公益属性，整合资源，完善法人治理结构，加强政府

钟

声

悠

扬

**243**

---

\* 曹静，大钟寺古钟博物馆副研究员；焦晋林，大钟寺古钟博物馆研究馆员，研究方向：博物馆学、文博法学。

监管。推进事业单位养老保险制度和人事制度改革，完善相关财政政策。"这是"法人治理结构"在党的重要文件中被首次提出。

党的十八届三中全会《关于全面深化改革若干重大问题的决定》针对构建现代公共文化服务体系提出要求："明确不同文化事业单位功能定位，建立法人治理结构，完善绩效考核机制。"

2017年，中宣部等七部委联合印发《关于深入推进公共文化机构法人治理结构改革的实施方案》，部署推动在公共图书馆、博物馆、文化馆、科技馆、美术馆等建立以理事会为主要形式的法人治理结构。

2018年，北京市文物局指定北京文博交流馆和北京石刻艺术博物馆作为试点，开展了"法人治理结构"改革试点工作。在此基础上，2020年，大钟寺古钟博物馆被指定为法人治理结构改革试点单位，在实施改革试点工作的同时，也承担了"博物馆法人治理结构的实践与思考"课题的调研任务。

2020年2月，大钟寺古钟博物馆开展了博物馆法人治理结构改革的试点工作。其间完成了《大钟寺古钟博物馆法人治理结构治理改革实施方案》《大钟寺古钟博物馆章程》《大钟寺古钟博物馆理事会议事规则》，以及各项具体管理制度的调研和制定。根据《大钟寺古钟博物馆章程》相关规定，并经市文物局党组批准，大钟寺古钟博物馆理事会成员由1至3名举办单位推荐代表、4至7名社会各界志愿者代表、4至6名博物馆代表构成。

2021年1月，大钟寺古钟博物馆第一届理事会成立大会召开，表决产生了11名理事，选举产生了第一届理事会理事长、副理事长、监事长等，标志着大钟寺古钟博物馆法人治理结构改革试点的各项既定工作顺利完成。

2023年5月，大钟寺古钟博物馆召开了第一届理事会第二次和第三次会议。部分理事因工作调动或其他原因不能履行理事职责，依据《大钟寺古钟博物馆章程》和《大钟寺古钟博物馆理事会议事规则》，对部分理事人选进行了调整。新任理事长作了《2021—2022年度大钟寺古钟博物馆工作报告》和《2021—2022年度财务工作报告》。全体理事对两年来博物馆克服疫情影响所做的各项工作给予了充分肯定，并对今后如何形成理事会长效议事机制、更好发挥监督博物馆发展、提供咨询服务积极建言献策。这两次会议的成功举办，说明大钟寺古钟博物馆法人治理模式正在逐渐进入常态化运行状态。

## 二、博物馆理事会的基本特征

博物馆法人治理结构与公司法人治理结构的不同在于，博物馆法人并不是以追求自身利益，尤其是财产利益为主的法人，因此其法人治理结构必然与公司治理结构有所不同。这种不同并不表现在法人治理结构的形式上，而是体现在法人治理结构各部分的人员组成以及权利义务方面。

借鉴欧美博物馆理事会实践以及法人治理结构的基本含义，在博物馆法人治理结构中，理事会是博物馆法人治理结构的组成部分，它与管理层、举办人、行政主管部门、社会公众等都有着或多或少的联系，也因此体现出以下基本特征：

### （一）理事会成员不是基于财产权的组合，而是以有利于公民基本文化权利的实现为组合基础

在私法人的法人治理结构中，理事会（董事会）代表的是出资人利益，其成员组合是基于出资比例的财产权的组合，成员之间所代表的不同的财产权份额在理事会中呈现出成员之间的不同地位，其平等性只是存在于单份的股份中。与之不同，博物馆理事会成员的组合与财产权几乎没有关系，组成理事会成员的条件不是以其对博物馆出资份额为基础的，而是以该成员的加入，是否有利于发挥理事会职能，是否有利于公民基本文化权利的实现来考量的。

### （二）理事会意思自治不体现举办人意志，而是体现公共意志，具有共同治理的特点

意思自治是博物馆作为独立法人的首要特征，如果博物馆没有独立的法人意志，就谈不上法人的独立性。理事会作为博物馆的决策机构，其意思表示理应是自愿、真实、独立的，不应被举办人意志所取代，也不应被管理层意志所取代，而是其独立意志的体现。

强调理事会意思自治并不是否定举办人的意志，举办人意志首先体现在博物馆章程中，从某种意义上说，博物馆章程即是举办人整体意志的最完整、最集中、最系统的体现。不仅如此，举办人还通过代表其意志的理事会成员表达其意志。事实上，只有当举办人意志与理事会意志相统一的情况下，以理事会为核心的博物馆法人治理结构才能发挥出最大效率。

从博物馆理事会的设立目的和理事组成可以看出，博物馆理事会和其成员在表达其意志时，不应把自身利益，尤其是经济利益作为唯一考量依据，这一点也显然有别于营利性法人的理事会。由于博物馆理事会成员来自各个方面，所代表的利益在尊重博物馆专业性的基础上，最大限度体现了公共利益的需要，因此具有鲜明的公共治理的特征。这一点与美国公立博物馆理事会、日本行政法人化改革后的博物馆理事会是一致的。

**（三）理事会不是对股东负责，也不是对举办人负责，而是对主管行政部门负责，对公共利益负责**

在我国，博物馆不是私法人，因此也不存在股东，虽然有提供经费的举办人，但该举办人并不是以股东身份存在的。虽然举办人保障博物馆运行经费的责任是法律规定的，但这并不意味着理事会必须要对举办人承担经费之外的公法责任。由于理事会对博物馆服务于社会公众的水平、效果负有责任，而这种责任显然属于公民公法权利范畴，其权利代表部门则为文物行政主管部门，因此，理事会对文物行政主管部门负责，也就是对公共利益负责。换句话说，理事会仅限在私法领域内对举办人负财产责任，而对在公法领域内文物行政主管部门负财产之外的责任。以大钟寺古钟博物馆为例，正是因为北京市文物局既是大钟寺古钟博物馆的举办人，又是行政主管部门，因此博物馆理事会对其所承担的责任既有基于民法的责任，也有基于行政法的责任。

**（四）理事会的责任原则**

一般说来，当确定了理事会和理事的应当承担的责任后，具体应当承担何种责任，以及以何种形式承担责任，则需要遵循责任形式的法定原则。不过，限于我国现有立法体系中，对博物馆理事会及理事的法律责任并没有明文规定，而与之相近的法律规范也难觅其踪，这里只能基于法理层面做些浅显分析。

理事会在博物馆管理层的选任、博物馆的正常运行以及博物馆公益性功能实现上发挥作用。当出现问题，需要追究责任时，其责任原则是首先要考虑的。无论对于理事会还是理事会成员来说，在考虑到理事会工作的专业性、无偿性、兼职性等特点前提下，一般认为，适用过错责任原则有利于兼顾各方面权益。这是因为，无论在哪个部门法领域，过错责任原则都是基本责任原则。在博物馆工作中，理事和理事会的工作专业性强、具有一定的前瞻性，且自身并不直接参与博物馆的运行工作，当损失发生时，如果采用严格责任，将责任都压到理事和理事会肩上，显然有失公平，而如果在过错责任原则下，厘清理事和理事会在主观上是否存在过错，既可以避免理事或理事会任意甩锅，也不会有无差别承担责任的情形出现。

在责任形式方面，从部门法的视角看，无论是民法上的侵权、债权，还是行政法上的行政责任，抑或是刑法上的违反文物管理秩序等责任，在博物馆的工作中都有发生的可能性。相应地，这些责任形式也有可能与博物馆的理事会和理事之间构成某种责任关系，而理事会和理事具体承担何种责任，还要依据博物馆章程和理事会法律行为所对应的法律关系来具体适用。

## 三、博物馆理事会设立和运行中存在的问题

经过对其他博物馆理事会设立和运转情况的调研，以及在大钟寺古钟博物馆试点实践中的学习、分析和讨论，就博物馆法人治理结构工作中具有普遍性的几个重点问题可以归纳总结如下：

### （一）现有博物馆理事会的既定职能没能充分发挥

无论是中央还是北京市和国内其他地方的规范文件，都把博物馆理事会定位为决策、监督和咨询机构，相应地，理事会在博物馆的运行和发展中也具有决策、监督和咨询三种职能。不过，通过对已经设立理事会的兄弟博物馆调研后发现，理事会的这三种职能发挥得并不充分，其中，决策职能几乎没有发挥，监督职能的发挥也很消极，仅在咨询职能方面有所发挥。

通过分析发现，在现行博物馆管理体系中，理事会的决策职能无论在立法上还是在实践中，都存在着天然的缺陷。通过对几家已经成立理事会的兄弟博物馆的调研发现，博物馆理事会在博物馆运行中没有发挥出决策职能。例如，北京石刻艺术博物馆，其理事会虽于 2019 年 5 月正式成立，但并未真正发挥其职能，加之疫情特殊情况，理事会基本处于停滞状态。类似现象在北京市市属博物馆较为常见。相反，理事会对于民营博物馆而言，其职能发挥的优势更加明显，这或许与民营个体因素有关。

就监督职能而言，理事会行使的应该是对博物馆内部的监督权，这种监督权与社会公众的监督权相比，更应该具有主动性和程序性。调查中发现，已经成立理事会的博物馆通过会议、理事接待日等方式，向理事会报告工作，报告内容涉及博物馆的年度工作、中长期发展规划等。不过，这个过程多流于形式，理事会更多的是向博物馆管理层提供咨询服务，而非主动履行其监督职能。

与决策和监督职能形成对比的是，理事会咨询职能的发挥则要相对充分得多。表现如下：理事会成员所代表的不同方面的意见为博物馆管理层提供参考；理事会所拥有的社会资源为博物馆具体工作的开展提供了便利；等等。调研中，已经成立理事会的兄弟博物馆也纷纷肯定理事会的咨询作用。

### （二）理事会与既有博物馆管理部门和机构之间的关系模糊

在由北京市文物局组宣处组织的专题讨论中，有人认为，理事会参与到博物馆的运行管理中后，其参与程序与博物馆现有程序不协调。比如，在现行运行体系中，博物馆管理层对具体事项提出方案，经本馆党组织同意后上报北京市文物局审批。当理事会参与进来后，即存在着理事会与博物馆管理层、本馆党组织和上级博物馆管理部门之间协调的问题。无论这种决策是博物馆规划发

展层面的，还是重大事项层面的，无论是业务层面的，还是行政管理层面的，都存在一定的模糊性。

就程序而言，理事会如果在博物馆管理层对具体事项提出方案阶段介入，其应该以何种身份、何种方式参与才能既不会影响博物馆管理层的日常管理，又能符合《博物馆章程》的相关规定？如果理事会在博物馆管理层提出方案后介入，其与本馆党组织之间的关系属于何种性质？如果理事会在党组织同意后介入，那么理事会与上级博物馆管理部门之间的关系又应如何定位？上述部门和机构之间的关系在现有条件下存在着许多真空地带和模糊的地方，也因此造成了博物馆实践中的无所适从。

## 四、分析与对策

博物馆理事会在设立和运行中之所以有上述问题存在，主要有以下几方面的原因：

### （一）现有立法规范不完善

虽然《博物馆条例》第十七条规定"博物馆应当完善法人治理结构，建立健全有关组织管理制度"，但同时，该条例第五条第一款规定："国有博物馆的正常运行经费列入本级财政预算；非国有博物馆的举办者应当保障博物馆的正常运行经费。"也就是说，博物馆举办者对博物馆的正常运行经费承担着法定义务，而理事会则不用。根据权利和义务相一致的立法原则，理事会显然在行使经费决策权方面缺少明确的法律条文的依托。

### （二）理事会及其成员的责权利关系不匹配

理事会的组成人员除本馆人员外都是兼职身份，基于公共利益的需要对博物馆提供道义上的无偿服务。众所周知，决策行为往往是与决策责任相匹配的，不存在不需要负责任的决策行为，也不存在不享有决策权而只承担决策责任的决策主体。事实上，不仅在博物馆领域，甚至在所有社会生产领域都很难想象允许不需要负责任的决策行为存在。显而易见，在现有博物馆管理体系下，理事会恰恰处于决策与责任体系不清晰的尴尬地位。因此，理事会的决策职能也就形同虚设了。

### （三）理事会制度在博物馆法人治理结构实践中缺乏成熟的基础理论体系支持和指导

如前所述，从历史发展的脉络看，理事会制度产生于营利性法人，后来引入到非营利性法人。对比欧美博物馆领域的理事会制度不难发现，其理事会是建立在私有制基础上的财团法人治理结构中的，理事会对由财产组织起来的法人负责，有其特定的历史和社会背景。在我国，随着以理事会为核心的法人治理结构向博物馆领域的拓展，必要的基础理论体系建设并没有得到足够重视，相应地，适合中国特色的、比较成熟的基础理论体系也没有得到及时构建，进而影响到博物馆实务的开展。

### （四）扬长避短，助力博物馆的发展

综上所述，虽然理事会的决策和监督职能发挥欠佳，但相对而言，其咨询职能的发挥确实是比较出色的。如何充分发挥理事会的咨询职能，以此为抓手，在解决理事会参与博物馆管理深度和广度问题的基础上，促进博物馆法人治理结构更加合理和可行，不仅是大钟寺古钟博物馆在接下来的法人治理结构试点工作中需要重点考虑的问题，同时也是国内博物馆，尤其是国有博物馆需要认真思考和深入实践的方向。

## 五、结语

随着我国法人治理结构在非营利性法人中的构建和完善，其在博物馆领域也具有自己的特征，其中，理事会的性质、职能、工作程序以及与其他机构之间的关系尤其应加以关注。现阶段，尽管这些特征还需要在实践中摸索分析，在理论上加以总结归纳，但是，以充分发挥理事会的咨询职能为抓手，对博物馆构建和完善适合自身特点的、更具有操作性的法人治理结构显然具有非常有益的作用。

# 浅谈中小型专题博物馆文化传播活动的发展方向

## ——基于大钟寺古钟博物馆"鸣钟祈福"活动的实践与思考

靳 莎[*]

**摘要：** 博物馆作为承载历史文化、普及科学技术、研究藏品价值、提供公共服务的非营利性机构，已完成了从"以物为中心"到"以人为中心"的转变[1]，并通过形式多样的文化传播活动为公众提供公共文化服务。而数量众多的中小型专题博物馆如何规避短板、利用优势，开展吸引公众的文化活动是一个值得思考的问题。大钟寺古钟博物馆具有中小型专题博物馆的典型特征，本文通过对其品牌活动"辞旧迎新·鸣钟祈福"新年文化体验活动的总结、分析及研究，探讨中小型专题博物馆文化传播活动的发展方向。

**关键词：** 中小型专题博物馆 文化传播活动 鸣钟祈福

**250**

中小型专题博物馆是指体量较小、管理人员较少、研究和展示内容较单一的博物馆[2]，研究对象涉及历史文化、科学技术、社会生活等方方面面，它们往往以特定领域的文化资源为基础，以藏品本体为切入点，拓展至藏品背后的社会背景、人文文化、艺术鉴赏等方面开展形式多样的社会教育及文化传播活动。

大钟寺古钟博物馆（以下简称大钟寺）是一家以中国古代钟铃文化为主要展示对象的专题博物馆，馆内常设展览"古韵钟声"，从古钟的发展历程、铸造技术、文化内涵等角度展示了中国古代钟铃悠久而绵长的历史文化。此外，大钟寺围绕馆内重点文物永乐大钟，开展了不同形式、不同内容、不同受众的多

* 靳莎，大钟寺古钟博物馆馆员，研究方向：博物馆学、文物法学、传播学。

1 焦郑珊：《博物馆教育的实践性研究》，《自然辩证法研究》2021 年第 12 期，第 110—115 页。

2 李斌：《小型专题博物馆发展思路之思考——以扬州汉广陵王墓博物馆为例》，江苏省博物馆学会编：《江苏博物馆群体内部的交流与合作——江苏省博物馆学会 2014 年学术年会论文集》，文物出版社，2014 年，第 59 页。

种活动，"辞旧迎新·鸣钟祈福"新年文化体验活动（以下简称"鸣钟祈福"活动）便是其中的重要品牌活动。

## 一、"鸣钟祈福"活动概况

"鸣钟祈福"活动始于1981年，截至2024年1月，共连续举办了四十二届，它的前身为新年撞钟晚会。2014年10月，大钟寺历时近两年的修缮完工，重新对外开放，也是自此年度举办的第三十三届活动开始，新年活动的名称正式确定为"辞旧迎新·鸣钟祈福"，并一直延续使用至今。

通过对四十余年"鸣钟祈福"活动的了解及统计，可以发现每年的"鸣钟祈福"活动虽然在活动内容及举办形式上存在一定的差异，但却具有一脉相承的特征。

### 1. 举办时间：12月31日

自1981年起，除2022年因受新冠疫情影响改变了活动时间外，大钟寺"鸣钟祈福"活动均固定于每年的12月31日，而开始敲钟的时间则固定于当晚12：00，取新旧相交、跨年祈福之意。未选择我国传统的农历新年（除夕）作为活动时间的原因，相关档案中未曾记载，笔者猜测原因有二：一是农历新年的时间每年不同，不易建立观众对活动的记忆惯性；二是顺应社会公众使用公历的习惯。

### 2. 活动主题：辞旧迎新、鸣钟祈福

虽然"辞旧迎新·鸣钟祈福"活动的名称于2014年才固定下来，但早期活动中也曾多次出现"辞旧迎新撞钟晚会""新年鸣钟祈福活动"等名称及主题。由此可知，大钟寺"鸣钟祈福"活动自建立之初，便已确定于旧年及新年相交之际，利用钟声的美好寓意，传承中华民族新年祈福的传统。

### 3. 活动内容：文艺演出＋鸣响永乐大钟

纵观1981—2024年"鸣钟祈福"活动的内容设计，除2022年因受新冠疫情影响简化了活动内容外，有两项活动内容贯穿始终，即文艺节目演出和鸣响永乐大钟一百零八声。明代郎瑛《七修类稿》记载："钟声，晨昏扣一百八声者，一岁之义也。盖年有十二月，二十四气，七十二候，正得此数。"大钟寺便是借此寓意，于每年"鸣钟祈福"活动中，以一百零八声钟响作为新年祈福仪式的结尾。

## 二、"鸣钟祈福"活动的探索与发展

鉴于早期"鸣钟祈福"活动的内容及举办形式具有高度重复性，下文将以2014—2023年的十届"鸣钟祈福"活动作为重点研究对象，探寻其发展规律。

### （一）2014—2023年"鸣钟祈福"活动概述

笔者对2014—2023年"鸣钟祈福"活动的内容、形式、参与人数等情况进行了统计，形成了2014—2023年"鸣钟祈福"活动情况统计表，如下：

2014—2023年"鸣钟祈福"活动情况统计表

| 序号 | 届别 | 活动时间 | 活动内容 | 活动形式 | 鸣钟方式 | 主办单位 | 参与人数 |
|---|---|---|---|---|---|---|---|
| 1 | 第33届 | 2014年12月31日晚上 | 1. 文艺节目演出<br>2. 鸣响永乐大钟 | 线下活动 | 108声（一次性）观众共同鸣响 | 大钟寺 | 200余人次 |
| 2 | 第34届 | 2015年12月31日晚上 | 1. 文艺节目演出<br>2. 鸣响永乐大钟 | 线下活动 | 108声（一次性）观众共同鸣响 | 大钟寺 | 200余人次 |
| 3 | 第35届 | 2016年12月31日晚上 | 1. 文艺节目演出<br>2. 鸣响永乐大钟 | 线下活动 | 108声（一次性）观众共同鸣响 | 大钟寺 | 300余人次 |
| 4 | 第36届 | 2017年12月31日晚上 | 1. 文艺节目演出<br>2. 鸣响永乐大钟 | 线下活动 | 108声（一次性）观众共同鸣响 | 大钟寺 | 200余人次 |
| 5 | 第37届 | 2018年12月31日晚上 | 1. 文艺节目演出<br>2. "诗韵·钟声·墨香"公益笔会<br>3. 鸣响永乐大钟 | 线下活动 | 108声（一次性）观众共同鸣响 | 大钟寺 | 200余人次 |
| 6 | 第38届 | 2019年12月31日晚上 | 1. 文艺节目演出<br>2. 博物馆"寻宝"游<br>3. 鸣响永乐大钟 | 线下活动 | 108声（一次性）观众共同鸣响 | 大钟寺 | 200余人次 |
| 7 | 第39届 | 2020年12月31日晚上 | 1. 文艺节目演出<br>2. 古钟文化科普<br>3. 鸣响永乐大钟 | 线上直播 | 108声（一次性）工作人员鸣响 | 大钟寺 北京市海淀区文化馆 | 线上观看量222万人次 |
| 8 | 第40届 | 2021年12月31日晚上 | 1. 文艺节目演出<br>2. 传统文化科普<br>3. 鸣响永乐大钟 | 线上直播 | 108声（一次性）工作人员鸣响 | 大钟寺 北京市海淀区文化馆 | 线上观看量107万人次 |
| 9 | 第41届 | 2023年1月21日（除夕）晚上 | 1. 古钟文化科普<br>2. 鸣响永乐大钟 | 线上视频 | 108声（一次性）工作人员鸣响 | 大钟寺 | 线上观看量1900余人次 |
| 10 | 第42届 | 2023年12月31日全天 | 1. 黄钟小集＋鸣响永乐大钟<br>2. 文化讲座＋鸣响永乐大钟 | 线下活动＋线上直播 | 108声（分时段）工作人员鸣响 | 大钟寺 中关村街道 | 线下活动4000余人次 线上直播4.3万人次 |

通过对活动形式与内容的分析发现，2014—2023年的十届"鸣钟祈福"活动大致可以分为三个发展阶段：

### 1. 第一阶段：延续传统（2014年第33届至2017年第36届）

2014—2017年，"鸣钟祈福"活动延续了1981年以来的活动形式，以博物馆内举办新年晚会为主要活动内容，并于当晚12:00辅以鸣钟跨年仪式，观众人数限定在300人以内，以"观众鸣响永乐大钟"为突出亮点。

## 鸣钟祈福(图)

2015年12月31日晚，大钟寺古钟博物馆举办第34届"辞旧迎新，鸣钟祈福"元旦敲钟仪式活动。在2016年元月1日零点到来的时候，游客共同鸣响永乐大钟。此外，"2016北京新年倒计时庆典暨北京旅游推广活动"在太庙举行，这是在北京举行的第五次跨年倒计时活动。新京报记者 浦峰 摄

详见A06-07 城事　　　　　　　　　　　　　　图1　"观众鸣响永乐大钟"是媒体宣传亮点

### 2. 第二阶段：寻求突破（2018 年第 37 届至 2022 年第 41 届）

2018—2022 年 [1]，"鸣钟祈福"活动在原有传统活动的基础上，不断增加偏重于文化科普、博物馆宣传的内容，显示出大钟寺立足于自己的博物馆身份，更加注重博物馆的传统文化科普以及社会教育职能。如 2019 年第 38 届活动的博物馆"寻宝"游将观众引导进入展厅，使观众有机会也有兴趣对博物馆展览进行深入的了解与学习；再如 2020 年第 39 届、2021 年第 40 届和 2022 年第 41 届活动，邀请到了大钟寺老中青三代学者、其他领域专家对中国古代钟铃文化、中国古代传统冰上运动等进行文化科普。可以看出，文艺节目演出已经开始逐步弱化。此外，受新冠疫情以及网络直播的双重影响，大钟寺将活动逐步从线下调整为线上，打破了线下活动的人员限制，线上直播惠及人数突破百万。这一阶段的"鸣钟祈福"活动在定位、传播方式、参与人数等方面均有所突破，是该活动寻求转型的过渡阶段。

图2　2022 年第 41 届"鸣钟祈福"活动之专家科普

### 3. 第三阶段：转变思路（2023 年第 42 届）

2023 年，第 42 届"鸣钟祈福"活动打破了四十余年的活动传统，将线下活动时间改为 12 月 31 日白天，以老北京"年味儿"市集作为主要活动形式，将鸣钟祈福的理念贯穿活动始终，并进一步弱化了文艺演出所占比例，仅以一场简单的民乐表演作为演出节目，同时配合线上文化知识讲座和跨年鸣钟，实现了全天候、多角度、广受众、线上线下全覆盖的全新活动模式。

---

1 受新冠疫情影响，2022 年第 41 届"鸣钟祈福"活动的实际举办时间为 2023 年 1 月 21 日（除夕），此处仍将其归入 2022 年统计。

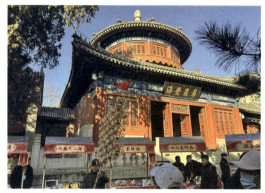

图3　2023年12月31日第42届"鸣钟祈福"活动之黄钟小集

### （二）2014—2023年"鸣钟祈福"活动的特点及发展规律

经过对2014—2023年"鸣钟祈福"活动发展轨迹的研究与分析可以发现，该活动近十年来不断尝试突破，已在原有传统活动的基础上衍生出新的文化传播方式，其特点及发展规律值得关注。

**1. 群众基础深厚，活动品牌较成熟**

"鸣钟祈福"活动是一项开始于1981年的活动，该活动全力打造新年祈福与鸣响古钟的文化关联，经过四十余年的积累，逐步将"辞旧迎新·鸣钟祈福"与"大钟寺永乐大钟"联为一体，并根植于社会公众的脑海之中，构建了较为成熟的活动品牌，培养了大批观众的文化消费习惯，具有深厚的群众基础。

**2. 文化内容有机融合**

"鸣钟祈福"活动从开展之初便立足于中国古代钟铃文化，深挖中国古钟的象征意义和文化内涵，与中华优秀传统文化中的节日文化、民俗文化有机融合，这种文化融合方式，充分利用了大钟寺对中国古代钟铃文化领域的深入研究，而其融合方式也在不断发展变化。

图4　融合方式一关系示意图

2014—2023年"鸣钟祈福"活动的内容策划及执行可以看出，钟铃文化与节日文化、民俗文化的融合，呈现出从低关联度到高关联度的转化，而这种转化可以通过对"鸣响永乐大钟"这一重要环节的编排设计体现出来。

融合方式一：鸣响永乐大钟与其他活动内容均服务于新年祈福，此时鸣响

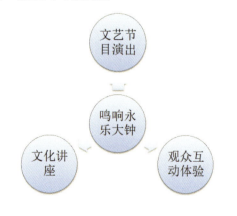

图5　融合方式二关系示意图

永乐大钟仅是迎接新年活动的其中一个环节。

融合方式二：鸣响永乐大钟作为整个活动的中心，其他活动内容均服务于它，此时其作为主线贯穿始终，不断强调古钟文化在其他传统文化中的应用，并尝试以古文字发展等角度解读古钟文化。

### 3. 文化传播方式日趋完善

在 2020 年以前，"鸣钟祈福"活动的传播方式采用的是传统的面对面近距离交流，受到展馆客观条件、接待能力、活动设置、体验效果等方面的制约，观众人数始终维持在 200—300 人次。2020 年新冠肺炎疫情的暴发，加速了"鸣钟祈福"活动传播方式的转变，线下少数人参与的现场活动转型为上百万人集体狂欢的线上模式，使文化传播活动辐射人数得到巨幅增长。到了 2023 年，社会公众更加注重体验感、沉浸感，兼具线上形式与线下活动的第 42 届"鸣钟祈福"活动应运而生，既满足了观众的沉浸式体验，也兼顾了文化内容的线上传播。至此，"鸣钟祈福"活动完成了从线下传播到线上传播，再到线上传播与线下传播并重的传播方式的转变。

此外，即便是在大钟寺传统文化的科普方式上，也实现了向更有益于文化传播的形式转变。"鸣钟祈福"活动中的文化科普内容，在早期选择了讲解员式的科普方式，即博物馆输出、公众接收的形式。这种形式的特点是方法成熟、操作简单、内容可控，但趣味性、吸引力则稍显欠缺，2020—2022 年的活动均采用了此种方式。后期的活动则改变了直线输出模式，转而采用将文化内容嵌入具体活动的做法，提出线索，引导观众自行寻找答案，增加了活动的体验感和互动性。2019 年的博物馆"寻宝"游和 2023 年的黄钟小集系列活动均可归于此类。

### 4. 文物利用方式不断改善

"鸣钟祈福"活动中涉及的文物利用主要包括对馆藏文物明代永乐大钟和全国重点文物保护单位觉生寺的利用，其中永乐大钟的利用经历了由强化到弱化的过程，而觉生寺的利用则经历了由弱化到强化的过程。

（1）永乐大钟的活化利用

永乐大钟是明代永乐年间铸造的青铜大佛钟，距今已有 600 年的历史。钟身遍铸汉文及梵文经咒 23 万余字，造型精美，极具文物价值、艺术价值。

永乐大钟与其他青铜器物相比，最突出的特点便是可以敲击，且声音独具特色。早期的"鸣钟祈福"活动即是从永乐大钟可敲击、可聆听的特点出发，邀请观众共同鸣响永乐大钟，将"辞旧迎新就要去大钟寺敲永乐大钟"的观念植入公众内心。这一时期的活动亮点集中于观众亲身参与鸣响永乐大钟的过程，并不断强化永乐大钟作为器物的使用价值。

自 2020 年将线下形式转变为线上形式后，受限于线上活动"看得见，摸不着"的特点，"鸣钟祈福"活动逐渐弱化了永乐大钟的使用功能，转而强化永乐大钟以及古钟文化的内涵、钟声的解读等。这种利用方式的转变，直接影响了后期的活动策划，如 2023 年第 42 届"鸣钟祈福"活动虽然策划了线下活动，但鸣响永乐大钟的环节仍然由工作人员执行。

（2）觉生寺的活化利用

觉生寺始建于清雍正十一年（1733），是一座保存比较完整的清代皇家寺院，于 1996 年被国务院列为第四批全国重点文物保护单位。

早期的"鸣钟祈福"活动利用觉生寺环境清幽、古建雅致的外部特点，结合颇具古典韵味的文艺演出，打造了一个个古今相映成趣的活动现场。此时觉生寺更像是活动的背景板，对它的利用停留在最基础的场地利用。

随着对觉生寺历史文化的挖掘，"鸣钟祈福"活动对觉生寺的活化利用也逐渐从基本的场地利用过渡到历史功能定位的利用。如 2023 年第 42 届活动便是聚焦于觉生寺曾经举办新年市集的功能定位，演绎了一场老北京"年味儿"市集的繁华景象。由此可见，对觉生寺的活化利用正逐步增强。

综上所述，"鸣钟祈福"活动针对不同文物的自身特点，正逐步改善文物的利用方式。对文物利用方式的转变，在践行保护第一的新时代文物工作方针的同时，也能有效推动该活动不断推陈出新、自我完善。

### 三、基于"鸣钟祈福"活动的思考与启示

近年来，"博物馆热"持续升温，国家级、省级的大型综合类博物馆频频出圈，中小型专题博物馆受体量小、业务人员欠缺、展示内容单一等短板的掣肘，难以产出文博"爆款"。如何用巧劲弥补不足，是中小型专题博物馆开展文化传播活动时值得思考的问题。

大钟寺具备中小型专题博物馆的典型特征，而"鸣钟祈福"活动作为大钟寺极具代表性的文化传播活动，四十余年间的发展、变化、完善及不足对中小型专题博物馆开展文化传播活动具有借鉴意义。

**（一）聚焦专业性优势，打造极具辨识度的文化品牌**

打造独具特色的文化品牌是中小型专题博物馆文化传播活动的必然方向。博物馆文化品牌建设过程中，需要满足的第一个条件便是差异性，不同的博物

馆应以本馆的特点为基础，突出差异性，创建独属于本馆的文化符号[1]。

中小型专题博物馆虽展示内容略显单一，但小而精的特点往往代表着其在某一专业领域的研究深度更加深入，这便是专题博物馆的专业性优势。博物馆专业领域内哪一部分最具辨识度、藏品中哪件最具记忆点，都将是打造博物馆文化品牌的助力。如北京文博交流馆（智化寺）举办的"闻悟京音——2023年智化寺非遗音乐荟"，立足于智化寺京音乐传承与保护，与本馆特色内容结合紧密，为观众建立联想点、记忆点，是智化寺京音乐品牌的成功活动。与之相比，若仅是古建筑与音乐会的组合，则难以形成具有辨识度的品牌活动，而仅仅是不同文化元素的简单堆叠。

图6　觉生寺门前民国时期新年市集老照片

图7　20世纪90年代觉生寺门前新年市集

## （二）深入挖掘契合点，构建深度融合的文化传播活动

中小型专题博物馆自身文化资源有限，单一围绕本馆资源开展活动难免单调、乏味，不利于活动的长期开展。为了丰富文化传播活动的内容，博物馆往往会将本馆文化资源与其他文化内容相链接。随着社会公众对中国传统节

图8　北京文博交流馆"闻悟京音——2023年智化寺非遗音乐荟"（图片来源于"智化寺"微信公众号）

日的追捧，各博物馆纷纷开启了"博物馆＋传统节日"的活动模式，其中部分博物馆更是不约而同地开展端午包粽子、中秋做月饼等同质化严重的活动。这类活动的举办使博物馆丧失了其基于自身文化资源的独特性，不利于博物馆文化形象的建立。与中国传统节庆文化的结合无可厚非，但需深入挖掘不同文化之间的契合点，打造主题与内容深度融合、专属于博物馆的优秀活动。如大钟寺于2023年中秋节举办的"觉生仲秋·闻钟赏月"中秋文化体验活动，便是围绕

1 谢静辉：《关于打造博物馆品牌教育活动的思考——以中国客家博物馆为例》，《客家文博》2020年第3期，第30—35页。

图9 2023年"觉生仲秋·闻钟赏月"中秋体验活动之舞蹈《拜月》

"闻钟"与"赏月",营造以"钟"为线索的节庆活动和以"月"为主线的互动体验,并创造性地编排《拜月》舞蹈,配合永乐大钟的鸣响,将"闻钟赏月"艺术化、具象化。

除了文化与文化的融合,文化与旅游的融合,甚至文化与旅游、商业的三大产业融合都将有效促进中小型专题博物馆文化传播活动的开展。文旅融合概念发源于产业融合理论[1],根基在"文",活力在"旅",动力在"融合"[2],而在文旅融合的基础上适当融入商业元素,则将更有利于三大产业的良性循环,实现商业激活文化、文化助推旅游、旅游拉动商业的良性互动[3]。例如西安市众多博物馆共同打造的博物馆主题观光巴士以及沿线活动,为众多小众博物馆提供了出圈的机会[4];再如大钟寺2023年第42届"鸣钟祈福"活动也是因为引入了市集摊位而吸引了更多的观众参与其中。

### (三)合理利用新媒体媒介,避免过度依赖

随着网络直播平台、自媒体平台的蓬勃发展,新媒体的影响已经"不仅仅局限于发送者—信息—接收者这个传播序列,其影响扩及媒介和其他社会文化领域间不断变化的关系之中"[5],博物馆作为社会公共文化服务机构的重要一员,其文化传播也受到了新媒体的影响,如作为传播主体的博物馆,其形象逐渐从严肃的"说教者"转变为轻松平等交流的"朋友",而"博物馆热"的兴起更是离不开新媒体的锦上添花。

然而,新媒体媒介的利用是一柄双刃剑,不加思考地滥用不仅起不到预期的传播效果,甚至可能适得其反。新媒体传播可以使中小型博物馆被更多的人看到、听到,似乎只要使用新媒体媒介便可使文化传播事半功倍,但需要注意

图10 西安市主题观光巴士"博物馆号"

1 范周:《文旅融合的理论与实践》,《人民论坛·学术前沿》2019年第11期,第43—49页。

2 冯学钢、梁茹:《文旅融合市场主体建设:概念体系与逻辑分析框架》,《华东师范大学学报(哲学社会科学版)》2022年第2期,第130—141、177页。

3 王雨涵、田烨辉、张万宁、翟思源、陈麒先:《"文商旅"融合的新型旅游业发展模式研究——以山东烟台为例》,《商展经济》2022年第9期,第42—44页。

4 孙欢:《文商旅融合:让博物馆成为生活的一部分》,《西安日报》2024年1月24日第3版。

5 [丹麦]施蒂格·夏瓦著,刘君等译:《文化与社会的媒介化》,复旦大学出版社,2018年,第4页。

的是，使用新媒体传播的目的应是吸引更多的人进入博物馆、感受博物馆文化，甚至爱上博物馆，而不应把"利用新媒体传播"作为最终目的，有时传统活动的传播效果甚至优于新媒体传播。如自媒体平台上观众对三星堆博物馆的评价，"只有亲自来过才能体会三星堆的震撼"。再比如大钟寺永乐大钟的厚重文化也绝不是通过网络平台上"通高6.75米，重46.5吨，铭文23万余字"几个数字就能体会的。

总之，新媒体媒介对于博物馆来说，应作为一种传播的手段，而不是为了使用新媒体而使用新媒体，使新媒体沦为博物馆标榜新潮、标榜发展、标榜业绩的数据支撑。博物馆文化传播活动有时利用线下模式比线上模式更能凸显博物馆的独特性，也更能讲好博物馆自己的故事。对于普遍较小众冷门的中小型专题博物馆来说，以新媒体传播为引子，吸引更多公众来到博物馆，才是扩大本领域文化传播范围的有效手段。

### （四）完善社会合作机制，整合多方资源优势

提到博物馆的社会合作机制，比较常见的是博物馆与学校的合作，这是基于博物馆教育与校内教育的互补。经过数年的尝试与发展，馆校结合模式已初见成效，无论是博物馆进校园，还是将课堂搬进博物馆，都有比较成功的先例。博物馆与属地社区的合作则多见于邀请属地居民来到博物馆参加活动或是送文化进社区，以此发挥博物馆作为社区成员的文化服务职能。其实在文化传播活动的开展中，除了学校和属地社区，与企业以及其他社会组织的合作有时更能发挥双方的优势，取得 1 + 1>2 的效果。

对于中小型专题博物馆来说，自身人员、资源甚至经费都受到诸多限制，虽有许多活动设想却难以落地，此时企业及其他社会组织的介入则充分体现了以"借力和助力"[1]替代单打独斗才能带领中小型专题博物馆突出重围。如2023年第42届"鸣钟祈福"活动中的黄钟小集，便是借助了北京市海淀社区商业服务协会的支持，才得以高质量地实现活动设想。

图 11　北京市海淀社区商业服务协会制作的宣传视频截图

1 秦博：《博物馆联合举办社会教育活动的启示——以"大辽五京——内蒙古出土文物精华展暨辽南京建城1080年展"为例》，《文物鉴定与鉴赏》2019年第13期，第102—105页。

## 四、结语

2021 年，博物馆之城建设被写入《北京市"十四五"时期文物博物馆事业发展规划》，"中小博物馆品牌提升工程"便是其中的重点工作之一，这对中小型专题博物馆来说是挑战，更是机遇。中小型专题博物馆应抓住时机，充分利用自身资源特色，拒绝"千馆一面"的建设模式；放开眼界，寻找步调一致的同路人，不断打造博物馆精品文化传播活动、创建自有文化品牌，走出中小型专题博物馆的特色发展之路。

# 浅析钟及钟的衍生品在抗战类纪念场馆展教活动中的价值与意义

王加册 *

**摘要：** 钟是我国最古老的打击乐器之一，常以金属铸成，用于演奏、报时，又因钟声洪亮、厚重，故又常用作示警、警报之用。抗日战争时期，中国军队经常会使用钟声作为警示敌人进攻的信号，现代社会人们又通常会赋予钟"警钟长鸣""祈祷和平"等寓意，因此在很多抗战类纪念场馆的展览陈列及展教活动中会融入"钟"元素。本文旨在进一步探究钟及钟的衍生品在抗战类纪念场馆展教活动中的价值与意义，为相关场馆在展陈设计、社教活动、文创开发等方面提供有益借鉴，力争为推动新时代纪念馆高质量发展作出更多贡献。

**关键词：** 钟　衍生品　纪念场馆　展教活动

钟声悠扬

**261**

钟，作为中华民族传统的乐器之一，在历史、文化、艺术、科技等方面具有十分重要的研究价值，故此许多博物馆会将"钟"作为反映我国古代历史文化发展的重要实物进行展出。除此之外，在抗战类纪念场馆中，古钟又被赋予了"警钟长鸣""祈祷和平"的重要寓意。因此，钟及含有钟元素的衍生品在抗战类纪念场馆的各类展教活动中具有独特的意义与价值。

## 一、钟在展览陈列中的价值与意义

### （一）古钟也是"警钟"，见证了抗日战争的伟大历史

古钟，多为铜、铁铸造，因此相比于其他文物来讲，在保护得当的情况下，往往具有更长的使用寿命。因此，许多铸造于清代的古钟，在抗日战争时期被

* 王加册，中国人民抗日战争纪念馆馆员。

中国军队用于警示敌人进攻，在文物古老的历史脉络中增添了一抹红色记忆。例如：1931年"九一八"事变爆发后，中国人民开始了长达14年艰苦卓绝的抗日斗争，在此期间，中国共产党率先提出建立抗日民族统一战线，并领导中国人民在敌后开展抗日武装斗争，牵制了大批日军的机动力量。由于武装力量的不足，中国共产党领导的抗日武装队伍将身边一切可用的物品都应用到抗日斗争中，不惜一切保护人民群众，歼灭敌军有生力量。东北抗日义勇军纪念馆馆藏东北抗日联军第一军使用过的铸造于清光绪三年（1877）的"预警钟"，钟体高1100毫米，直径800毫米，重约200公斤，其侧面铸有"大清光绪三年""怀仁县城西头道河子"以及"八里甸子灵云观"等字样，此外，钟体上还铸有当时修观铸钟的十余位捐款者姓名。近六十年后，1934年春，杨靖宇率部在辽宁桓仁八里甸子镇老秃顶子山开辟抗日游击根据地，同时此地也是抗联一军军部和中共南满省委机关驻地。杨靖宇要求抗联战士隐蔽在附近的灵云观中，一旦发现敌情，立刻敲钟七下，以示警戒。习近平总书记强调："革命文物承载党和人民英勇奋斗的光荣历史，记载中国革命的伟大历程和感人事迹，是党和国家的宝贵财富，是弘扬革命传统和革命文化、加强社会主义精神文明建设、激发爱国热情、振奋民族精神的生动教材。"[1]这口古钟，先后经历了晚清、民国的战争与动荡，不仅在研究清代铸钟技艺、灵云观发展历史等方面具有一定的价值，同时也成为东北抗日联军在白山黑水间抗击日本侵略者的最好佐证。而在《地道战》等反映中国人民开展敌后抗日武装斗争的影视作品中，也经常出现以大钟警示敌人进攻的场景，由此亦可见在抗日战争时期，钟具有十分重要的意义与价值。

### （二）古钟造型在抗战纪念场馆展陈设计中的应用

由于古钟在抗战类场馆中的独特价值，因此许多抗战类纪念场馆也会将钟及钟造型应用到展览陈列的设计当中。以中国人民抗日战争纪念馆为例，在纪念中国人民抗日战争胜利60周年基本陈列改陈过程中，展览设计者在充分考虑展览内容、设计形式、社教活动需要相融合的基础上，在纪念馆序厅屋顶位置，悬挂了14口"警世钟"，代表着从1931年"九一八"事变日本军国主义侵占我国东北到1945年抗战胜利这14年期间中国军民的艰苦历程。这一设计对于展厅整体效果提升起到了重要作用，一是进一步充分利用了序厅顶部闲置空间。抗战馆序厅高度近10米，而展厅高度约为6米，通过悬挂14口"警世钟"，进一步拉近了序厅和展厅之间的高度差，有效地减少观众由序厅步入展厅所产生的

1 习近平：《加强文化遗产保护传承 弘扬中华优秀传统文化》，《求是》2024年第8期。

视觉差异，给予观众更好的视觉体验，使观众能够更加专注地观看展览，避免被环境因素所干扰。二是有助于降低序厅内的噪声，提升观众在参观过程中的体验感。因为抗战馆序厅内较为空旷，所以在序厅内组织活动或瞬时进馆观众较多时，序厅内声音十分嘈杂，极大地影响了抗战类纪念场馆庄重、严肃的参观氛围。通过悬挂"警世钟"，不仅实现了通过钟体吸收噪声，还进一步优化了序厅顶部结构，有效地改变了声音的传播路径，降低了回音的产生，从而降低了噪声，切实有效地提升了观众参观体验的效果。三是进一步丰富了序厅的展示内容。抗战馆序厅主要展出内容为寓意中华民族万众一心、众志成城共同抗日的"铜墙铁壁"大型雕像，而"警世钟"的加入，进一步丰富了序厅展示内容的内涵，实现了展览陈列设计过程中形式与内容相统一的基本原则，将 14 年抗战历程、伟大抗战精神和警示世人的寓意更好地融入展览和讲解内容中，有助于纪念馆讲解员更好地进行延伸讲解和组织社教活动。

除此之外，其他抗战类纪念场馆也设计制作了类似的展示内容。以上海淞沪抗战纪念馆为例，在纪念馆南面广场设计制作了一座 1945 毫米高的"警世钟"，寓意侵华日军在 1945 年正式宣布无条件投降。"警世钟"外形拟"众"，寓意万众一心，上口径 1280 毫米，象征"一·二八"淞沪抗战，下口径 8130 毫米，象征"八一三"淞沪会战，钟体上铸有"牢记历史 不忘过去 珍视和平 开创未来"。上海金山卫抗战遗址纪念园同样铸有"警世钟"，该警世钟重约 1.5 吨，钟体各部位的大小和纹饰都有特定的象征意义：钟顶龙形吊襻高 193.7 毫米，意为侵华日军于 1937 年登陆；钟体净高 1105 毫米，意为侵华日军登陆日期为 11月 5 日；钟口直径 1015 毫米，意为金山卫沿海一带被害乡民 1015 人；钟体上部的 55 个白玉兰花纹饰及纹饰内的小篆"祭"字，象征 55 万上海金山人民永远铭记历史。这一做法不仅丰富了纪念馆展示内容，同时也使"钟"成为纪念馆组织开展纪念活动的重要组成部分。

## 二、钟在社教活动中的价值与意义

习近平总书记指出："革命博物馆、纪念馆、党史馆、烈士陵园等是党和国家红色基因库。要讲好党的故事、革命的故事、根据地的故事、英雄和烈士的故事，加强革命传统教育、爱国主义教育、青少年思想道德教育，把红色基因传承好，确保红色江山永不变色。"[1] 近年来，以中国人民抗日战争纪念馆为首的抗战类纪念场馆，依托自身红色资源优势，积极开展各类纪念活动、社会教育

钟

声

悠

扬

**263**

---

1 习近平：《用好红色资源，传承好红色基因 把红色江山世世代代传下去》，《求是》2021 年第 10 期。

活动，并围绕纪念全民族抗战爆发、"九一八"抗日战争爆发、南京大屠杀死难者国家公祭日等重要时间节点，组织开展联动纪念（悼念）活动，引导广大人民群众铭记历史、勿忘先烈，切实履行好抗战类纪念场馆传承和弘扬中华民族伟大抗战精神的历史使命。

### （一）纪念活动与撞钟仪式

2007 年，受中国博物馆协会委托，由中国人民抗日战争纪念馆联合侵华日军南京大屠杀遇难同胞纪念馆、重庆红岩革命历史博物馆、东北烈士纪念馆、八路军太行纪念馆、新四军纪念馆等数十家知名纪念馆联合发起成立中国博物馆协会纪念馆专业委员会。其中，许多抗战类纪念场馆在纪念馆专委会和抗战馆的号召下，分别于每年的 7 月 7 日、9 月 18 日、12 月 13 日联动举行纪念全民族抗战爆发、"铭记历史 勿忘九一八"和南京大屠杀死难者国家公祭日纪念（悼念）活动。在纪念（悼念）活动中，部分有条件的场馆都会把撞钟仪式作为活动的重要组成部分。

以每年的 12 月 13 日，中共中央、国务院在侵华日军南京大屠杀遇难同胞纪念馆举办南京大屠杀死难者国家公祭日悼念活动为例，2023 年 12 月 13 日，是第十次南京大屠杀死难者国家公祭日，在这十年中，撞响和平大钟已经成为国家公祭仪式的重要组成部分，深沉悠远的钟声不仅是提醒国人勿让惨剧重演的警示之声，更是祈愿世界和平之声，致敬那场永不妥协的抗争，缅怀在中国人民抗日战争中英勇牺牲的烈士，纪念十四年抗战取得的伟大胜利。撞钟仪式之所以能够成为悼念活动的重要组成部分，一是因为"钟"最能体现中华民族深沉、厚重的民族精神。中华民族具有五千多年连绵不断的历史文明，创造了博大精深的中华文化，其中蕴含着勤劳、谦虚、勇敢、博爱、自强、独立等无数传统美德和优良品质，唯有深沉醇厚、清晰悠长、振奋雄壮的古韵钟声最能体现中华民族源远流长的历史文化和民族精神，最能展示出中华民族从近现代苦难的历史中一步一步走向复兴的伟大历程。二是"撞钟"具有警醒世人的独特仪式感。钟的声音具有极强的警示作用，从古至今，许多寺庙、村落常用钟声作为警报和召集人群的信号，这种警示作用在现代社会依然存在，例如我们生活中常见的警铃、警报。不论是悠扬还是刺耳的钟声，都能引起人群的注意，象征着对危险、错误和重要时刻的警觉。因此，在国家公祭日撞响大钟，不仅是对逝去的生命的悼念，更是对战争残酷性的警示。三是钟声具有激人奋进、祈愿和平的美好寓意。敲钟象征着和平、吉祥、奋进，能给人带来无穷的遐想和美的享受。2023 年 12 月 13 日，6 名社会各界代表在公祭仪式上亲手撞响了和平大钟，其中南京外国语学校学生黄飞龙表示："要更加珍惜前辈们用鲜血换来的和平生活，时刻保持居安思危的忧患意识，铭记历史、珍爱和平，同时树立远大理想，不断通过学习增长才干。"

时至今日，和平大钟在侵华日军南京大屠杀遇难同胞纪念馆每个开馆日的清晨都准时响起，被称为"江东门的钟声"。除此之外，沈阳"九·一八"历史博物馆、上海淞沪抗战纪念馆、衡阳抗战纪念馆等抗战类纪念场馆也会在重要时间节点举行撞钟、献花、悼念等纪念活动，并使之成为纪念馆引导人民群众铭记历史、勿忘先烈，宣传和弘扬伟大抗战精神的重要组成部分。

### （二）"钟"元素在抗战类纪念场馆文创产品中的应用

党的十八大以来，习近平总书记多次到革命老区、红色旧址、革命历史场馆考察，并对革命文物工作作出重要指示。总书记指出："加强革命文物保护利用，弘扬革命文化，传承红色基因，是全党全社会的共同责任。"[1]就抗战类纪念场馆而言，设计制作文化创意产品是加强革命文物活化传承保护利用的重要途径，使观众能够将文创产品带出纪念馆，更好地实现抗战类纪念场馆的社会教育职能。近年来，抗战类纪念场馆依托馆藏红色文物资源，不断深化革命文物活化传承保护利用工作，结合自身场馆特色，开发了一系列具有丰富内涵的文化创意产品。在这些文创产品中，"钟"成为一种不可或缺的元素。

以侵华日军南京大屠杀遇难同胞纪念馆为例，该馆结合自身场馆特色，以伤痕、记忆、和平、未来为主题，吸收纪念馆建筑造型、和平大钟、紫金草、和平鸽等元素，设计制作五枚纪念徽章。其中，以和平大钟为主要元素设计制作的纪念徽章，采用珐琅工艺制作，淡蓝色色彩，铜材质。这种设计方式，一是充分体现了纪念场馆的标志物，并与该场馆的建筑造型、紫金草、和平鸽等其他主要元素相联动，形成一整套文创产品，给观众留下更深的记忆；二是充分展示了设计制作的初衷和寓意，和平大钟造型、淡蓝色色彩都象征着和平与安宁，寄托着人民群众爱好和平、祈愿和平、对未来充满期待的美好寓意，更加直观地展示了纪念馆想要表达的内容；三是作为一款徽章类的文创产品，具有价格适中、轻便携带、便于收藏、受众面广的优点，且该款徽章还极具纪念意义和社会教育意义，更加容易受到各类观众的喜爱和收藏。

## 三、关于钟及钟的衍生品在抗战类纪念场馆中更多应用的思考

当前，"钟"及含有"钟"元素的衍生品在抗战类纪念场馆中已经有了一定

---

1《加强文化遗产保护传承 弘扬中华优秀传统文化》。

的应用，但结合"钟"本身所具有的历史价值、文化价值和教育价值，还可以在抗战类纪念场馆的展陈设计和社教活动中占据更多的地位。

一是在抗战类纪念场馆的展陈设计方面。目前，部分抗战类纪念场馆在展陈设计中主要将"钟"用作革命文物来展出，配合讲解员讲述"钟"背后蕴藏的红色故事、革命精神等，很少有场馆会介绍"钟"本身所蕴含的历史文化、工艺技术、美学价值等。因此，对于观众来讲面对文物时获得的都是较为直观的感受，很难使其在参观过程中更多地思考"钟"本身。针对这一现状，抗战类纪念场馆应当从展陈设计形式当中进行突破，深入发掘馆藏资源中的"钟"元素，通过艺术加工的手段，将"钟"及"钟"元素融入陈列设计里，而并非单纯地将其作为文物来展出。以陕西省延安市宝塔山为例，山顶宝塔高 44 米，始建于唐代，现存宝塔为明代建筑，塔旁边有一口明代铸造的铁钟，中共中央进驻延安时，曾用它进行报时和报警，它也成为党的革命历程和历史岁月变迁的重要见证。如果这口明代的古钟能够在抗战类纪念场馆中以文物照片、虚拟影像、展板剪影等形式展览陈列，那无疑可以更好地介绍中共中央在延安指挥八路军、新四军开展抗日斗争的伟大历史，更好地讲述中华民族伟大精神。除此之外，对于一些具有"古钟"馆藏的抗战类纪念场馆，还可以将钟体上的纹饰作为展板与展厅的装饰物，在潜移默化中将"钟"元素更多地应用到展览陈列之中。

二是在抗战类纪念场馆的社教活动方面。目前，抗战类纪念场馆在社教活动中对于"钟"的应用主要在于讲述钟背后的红色故事以及在纪念活动中举行撞钟仪式，对于"钟"本身的研究和如何将"钟"融入日常宣教活动中思考较少。结合这一现状，抗战类纪念场馆，特别是馆藏藏品里有"钟"的场馆，应当更加深入地发掘钟背后所蕴藏的历史文化、民族精神。可以在展厅、广场等区域制作钟，可供观众近距离观赏、触摸、敲击，并配合声、光、电效果，进一步强化观众体验感和参与感，或在编排红色剧目、红色宣讲课程的过程中，有意识地加入有关钟的革命故事，或利用手摇钟、小型钟等作为演示或配乐的道具，使受众在不知不觉中增进对于钟的了解和认识。

三是在抗战类纪念场馆的文创设计方面。要充分发挥主观能动性，将馆藏"钟"元素与文创设计相融合，设计制作更多种类、更多形式、不同档次价位的文创产品，例如，纯金属铸造的小型钟摆件、钟形布偶、钟形灯具，以及印有钟元素的徽章、衣帽服装、文具等。亦可通过打造联名款、限量款文创等，博取观众眼球，进一步提升含有"钟"元素文创产品的吸引力。同时，在设计制作"钟"类文创产品过程中，应充分考虑到文创产品的受众群体和产品的材质、价格、成本，同时还要确保"钟"元素在文创设计中的应用得体、大方，切忌在不适宜的情况下，强行在文创产品中加入"钟"元素，避免出现政治问题、舆论问题。

综上所述，钟及钟的衍生品在抗战类纪念场馆的展教活动中已经具有了一定的地位和重要性，但还可以有更多的尝试与突破。习近平总书记指出："切实把革命文物保护好、管理好、运用好，发挥好革命文物在党史学习教育、革命传统教育、爱国主义教育等方面的重要作用，激发广大干部群众的精神力量，信心百倍为全面建设社会主义现代化国家、实现中华民族伟大复兴中国梦而奋斗。"[1] 新时代，文博事业进入高质量、高水平的发展阶段，在此基础上，抗战类纪念场馆也必将紧紧把握时代机遇，认真履行好传承红色基因、赓续红色血脉的历史使命，为人民群众打造好汲取精神力量的重要阵地，努力为推动中国式现代化不断迈向新征程作出更多贡献。

1《加强文化遗产保护传承 弘扬中华优秀传统文化》。

# 浅谈大学生志愿者在博物馆开展青少年社教工作中发挥的作用

## ——以大钟寺古钟博物馆为例

**杜 伟**[*]

**摘要：** 本文以博物馆社教工作的实例为依据，结合专题性博物馆在开展社会教育活动中所面临的问题和困难，分析了社会教育活动、专题性博物馆和大学生志愿者之间的内在联系，阐述大学生志愿者在博物馆开展社会教育工作中所发挥的作用，探究专题性博物馆在自身现有的条件下，如何通过大学生志愿者丰富社会教育活动，提升活动质量。

**关键词：** 博物馆 社教 大学生 志愿者

博物馆作为社会文化教育机构，是公益性文化事业的重要组成部分。在博物馆三大职能中，社会教育职能在当今博物馆发展中越来越受到重视。王宏钧先生在《中国博物馆学基础》一书中写道："博物馆教育是在藏品和科学研究的基础上展开的。一个博物馆存在的价值就在于有效地使收藏品及其研究成果为社会公众服务。"同时，博物馆教育是以文物及其相关史料为载体进行形象化教育的，它与以书本为载体的学校课堂教育有着较为鲜明的差别。

改革开放以来，党和国家高度重视博物馆青少年社教工作以及活动场所建设和管理工作。2006 年，中共中央办公厅、国务院办公厅印发的《关于进一步加强和改进未成年人校外活动场所建设和管理工作的意见》中指出："公益性未成年人校外活动场所是与学校教育相互联系、相互补充，促进青少年全面发展的实践课堂，是服务、凝聚、教育广大未成年人的活动平台，是加强思想道德建设、推进素质教育、建设社会主义精神文明的重要阵地，在教育引导未成年

* 杜伟，北京石刻艺术博物馆副研究馆员，研究方向：博物馆社教、科普讲解。

人树立理想信念、锤炼道德品质、养成行为习惯、提高科学素质、发展兴趣爱好、增强创新精神和实践能力等方面具有重要作用。"2015年国务院颁布实施了《博物馆条例》，其中明确指出："国务院教育行政部门应当会同国家文物主管部门，制定利用博物馆资源开展教育教学、社会实践活动的政策措施。地方各级人民政府教育行政部门应当鼓励学校结合课程设置和教学计划，组织学生到博物馆开展学习实践活动。博物馆应当对学校开展各类相关教育教学活动提供支持和帮助。"一系列的政策性文件的出台颁布，都对博物馆结合自身特点开展青少年社教活动工作提出了新的要求。

2024年，国际博物馆日更是以"博物馆致力于教育和研究"（Museums for Education and Research）为主题，重点强调了文化机构在提供全面教育体验方面的关键作用。然而，诸多中小型博物馆所面临的压力也在与日俱增，人才资源不足、创新力不够等问题慢慢制约了博物馆在青少年社教活动工作中发挥的作用。

本文将以大钟寺古钟博物馆利用大学生志愿者开展青少年社教活动为例，开展调查研究，讨论大学生志愿者在博物馆开展青少年社教活动工作中发挥的作用。

## 一、大钟寺古钟博物馆青少年社会教育资源调研

### （一）青少年社教资源现状调查

大钟寺古钟博物馆成立于1985年10月，是一座集古钟收藏、展示、研究、教育为一体的专题性博物馆。馆舍依托全国重点文物保护单位觉生寺古建筑群和现代仿古建筑组成，觉生寺始建于清雍正十一年（1733），是清朝皇家祈雨的重要场所，因寺内悬有明代永乐年间铸造的大钟俗称"大钟寺"。大钟寺古钟博物馆总占地面积30 000平方米，展厅面积3000平方米。作为专题性博物馆，大钟寺古钟博物馆一直致力于向广大观众展示、弘扬中国古代优秀的钟铃文化。博物馆常年设有"古韵钟声"展，共分为"敕建觉生""礼乐回响""阅古钟林""妙境梵音""永乐大钟"等十大主题，陈列有不同年代、不同类型的钟铃文物400余件。

2016年至2019年，博物馆拥有兼职负责学生活动的工作人员6人，设有一个100平方米的互动室，可以开展特色社教互动体验活动。开设有"铸钟小能手"、木版印刷、"巧手制拓片"以及编钟演奏及体验等社教互动体验活动。社教互动活动自开展以来，产生了一定的积极效果，受到了观众特别是青少年的喜爱和欢迎。

### （二）问题和困难

#### 1. 专题博物馆藏品较为单一

专题性博物馆是诸多博物馆类型中的一类，主要是指专门展示某一专题藏

品的博物馆。专门性和相对单一性是专题性博物馆较为突出的特征。大钟寺古钟博物馆以弘扬中国古代钟铃文化为主旨，其所征集、收藏、展示、研究的内容以及专业人员的知识结构大多与专题内容趋于统一，这使得专题性博物馆虽然主题特色鲜明，但展示陈列内容单一，一定程度上降低了观众参观的兴趣度，为结合馆藏开展内容丰富的青少年社教活动带来了不利影响。

**2. 活动的开展较为集中和固定**

据 2016 至 2019 年数据统计，大钟寺古钟博物馆年接待人数平均约在 5 万人次，其中中小学生及幼儿约占总人数的十分之一。博物馆开展的适合中小学生的活动较为集中，一般在传统节日、"5·18 国际博物馆日"前后以及寒暑假期间，但由于从事社教的工作人员相对较少，社教资源及用具有限，在这些特定时间节点推出的社教活动并不适合接待大规模学生团体，这也为持续开展青少年社教活动带来了不便。

**3. 师资力量较为薄弱**

大钟寺古钟博物馆作为专题性博物馆，由于受规模限制，从事社教工作的人员数量不多，且其专业背景大多是历史学、博物馆学、考古学等专业，缺乏一定的教育学及教育心理学知识背景及架构。青少年社教活动及课程的开发，一定程度上受到专业局限，不能设计出更适合中小学生特点的特色活动。

## 二、大学生志愿者在社教工作中的作用调研

### （一）"弦弦之声"志愿服务队

大钟寺古钟博物馆自开展志愿者工作以来，以其独特的钟铃文化吸引了众多大学生志愿服务团队积极投身于博物馆志愿服务工作之中。在 27 年的志愿者工作中，博物馆开展了形式多样、丰富多彩的志愿服务活动，为弘扬"奉献、友爱、互助、进步"的志愿服务精神、推动社会发展做出了积极贡献。

2016 年"弦弦之声"志愿服务队成立，在新团队理念——"双赢"的指导下，博物馆通过《志愿者信息登记表》、"志愿北京"网站和微信群，对所招募大学生志愿者进行规范化管理。截至 2019 年 12 月，"弦弦之声"志愿服务队累计招募、培训志愿者 200 余人次，服务时长累计 20 000 余小时（图 1）。

图1

同时，依据志愿者自身特点，重新划分岗位，以"科普岗"和"讲解岗"

为主体、以"志愿宣讲团"为特色的大学生志愿者队伍逐步形成。

### （二）大学生志愿者在博物馆青少年社会教育工作中发挥的作用

#### 1. 志愿讲解员，弥补博物馆师资力量的不足

"志愿讲解员"岗位，主要招募对参与博物馆巡展、活动以及比赛有积极性的学生，这些学生能够熟练掌握讲解词、讲解技巧、讲解礼仪等，能够达成对于志愿讲解员的服务时间、服务质量、服务内容的相关要求。博物馆对志愿者进行集中培训，组织其学习志愿者的权利与义务，明确工作责任，最终进行实地讲解考核。大钟寺古钟博物馆自2016年以来共培养志愿讲解员200余人，他们在博物馆开展的青少年社教活动中充当"老师"的角色，带领参加活动的学生完成"钟铃之声"特色活动内容。

同时，大学生志愿讲解员有着较为灵活的时间优势，在博物馆日常开放中可以通过1—2名志愿讲解员补充博物馆的义务讲解，而在博物馆集中开展青少年社教活动时，大学生志愿讲解员的加入很好地缓解了由于未成年人过多、博物馆人手不足而造成的活动质量降低的问题。

#### 2. 志愿科普员，推动青少年社教活动向纵深发展

"志愿科普员"岗位，主要招募对设计、绘画、摄影以及博物馆内古代科技知识等感兴趣或是有一定专业基础的志愿者。他们将按照要求进行摄影、绘画、设计、研究、石膏翻模、拓片以及文本校对等相关工作。

觉生寺作为清代皇家寺院，院内多种有松柏。除此之外，为了给观众营造良好的参观环境，博物馆成立以来，院内陆续增添多种植物。随着博物馆的开放，很多游客在参观时都会询问自己感兴趣的植物的名称，调查博物馆内植物名称、制作植物标牌等工作逐渐成为博物馆社教工作的内容之一。

2016年，北京林业大学"言叶大钟寺"实践团队结合自身专业特点和博物馆需求，走进大钟寺古钟博物馆普及植物知识、绘制生态导览图、手绘植物书签、压制植物标本、设计植物挂牌、完善植物信息数据库，开展具有专业特色的社会实践活动。社会实践团队成员借助《北京植物志》等书籍确定馆内植物种类，对馆内植物进行了位置确认以及照片收集，共确定馆内植物30种，包括银杏、金银木、牡丹、薄荷等。团队最终手绘了一幅大钟寺馆内的植物分布导览图，在图上对植物种类进行了标注，便于观众特别是学生参观时欣赏与学习。同时，团队成员还对馆内植物进行了手绘，包括牡丹、薄荷、玉兰、紫藤等，博物馆工作人员根据绘画成果设计制作了"觉生花语"系列书签，在青少年社教活动中作为纪念品发放（图2、图3）。

图2

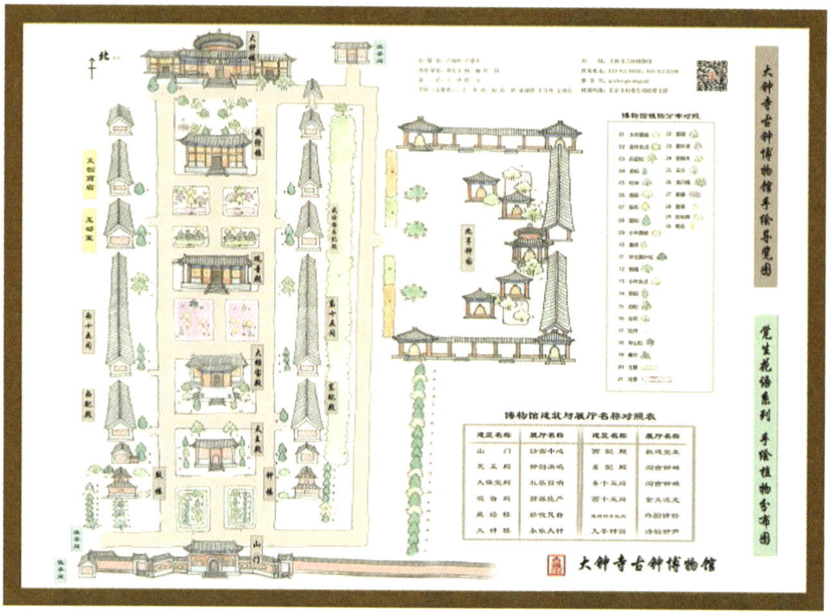

图3

　　除此之外，另一大学生志愿者实践团队充分发挥自身专业优势，与博物馆工作人员一道，积极整合馆藏资源和现有互动体验项目，在现有活动的基础上，通过"找一找""数一数""敲一敲""铸一铸""写一写""填一填""涂一涂""连一连""画一画""做一做"等小活动，设计制作完成了《钟铃文化活动手册》，并根据博物馆核心建筑——大钟楼，按比例设计制造了大钟楼纸质模型，旨在通过该手册及纸模，将博物馆互动体验活动进行串联，提高学生们的学习兴趣，让学生们在博物馆中参观、体验之后，能够初步了解、掌握相关知识，进一步提升博物馆青少年社教活动质量（图4）。

　　实践团队在计划时间内完成了各项实践内容，为博物馆社会教育活动特别是科普教育的开展提供了有益的帮助，使得博物馆青少年社教活动向纵深发展，一定程度上缓解了专题博物馆藏品类型较为单一所带来的观众参观兴趣度降低的问题，为博物馆志愿者工作的开展及志愿者服务模式的尝试提供了积极的借鉴意义。

图4

自《钟铃文化活动手册》设计制作完成，截至 2019 年已接待中小学生 890人次，截至 2023 年 12 月已累计接待中小学生 5000 余人次，观众满意度达到90% 以上。大学生志愿者与博物馆工作人员共同设计完成的此项活动，以"看、听、写、思、创"五个角度，分 11 个参与环节，让学生们跟随博物馆的老师看展览、听讲解，了解历史，通过提出问题、参与填写、绘画、智力游戏进行思考，从而发挥主观能动性，用自己的双手制作出富含古代智慧、文化的纪念品，最终将文化"带回家"。它不仅增加了博物馆的参观趣味，更为研究探讨传统博物馆社教活动在现今社会中的应用开展提供了宝贵经验。这种传统讲解服务与学生互动的"无缝衔接"，真正做到了让学生融入、理解展览文化。

如今，博物馆逐渐形成了以"社会实践"和"支部共建"为主题的特色志愿服务活动，他们将继续围绕"石膏钟制作配比解析""古钟纹饰秘密花园设计制作""羊角编钟目前出土遗址分布"等不同研究课题开展探究，进一步丰富青少年社教活动的文化内涵。

### （三）大学生志愿者在博物馆青少年社教活动中发挥的优势分析

综上调查成果可以看出，大学生志愿者在博物馆青少年社教活动中发挥着巨大的优势。

#### 1. 拥有可观的人员基数优势

大钟寺古钟博物馆针对自身特点，与北京交通大学、北京林业大学、北京科技大学、中央财经大学、北京联合大学等高校开展志愿服务合作，分春季、秋季、寒假、暑假四个时间段进行招募，在结合博物馆自身需求的同时，一定程度上给予了大学生志愿者自主选择权，大学生志愿者数量和质量稳中推进，既弥补了博物馆人力资源不足的劣势，又避免了志愿者资源的浪费。

#### 2. 具有广泛的专业背景

大钟寺古钟博物馆所招募的大学生志愿者来自不同高校、不同专业，包括了历史学、交通运输、材料科学与工程、视觉传达、计算机科学与技术、森林保护、地理信息科学、应用心理、园林、软件工程、林学、机械等30余个专业。专业背景是个人的教育资本，同时也是社会资本的一部分。大学生志愿者不同的专业背景，为做好博物馆志愿服务工作、针对青少年社教活动设计相应的互动体验研习项目、帮助博物馆青少年社教延伸到不同专业层面起到了一定的促进作用。

### 3. 具有贴近的年龄优势

大学生志愿者队伍有着其特定的年龄特点，由于受学业影响，开展志愿服务一般在大一到大三阶段，这一阶段的大学生年龄处在18岁—21岁左右，他们从年龄上更接近于参加青少年社教活动的中小学生的年龄。这种年龄上的相近性，使得他们在认识某种事物、探求某种真理等方面存在着一定的意识倾向，两者之间更容易沟通交流。同时，当中小学生走进博物馆参加青少年社教活动时，由于学习环境发生变化，即将接触到的一切都是未知的，他们对于教育活动有着较为强烈的求知欲。如果应对不好，这种强烈的求知欲就会形成心理落差，导致兴趣下降，使得青少年社教活动质量降低，而大学生志愿者经过专业培训和考核成为正式讲解员后，希望通过讲解来证明自己，同时他们也可通过自身几年前的心理历程和所思所感来进行"现身说法"，他们的感召力和亲和力一定程度上要高于博物馆工作人员。

### 4. 志愿精神的传递

2008年10月，中央精神文明建设指导委员会在《关于深入开展志愿服务活动的意见》中明确提出："要把志愿精神作为未成年人思想道德建设和大学生思想政治教育的重要内容。"大学生在博物馆青少年社教活动中开展志愿服务的同时，无形中也将志愿精神传递给未成年人，从而引导青少年学生增强勇于探索的创新精神，提高善于解决问题的实践能力，鼓励学生积极参与志愿服务和公益事业。

## 三、结语

2017年1月，中共中央办公厅、国务院办公厅印发了《关于实施中华优秀传统文化传承发展工程的意见》。《意见》指出："围绕立德树人根本任务，遵循学生认知规律和教育教学规律，按照一体化、分学段、有序推进的原则，把中华优秀传统文化全方位融入思想道德教育、文化知识教育、艺术体育教育、社会实践教育各环节，贯穿于启蒙教育、基础教育、职业教育、高等教育、继续教育各领域。"这对博物馆开展青少年社教活动，弘扬中华优秀传统文化提出了更高的要求。

在新形势下，招募、培训符合博物馆自身特点的大学生志愿者，一定程度上弥补了博物馆青少年社教人手不足的缺陷，提升了青少年社教活动的质量，对博物馆发挥其社会教育功能起到了至关重要的作用。

而博物馆"志愿科普员"岗位的设置、确立和实践，使得志愿者从"人力资源"向"智力资源"进行转型，从单一的接待讲解，转变为深入参与到博物馆青少年社教活动的设计、组织和策划中去，在尊重高校大学生专业基础、发挥其自身特点的同时，更拓展了博物馆青少年社教活动开发所涉及的专业背景，使得博物馆青少年社教工作、志愿服务工作和大学生志愿者本身相互促进，互利共赢。

志愿服务和青少年社教的有机结合，发挥好大学生志愿者在博物馆青少年社教中的作用，是顺应志愿服务工作的发展方向、做好博物馆社教和志愿者工作的有益思考和探索，为弥补专题性博物馆存在的问题，特别是师资力量不足的问题提供了一定的借鉴意义，对充分调动志愿者积极性，发挥博物馆志愿者自身优势开发青少年社教资源是一次积极的尝试。

# 文旅融合视域下博物馆公共服务市场化改革研究

## ——基于博物馆热现象对未来博物馆的再思考

王业鑫[*]

中国古钟研究·第一辑

**摘要：** 持续升温的"博物馆热"，让博物馆的公共服务迎来了新机遇，但2023年暑期部分博物馆一票难求，博物馆公共服务面临前所未有的挑战。此外，面对国际经济普遍下行的新形势，支撑博物馆公共服务的财政资金也将面临一定压力，吸纳社会资本参与博物馆建设，扩大资金来源渠道，释放文博场馆的活力成为必须要面对的新课题。随着社会资源不断进入博物馆公共服务领域，未来博物馆也将扮演更多新角色，成为新时代推动我国博物馆事业高质量发展的最好表征。

**关键词：** 文旅融合　博物馆　公共服务市场化　文化体制改革　可行性研究

## 一、引言

习近平总书记指出："让收藏在禁宫里的文物、陈列在广阔大地上的遗产、书写在古籍里的文字都活起来"[1]。近年来，在我国博物馆事业依靠丰富的博物馆文创产品、《我在故宫修文物》等纪录片、《国家宝藏》等真人秀节目多维度传播渠道的推动下，人民群众对博物馆的关注度持续提升，博物馆已跳出仅将展览展示作为输出精神文化产品手段的固有认知，文博场馆文化传承的外延形态不断拓展。人民接受博物馆优秀中华传统文化的意识逐渐觉醒，义务教育不断深化落实"双减"政策，即由课堂学科教育转向博物馆文化素质教育等，加之2023年暑期是新冠疫情"乙类乙管"后的第一个暑假，积攒压抑三年的博物馆文化需求得到突然释放，文博场馆的接待服务工作面临极大考验。

* 王业鑫，中国人民抗日战争纪念馆科学传播馆员，中国博物馆协会文创产品专业委员会副秘书长，研究方向：博物馆管理研究。

1 习近平：《习近平谈治国理政：第1卷》，外文出版社，2018年。

博物馆"热"起来了，令人欣喜的同时，也不免让文博从业者陷入隐忧。多年的新冠疫情和复杂多变的国际局势致使全球经济处于下行阶段，在国际环境影响下，中国作为人类命运共同体的一员，其社会经济发展也不可避免受到

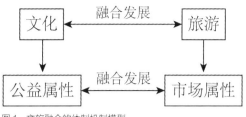

图1 文旅融合的体制机制模型

波及。在我国，博物馆建设事业受政策导向影响深刻，发展水平受财政支持力度决定，在中央、地方财政相对收紧的国内经济环境下，面对人民群众旺盛的博物馆需求，博物馆应解放思想、转变观念、创新机制、用好抓手，为实现我国文博事业高质量发展提供破局之道。

### （一）文旅融合

关于文旅融合的实践与理论探索起步较早，2009年文化部和国家旅游局印发的《关于促进文化与旅游结合发展的指导意见》就指出："文化是旅游的灵魂，旅游是文化的重要载体。"[1]文旅融合的核心要义是以文促旅、以旅彰文，意在打通文化与旅游之间藩篱，为经济转型提供新的增长点、为旅游产业发展提供新的增长极、为社会主义文化大发展大繁荣提供新的活力、为满足人民美好生活需要提供新的实践路径[2]。2018年国务院机构改革将文化部与国家旅游局重组，整合为文化和旅游部，在宣传文化领域内推行文旅融合实践的大幕正式拉开。经文献梳理后发现，学术界对文旅融合在融合形态、具体融合的案例方面研究较为充分，从体制机制创新视角下审视文旅融合的研究成果较少，特别是着眼于公共文化服务领域中博物馆体制机制创新方面的研究尚属空白。

文化与旅游融合在狭义层面还体现在文化事业与旅游产业之间的融合，归根到底是文化和旅游在公益属性与市场属性上的融合。文化偏重于思想层面，形而上的思想教育带有一定的公共性；而旅游偏重于娱乐层面，较为接地气的体验形式带有鲜明的市场性。这也回答了文旅融合的重要意义，即解决文化产品叫好不叫座的困扰，和旅游产品有市场但易陷入文化品位不高的误区的问题。因此，文旅融合在一定程度上反映了在文化体制上公益性文化事业与经营性文化产业应协同发展的目标导向。

### （二）博物馆公共服务市场化改革

博物馆公共服务市场化改革是丰富博物馆的资金来源形式，即除依靠财政

---

1《文化部 国家旅游局关于促进文化与旅游结合发展的指导意见》（2009-09-15）http://www.gov.cn/zwgk/2009-09/15/content_1418269.htm。

2 燕连福：《新时代文旅融合发展：一个新的增长极》，《人民论坛·学术前沿》2019年第11期，第71—79页。

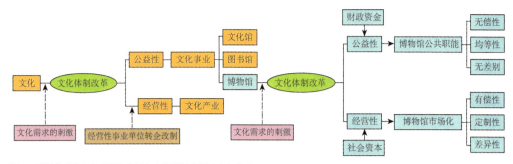

图2　博物馆公共服务市场化变革与文化体制改革的内在联系

资金支持外，吸纳社会资本，运用市场化经营手段，为博物馆提供文化产品和服务，以实现社会公共服务的高效生产，提高行政服务效率的组织形式[1]。博物馆公共服务可分为公益手段和市场手段：一直以来博物馆作为我国公共服务的供给机构，国有博物馆发挥着核心作用，并以公益事业单位的性质从事文化供给服务，财政资金是国有博物馆的全部或主要的资金来源，发挥的是传统的博物馆公益手段；而后者是博物馆充分发挥社会主体力量，吸纳社会企业参与博物馆经营，为人民群众提供定制化、差异化、增值化的文化产品和服务，是市场手段。博物馆公共服务市场化改革从本质上看是对博物馆运行体制机制的创新，是文化体制改革在博物馆领域的进一步深化。

文化体制改革是文化生产过程中各种文化生产关系制度化的输出形式[2]，是解放和发展文化生产力、推进文化领域治理体系和治理能力现代化的重要途径[3]，是我国文化建设发展道路上，运用社会主义市场经济理论和根据中国国情提出的中国方案，特别是以将文化区分为公益性文化事业与经营性文化产业为特征、以经营性事业单位转企改制为抓手的体制机制实践，为推动社会主义文化大发展大繁荣发挥了不可磨灭的贡献。博物馆公共服务市场化改革可借鉴文化体制改革的成功经验，对博物馆公共服务业务进行分类：适合用公益手段运行的博物馆职能依然由传统的博物馆公共管理体制运行，适合用市场手段参与的博物馆职能充分发挥社会企业的优势，不断丰富博物馆文化产品和服务的供给。

## 二、博物馆公共服务市场化的改革动因

文旅融合是我国文化与旅游领域实现跨越式发展的重要引擎和解决方案。作为文化事业单位的博物馆，文化资源和历史积淀极其深厚，但由于我国博物馆对财政资金的仰仗和对公益职能的体现尤为鲜明，旅游属性发挥并不突出。

1 董杨：《政府购买公共服务中的公共利益及其实现机制》，《行政论坛》2020 年第 1 期，第 59—64 页。
2 谢武军：《文化体制改革的历程和面临的问题》，《理论视野》2009 年第 11 期，第 52—57 页。
3 胡和平：《繁荣发展文化事业和文化产业》，《人民日报》2022 年 12 月 28 日第 9 版。

鉴于当前人民对博物馆文化需求持续增长、文博场馆文化供给存在结构性不合理现象、财政资金及人力限制了博物馆的进一步扩展、场馆市场化运营彰显的巨大优势等因素，推进博物馆公共服务市场化改革的必要性十分突出。

## （一）人民日益增长的博物馆文化需求

人民对博物馆日益增长的文化需求是实行公共服务市场化改革的根本动因。马斯洛需求层次理论告诉我们，人们在实现温饱等生理需要后，逐步转向对精神世界自我实现的需要。当今我国实现脱贫，全面建成小康社会，人民对极富文化资源的博物馆产生极大的关注恰逢其时，并对博物馆文化供给的诸多方面有了新的诉求。一是供给数量。2022年全国备案博物馆已达6565家[1]，博物馆建设数量的飞涨侧面反映了人民对博物馆精神文化产品的需求与日俱增的现实，供需两侧的增长也为实现博物馆公共服务市场化打下了坚实基础。二是供给品质。博物馆数量持续增加，人民群众对参观博物馆也有了更多选择，博物馆行业从政府无偿提供基本公共文化服务的"卖方市场"，逐步进入需要了解观众诉求，用高品质的文化产品吸引观众参观的"买方市场"。三是供给种类。博物馆文化产品的形态由传统的展览展示，逐步拓展到文创产品、研学项目、短视频、博物馆与非文博行业的跨界融合等多种产品展现形态。这就需要博物馆与时俱进，及时学习并接受新的文化传播手段，更好地实现场馆的文化教育职能。

## （二）文博文化供给存在结构性不合理

虽然博物馆文化供需两端互动频繁，但是博物馆文化产品与服务的供给存在结构性不合理的问题也不容忽视。一是供给质量与人民需求品质之间的矛盾。因当前我国博物馆的公益属性运行体制，文博场馆垄断着国家顶流文化资源，依然会呈现出"展出什么观众就来看什么"的惯性思维，此外，我国博物馆发展水平不平衡问题较为突出，比如国家一级博物馆门庭若市，县级博物馆门可罗雀，根本原因还是文化供给与人民需求还存在较大差距，供给量的提升并不能掩盖供给质量不高的现实。二是均等性的公共供给与差异性的文化产品需求之间的矛盾。公益手段提供的均等化、无差别、无偿性的公共文化已不能让受众满意，而观众因戏剧、影视培养起的付费享受文化娱乐的习惯，也让其有偿进行差异化定制化的文化消费成为重要诉求。三是博物馆文化供给传统习惯与需彰显时代性之间的矛盾。博物馆是中华优秀传统文化的聚集地，文化资源表达应符合时代和受众的接受习惯并以此作为引领发展的"风向标"。以文化传播为例，网络传播手段发展日新月异，从早期的长篇大论的博客，到短小精炼的

1 崔波、肖维波：《博物馆：让观众开开心心地来，收获满满地归》，《中国文物报》2023年8月8日第1版。

微博，进而发展到主打交互的微信公众号，再到更易碎片化传播的短视频，博物馆文化传播的内容似乎并没有什么改变，但传播方式日新月异，博物馆应及时跟进掌握，让新技术加持下的传播手段及时为我所用。

### （三）资金、人力对场馆的支持面临挑战

人民群众文化需求增加，博物馆必然要加大对各项资源的投入力度。不论是 2023 年暑期各大博物馆为应对"预约参观难"的延时开放，还是取消周一闭馆的回应措施，都是对场馆加大运维投入的具体体现。博物馆从业者工作时长增加，则必须要增加更多的服务保障人手，建立加班、值班调休机制，雇用更多的博物馆劳务派遣工作人员以及物业安保等社会化用工人员，根本上还是指向了要追加财政支持。另一方面，当前地方财政相对吃紧，博物馆为非保障民生的公共领域，持续高额追加财政支持力度，难度不断加大，国家级、省部级文博场馆财政支持力度尚可保障，但县级博物馆及经济发展相对滞后地区文博机构的运行经费势必会面临严峻挑战。因此，博物馆应拓展创新思路，扩大文博场馆的资金来源，充分调动社会主体参与博物馆建设的积极性，为人民群众提供更多更优更丰富的精神文化产品与服务。

### （四）市场化对文化发展的强大推动力

之所以进行改革创新，是希望运用体制机制手段，撬动社会资源打通市场化运营参与博物馆运营的渠道，特别是在发展面临瓶颈的阶段，机制创新会带来意想不到的效果。一是拓展博物馆资金来源渠道的主要形式。当前"博物馆热"风潮下，财政对公共服务的支持力度相对有限，人民群众的文化诉求不能得到有效满足，吸纳社会资本进入博物馆成为切实可行的思路，但在融合过程中博物馆应注重为社会企业参与场馆经营服务创造条件，充分调动企业的投资积极性。二是盘活博物馆馆藏资源的重要渠道。博物馆文化文物资源深厚，缺乏对资源的有效利用，然而依靠财政资金支撑的博物馆场馆运行对馆藏资源的利用仅是冰山一角，"博物馆＋"的跨界融合让文化传播增添无限可能。三是激发文博工作人员干事创业热情的必要手段。如今的博物馆不缺关注度和流量，文化资源＋社会资金＋市场化运作的结合在产生巨大社会效益的同时，经济效益的产出也不容忽视，传统博物馆工作的"金饭碗""大锅饭"将有所改变，取而代之的多劳多得理念无疑会激起文博行业工作者极大干事创业的热情。

## 三、博物馆公共服务市场化的实践依据

文博行业探索博物馆公共服务市场化变革的实践，需要做好评估和效果推

演，探讨深化改革的实践依据，通过对博物馆公共服务市场化的现实依据、理论依据、历史依据三个层面进行分析，探寻博物馆公共服务市场化改革的可行性和科学性。

### （一）市场因素不断融入国有公共领域的趋势不可阻挡

中华人民共和国成立后，我国开展了广泛的社会主义实践，特别是1978年实行改革开放，让我国走出了一条马克思主义与中国实际相结合并彰显中国特色的社会主义发展道路，在经济、文化、国有企业等领域开展了深入的改革创新实践，其本质特征便是市场因素不断进入国有与公共领域。一是在经济体制上的改革，从计划经济转变为市场经济。我国形成了以公有制为主体、多种所有制经济共同发展，以按劳分配为主体、多种分配方式并存的社会主义市场经济体制。二是在文化体制上的改革，将带有经营性质的事业单位转企改制。新中国成立以后，文化一直处于由政府进行供给的阶段。随着市场经济的到来，为适应经济社会发展要求，国家在文化领域开展了深入的文化体制改革，让本属国有公共文化领域的报社、杂志社、电视台、电影制片厂、文艺院团等经营性文化事业单位转企改制，彻底将其推向了市场。三是在国有企业体制上的混合所有制改革，允许国内民间资本和外资参与国有企业改组改革，以促进生产力的发展。由此可见，在经济、文化、国有企业领域，市场因素不断进入国有与公共领域的实践探索已非常成熟，业已成为运用马克思主义解决中国实际问题、建设中国特色社会主义事业的最有力诠释，也为实行博物馆公共服务市场化改革提供了现实依据。

### （二）文旅融合与博物馆公共服务市场化的内在一致性

表1　文旅融合、文化体制改革、博物馆公共服务市场化改革的内在一致性

| 属性<br>改革理论 | 公益属性 | 市场属性 |
|---|---|---|
| 文旅融合 | 文化<br>（公益性特征显著） | 旅游<br>（产业及市场特征显著） |
| 文化体制改革 | 公益性文化事业<br>保留公益性事业单位 | 经营性文化产业<br>经营性事业单位转企改制 |
| 博物馆公共服务市场化改革 | 财政资金来源的博物馆服务<br>博物馆文化事业<br>博物馆提供<br>无分配机制 | 社会资金来源的博物馆服务<br>博物馆文化产业<br>博物馆运维企业提供<br>有分配机制 |

文旅融合、文化体制改革、博物馆公共服务市场化均有着二元属性，即公益属性和市场属性。如前文所述，在文化旅游方面，文旅融合要求公益属性的文化事业和经营属性的旅游产业融合发展；文化体制改革虽将文化区分为文化

事业和文化产业，但二者并不是对立关系，而是将二者相区别后的共融关系，与文旅融合理念保持着高度一致；博物馆公共服务市场化可看作在公共文化内的博物馆领域开展的又一次"文化体制改革"，旨在将博物馆公共服务职能根据公共属性和市场属性的差别进行区分，适合财政资金支撑的服务交由传统博物馆公共职能予以供给，而适合市场运营的服务交由社会企业予以供给，不断满足人民群众的差异化、定制化、市场化的文化需求。由此可见，文旅融合、文化体制改革、博物馆公共服务市场化改革具有内在一致性，即虽都探讨了公益属性和市场属性的区别，但更强调无论是公益还是市场仅仅是供给手段不同，并非是呈现不可融合的对立因素，这也为实行博物馆公共服务市场化提供了理论依据。

### （三）改革的丰厚经验昭示博物馆市场化创新将获成功

从改革的作用和结果上看，市场因素不断融入国有与公共领域的三次改革实践都取得了举世瞩目的效果，并在各领域内至今都发挥着巨大的作用：社会主义市场经济体制改革为我国经济高速发展提供动能，进而为中国成为当今世界第二大经济体做出了突出贡献；文化体制改革将经营属性的事业单位转企改制，极大减轻了我国财政的负担，提升了单位的经营自主权，盘活了单位的原有闲置资源，让一些原本效益不好的单位重焕生机，提高了职工的工资收入；混合所有制改革通过社会资本进入国有企业，增强了国有企业的市场敏感度，提升了国有企业的工作效率，极大释放了企业的运行活力。由此可见，市场因素不断融入国有公共领域的实践都取得了成功，博物馆范围内实施的公共服务市场化改革也将会取得成功，或许在不远的将来会成为我国博物馆事业实现高质量发展的巨大增长点。

## 四、文旅融合下博物馆公共服务市场化的前景展望

人民群众的文化需求推动着博物馆体制机制的变革，而如今润物细无声般的博物馆公共服务市场化跨界融合为未来博物馆打开了新的展示窗口。由传统的文物及图片展板的展览展示拓展到结合文创产品、智慧博物馆、沉浸体验、文化授权、媒体传播等"博物馆＋"的融合，博物馆的文化传播手段及场馆的定位与内涵外延也将发生潜移默化的改变。

### （一）城市文化"会客厅"的作用愈发凸显

一直以来，博物馆承担着文化遗产的收藏、保护、研究、展示的基本功能，博物馆仿佛在一个时空静止的环境中，不受外界影响日复一日扮演着自己的角

色。随着"博物馆热"的兴起，博物馆成为人民群众重要的文旅目的地，到一个城市旅行，去博物馆打卡成了许多人的必选项目。博物馆是展示城市历史文化旅游资源的窗口，了解一座城市必须要先到这座城市的博物馆看看。综合博物馆全景式再现城市的历史风貌，专题博物馆将特色文化资源进行主题式呈现，博物馆城市文化"会客厅"的作用发挥日趋凸显。文博场馆开门纳客，迎四海宾朋，面对纷繁的受众需求，博物馆要用好"博物馆+"中"+"的作用，即市场化的无限拓展空间。

### （二）场馆社会教育作用逐步转向文化体验

过去博物馆更为关注对文物史料的收藏、保护，而如今博物馆对发挥好场馆文化传播作用更为关注，并逐步呈现出"两步走"的发展趋势：第一步是从博物馆对"物"的研究，转向对"人"的关注。博物馆收藏、保护、研究的最终目的是更好地利用文物，履行传承中华优秀传统文化的时代使命。对博物馆的研究不能仅停留在对史料的研究上，对作为文化传播的受众——"人"的关注也应持续加强，运用受众群体喜闻乐见、接地气的传播形式进行内容输出，将达到意想不到的效果。如今越来越多的博物馆关注到对"人"的研究，过去博物馆自说自话、说教见长的方式已逐渐被摒弃。第二步是从博物馆社会教育功能转向文化体验功能。本质上是一个"要我学"逐步变为"我要学"的传播观念的转变。中国人不缺"被教育"，硬邦邦、冷冰冰的文化思想教育往往会引起接受者的逆反心理，教育传播方式有很多，并非只有课堂教学和思想说教。在文旅融合下，依靠博物馆公共服务市场化改革，寓教于乐、文化体验、沉浸感受的文化传播方式成为越来越多博物馆在开展"社会教育"业务时的强有力抓手。

### （三）博物馆职能"围墙"拆除并丰富新内涵

随着文旅融合，博物馆公共服务市场化深入推进，博物馆的旅游属性持续提升，各种社会资源不断涌入博物馆，博物馆传统职能的"符号化"倾向越来越弱，博物馆被寄予了更多期望，如文化感知、娱乐消遣、购物消费等需求不断被提出，在博物馆内能做的事情越来越多，博物馆的外延"边界"不断拓展。一是文化感知作用。博物馆的文化教育与学科教育的最大区别在于强调文化的感受力，看一件文物、听一个故事、了解一段历史，都可以在博物馆中实现对文化的感知，而非要与考试分数挂钩，研学机构融入博物馆机构的知识传播，大大提升了文化被接纳的效果。二是娱乐消遣作用。在文旅融合理念加持下，博物馆文化体验项目逐步增多，不仅仅是场馆展览的沉浸展示，更多依靠市场化运作的文化娱乐项目被引进来，一部富含文化内涵的电影或舞台剧都可成为未来博物馆的服务项目。三是购物消费作用。人们对差异化、定制化文化产品与服务的需求日益提升，通过有偿付费的方式提升文化服务体验成为必然趋势。博物馆应积极回应人民的文化诉求，撬动市场化运维的"杠杆"，推出内容丰富、档次多样的精神文化产品，切实在传承弘扬中华优秀传统文化工作中，做到守土有责、守土负责、守土尽责。

### （四）博物馆成为区域文化经济发展动力引擎

随着文旅融合的不断深入，在博物馆服务市场化理念的指引下，社会资金进入博物馆文化服务领域的体制机制不断完善，文化资源与社会资本在博物馆实现完美融合并实现资源的集聚，博物馆对区域社会经济的反哺作用愈发凸显。一是作为全域旅游的重要辐射点。如前文所述，博物馆已成为城市文化的"会客厅"，是城市文化旅游资源博采众长后的集中展示地，而区域内的文旅资源多呈散点式分布，特别是近年来各地非常重视发展全域旅游，便形成博物馆与各景点在全域旅游下的"总与分"关系，也让博物馆在打造城市文旅形象中发挥着不可估量的作用。二是带动区域文旅相关产业协同发展。博物馆作为文化旅游目的地，其产业集聚作用的发挥体现在对博物馆文旅及其他相关产业如餐饮、住宿、娱乐等的带动。三是促进人民增收和实现共同富裕。文旅产业是资源集约型和环境友好型的产业形态，目前已成为各地重点打造的产业形态，在"博物馆热"带动下，文旅产业实现高质量发展，博物馆或将成为区域人民增收和实现共同富裕的重要法宝。

## 五、结语

"博物馆热"为我国博物馆事业带来了前所未有的发展机遇，特别是在文旅融合的大时代背景下，博物馆应顺势而为，转变理念、开拓思路、勇于实践，扩大资金来源渠道，运用市场化的经营手段，不断丰富博物馆的精神文化产品供给。中国文博事业的发展具有鲜明的中国特色，需要根植于中国的实际国情，根本是着眼于人民群众的博物馆文化需求，大力推进体制机制创新探索，为推动我国博物馆事业实现高质量发展提供不竭的动力源泉。

# 钟铃文化在廉政教育中的应用与实践
## ——以"警钟长鸣"专题展览为例

何　沛*

**摘要：**"警钟长鸣"是钟铃文化中常见的主题，把钟铃文化资源应用于廉政教育的理论思考和实际应用中，是古钟类专题博物馆需要考虑的实践问题。文章首先从钟铃文化与廉政文化之间的关系入手，就二者在"警"之意涵方面的共性进行了系统剖析；其次就大钟寺古钟博物馆廉政文化资源的特征进行了具体分析和归纳；最后以"三不腐"为逻辑契合支点，对钟铃资源与廉政文化在"警钟长鸣"主题展中的具体应用作了阐述。

**关键词：**钟铃文化　廉政教育　应用实践　警钟长鸣

## 一、问题的提出

中国共产党成立以来，廉政教育始终在党的建设中占有重要地位。2013年4月19日，十八届中央政治局第五次集体学习时，习近平总书记强调，"研究我国反腐倡廉历史，了解我国古代廉政文化，考察我国历史上反腐倡廉的成败得失，可以给人以深刻启迪，有利于我们运用历史智慧推进反腐倡廉建设。"2022年2月，中共中央办公厅印发的《关于加强新时代廉洁文化建设的意见》指出，"用中华优秀传统文化涵养克己奉公、清廉自守的精神境界"。2024年1月8日，习近平总书记在二十届中央纪委三次全会上明确要求"要加强新时代廉洁文化建设"。

毫无疑问，中华传统文化中，与廉政建设相关的文化基因广泛而深邃，各种与廉政典故、廉政理论、廉政人物相关的历史文献、考古发现、文物遗存等浩如烟海。其中，集声响、音调、材质、外形、纹饰于一身的钟铃文化遗存，

* 何沛，大钟寺古钟博物馆馆长，研究方向：文物保护法、博物馆学。

钟

声

悠

扬

285

其所具有的廉政教育资源属性尤其独具特色：不论是诠释中国古代礼乐制度的钟镈，还是衡定古代历法的钟律，不论是作为宗教仪式法器的梵钟，还是规范民众行为的禁钟，都蕴含着丰富的以警示、警醒、警告、警诫、警世等象征意义为特色的廉政文化信息。

大钟寺古钟博物馆是全国唯一一座以古代钟铃文化为主题的专题性博物馆，其藏品以国内外各个历史时期的钟铃实物为特色。2020 年，随着大钟寺古钟博物馆被北京市纪委监委设为"北京市廉政教育基地"，博物馆在全国科普教育基地和北京市爱国主义教育基地建设基础上，又被赋予了更多的社会责任。特别是如何进一步从钟铃文化视角挖掘利用廉政教育资源，将文化遗产的合理利用与党的廉政教育实践相结合，是大钟寺古钟博物馆业务工作中需要重点思考的问题。为此，历经三年多的学习、调研、研讨，博物馆在原有基本陈列基础上，以习近平新时代中国特色社会主义思想为指引，通过充分挖掘钟铃文化中与廉政教育相关的文化资源，辩证分析两者之间的内在联系，设计制作了"北京市廉政教育基地专题展——警钟长鸣"。

## 二、钟铃传统文化与廉政文化之间的关系

习近平总书记指出："中华文明具有突出的连续性，从根本上决定了中华民族必然走自己的路。如果不从源远流长的历史连续性来认识中国，就不可能理解古代中国，也不可能理解现代中国，更不可能理解未来中国。"习总书记的这一精辟论述，在钟铃文化中有着生动体现。

钟铃传统文化与廉政文化之间的关系突出凝结于二者均具有被人们所广泛认可的"警"之意涵，其中，钟铃文化中的"警"之意涵侧重于直观且具体的钟铃之声和钟铃之形，而廉政文化中的"警"之意涵则侧重于深刻且抽象的告诫、警示之意。在中国古代，就钟铃文化中的"警"之意涵而言，不同的音调、音律、音色，以及钟铃之间的组合、陈设、位置等因素，都有着不同的应用场合，也代表着不同层面的象征意义。

### （一）钟铃作为原始祭祀活动中人与神沟通的媒介，彰显着敬畏自然、敬畏神灵的"警"之意味

考古发现表明，至晚在新石器时代中晚期，钟铃已经出现在人们的社会生活中。河南庙底沟仰韶文化遗址出土的一件陶钟[1]，通高约 9 厘米，口径约 5 厘米，红陶质地，通体素面无纹饰，顶部有柄，肩部两旁各有小孔与内腔相通，

---

1 也有学者称其为"陶铃"。

图1　河南庙底沟仰韶文化遗址出土陶钟

图2　湖北天门市石家河文化遗址出土红陶陶铃

图3　陕西客省庄龙山文化遗址出土陶钟

其时间为距今6000年至5000年（图1）。湖北天门市石家河文化遗址出土的一件红陶陶铃，通高5.6厘米，口径10厘米×7.1厘米，铃体呈椭圆形，上窄下宽，顶部有用于悬挂铃舌的穿孔，铃身外壁饰以线刻兽面纹，其时间约为距今4400年左右（图2）。陕西客省庄龙山文化遗址出土的一件陶钟，灰陶质地，钟体呈椭圆形，顶部有实心柄，通高12.5厘米，甬长5.6厘米，口径9.4厘米×5.3厘米，其时间为距今4300年至4000年（图3）。山西襄汾县陶寺遗址M3296出土的一件铜铃，上窄下宽，横截面近似菱形，顶部中间有一圆形小孔，中空，通高2.65厘米，口径长6.3厘米、宽2.7厘米，铜铃含量测定为97.86%的铜，是纯度较高的红铜制品，其时间为距今4300年至3900年（图4）。河南偃师二里头遗址出土的一件铜铃，通高7.7厘米，口径7厘米×8.8厘米，铃身呈椭圆形，上窄下宽，顶部有一桥形纽，纽侧有孔用来悬挂铃舌，铃身饰以梯形凸线纹，铃体一侧有扁棱，其时间为夏朝（图5）。

　　上述出现于原始社会时期的早期钟铃，显然不是直接用于原始农业生产的。有学者从人类学视角对陶质钟铃的用途进行分析后认为，早期钟铃是原始宗教活动中用来与神灵沟通、对话的法器[1]。如果说陶质钟铃可以从人类学视角去推测其用途，那么对铜质钟铃的研究似乎也可以从这一视角出发。从铜质钟铃出土的位置来看，陶寺遗址

图4　山西襄汾县陶寺遗址M3296出土铜铃

1 庾华：《钟铃象征文化论》，辽宁民族出版社，2004年，第25—26页。

M3296铜铃出土于墓主人左侧股骨与耻骨之间（图6），可以推测其应该是悬挂于墓主人腰际位置的。迄今我国很多地方的祭祀舞蹈中，仍然存在使用铜铃或在腰间佩戴腰铃的习俗。可见，在古人借助钟铃之声搭建起与上天沟通媒介的同时，钟铃也承载了人类对自然和神灵的敬畏之情。

### （二）钟铃作为中国古代礼法合治的重器彰显着规制言行、惩恶扬善的"警"之意味

钟铃在文化中的体现主要有三个方面：一是钟铃之音，即钟铃所发出的声响；二是钟铃之形，即钟铃器形纹饰所表达的文化内涵；三是钟铃之和，即钟铃组合、陈设所象征的政治、军事、文化意义。钟铃文化中的"警"之意涵，往往就是通过这三个方面的综合运用在现实生活中发挥作用的。

首先，律钟是中国古代律法所遵循的重要标准。

在古代，"律""度""量""衡"具有同等重要的规制地位，可以说是古人心目中的行为标尺。其中，"度"是计算长短的标准，"量"是计算体积的标准，"衡"是计算轻重的标准，"律"则是反映阴阳节气变化的标准[1]。《史记·律书》云："王者制事立法，物度轨则，壹禀于六律，六律为万事根本焉。"这里的"律"反映的是一种自然法则，并由自然法则延伸到规制人类行为的社会法则，由此而生的律历便是"天所以通五行八正之气，天所以成孰万物也"。

律按节气分为十二月，称为十二律。其相应的节气据《礼记·月令》分别为：元月为孟春之月，"律中大蔟"；二月为仲春之月，"律中夹钟"；三月为季春之月，"律中姑洗"；四月为孟夏之月，"律中中吕"；五月为仲夏之月，"律中蕤宾"；六月为季夏之月，"律中林钟"；七月为孟秋之月，"律中夷则"；八月为仲秋之月，"律中南吕"；九月为季秋之月，"律中无射"；十月为孟冬之月，"律中应钟"；十一月为

图5　河南偃师二里头遗址出土铜铃

图6　陶寺遗址M3296铜铃出土位置

1 马小红：《礼与法：法的历史连接》（修订本），北京大学出版社，2017年，第102页。

仲冬之月，"律中黄钟"；十二月为季冬之月，"律中大吕"[1]。正是因为律钟的这种标准器性质，在中国古代的立法中形成了多以"律"来命名，而不同于西方以"法"命名的传统。

其次，编钟是中国古代礼乐制度的具体体现。

牟宗三在《中国哲学十九讲》中说道："中国人喜欢的是具体的思维……中国把抽象的逻辑思考藏在具体的玄理里面，并不用抽象的头脑把它单提出来研究。"[2]这一观点在中国礼乐制度对编钟的实际运用中体现得淋漓尽致。

编钟是指把大小不同的钟，按照音律顺序悬挂于钟虡上，由演奏者用钟槌进行演奏的钟的组合。编钟出现伊始，一套编钟组合的数量就有多有少。西周礼乐制度建立以后，编钟数量以及钟磬组合关系才固定下来。不同数量、不同组合的编钟，在雅乐制度中所代表的政治意义有所不同。《周礼》云："正乐县之位，王宫县，诸侯轩县，卿大夫判县，士特县。"[3]宫悬是周代天子使用的乐队规模，按照《易经》八卦和天干地支的顺序，在东、南、西、北四个方向陈设编钟、编磬，寓意"宫室以四方为家"。轩悬是周代诸侯使用的乐队规模，与天子的乐队相比，去掉了南面的乐器。在古代，皇宫坐北朝南，天子的座位面向南方，显示尊贵，所以，诸侯的乐队去掉南边的乐器陈设，"避王南面故也"。判悬是周代卿大夫使用的乐队规模，与诸侯的乐队相比，又去掉了北方陈设的乐器。卿大夫使用判悬规模的乐队，保留东、西两面所陈设的乐器，寓意"卿大夫左右也"。特悬是周代士使用的乐队规模，只在一面陈设乐器，寓意"士特立独行也"。

再次，禁钟是中国古代日常生产生活的必要器具。

"禁钟"，简单而言就是指规范人们日常生产生活、令行禁止的钟。在古代农业社会，城里钟鼓楼上设置的钟即是一种禁钟，主要起报时、报警、警示作用。傍晚时分，禁钟的鸣响意味着宵禁的开始。比如河北宣化明嘉靖十八年（1539）铸造的一口"宣府镇城钟"，其功能即为"斯昏晓，节出入，历禁令而防奸宄"[4]；现保存于云南腾冲的一口明景泰年间铸造的禁钟，其铭文记载："正统间……乃督工鼓铸禁钟，以警昕夕，为之名曰：'海宇平，边境宁，咨尔巨镛，以时而鸣。出作入息，民安其生。以警以禁，内外肃清。祝我皇禧，亿万斯龄。'"

1 王文锦：《礼记译解》，中华书局，2016年，第183—213页。
2 牟宗三：《中国哲学十九讲》，上海古籍出版社，2005年，第172页。
3 杨天宇：《周礼译注》，上海古籍出版社，2004年，第336—337页。
4 转引自全锦云：《东亚梵钟文化研究》，文物出版社，2018年，第62页。

禁钟起源于军旅战事之中，起着统一号令、指挥进退的作用，比如早期的铙、钲、錞于、句鑃等。梵钟兴起以后，也常常被用作为颁布禁令的载体，比如现保存于宁夏银川中山公园内的一口明代樵櫓禁钟。该钟于明代成化元年（1465）铸成，钟上铭文为："宁夏樵櫓禁钟铭文并序。宁夏樵櫓禁钟迁得于前□□时废寺中者，因□兵□毁未□全器。大明成化改元，岁次乙酉，正月之吉，镇守太监王清、总兵官征西将军都督同知张泰、巡抚右副都御使陈价、副总兵都督佥事张荣始谋构铜，增三之一而改

图 7　宁夏明代樵櫓禁钟

作焉，价为之铭曰：'西北巨镇，粤维夏城，坠大物伙，用齐以声，爰作斯器，范铜而成，于千万年，不废铿鈜。'"（图7）"樵櫓"原指木制防御设施，后引申为军事防御瞭望用的高楼。楼内设置大钟，通过钟声传递军事防御信号。

### （三）钟铎作为中国传统文化中的教化标记，彰显着尊师重教、警醒自我的"警"之意味

铎，古代乐器，外形似甬钟，但内置有铃舌，不是靠槌击发声，而是靠铃舌摇动撞击铃壁发声。铎主要流行于春秋时期，汉代以后基本不用，除了用于宣布政令外，主要在军事征战中使用。《孙子兵法·军争》云："言不相闻，故为鼓铎。"《国语·吴语》云："王乃秉枹，亲就鸣钟鼓、丁宁、錞于，振铎，勇怯尽应，三军皆哗扣以振旅，其声动天地。"[1]铎的铃舌一般有金属和木质之分，前者称为金铎，后者称为木铎。金铎代表"武"，用来指挥军队；木铎代表"文"，用来宣政布教。正所谓"文事奋木铎，武事奋金铎"。春秋以降，木铎被比喻为宣扬某种学说、思想观念或政教的人，木铎之舌也渐渐被喻为教师的"教化之舌"，由此也赋予木铎以教化之义。如《论语·八佾》载："天下之无道也久矣，天将以夫子为木铎。"即是将孔子比喻为木铎，也就是教化之师的意思。此后"木铎"就逐渐演变成了教师的别名，木铎的木舌也被比作教师的"教化之舌"。

在2000多年的历史长河中，木铎的形制、纹饰、功能多有变化，经过不断的文化诠释和意义转化，它寓教师与教育、义化与教化、天道与师道等多重意味于一身，成为一个有着丰富内涵和具体形制的文化意象。在这种历史文化背

1 徐元诰：《国语集解》，中华书局，2002年，第550页。

景下，钟铃文化在教育事业中有着独特的影响力。在现代电铃流行以前，不同节奏的钟铃之声响彻全国各地的校园，传递着上学、放学、警情等不同含义的校园生活信息。如果仔细观察一些历史悠久的师范院校校徽图案的演变史，也会发现钟铃要素被广泛应用于这类校徽的设计传统中（图8），可见中国历史上木铎的教化之义的影响有多么深远。

| 1916 年 | 1931 年 | 1934 年 | 1941 年 | 2002 年 | 至今 |
|---|---|---|---|---|---|
| 《校友会杂志》上木铎图案 | 校徽 | 校徽 | 西北师院校徽 | 校徽图案 | 北京师范大学校徽图识 |

图8 不同时期北京师范大学校徽图案中的木铎元素

## 三、大钟寺古钟博物馆廉政文化资源特征

作为全国唯一一座以钟铃文化为主题的专题性博物馆，大钟寺古钟博物馆以反映中国传统文化中的钟铃文化藏品著称。仅就钟铃类藏品而言，基本囊括了迄今所发现的中国古代钟铃的各种类型。这些藏品中，无论是考古出土的文物，还是流传有序的流散文物，无论是精美绝伦的复制藏品，还是惟妙惟肖的仿制品，都蕴含了丰富的廉政文化信息，具有鲜明的廉政主题资源特征。具体说来，博物馆在廉政文化资源方面的特点有以下几方面：

### （一）古钟廉政资源具有直观性和具体性

钟铃文化资源因其特有的声音效果和外形特征，往往被视为蕴含着"警钟"之意，这也是学校、工厂、乡村、社区、宗教场所多悬挂钟铃的原因所在。正是这种富含冲击力的声音和外形的组合，使其在鸣响之际更具有直观性和氛围感。

以著名的永乐大钟为例。觉生寺大钟楼内，悬挂着一口明永乐年间铸造的青铜古钟，俗称"永乐大钟"，钟体高 5.57 米，连带悬挂结构通高为 6.75 米，钟肩外径 2.4 米，口沿外径 3.3 米，重 46.5 吨。钟体上窄下宽，长形喇叭状，圆肩，自肩部而下有六道横向凸弦纹将钟体分为七个部分，钟裙部有两枚钟月。永乐大钟为世界铭文字数最多的大钟。钟体内壁、外壁、口沿、钟钮、悬挂结构上遍铸铭文，共计二十三万多字，其中包括汉文、梵文经咒一百多种（图9）。

研究人员曾对永乐大钟进行了测音研究，发现其具有丰富的低音频率，钟声余音可延三分钟之久，并且钟声具有随声音大小起伏周期性变化的拍频现象，使人聆听到的钟声有时远时近之感。大钟钟腰厚度是 9.4 厘米，钟口部位的厚度是 18.5 厘米，钟口不仅厚于钟腰，而且明显外张，如此形制，使钟体不易被撞裂，钟声则更加悠扬悦耳。大钟不同厚度的各个部位，撞击之后会产生相应的振动频率，形成各种分音，出现拍频现象，因此可以听到钟声起伏的"嗡嗡"

图9 明永乐大钟

之声，余音可达三分钟之久。据《长安客话》记载，昔日永乐大钟在万寿寺，日供六僧击之，"昼夜撞击，声闻数十里，其声嗡嗡，时远时近，有异他钟"。

悬挂永乐大钟的钟架和大钟楼均为清代专门为此钟设计建造，300 年来始终与大钟融为一体，每当置身于专门建造的大钟楼内，观众都会震撼于永乐大钟硕大的体形，沉浸在其独特的音响效果之中。

### （二）古钟廉政资源具有故事性和生动性

文物背后的故事往往能引起观众的共鸣，这一点在大钟寺藏品中体现得尤其明显。钟铃藏品的特点之一在于其铭文所记录的历史史实，通过这些历史史实，可以直接了解到与之相关的人和事，当结合有关资料进行历史唯物主义史观的分析后，一桩桩历史疑案、一件件历史故事便会逐渐清晰地呈现出来。这里以永泰寺铜钟为例加以说明。

永泰寺铜钟铸造于清康熙五十二年（1713），原悬挂于永泰寺内，为"苏克济诚献"。苏克济曾任清朝康熙年间山西巡抚，康熙五十四年（1715），苏克济参奏时任太原知府赵凤诏有贪贿行为，经查实后，赵凤诏被判斩立决，并被康熙斥为"天下第一贪官"。苏克济也因敢于和贪官污吏作斗争而赢得了清正廉洁的美名，康熙皇帝甚至御笔赞他"正己风群吏，精心理庶民"。然而，到了雍正年间，在山西官员的告发下，苏克济被查实于康熙四十八年（1709）开始担任山西巡抚的十三年内，先后勒索各州县银两、山西库银高达四百余万两，并用贪贿来的钱财向隆科多行贿。由此，苏克济也受到了应有的惩罚。

苏克济由清廉向贪腐的反转无疑是具有讽刺意义的。永泰寺铜钟铸造于其担任山西巡抚的第四年，铭文中有两段敲钟偈，一段为"愿此钟声超法界，铁围幽暗悉皆闻，闻尘清净证圆通，一切众生成正觉"，另一段为"闻钟声，烦恼轻，智慧长，菩提生，离地狱，出火坑，愿成佛，度众生"（图10）。无论苏克济铸钟时怀有怎样的目的，这两段文字都成了其作为两面人的生动注脚。

## （三）古钟廉政资源具有严肃性和延伸性

从广义上看，廉洁施政、廉洁从政、廉洁执政需要在特定历史时期的前提下体现出家国一体的宏观视野。就钟铃文化资源而言，钟铃所蕴含的廉政内涵应当在爱国主义的宏观视野下，彰显廉政文化中所隐藏的正确的人生观和价值观。从这个意义上讲，大钟寺古钟博物馆的古钟廉政资源无疑是严肃的，同时又是具有延伸性的。

图 10　清永泰寺铜钟

近代以来，在中华民族抗击外辱、奋起图强的历史背景下，古钟延伸出的"警世钟"意涵，更是承担起了宣传思想、唤起民众、警醒世人的教化职责。"香港回归警世钟"铸造于 1997 年香港回归之际，钟体仿照天宁寺铜钟设计，钟身高 160 厘米，纽高 38 厘米，口径 113.7 厘米，重 1130 千克。钟体分为上下两区，上半区正中竖排"警世钟"三字，其余开光区域铸铭文一篇。铭文内容记述了香港自 1841 年被英国殖民者占据至 1997 年回归祖国的历程，并强调"值此香港回归祖国怀抱之际，谨铸此钟，祭告列祖列宗：在中国共产党领导之下，中国人民实现了收回香港主权的夙愿，中华民族洗雪了近代百年所蒙受的耻辱，社会主义中国强大了，中国人民真正站起来了！"（图 11）

图 11　香港回归警世钟

类似的还有"澳门回归纪念钟"，该钟铸造于 1999 年澳门回归祖国之际。钟身高 162 厘米，纽高 37.9 厘米，口径 118 厘米，重 1270 千克。钟体铭文记述了澳门历史，并抒发了希望台湾早日回归的美好愿景，钟铭有云："霹雳涤荡新宇，东风横扫残云。百年昏睡，一旦苏醒。风风雨雨，摸索而进。改革开放，举国振奋。五十年翘首相期，至而今水到渠成。澳人治澳，'一国两制'。百年羞耻，一朝洗清。遥望台湾，几时踵港澳之后尘？统一大业，何日可大功而告成？北京市文物事业管理局，一仍香港回归之例，浇铸此钟，以庆世纪盛典。"（图 12）

图 12　澳门回归纪念钟

## 四、钟铃资源与廉政文化在"警钟长鸣"主题展中的具体应用

### （一）"三不腐"是钟铃资源与廉政文化逻辑契合的支点

钟铃文化资源虽然蕴含着丰富的历史文化信息，但是其所固有的专题性也恰恰反映了其具有一定的局限性，而廉政教育又是非常宏大的制度体系和实践系统，不可能在有限空间内，通过单独的钟铃专题展览得以全面诠释。因此，把独特的钟铃文化资源与廉政教育进行最有效的衔接，实现重点展示，则是展览内容设计中需要遵循的首要原则。

通过对钟铃文化的简单梳理，不难发现，无论是所谓令人肃然起敬的雅乐之舞，还是所谓使人消遣松弛的郑卫之音，都是根据听者与钟铃管弦的音律产生的感情共鸣而加以区分的。这种由外而内，继而由内而外的相互作用即是钟铃文化与廉政教育互动中的独特魅力所在。也就是说，找到钟铃文化资源与廉政教育的共同支点，让观众从展览中获得心灵的触动和共鸣，无疑是展览内容的核心要素。那么，寻找这个共同支点便成为展览大纲首先要解决的问题。

不同时期，尤其是党的十八大以来党建工作的相关文件中，具有深刻理论内涵和实践引领作用的重要论述有很多，其中由习近平总书记提出，既通俗易懂又广为人知的"不敢腐、不能腐、不想腐"与钟铃文化资源有着贴切的对应关系。

"三不腐"反映的是心理层面上的三个不同境界，代表着人们面对"腐败"问题，在思维认知和思想改造上的继进变化。"不敢腐"着重于反映"敬畏之心"，"不能腐"着重强调"规矩意识"，"不想腐"着重描写"价值境界"，这三个部分显然与钟铃文化资源的内化于心、外化于行的文化特征是相契合的，因此也成为展览内容所遵循的共同支点。

### （二）常怀敬畏之心是警钟长鸣的必然要求

人类在与大自然的相处中，既对大自然的馈赠心怀敬畏，也对各种自然灾害深感警惕，由此而来的敬天尊祖仪式尽显神圣和庄严。黄钟大吕深沉悠远的钟声，与深入人心的虔诚敬畏之间，呈现出一种"神人以和""天人合一"的理想状态。"心有所畏，方能言有所戒、行有所止"。一路走来，共产党人正是以为大公、守大义、求大我的敬畏之心，以正心明道、怀德自重的建言笃行，将党和人民始终放在心中的最高位置。

2021年9月1日，习近平在2021年秋季学期中央党校（国家行政学院）中青年干部培训班开班式上的讲话中指出，"古人讲：'畏则不敢肆而德以成，无畏则从其所欲而及于祸。'没有敬畏之心，就什么乱七八糟的事都干得出来。有

的人干了那么多骇人听闻的事，一个重要原因就是不知敬畏！干部一定要知敬畏、存戒惧、守底线，敬畏党、敬畏人民、敬畏法纪，不能在'月黑风高无人见'的自欺欺人中乱了心智，不能在'你知我知天知地知'的花言巧语中迷了方向，不能在'富贵险中求'的侥幸心理中铤而走险，不能在'法不责众'的错误认识中恣意妄为。"

敬畏党，就是要敬畏党的信仰，敬畏组织的监督，感恩组织的教育、培养和信任。敬畏人民，就是要坚持人民群众主体地位，在对待人民赋予的权力上始终保持敬畏之心。敬畏党纪国法，就是要自觉学习党章党规党纪和国家法律法规，弄清楚该做什么、不该做什么，能做什么、不能做什么。

### （三）常以前车为鉴是警钟长鸣的现实抓手

以钟鸣鼎食为特色的礼乐时代，钟的规制作用趋向世俗化。从区分礼制等级的标志，到指挥军旅进退的号令，从晨钟暮鼓的报时器具，到令行禁止的律令，可以说，钟铃文化的礼法意蕴伴随着"修身""明德"的律音回荡了千年之久。

严以修身居于"三严三实"专题教育的首位，足见其是共产党人最基本的政治品格，而这种政治品格的内容正是"明大德、守公德、严私德"。

习近平在《对闽东经济发展的思考》一文中指出："党政机关是否保持廉洁，关系到党的存亡和人心的向背，也关系到社会主义经济的命运。现在群众对廉政建设呼声很高。有四句话，我想可以作为警钟长鸣。第一句话，'苟非吾之所有，虽一毫而莫取'，我想这是作为党员干部的起码要求。第二句话，'熊掌和鱼，不可兼得'，不要既想当官，又想发财，要当干部就不要想发财，这一条恐怕是古今中外概莫能外。美国总统的收入远不如许多大实业家、大企业家，富裕的工人、农民、个体劳动者的收入也肯定比我们各级官员要高。有所追求，必有所丧失。第三句话，'寸心不昧，万法皆明'，贪污受贿，鱼肉乡民，这是党纪国法所不容的。第四句话，'为官一场，造福一方'，当干部的宗旨就是奉献，利益问题上，'拿来主义'要不得，不能图实惠，谋私利。"

规矩，是约束人们日常行为的规则。对党员干部来说，按规矩做事，就是要严格遵守党章、党的纪律、国家法律，自觉遵循党在长期实践中形成的优良传统和工作惯例，不越轨、不逾矩。纪律和规矩是"高压线"，也是"通行证"，守规矩是干事创业的最大底气。只有守规矩，才能知分寸、明底线，做到凡事心中有杆秤，明确什么事该做、什么事不该做，在重大问题和关键环节上做到头脑清醒、眼睛明亮。

2012 年 12 月 4 日，中共中央政治局召开会议，审议通过了中共中央政治局关于改进工作作风、密切联系群众的规定。在二十届中央纪委二次全会上，习近平总书记指出："制定实施中央八项规定，是我们党在新时代的徙木立信之举，必须常抓不懈、久久为功，直至真正化风成俗，以优良党风引领社风民风。"

党的十八大以来，以习近平同志为核心的党中央以强烈的历史责任感、深沉的使命忧患意识和顽强的意志品质，敢于刀刃向内、敢于刮骨疗毒、敢于壮士断腕，大力推进党风廉政建设和反腐败斗争，根本扭转了管党治党宽松状况，反腐败斗争取得压倒性胜利并全面巩固，在这场输不起的斗争中向党和人民交出了一份优异的答卷，书写了人类反腐败斗争历史新篇章。

### （四）常以学习自省是警钟长鸣的应有之义

古钟因警醒律己的象征意义，其正直、崇高、圆满的钟声不仅能"警昏怠，肃教令，导幽滞而和神人"，而且能让人进入"无思无为，化日自永"的境界，钟声清净悠远，晨叩暮响，意境恬淡清丽、质朴清新，注入了古人"钟磬清心"的情感，进而对人的言行举止进行引导与规范，提倡教化，形成节制，使人做到自律、敬人、崇德、至善。

只有通过学习提高理论认识，才能强化防腐意识；只有通过自省完善自身不足，才能真正从思想上做到不想腐。正如习近平总书记在二十届中央纪委二次全会上强调的，"要在不想腐上巩固提升，更加注重正本清源、固本培元，加强新时代廉洁文化建设，涵养求真务实、团结奋斗的时代新风。"

党员领导干部除了自己学习、自我反省之外，还应该注重家风建设。2024 年 1 月 8 日，习近平总书记在二十届中央纪委三次全会上再次强调，"要注重家庭家教家风，督促领导干部从严管好亲属子女。"以良好家风促清廉，自古以来就是廉政历史不可或缺的组成部分，留下了许多脍炙人口的清廉传家的故事。比如悬挂在四川眉山三苏祠里的铜钟，在表达对祖先的崇拜和敬畏的同时，也时刻提醒后世子孙不要忘了"读书正业，孝慈仁爱，非义不取，为政清廉"的家训（图 13）。

党的十八大以来，我们党三次修订《中国共产党纪律处分条例》，出台了

图 13　三苏祠铜钟家训铭文（局部）

《中国共产党廉洁自律准则》《中国共产党党内监督条例》《中国共产党问责条例》等党内法规，既为党员干部提出了高标准，也划出了红线和底线。每位党员要紧密联系自己的工作实践，认真研读每一则条文，静心反思，使党纪之光深植于心，让不忘初心、牢记使命成为每一名党员的行动自觉。

钟铃文化与廉政教育中的"警"之意涵相得益彰，有异曲同工之妙。其中，钟铃传统文化中的"警"之意涵侧重于直观且具体的钟铃之声和钟铃之形，而廉政文化中的"警"之意涵则侧重于深刻且抽象的告诫、警示之意。将二者以"三不腐"为逻辑契合的支点有机结合起来，并以专题展览的形式加以诠释和拓展，应该说是一次"北京市廉政教育基地"建设的有益尝试。文中错讹之处，敬请指正！

文 物 档 案

## 乾隆铜钟 *

铸造年代：清乾隆（1736—1795）

通高：254.2 厘米

口径：157 厘米

重量：3108 千克

现状：完好

铭文：无

现藏地：大钟寺古钟博物馆

图 1　乾隆铜钟

* 档案整理及摄影：高川，大钟寺古钟博物馆馆员，研究方向：博物馆文创设计、展览策划。

图 2 乾隆铜钟钟钮

图3　乾隆铜钟钟体纹饰

图4 乾隆铜钟钟体纹饰

图 5　乾隆铜钟钟体纹饰

图6 乾隆铜钟钟体神牌

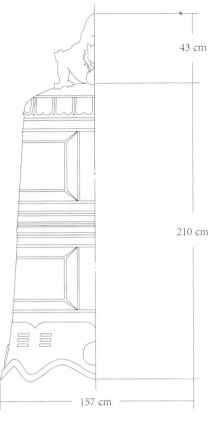

43 cm

210 cm

157 cm

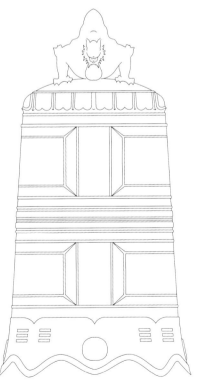

图7　乾隆铜钟测绘图